改訂5版　鉄骨積算用語の解説・付

鉄骨の積算入門

■はまだ かんじ　■松本 伊三男

大成出版社

すいせんのことば

　鉄骨工事は、建築工事において頻繁に見られる工事であり、近年は、鋼構造および鋼材の高度化多様化が進み、大変重要な工事となっています。また鉄骨工事は、建築工事に占めるコストの割合も高く、コストマネジメントの上からも重要な工事となっています。

　しかし、このように重要な工事にもかかわらず、鉄骨工事の積算は、鉄骨製作会社（ファブリケーター）に任せている場合が多く、発注者や設計者、また建設会社などの元請企業には、積算ができる人が少ないのが現状です。

　この背景には、鉄骨の積算は専門工事会社に任せておけばいいとする建設業界の慣習があるといえましょう。

　建築工事の積算は、官民で定めた「建築数量積算基準」に従っておこなうことになっていますが、専門工事会社の中には、「建築数量積算基準」があり、鉄骨工事も定められていることを知らず、独自の方法で積算をしているところも多く見られます。

　また、実際の施工現場では、鉄骨工事は、工程計画をはじめ鋼材や接合部材の検証など施工管理面からも重要な作業となっています。

　建築工事のコスト管理の重要性が一段と高まっている現在、鉄骨の積算は専門工事会社任せでは済まなくなっています。今こそ建設業界の慣習から脱皮する必要性があります。

　本書の著者である浜田寛治氏と松本伊三男氏は、長年、鉄骨工事の積算に関わり、鉄骨工事の積算技術者の育成に尽力されてきた方々です。既に関係著作も多く、その集大成が本書といえましょう。

　本書は、「鉄骨の積算入門」と題してありますが、鉄骨積算用語の解説や鉄骨積算の資料など多く掲載されていますので、初心者だけでなく、ベテランの方まで、最適な学習書として活用することができます。

　本書の積極的な活用によって、鉄骨工事の積算に通じた技術者が一人でも多く誕生することを願っています。

　2013年10月

　　　　　　　　　　　　　　　　　　　　　　公益社団法人　日本建築積算協会

　　　　　　　　　　　　　　　　　　　　　　　　会長　野　呂　幸　一

第5版の発行にあたって

　私は、1990年3月に「はまだかんじ」（浜田寛治）氏と共著で「鉄骨の積算入門」を発表した。この本は「はまだかんじ」氏が発表していた「鉄筋コンクリート造積算入門」、「木造住宅積算入門」の流れの中で発刊された本であったが、当時は「鉄骨積算関連」の書籍は皆無に等しかったので、大反響を頂き、発表以降、約10年間は講習会等の開催依頼が殺到し、私は九州から北海道までの全県で講習会の講師をやらさせて頂いた。各会場とも100名〜200名の聴講生が集まり、熱気の中で午前10時〜午後4時まで一人で講習と演習を行ったことが懐かしい思い出となっている。なお、この本は改訂を経て2001年4月に改訂4版として発表され、増刷を重ね、現在でも書店に並べられている。

　近年は、鉄骨積算の講習会も各地で開催されているようだが、現在の積算技術者（建築積算士、建築コスト管理士）にも、鉄骨は一番難しい部位となっているようである。

　なお、現在は、パソコンの普及により鉄骨の積算ソフト等が開発され、鉄骨の基礎知識（鋼材、溶接、部材名称）も知らない積算技術者が鉄骨の積算をやっているようで、このままで良いのか危惧される。この状態は私が1990年代に講師として全国を回った頃とあまり変わっていないように思われる。

　また、近年は、建物の高層化や耐震設計の影響で、鉄骨の使用量が増大しているのに、建設会社や積算事務所は実施設計図に対しても概略数量を算出し、ファブリケイターから提出された数量と比較し、「大差が無ければ良い」としているようである。これも数量算出のひとつではあるが、鉄骨は建物の骨組みを形成している最も重要な材料であり、正確な数量の算出は適正な工事価格を決定するためには必要不可欠な条件である。しかし、鉄骨の積算に精通している人は少ない。それは、「鉄骨は工場で製作され、建設現場で部位として組み立てられる」ことが大きな要因になっている。

1)　「建築数量積算基準・同解説」の鉄骨について解説

　建築の積算は鉄骨の積算に限らず、官民共通の「建築数量積算基準・同解説」（以下「基準」という）が積算の「バイブル的」な基準になっている。この「基準」は約4年ごとに発刊されている。現在の「基準」の"発刊に当たって"の中に「新たな社会的なニーズへの対応や最新の施工実態を踏まえ、また積算業務の効率化の観点から機動的に見直しを行っている」と書かれている。ということは、この「基準」は約4年ごとに内容の見直しや追加・変更等が行われていることになる。幸い鉄骨の見直し等は少ないが、近年は、鉄骨の積算ソフト等の開発によ

り、「積算上の部位区分」などが多少見直されている。鉄筋コンクリート造のコンクリートは各階ごとに柱、梁、床、壁などを同時に打設する。しかし、鉄筋や型枠などは柱、梁、床、壁の順に施工するので積算上の「重複や脱漏の防止」のため「先の部分」と「あとの部分」を決めている。

　鉄骨の部位は、工場で製作し現場に搬入して柱、大梁、小梁、間柱、ブレース、階段などの順に組み立てるため、「先の部分」と「あとの部分」を決める必要はないが、度重なる「基準」の改訂の中で「鉄骨については、工場製作を重点とした鉄骨独自の区分を規定した」となっている。その代表的な部位は鉄骨の柱である。鉄骨の柱と大梁の接合部（仕口）には大きな力が掛かるので複雑な構造となっているため、工場では、柱に大梁の端部を取り付け、複合部位を柱として製作している。その他、大梁と小梁の接合部なども以前の「基準」では、工場で大梁として製作された部材（大梁に取り付けるガセットやスチフナーなどを含む）は大梁の部位として規定していたが、近年は、簡易な接合部分（大梁に取り付けるガセットやスチフナーなど）は「あとの部分」として小梁の部位で計上することになっている。

　梁の接合には「ピン接合」と「剛接合」があり、一般に大梁は「剛接合」、小梁は「ピン接合」となっているので「基準」は「ピン接合」を想定して規定していると思う。ただし、大梁に取り付ける剛接合の小梁の端部などは複雑な形状となるので、柱の部位に倣い、一般に大梁の部位として計上している。積算技術者の中には、大梁に取り付ける剛接合の小梁も「あとの部分」として小梁の部位であると主張する人もいるが、「基準」はあくまでも「原則」を規定しているので、鉄骨は「あとの部分」でも「先の部分」で計測、計上するところも多々有る。また、ブレースの端部のガセットなども「基準」では「ブレースの部位に含む」ことになっているが耐震ブレースの端部（柱付、梁付）などは相当複雑な形状になっているので、一般に柱や大梁の部位で計測、計上している。（次頁の図参照）

<大梁と小梁の接合例>

（剛接合例）　　　　　　　　　　　（ピン接合例）

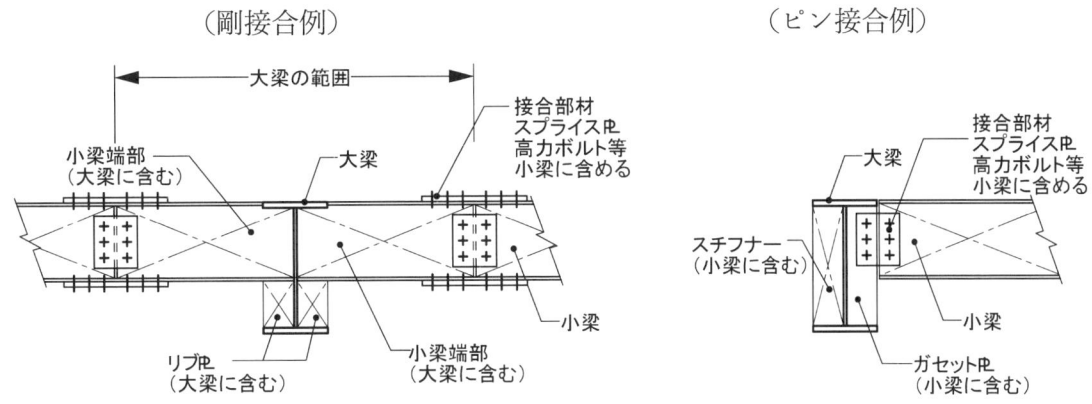

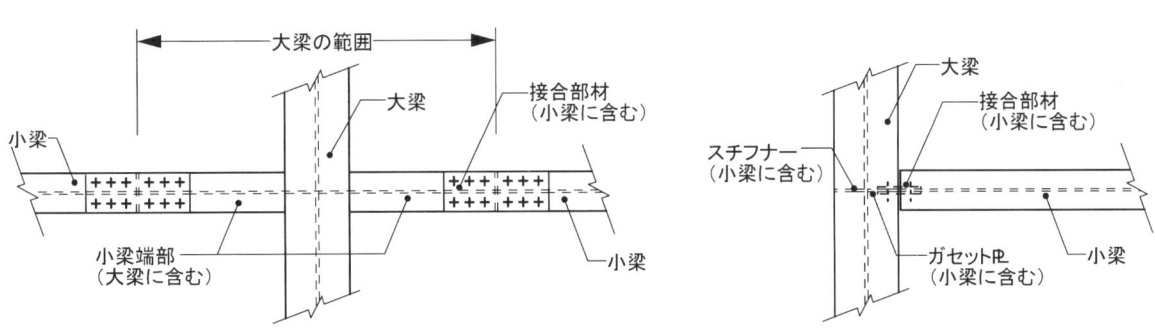

　以前から鉄骨の積算は「部材の質量」が分かるような積算が行われていた。部材の質量（ピース質量）は、工場製作や部材の運搬、現場の建方（建方機械）など、実務上で必要不可欠な条件であった。

　本書も初版時の「基準の記述」や「実務上」の条件から、計算式の一部に、前述の要領で記述されている部分もあるので、ご容赦頂きたい。

　また、「基準」の鋼板の計測・計算の中で「全溶接構造の鋼板の場合は、第1編総則5(3)の定めにかかわらず、短辺方向は小数点以下3位まで計測・計算する。」となっている。しかし、「全溶接構造」についての解説がないため、その解釈に苦慮している人が多い。以前の公共工事の解説の中で「全溶接構造はビルトアップH等の鋼板を主材とした構造である。」と書かれていたが、現在の鉄骨の主材は、既製BOXやビルトBOX、BH形鋼等、種々の鋼材で構成されており、また、工場製作の加工は、すべてが溶接で行われているので、私は「鋼板の計測・計算は、スケールで計測するような複雑な鋼板を除き、すべて短辺方向は小数点以下3位まで計測・計算する。」と解説している。

　なお、本書（改訂3版から）は、「Aビル新築（鉄骨）工事」の解説の中で「鋼板の拾い方」について詳しく説明しているので、ご覧頂きたい。

2) 改訂5版で追記した項目など

2-1) A・Aビル（BOX柱）の計算式に解説を追記

　改訂3版からSRC構造の「Aビル新築（鉄骨）工事」については、初心者でも理解し易いように、計算式の拾い順に番号を付けて、解説を追記したが、今回は「A・Aビル（BOX柱）」について「Aビル新築（鉄骨）工事」の解説以上に、初心者が、より理解し易いように（講習会で解説する以上に）設計図や計算書の各項目に番号を付け、計算式は勿論、関連する用語や役割などの説明を附記した。ただし、梁については「Aビル新築（鉄骨）工事」と拾い方や、集計方法などは変わらないので省略した。

2-2) 外法一定H形鋼の種類を追記

　鋼の精製工法も急速に進歩し、BH形鋼を必要としないまでに、近年は、外法一定H形鋼の種類が増えてきた。そこで今回は、使用頻度などを考慮し、鉄骨積算の資料に、H－400×200×6×9からH－950×400×19×36までの外法一定H形鋼の、鋼材の質量/1m、鋼材の表面積/1m、鋼材の表面積/1tonを掲載した。

　なお、現在はH－1000×400×22×40までの外法一定H形鋼が製造されているので、必要な場合はメーカーのカタログなどで対応のこと。

　ここで、外法一定H形鋼について簡単に解説すると、H形鋼は以前から内法一定H形鋼として精製されていたが、近年は建物の高層化などで、フランジの厚いH形鋼が使用されるようになった。しかし、フランジを厚くすると内法一定H形鋼は成がドンドン大きくなり、梁などに使用する場合も梁成が不統一となるため、BH（溶接してH形にした鋼材）を使用していた。そこで鋼の精製メーカーも時代の要求に対応するために精度の良い、外法一定H形鋼を開発し、現在は上記のように種類も多くなっている。

2-3) トルシア形超高力ボルト「SHTB」を追記

　鉄骨の現場での部材の接合は、高層ビルなどで現場溶接も行われているが、現在は、トルシア形高力ボルトによる接合が一般的である。現場接合（剛接合）はフランジやウェブもスプライスプレートを高力ボルトで締め付けることで応力を伝達しているため、部材の断面が大きくなるとスプライスプレートの板厚が厚く、大きくなり、高力ボルトの本数も多くなるため、従来の高力ボルト（F10T）の1.5倍の強さがあるとしているトルシア形超高力ボルト「SHTB」が開発された。このボルトは、大臣認定（MBLT-9038）となっているが、一般にはF14Tとして使用されている。近年、このボルトを使用する建物も多くなっているので今回、鉄骨積算の資料にこのトルシア形超高力ボルト「SHTB」を追記した。

2-4) 「鉄骨積算用語の解説」を掲載

　鉄骨は、普段聞きなれない用語が多々あるので、積算を業としている積算士も鉄骨は難しい、分からないという人が多い。もともと鉄骨は外来語が多く、その名称や役割などの「基礎知識」がないと積算は出来ない。書店には「建築用語事典」や「建築施工事典」などは陳列されているが「鉄骨積算用語事典」はない。そこで本書は、巻末に「鉄骨積算用語の解説」を掲載した。

　なお、この「鉄骨積算用語の解説」は以前出版した「建築積算用語事典」（技術監修　社団法人日本建築積算協会、編集　経済調査会積算研究会）の中で私が担当した鉄骨関連用語を抽出し、編集した内容になっている。また、この用語の解説の中には編集の都合で説明不足のところも多々有ると思うが、用語などについては、本書の中でも詳しく解説しているのでご覧頂きたい。

2013年10月吉日

松　本　伊三男

第4版改訂にあたって

　今回の改訂は、昭和52年（1997）より、建築積算のバイブルとして使用されてきた建築積算研究会制定、建設工業経営研究会編集発行による「建築数量積算基準・解説」が廃刊となり、平成12年4月より新たに㈶建築コスト管理システム研究所・㈳日本建築積算協会編集、㈶建築コスト管理システム研究会発行の「建築数量積算基準・同解説」に変わったことに伴う改訂と、新耐震設計法の導入と設計技術の発達等により、新たな建築構造用鋼材などが開発、商品化され、工法もボックス柱を用いた鉄骨造が主流となってきたので、新たな鋼材の解説と、「ボックス柱の積算例」なども追加することとした。

　今回の「建築数量積算基準・同解説」で変更になったり、追加された鉄骨関係の項目は下記の通りである。

　1．第1節　鉄骨の区分　(1)柱に「間柱」の項目が追加された。（特に問題はなし）

　　　　　　　　　　　(5)その他が「雑鉄骨、付属鉄骨、仮設金物に区分する」となり前回までなかった仮設金物（昇降タラップ、親綱・安全金物、足場受けブラケット、吊りピース等）の項目が追加された。

　2．第2節　鉄骨の計測・計算

　　　　1　通則　2)の中で「鉄骨の重量は質量とする」となった。

　　　　　　　　3)高力ボルトの締めつけ長さの表に、トルシア形高力ボルトが追加された。

　　　　　　　　4)溶接の計測・計算の中から「統計値によることが出来る」は削除された。

　　　　　　　　5)鋼板の計測・計算で「全溶接構造の鋼板の場合は、第1編総則5(3)の定めにかかわらず短辺方向は小数点以下第3位まで、計測・計算する」となった。

　　　　　　　　7)鉄骨の所要数量を求めるときの割増率に広幅平鋼3％、デッキプレート5％が追加された。なお、広幅平鋼は一般に150mmから使用されている。

　　　　2　各部分の計測・計算

　　　　　　　　3)「継手部分等で板厚差が生じ、その差が片側1mmを超える場合は下記の表に基づいてフィラープレートを計測・計算する」となりフィラープレートの表が追加された。

本著は、以上のように時代の流れに対応し、改訂を行い、内容の更なる充実をはかっているので、引き続き鉄骨積算の入門書として、また、講習用テキストとして、更にはファブリケーターの方々の参考書として幅広くご活用、ご愛用いただければ幸甚である。

2001年2月吉日

松　本　伊三男

第3版改訂にあたって

　昭和62年（1987）12月改訂以来5年余りが経ち、この度平成4年（1992）11月付で官民合同の『建築積算研究会』制定、建設工業経営研究会編集・発行による『建築数量積算基準・解説』の一部に改訂がなされたのを機会に、本著もその内容を改訂し、同時により見易くするため版を大きく（A5→B5に変更）し、装いも新たに再登場することとなった。

　今回の改訂のうち鉄骨だけについての概要を述べれば、

(イ)　鋼材の所要数量に対する係数の変更

	旧		新
鋼板	13％（原板）	→	3％（切板）
ボルト類	3％	→	4％

(ロ)　溶接の6mm換算係数の変更および、すみ肉の項にすみ肉溶接のサイズの追加

といったところが主である。

　本著の特徴として初心者からベテランまでの幅広い層を対象として例題にAビル、Bビル、C倉庫の3種類を添付してあるが、そのうちのAビルについては、本著発刊以来各地の講習会などに多く使用されている基本例題である。

　そこで今回の改訂を機会にこのAビルについては、初心者でもよくわかるよう、拾い順に番号を付け、解説を加えたのが大きな特色となっている。

　以上のように内容の更なる充実もはかっているので、引きつづき今後とも本著が鉄骨積算の入門書として、また講習用テキストとして、更にはファブリケーターの方々の参考書として、幅広くご活用ご愛用いただければ幸甚である。

1993年9月9日

松　本　伊三男

まえがき

　近代初期を代表する鉄骨造のモニュメント、パリの象徴エッフェル塔の誕生は、西歴1889年のことである。それは拙著の初版が発行された1989年から遡ること丁度100年、つまり1世紀前にあたる。片や日本では、1958年（昭和33年）12月に完成した東京タワーが、1998年（平成10年）で丁度40周年を迎えている。

　エッフェル塔はフランス革命100周年を記念して開催された万国博のシンボルタワーとして建てられ、その設計者G・Eiffelをそのまま用いて命名された。その高さは300.56m（テレビ用アンテナまで含めて320.78m）、総重量は8,554.816 t もあるといわれている。

　この万国博で同時に建てられた展示場で、鉄骨造総ガラス張りの機械館はスパン115m、高さ45m、そしてその長さ420mというものであった。

　フランス革命から数えて2世紀強、その100周年記念の万国博から数えてもすでに1世紀以上の歳月が流れ去った。その間、世の移り変わりというものも相当なものである。

　かつて「鉄は国家なり」とまでいわれ、鉄鋼産業はわが国の基幹産業であった。しかし花形産業として世界をリードしていた造船業界共々「重厚長大から軽薄短小へ」の流れの中にあって、その座をNIESにほとんど奪われんばかりの状態にある。

　とはいっても近代建築から鉄骨造が姿を消してしまったわけではない。「建設産業冬の時代」、「ゼロ・シーリング」、「実質のパイは小さくなるばかり」と騒ぎだしたここ10数年前を振り返ってみても、わが国における年間あたりの建家の建設延床面積の総計は2億m²前後で推移しており、しかもそのかなりの部分が鉄骨鉄筋コンクリート造か、鉄骨造で建てられているという事実がある。

　ところが、現在これだけ建設業界などで積算が重要視され、片や官民合同でまとめた『建築数量積算基準』まで確立されているにもかかわらず、不思議といえば不思議な話がまだ残っている。

　それは、こと鉄骨の積算となると、今もってその道のベテラン「鉄骨専門業者」におまかせ、つまり『他力本願』から脱皮しきれずにいる姿勢を

持ち続けているところが多いということである。

と、偉そうな口をきいている共著の片棒「はまだかんじ」にしても、正直なところ、積算現役時代は『他力本願』の例にもれなかった。

長年の慣習というか、または慣例というべきか、あるいは鉄骨を拾うまでの時間の余裕がなかったと責任逃れをいいつつその姿勢を持ち続けてきた。しかし本音を「ズバリ！」いえば、「鉄骨に全く弱い！」の一言で片付けてよさそうである。

初心者にとってはどうだろうか？ 「松本伊三男」がみるところ、積算学校（㈳日本建築積算協会主催）の受講生も鉄骨の積算までマスターして卒業する人は数少ない。カリキュラムが鉄筋コンクリートに比べてそう短かいとも思えないのだが・・・。

とかく学校や講習会などで受講しているときは何となく分かったような気になるが、いざ実際にやってみると、忘れてしまったり、分からない部分などが多くでてくる。これはなぜか？

それは俗にいう「拾い」以前の段階で、鋼材、溶接、高力ボルトなどの名称、規格、仕様などの見方、そしてそれらの拾い方・まとめ方などの基礎知識の不足が原因のように思われる。学校のカリキュラムの中ではどうしても時間的な制約があるので基礎知識はさっとやり、拾いの授業が主になってしまう。どうやらこのあたりにその原因があるようだ。

「はまだかんじ」は昭和55年（1980）12月に『木造住宅積算入門（どんぶり勘定からの脱皮）』を本著と同じく大成出版社から世に出す幸運に恵まれ、以来これが多くの読者の支持を得ながら今日に及んでいる。さらには昭和63年（1988）1月にシリーズ第2弾として、『鉄筋コンクリート造積算入門（にがて意識からの脱皮）』をも世に出すことができた。

「はまだかんじ」としては、木造と鉄筋コンクリート造を手掛けておきながら、鉄骨だけを仲間外れにしておく手はないと考えていた。なんとか鉄骨もまとめてみたいものという気持は日を追うごとに募る一方であった。

そこへタイミングよく「はまだかんじ」の前に共著の「松本伊三男（まつもといさお）」が現れた。この道ほぼ45年近い超ベテランである。

「松本伊三男」は、大学卒業後約7年間ファブリケーター（鉄骨専門業者）に在職したことがある。小規模な会社だったので、積算、工場製作から現場組立の管理や指導などすべての過程を一通りやることができた。今になってみると、その当時苦労したことが大変役立っているという。

その後、独立して設計事務所を開設し、構造計算や積算をやってきたので鉄骨とのかかわり合いは長い。「鉄骨については相当詳しい」のである。

そして実務とともに積算学校や読売東京理工専門学校で教鞭をとり、㈳日本建築積算協会でも教育委員などの役職にあり、建築士、積算士の育成に力をそそいでいる。「松本伊三男」も「鉄骨の積算にアタックしてみよう！」という人や「積算はやっているが鉄骨にあまり自信がない。」という人達の声を聞き、鉄骨積算の入門書を作りたいと常々考えていたところである。

そこで「松本伊三男」が先生、「はまだかんじ」が生徒という立場をとりつつ、共著の形で本著をまとめることにした。

　生徒の「はまだかんじ」自身、「鉄骨のどこに弱いのか？」、「どういうところが積算する上でネックとなっているのか？」などが身をもって分かっていただけに、かえって『つぼを得た鉄骨の積算入門書』となったのでなかろうか？　と、自負もしている。

　「演習編」の図面も積算用に分かりやすく書き、積算基準に準拠した拾いや集計を行っており、資料編も使い易く作成してあるので、ファブリケーターの方々にも参考にしていただけるものと確信している。

　なお、本書の執筆にあたり、演習編などの図面関係については読売東京理工専門学校の高下先生に、資料編については松本建築設計室の岩崎君に手伝ってもらった。その他全てご紹介できないが、お世話になった方々に深く感謝する次第である。

　「脱皮シリーズ第3弾」の『鉄骨の積算入門（他力本願からの脱皮）』が、さきの姉妹編同様、多くの方々からご愛用いただき、なにかとご活用いただければ幸せと考えている。

　　2001年2月吉日

はまだ　かんじ
松　本　伊三男

目　次

　　すいせんのことば
　　第5版の発行にあたって
　　第4版改訂にあたって
　　第3版改訂にあたって
　　まえがき

Ⅰ．鉄骨の基礎知識

1．はじめに …………………………………………………………… 3
　1）「他力本願」からの脱皮を！ ……………………………………… 3
　2）鉄骨と木造は兄弟 ………………………………………………… 4
　3）鉄骨のどこに弱いか？ …………………………………………… 5

2．鉄骨の部位・部分の呼称 ………………………………………… 6
　1）柱　　脚 …………………………………………………………… 6
　2）柱 …………………………………………………………………… 8
　3）梁 …………………………………………………………………… 9
　4）小　屋　組 ………………………………………………………… 12
　5）仕　　口 …………………………………………………………… 18
　6）壁 …………………………………………………………………… 25
　7）そ　の　他 ………………………………………………………… 27

3．溶　　接 …………………………………………………………… 30
　1）突合せ溶接 ………………………………………………………… 31
　2）隅肉溶接 …………………………………………………………… 33
　3）溶接長など ………………………………………………………… 35

4．高力ボルト ………………………………………………………… 37
　1）高力ボルトの種類 ………………………………………………… 38

5. 鋼　　材 …… 39

〔鋼材の分類〕

- **材質による分類** …… 45
  - 1) 一般構造用圧延鋼材 …… 45
  - 2) 溶接構造用圧延鋼材 …… 45
  - 3) 溶接構造用耐候性熱間圧延鋼材 …… 46
  - 4) 建築構造用圧延鋼材 …… 46
  - 5) 建築構造用圧延棒鋼 …… 47
  - 6) 一般構造用軽量形鋼 …… 47
  - 7) 一般構造用軽量H形鋼 …… 47
  - 8) 一般構造用炭素鋼管 …… 47
  - 9) 一般構造用角形鋼管 …… 47
  - 10) 建築構造用炭素鋼管 …… 47
  - 11) JIS認定品以外の鋼材 …… 47
  - 12) 高性能鋼 …… 48
- **形状による分類** …… 49
  - 1) 鋼　　板 …… 49
  - 2) 形　　鋼 …… 50
  - 3) 軽量形鋼 …… 52
  - 4) 溶接軽量H形鋼 …… 53

II. 建築数量積算基準と鉄骨

1. はじめに …… 57

2. 鉄骨の区分 …… 58

- 1) 柱 …… 61
- 2) 梁 …… 65
- 3) ブレース …… 68
- 4) 階　段 …… 71
- 5) その他 …… 71

3．鉄骨の計測・計算 ·· 73

4．基準に基づく演習 ·· 84

Ⅲ．モデル建物の計算・解説

1．モデル建物の概要 ·· 97

2．拾いに先立って ·· 98
 1）設計図書のみかた ·· 98
 2）溶接記号の書き方 ·· 98
 3）溶接の拾い方 ·· 99
 4）拾いの順序など ·· 101
 5）鋼材の集計方法 ·· 101
 6）内訳書の作成方法 ·· 102
 7）拾い方 ·· 102
  ① 柱 ·· 102
  ② バンドプレート ·· 104
  ③ 梁 ·· 104
  ④ フィラープレート ·· 104
  ⑤ ブレース ·· 105
  ⑥ 母屋、胴縁 ·· 106
  ⑦ デッキプレート ·· 107
  ⑧ アンカーボルト ·· 108
  ⑨ ボルト類 ·· 108
  ⑩ 塗装面積 ·· 109
  ⑪ ベース下均しモルタル ·· 109
  ⑫ 超音波探傷検査 ·· 110

3．Aビル新築（鉄骨）工事（解説付） ·· 111

4．A・Aビル新築（鉄骨）工事（解説付） ·· 141

4　目　次

5．Bビル新築（鉄骨）工事 …………………………………………………………159

6．C倉庫新築（鉄骨）工事 …………………………………………………………221

Ⅳ．鉄骨積算の資料

① 鉄骨参考表（溶接延長換算表） ………………………………………………………272
② 山形鋼の単位質量および塗装係数 ……………………………………………………284
③ Ｉ形鋼の単位質量および塗装係数 ……………………………………………………285
④ 溝形鋼の単位質量および塗装係数 ……………………………………………………285
⑤ Ｈ形鋼の単位質量および塗装係数 ……………………………………………………286
⑥ Ｔ形鋼の単位質量および塗装係数 ……………………………………………………291
⑦ 一般構造用角形鋼管の単位質量および塗装係数 ……………………………………292
⑧ 一般構造用炭素鋼鋼管の単位質量および塗装係数 …………………………………294
⑨ 軽量形鋼の単位質量および塗装係数 …………………………………………………296
⑩ デッキプレート単位質量 ………………………………………………………………297
⑪ 平鋼単位質量 ……………………………………………………………………………300
⑫ 鋼板の単位質量および塗装係数 ………………………………………………………301
⑬ 縞鋼板の単位質量および塗装係数 ……………………………………………………301
⑭ 丸鋼の単位質量および塗装係数 ………………………………………………………302
⑮ 異形棒鋼の単位質量および塗装係数 …………………………………………………302
⑯ 普通ボルト単位質量 ……………………………………………………………………303
⑰ 高力ボルト単位質量 ……………………………………………………………………304
⑱ 超高力ボルト単位質量 …………………………………………………………………305
⑲ ステッキ形アンカーボルト単位質量 …………………………………………………306
⑳ 両ネジアンカーボルト単位質量 ………………………………………………………307

Ⅴ．鉄骨積算用語の解説

鉄骨積算用語の解説 ……………………………………………………………………………311

おわりにあたって
参考文献

I．鉄骨の基礎知識

I

鉄骨の基礎知識

1．はじめに

1）　「他力本願」からの脱皮を！（他人まかせでなしに、自分で拾おう！）

　建設会社の規模にもよろうが、なかでも積算専従者をおいていないようなところでは、鉄骨はおろか、鉄筋の数量ですら自社で拾い切れずにいる。したがって、数量の方はもっぱら専門下職の人々の拾いにまかせているというのが実態のようである。

　こうしたところでの積算数量のチェックはどうしているのかといえば、結局複数の専門下職先に見積依頼をし、提出された下見積によって比較表を作成し、人情としても数量の一番少なめのところに落ち着くようである。さもなくば、発注者と受注者双方の数量の差を政治的手法により折半するといったあたりで決着をつけているというのが、また大方のところではなかろうか。

　今から20数年ほど前の話になる。千葉県のある木造戸建住宅建売専門のデベロッパーの社員教育の講師役をつとめたことがあった。実戦教育をしてほしいということで、そのデベロッパーの自社設計図に基づいて屋根面積の計測・計算の演習をしてみた。若い社員の1人がその結果をみて溜息まじりに感激してみせたのである。「実際はこういうことであったのか……」と。今までどんな方法でやってきたのかをたずねたところ、「いやあ、正直なところ、今までは数社の下見積で数量の一番少なめなところを標準としていました……」という答えが返ってきた。つまり前にも触れた鉄筋や鉄骨の積算と似たり寄ったりの手段であったというわけである。

　別にこの方法が悪いとか、不都合だとまでいうつもりはない。しかし数量そのものは『真実は一つ』という旗印の下に、今や「**建築数量積算基準**」が確立されてからももう久しい。この際鉄骨の数量の方も、しっかり自分自身の手で拾い、自分の目で確かめてみる必要があるのではないかと思う。

　他人様が拾ったものは所詮仮のものに過ぎない。これを自身が拾えば、関係者と折衝するにしても迫力と説得力がまるで違う。更には自信となって身につく。

4　I．鉄骨の基礎知識

　一方時代の波は、「設計図が同じ、でき上がるものは一つしかないのに、なぜ10人が10人積算した数量にこうも差があるのか？」といった素朴な疑問を投げかけている。これに応えるためにも、「目の子」での積算とか、「どんぶり勘定」での見積というものは、世間にもう受け入れられなくなりつつある。

　「鉄の意志」とか「鉄のカーテン」とか、鉄のイメージには固さがつきまとう。しかし「鉄は熱いうちに打て！」という諺もある。「柔よく剛を制す」の柔軟な発想をもって、ひとつ「他力本願からの脱皮」を目指し、鉄骨数量の拾いにも挑戦してみようではないか！

2)　鉄骨と木造は兄弟（考え方は木造に近い）

　同じ10センチ角の木材でも、屋根のてっぺんに上がれば棟木（むなぎ）となり、これが一段下がった場所に使用されれば母屋（もや）とその名を変える。昔から棟木が上がらないことは梲（うだつ）が上がらないことを意味するから、棟木はまあ木材のなかでの出世株のほうだろう。これが床下に回って根太（ねだ）を支えるとなれば大引き（おおびき）と呼称が異ってくる。一方、肌の色つやもよく、姿・形などの見てくれがよかったら、垂直方向に立てて使われて化粧柱となる。化粧柱のなかでも床（とこ）の間の床柱などに選ばれようものなら、木材仲間の出世頭というものであろう。木材にも人間の世界と同じく、運もあれば生まれや育ち、そして氏（うじ）、素姓（すじょう）といったものまでありそうである。

　さて、このあたりは鉄骨もよく似ている。同じ断面をもつ形鋼も、その使われ方、使われている場所によって名称がいろいろと違ってくる。アングルの断面をもつ鋼材が、屋根の波形スレートを受ければ母屋となり、ところ変わって壁の波形スレートを支えれば胴縁（どうぶち）とその名称を変える。

　木材の拾いが材種別・断面別または長さ別に分けて拾っていくように、鉄骨の拾いもその要領はよく似ている。木材の長手方向の継手は、木材同士の端部をお互いに相欠きの形をとって

継いでいく。鉄骨は板材を挟んで継ぐか直接お互い同士を溶接して継いでいく。接合部に用いる止め金物は、木造では釘やボルトを使用するが、鉄骨の方では鋲や高力ボルトを用い、これもまたよく似ている。

このように見てくると、一体鉄骨の拾いでなにが面倒で、なにがそんなにむずかしいのかということになるが、そのあたりのことをここで今一度よく考えてみよう。

3) 鉄骨のどこに弱いか？（どうやら拾い以前にありそうだ！）

鉄骨の軸組を構成する柱や梁は勿論として、山留め工事などの仮設材としてもその主役をつとめるH形鋼、東京新宿副都心に聳える超高層ビル群の柱や梁に用いられている特殊H形鋼にしても、その断面の形をなす部分は**フランジ**と**ウェブ**の何れかの名称に分かれる。

この「はまだかんじ」自身、学生時代に構造関係の講義をさぼった報いとして、長い間この両者の区別がもうひとつ定かでなかったことをここに白状しておく。

図—1

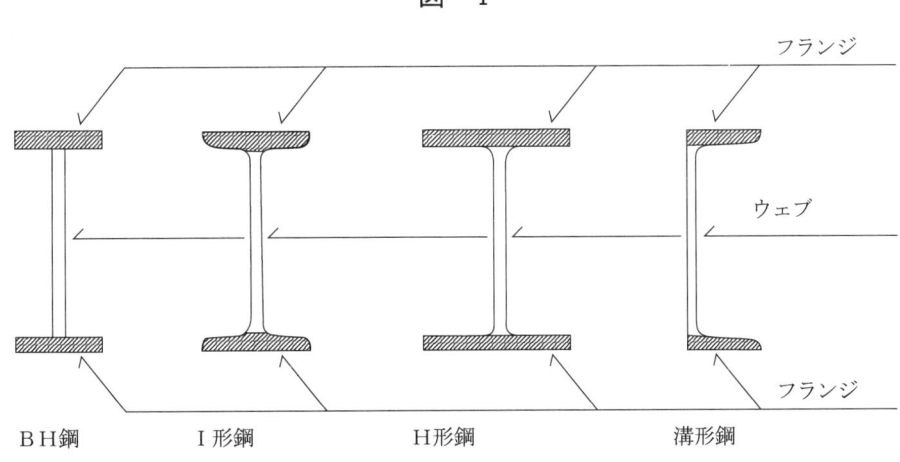

BH鋼　　I形鋼　　H形鋼　　溝形鋼

曲げ材において、曲げ応力を主として受け持つプレートなどの部材、またはこれに準ずる部分をフランジという。一般にH形鋼やI形鋼、あるいは組立I形断面などのウェブの上下を挟んで配置される鋼板やアングル材などがこれにあたる。

一方曲げ材において、主として剪断力を受け持つ部分をウェブといい、フランジあるいは組立I形断面の弦材をそれぞれ継ぐ役目をし、I形断面材のフランジに挟まれた部分を指す場合が多い。

工場からH形の断面のまま生産される場合は**ロールH形鋼**（以下単にH形鋼という）として積算する場合長さだけを拾えばいいが、フランジ部分とウェブ部分を溶接によって**ビルトエッチ形鋼**（以下BH形鋼という）にした場合は、拾う以前に、それぞれの部分に名称を付けておかないと作業が先に進まない。つまり、**積算行為以前の『部分の名称』**そのものの知識が怪しいとみてよいだろう。

因に、図—2は昔よく用いられた柱の柱脚部分である。ベースプレートと柱の主材H形鋼を

直接溶接なり、鋲やボルトなどで接続できればことは簡単であるが、一般的にはゴチャゴチャと細かい部材が付随してくる。これらの部分の名称があやふやだと、拾いは立ち往生になる。

そして次に『**弱い！**』点が、どうやら『**溶接**』に関しての種別や名称もさることながら、溶接長さをどう計測するのかというあたりだろう。たとえ拾ったとしても『**6mm換算**』で計上するということにどのような意味があるのか？　といった按配になってくると「もう、お手あげ！」になるといったあたりが正直なところではないだろうか。

極論をいえば、『**名称と溶接に全く弱い！**』ということになりそうである。これはなにも読者諸兄にいっているのではなく、生徒の立場をとる共著の片棒、「はまだかんじ」自身への檄（げき）である。

したがって、このあたりから入門の扉を開いて先に進んでみたいと思う。

2．鉄骨の部位・部分の呼称

1) 柱脚（ちゅうきゃく）column base, base of column

上部から柱に伝わってくる軸方向力・曲げモーメント・剪断力（せんだんりょく）などを基礎に伝えるための柱の脚元を柱脚という。

昔は多かった組立柱にせよ、現在もっとも普通に行われている溶接工法による柱にせよ、基本的には**ベースプレート**（base plate）と、柱の主材とその両者を接合するための補助部材とで構成されている。

組立柱では図―2で分かるように柱のフランジ側に**ウィングプレート**（wing plate）～「袴板（はかまいた）」ともいう～を取り付け、**サイドアングル**でベースプレートに固定、ウェブ側は**クリップアングル**で固定している。同じアングル材であっても、柱材のフランジ・ウェブのいずれの面に取り付けるかで名称が変わってくる。

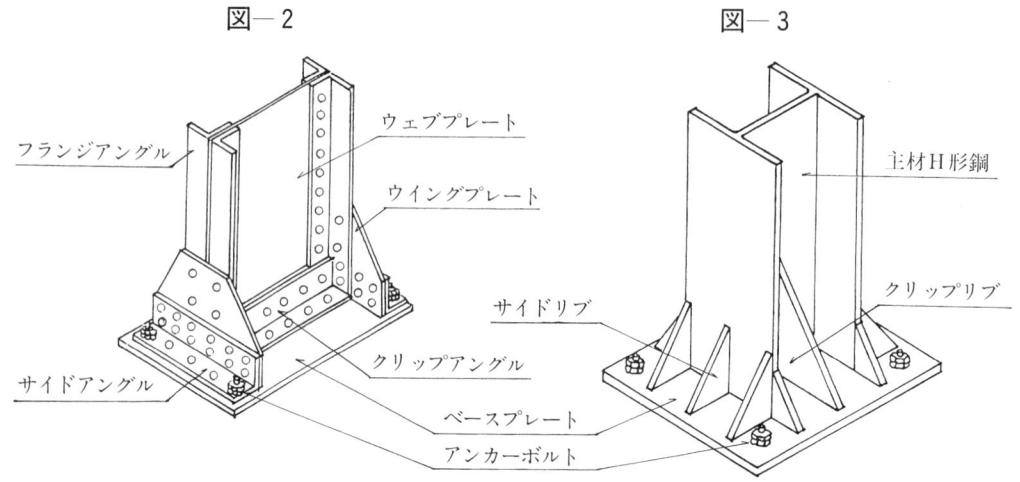

2. 鉄骨の部位・部分の呼称　　7

したがって図—3の溶接柱でも、フランジ側に付けば**サイドリブ**であり、ウェブ側に付けば**クリップリブ**となることが分かってくる。しかし、拾いの上では両者共リブプレートとしている場合が多いようである。この辺りのこと一つでも、『鉄骨に明るい人』にはなんでもないようなことだろうが、『鉄骨に弱い人』にとっては意外とむずかしいことなのである。

次に柱脚と基礎を結ぶものが**アンカーボルト**であるが、アンカーボルトに生ずる引張応力が、基礎コンクリートとの付着力あるいはボルト下端のフックによる支持力のみでは不足する場合がある。これを解決するために考えられたものが**アンカーフレーム**（anchor flame）である。図—4に見られるように、2本以上のアンカーボルトの下端を鋼板（現在は形鋼の方を多く見かけるが……）により連結して引張耐力を増加させる働きをする。

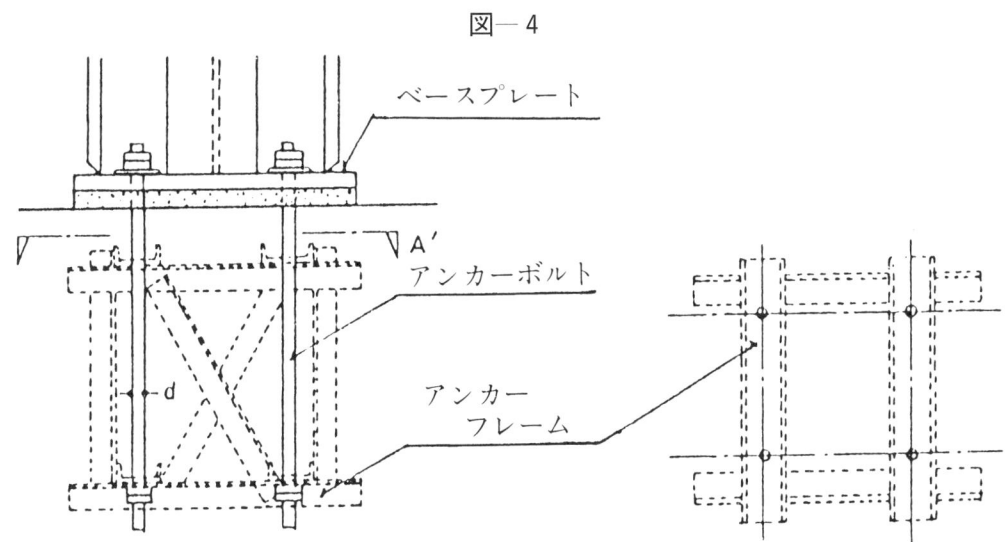

図—4

2) 柱（はしら）column, post, pillar

屋根や床の荷重を支え、基礎に伝える役目を果たす垂直部材を**柱**といい、梁と共に構造上最も重要な部材である。

鉄骨では現在のようにⅠ形鋼やＨ形鋼をそのまま柱として用うる場合と、鋼板同志を溶接によって**組立柱**（くみたてばしら）～built up column～としたものが主流であるが、昔は重量を少しでも減らすために複数の形鋼を鋼板を用いて組み合わせていた。

図―5　組立柱のいろいろ

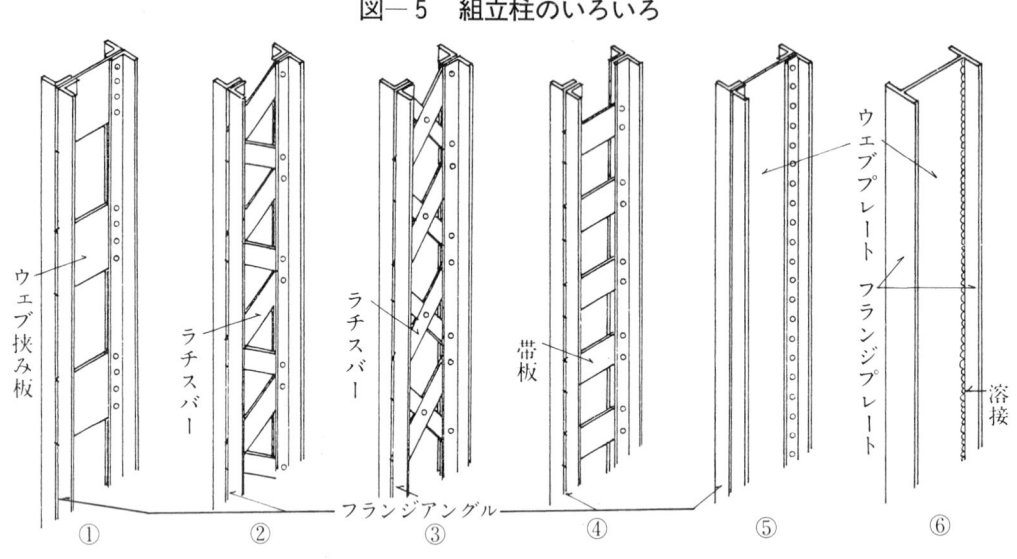

参考までに組立柱のいろいろな例を挙げて簡単な説明をしておく。

①は主材に山形鋼を2個づつ**フランジアングル**として用い、それらを継ぐ**挟み板**をウェブ材として組立柱としたものである。

②は①と同じく山形鋼をフランジアングルとし、約30°～45°程度の傾斜をもつ帯板（タイプレート）の**ラチスバー**をウェブ材として構成した組立柱である。

③はラチスバーをたすきがけにクロスしたもの。④はウェブ材として帯板を主材に対し直角方向に細かいピッチで入れたものである。

⑤は①～④と同じくフランジアングルを用い、柱の全長にわたって**ウェブプレート**を通してリベットにより接合したもの。そして最後の⑥は、柱の全長にわたって**フランジプレート**とウェブプレートを全溶接で継いで組立柱としたものである。これが現在 BH 形鋼と呼ばれているタイプである。

その他柱にも、梁の項で述べる図―10に見られるような**箱形断面**（はこがただんめん）～box section～をもつものなどが昔はあった。

箱形断面にした場合は、ウェブ材が2つあることになるから剪断抵抗に強く、曲げに対しても弱軸と強軸の差が小さく、閉断面で捩りに対しても有利であるが、部材同士の接合が比較的むずかしいといわれている。

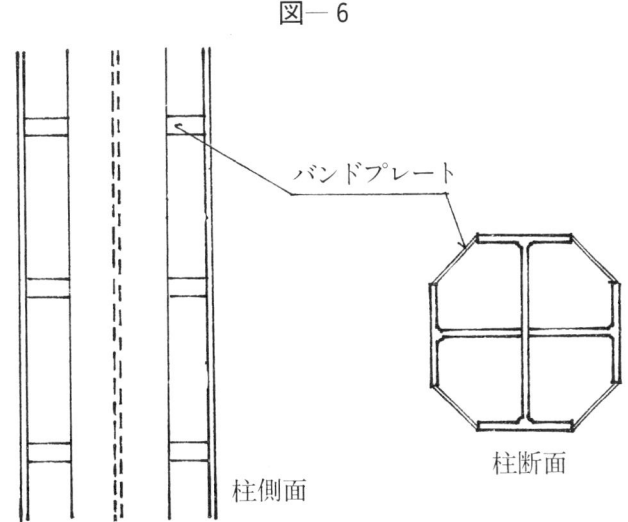

図―6

　図―6は、現在多く用いられている全溶接による組立柱の例である。

　H形鋼またはBH形鋼と、T形断面をもつ（H形鋼を2つに切断してT形とするか、または2枚の鋼板を溶接してT形とする）2組の主材を十字形に配置して全溶接により組立柱としたものである。

　なお、これら主材の座屈・振りなどを防止するために、主材の外周に一定間隔に取り付けた帯鋼のことを**バンドプレート**（band plate）と呼んでおり、これは建方時の仮設用梯子としても利用されている。

　その場合、バンド間隔が800～1,000mm くらいあるため、梯子に利用する面のバンド間に丸鋼などを1、2本取り付けて踏子としている。

3) 梁（はり）beam, girder, joist

　木造では梁（はり）と桁（けた）の使い分けが一応あり、小屋組や床組を支える場合は**梁**とし、側柱上にあって棰（たるき）～または「垂木」とも書く～を受けるものを**桁**（けた）といっている。しかし土木の橋では柱脚上の橋の長手方向にあって橋板を支える水平材を指しており、横文字ではBeamもGirderも特に使い分けの定義はないようである。

　一方建築での鉄骨造や鉄筋コンクリート造の梁伏図では、昔は梁間（スパン）方向にGirderのGを用い、桁行方向にBeamのBを用いて、G_1とかG_2、B_1、B_2と大文字の記号で位置や梁の仕分けをし、小梁には小文字のg、bを用いてg_1、g_2、b_1、b_2といった方法で行われていた。現在でも大規模の建物の場合は記号の種類が多いので、X方向にG、Y方向にBを用いて仕分けしている。

　鉄骨では前項の柱と同じく現在は主流のH形鋼をそのまま用うる場合や鋼板同士を溶接により組み立てたBH形鋼としたもの、また昔のように複数の形鋼や鋼板を用いて組み合わせたものなどがある。

図—7 組立梁のいろいろ

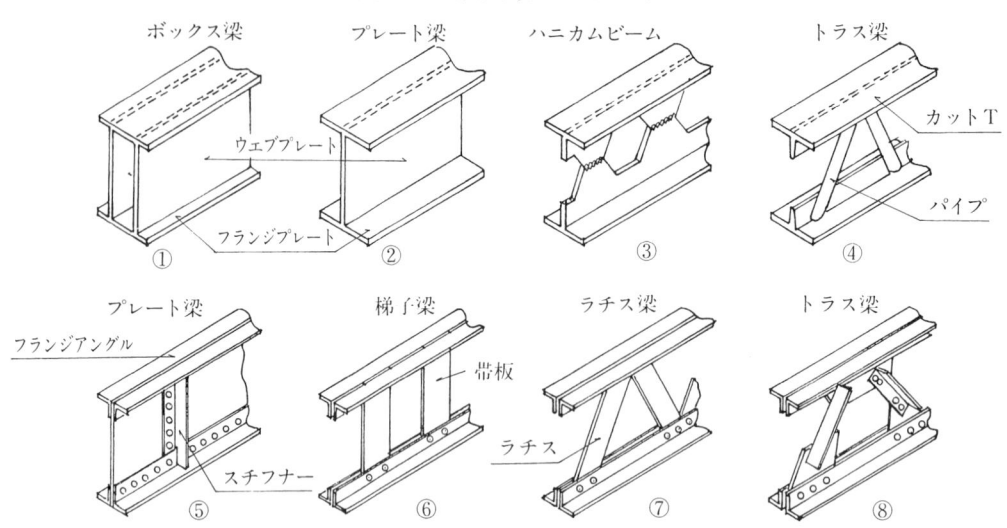

　①は鋼板のみで2つのウェブ材と上下のフランジ材で箱形に組み立てた**ボックス梁**である。

　②は①と同様鋼板のみでフランジとウェブを溶接により組み立てたものであるが、ウェブ材は1枚であるので**プレート梁**と呼んでいる。現在のBH形鋼梁がこれにあたる。

　③は②のプレート梁の変形で、ウェブ材の中程に一定の間隔で六角形の穴を明けたものである。これは図—8に示すようにⅠ形鋼またはH形鋼のウェブ部分を切断し、ずらして六角形の穴が明くように両者を溶接して梁成を大きくしたものである。

図—8

この発想は結構古くからあり、穴の形が六角形で並ぶことから**蜂の巣梁**ともいわれ、一般には**ハニカムビーム**と呼ばれ、加工費に比べ材料費の高かった昔は、一時脚光を浴びたものである。

　④は、上弦材と下弦材に**カットT**（H形鋼のウェブを中心から切断したもの）を用いてフランジ材とし、ウェブ部分をパイプ材でラチス状に組んだもので**トラス梁**の一種である。

　⑤は上・下弦材に山形鋼を2個ずつフランジアングルとして用い、鋼板をウェブ材として組み立てたものである。なお、ウェブ材の座屈防止のために中間に入れた補剛材（ほごうざい）は**スチフナー**（stiffener）といい、垂直方向に入った場合は**縦スチフナー**、水平方向に入った場合を**水平スチフナー**と呼んでいる。

　⑥は上・下弦材に⑤と同じくフランジアングルを用い、ウェブ材に帯板を梯子（はしご）状

図—9

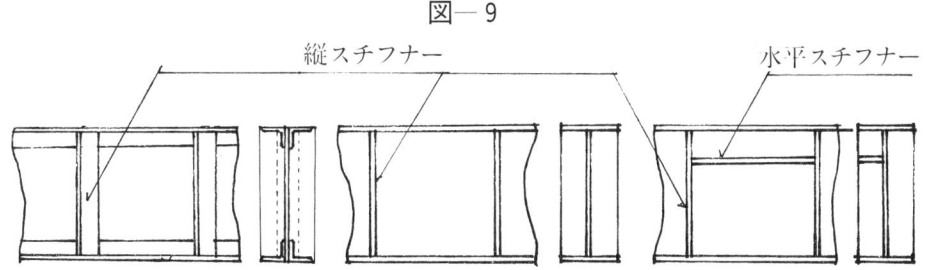

に組み込んだ梁で**梯子梁**または**格子梁**と呼んでいる。

⑦も上・下弦材は⑤、⑥に同じであるが、斜め状に組み込んだ帯板のウェブ材と上・下弦材で三角形を構成している。これは剪断力変形を減少させるとともに自重を増大させることなく、大きな曲げ耐力が期待できる組立梁の一つで**ラチス梁**という。

⑧は上・下弦材もラチス材も山形鋼を用い、**ガセットプレート**で部材同士を接合したもので、④と同じく構造計算上は各節点をピン接合と考えているので、これも**トラス梁**と呼んでいるものである。

図—10

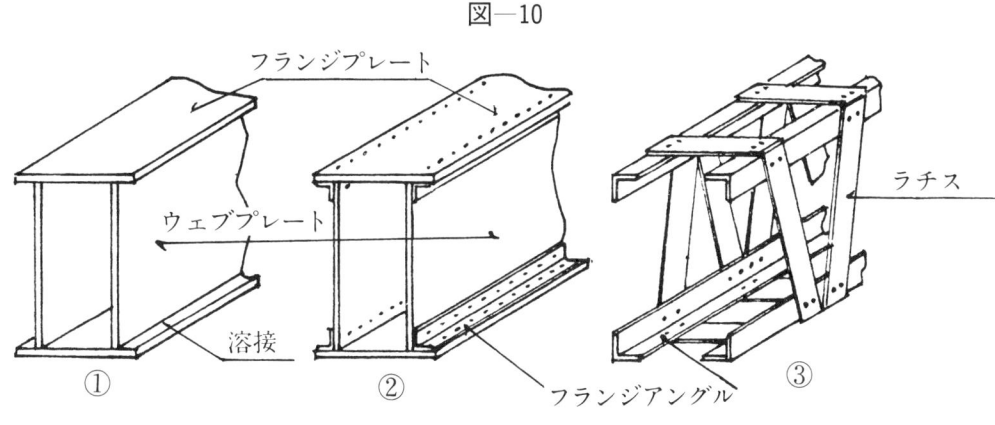

図—10の①〜③も箱形断面（box section）をもつ組立梁である。ウェブが２つあることから剪断抵抗に強く、曲げに対しても弱軸と強軸の差が小さく、閉断面で捩りにも有利であるが、短所としては部材同志の接合が比較的むずかしいといわれている。

①はフランジ・ウェブ材ともすべて鋼板で、溶接により接合されているボックス形の組立梁である。

②も①と同じくフランジ・ウェブ材ともすべて鋼板であるが、それらの接合部材にフランジアングルを用いて鋲鋲（こうびょう）により結合されたボックス形の組立梁である。

③は上・下弦材に帯板で格子状に接合されたフランジアングルを用い、２つのウェブ材として帯板をラチス状に組み込んで箱形断面にした組立梁である。しかしこれらも、加工費の安かった昔の話で、少々重量的に重くなっても、手間ひまのかからない工法を選ぶような現代では、古い工場建家などにみられる程度で、その姿は数少なくなったといえる。

12　Ⅰ．鉄骨の基礎知識

4) 小屋組

(1) 屋根の種類

建物の骨組が鉄筋コンクリート造や鉄骨鉄筋コンクリート造であっても、屋根の小屋組を鉄骨でやる場合が結構多い。

屋根の形としては切妻（きりづま）、寄棟（よせむね）が一般的であるが、社寺建築物になると方形（ほうぎょう）になったり、屋根の一部がそのまま正面部分だけ下りてくる「向拝（こうはい）」屋根というものがあったりする。

したがって、ここでもおさらいのつもりで、屋根の形の名称などに若干触れておきたい。

①の**平屋根**つまりフラットは、雨水の排水のために若干の水勾配はとるものの、見た目にはほとんど平である。

②の**片流れ**（かたながれ）は片方向に屋根勾配をとったものである。

③の**切妻**屋根は、もっとも一般的に用いられる屋根の形である。工場建築などで、屋根面から採光を取るために図—12のような形にしたのもよく見かけたが、これも切妻屋根の変形の一つと考えていいだろう。

④の**寄棟**屋根は、梁間方向も桁行方向も軒先の先端を水平に揃えるために棟木（むなぎ）を屋根の四隅の軒先まで下ろした形をとる。したがって棟木の仲間ではあるが、これを**隅木**（すみぎ）と名付けて区分けしている。古くは棰（たるき）の一種と考えていた時代もあったようで、隅垂木（すみたるき）ともいう。

⑤は、水平方向の棟木がなくなって隅木だけで屋根の中心部分を頂点として四方へ雨水を流す形式で、**方形**（ほうぎょう）屋根といい、お堂などによく見られる形式である。

⑥の**入母屋**（いりもや）、⑦の**錣葺**（しころぶき）屋根も方形と同じく寄棟から展開してい

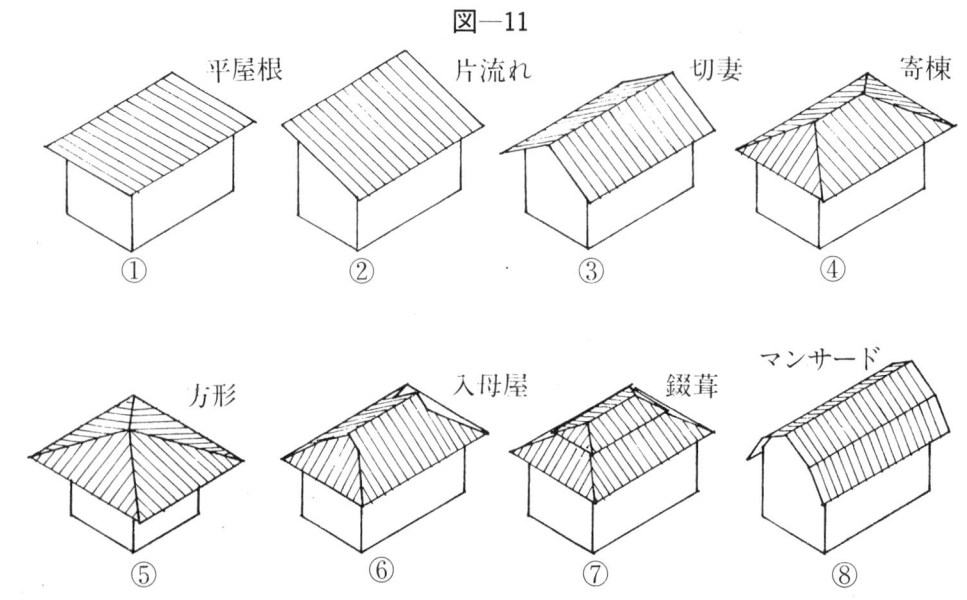

図—11

ったものと解釈してよい。

⑧は**マンサード**屋根（mansard roof）といい、フランスの建築家F・マンサールの考案とされているが、このような形式は16世紀の半ば以前すでに用いられていたという。下部が急勾配なのに対して上部を緩い勾配にし、普通はこの空間を利用して屋根裏部屋が設けられている。

日本ではこのマンサードに似たもので、庄川上流の岐阜県の荘川・白川地方と富山県の五箇山地方に特有の草葺切妻造りまたは入母屋造りの**合掌**（がっしょう）**造り**というのがある。こ

図—12 工場屋根の一例

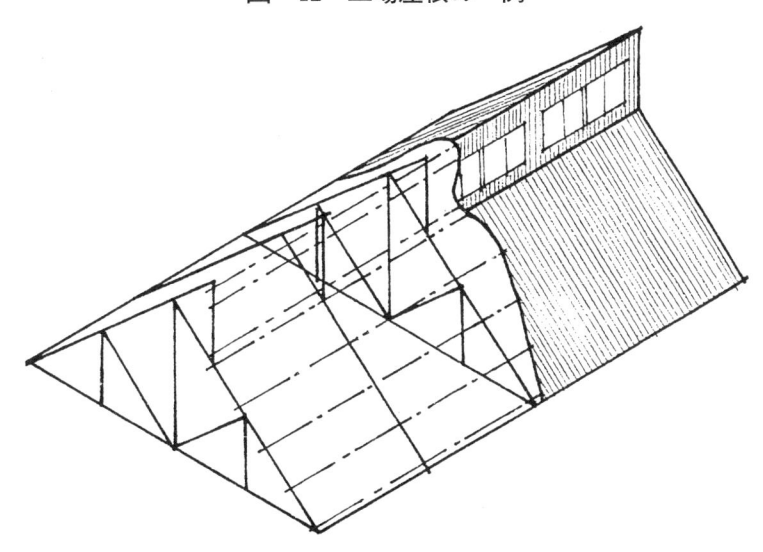

図—13

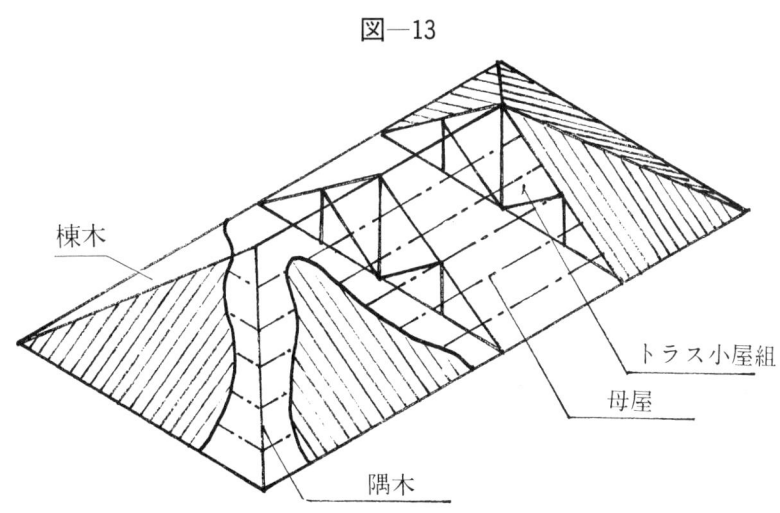

図—14

14   I．鉄骨の基礎知識

の大屋根の空間を3～4階に分け、1階を居住部分とし、2階以上をあまと名付けて蚕（かいこ）を飼ったりした。

その他、屋根面の部分による呼称についても参考までに述べておく。

2つの傾斜した屋根面の交わる一番高いところを棟（むね）といい、逆に低く交わる部分を谷（たに）という。また、刀ややじりの刃の背の部分を指して鎬（しのぎ）〜よく激しく戦うことを「鎬を削る」と使うように〜というが、棟の部分をこの鎬といった場合は、傾斜した屋

図―15

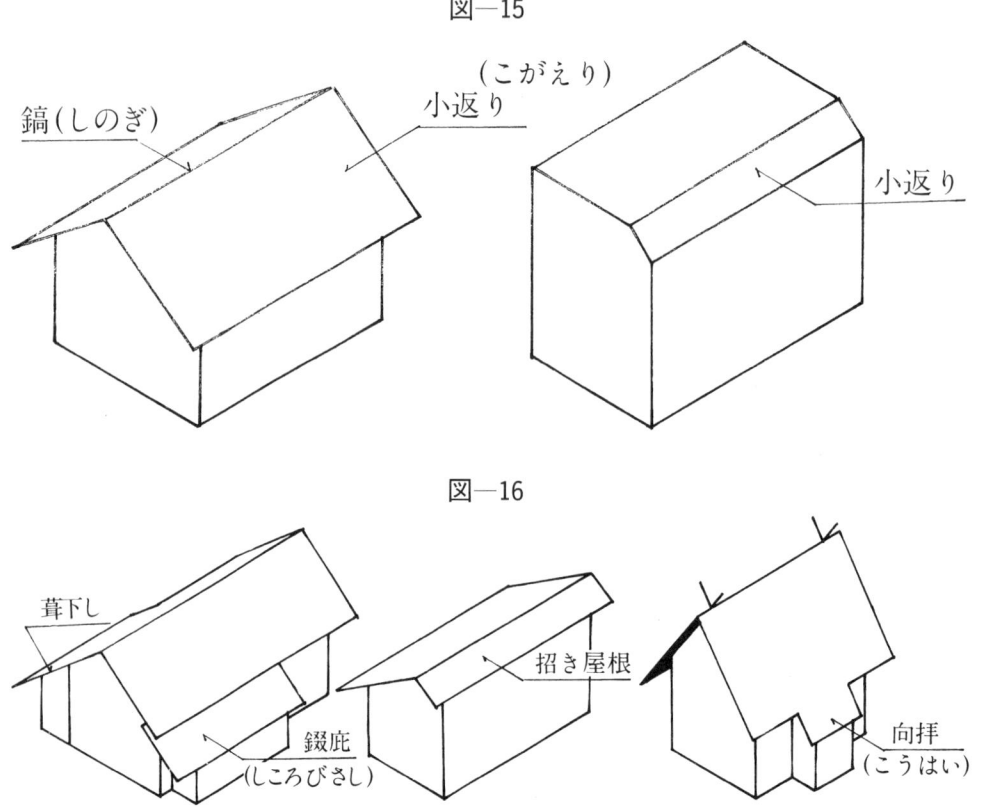

図―16

根面を**小返り**（こがえり）と呼んでいる。街中でよく見かけるマンションなどの外壁の道路幅からくる後退斜線（セットバック）による傾斜面や、隣地境界線との北側斜線により削られてできる傾斜面もこの小返りにあたる。

一方、片流れ屋根の上部を折り曲げて反対の方向へ流した形のものを**招き屋根**といっている。丁度屋根の形が招き猫の手を連想させるからであろうか？

切妻屋根などの片方の面を、そのままの勾配で下方まで下げてきた場合を**葺下ろし**（ふきおろし）と呼び、本屋根の軒下から一段ちょっと下げた場合は**錣庇**（しころびさし）、はっきりと小壁をとって設けた場合は**下屋**（げや）または**差掛け**（さしかけ）とか**付却し**（つけおろし）などと呼んでいる。

社寺建築拝殿正面の一部分が葺下ろしになった場合は**向拝**（こうはい）と呼んでいるが、一般の建物の場合は葺下しと呼ぶことになる。

(2) 小屋組とその部材の名称

次に、洋小屋に用いる代表的な山形トラスの形と、その特徴や部材の名称などについて述べる。

まず小屋組の形をしたものでは図—17に示すようなキングポスト・トラス、クイーンポスト・トラス、フィンク・トラス、マンサード・トラスなどがある。

①の**キングポスト・トラス**（king post truss）は、トラス部材の組み方において、山形トラスの中央に垂直材の**真束**（しんづか）があり真束小屋組ともいう。

②は①のキングに対してクイーンと名付けている。**クイーンポスト・トラス**（queen post truss）は、山形トラスの中央付近に相対する垂直材の**対束**（ついづか）を持つトラスのことをいい、対束小屋組ともいう。

③の**フィンク・トラス**（fink truss）は、アメリカのフィンクが発明したといわれるトラスで、圧縮材が短くてすむのが利点となっている。

最後の④の**マンサード・トラス**は、マンサード屋根に用いられるトラスで、対束の幅を広く取って二重梁をかけ、その上から真束を立てて中央の空間に障害物がないように工夫されている。

いずれのトラスも洋風に名付ければ合掌材は上弦材、陸梁および二重梁は下弦材になる。そして大小の束・方杖材はラチス材ということになる。

次に上弦材と下弦材が水平の形になるラチス・トラスの代表的なものについて述べてみよう。

①の**プラット・トラス**（pratt truss）は、アメリカのプラットが発明したトラスである。トラスが鉛直荷重を受けるとき、長さの短い束材に圧縮力、長さの長い斜材に引張力が生ずるよう工夫されている。鉄骨のように引張力に強い材料に適したトラス形式といえよう。

②の**ハウ・トラス**（howe truss）は、アメリカのG．ハウが考案したものである。①と斜材

16   I．鉄骨の基礎知識

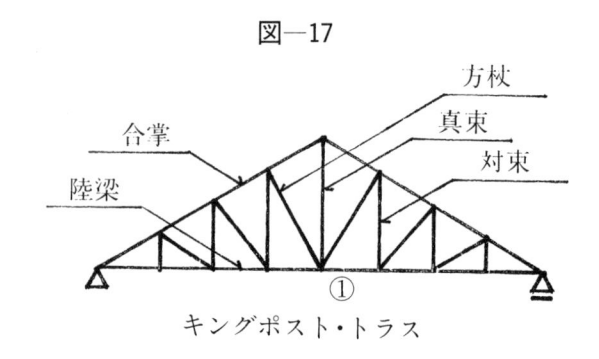

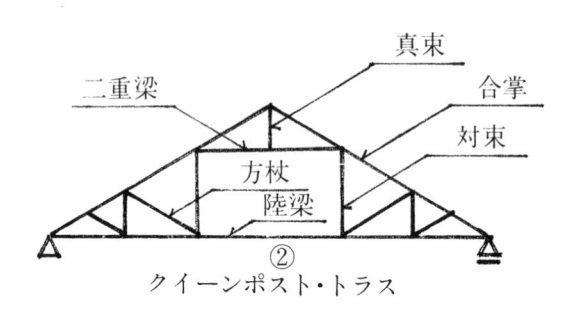

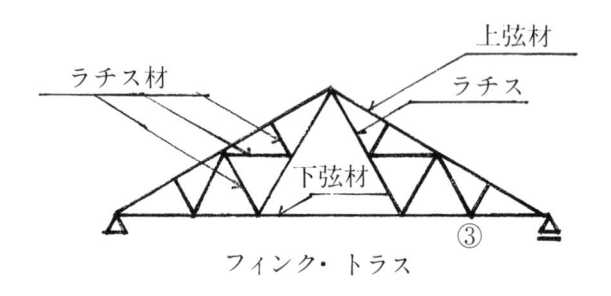

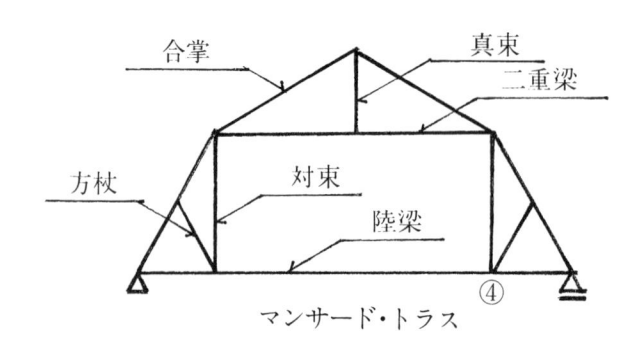

図—17

① キングポスト・トラス

② クイーンポスト・トラス

③ フィンク・トラス

④ マンサード・トラス

の方向が逆のため圧縮力がかかるが、見た目の形のよさから生まれたものといえよう。

　③の**ワーレン・トラス**（warren truss）は、ワーレンの発明によるもので「ワーレン桁」とも呼んでいる。

　④の**ダブルワーレン・トラス**（double warren truss）は、ワーレン・トラスのうちでラチスが二重に交差している形式のものをいう。

　⑤、⑥の**Ｋトラス**は、ラチス材の形がＫの形をしているのでこのように名付けられた。ラチ

図—18

プラット・トラス ①　　ハウ・トラス ②

ワーレン・トラス ③　　ダブルワーレン・トラス ④

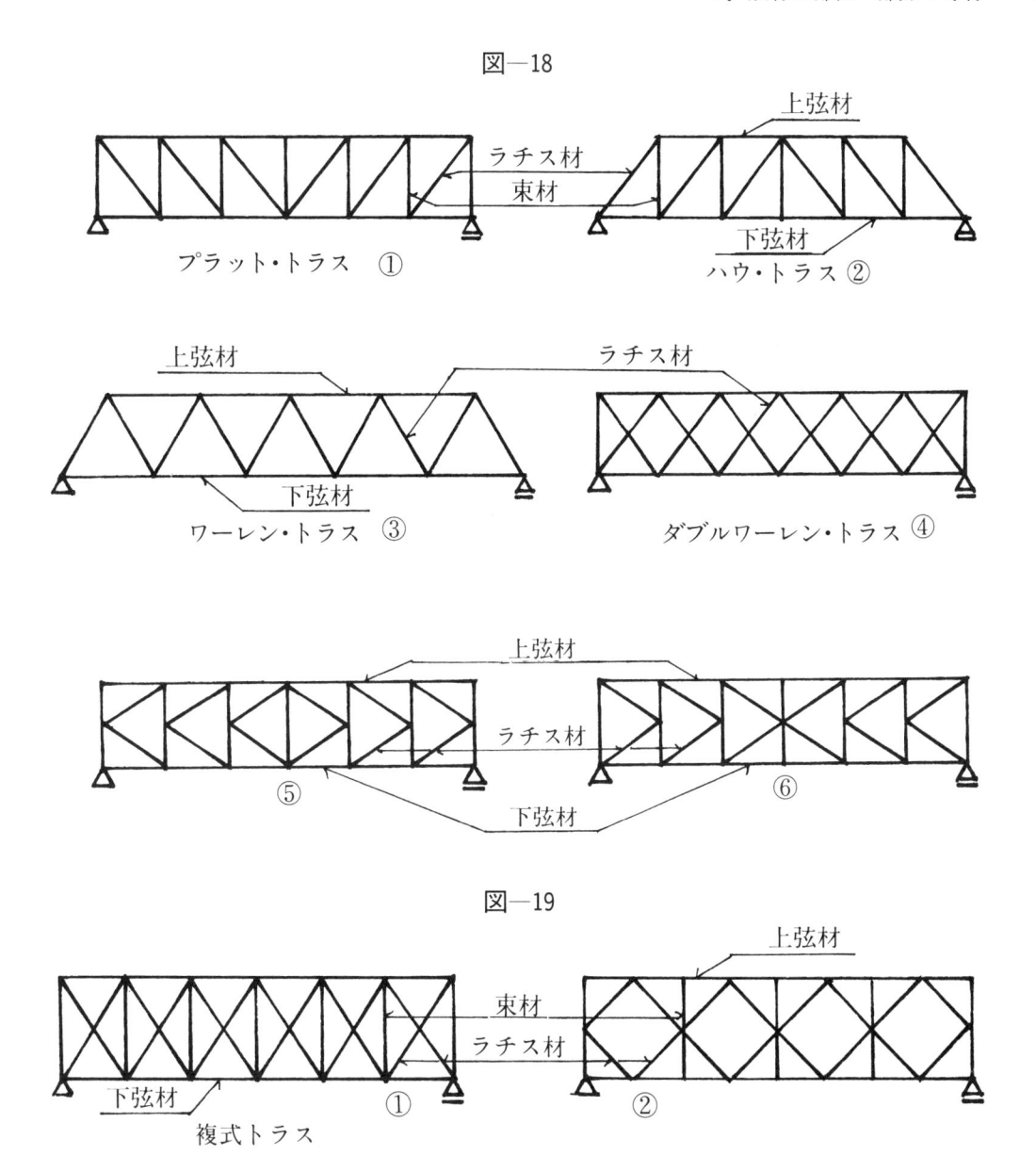

⑤　　⑥

図—19

複式トラス ①　　②

スの座屈長さがワーレン・トラスに比べて短くなるので、比較的大規模なものに使用されている。

その他、図—19の①のようにプラット・トラスに更に反対方向にもすべてラチス材を入れたものや、②のようにKトラスの変形のようなものまでいろいろある。

いずれにしても部材の名称としては、上弦材と下弦材をラチス材（束材、斜材）で組んだ**ラチストラス**といえる。

(3) その他付属部材の名称

その他小屋組同士を結ぶ**小屋振止**（こやふれどめ）とか**水平筋違**、屋根材を取り付ける母屋（もや）などがある。これら付属部材の名称やその役目について簡単に述べておこう。

●サブトラス

母屋スパンを縮めるため、主要小屋組の間に設ける簡単な補助的小屋組をいう。小屋組（メイントラス）間隔が大きい場合は母屋スパンも当然長くなり、大きな屋根荷重を負担すること

になる。したがって、**サブトラス**をその中間に設けることにより母屋スパンを短くし、母屋の部材断面の増大を防ぐ働きをすることになる。

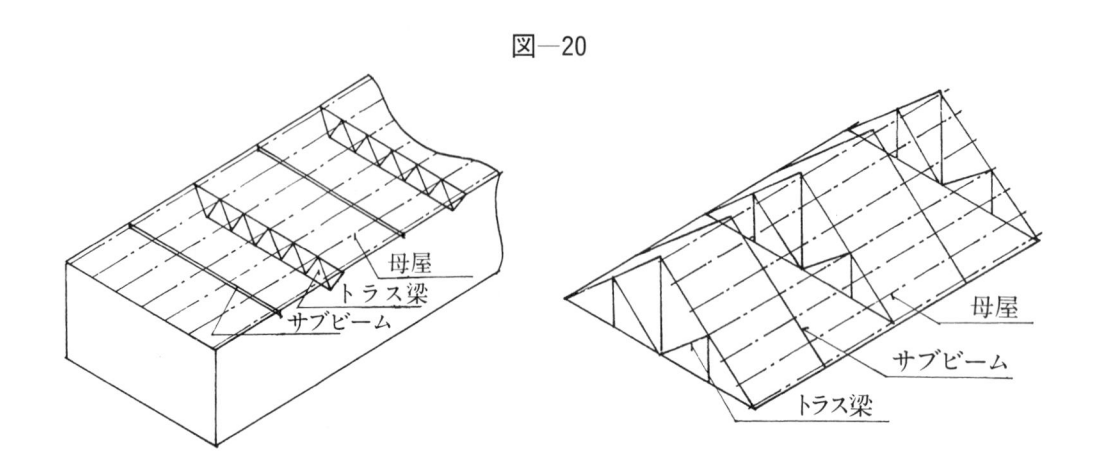

図—20

- **母屋**（もや）**purlin**

  正しくは母屋桁（もやげた）というが、単に**母屋**という場合が多い。

  普通納りの上では棟つまり桁行方向に対し平行に小屋組の上に渡し、木造では垂木（たるき）を受けることになるが、鉄骨造ではこれに直接屋根材を取り付けることが多い。

  小屋組の**合掌**（がっしょう）と母屋との取付け部分には**転び止め**（cleaf）を設ける。

- **小屋振止め roof truss bracing**

  小屋組のトラスを相互に連結して固めるため直角方向に配置する部材で、斜めにして取り付ける。一般の鉄骨造では形鋼、軽微なものでは丸鋼を用いている。

- **水平筋違**（すいへいすじかい）**horizontal bracing**

  風や地震による水平力が加わることにより構造物が捩れたり、一部の骨組が大きく変形するのを防ぐために、屋根や陸梁の水平面に設ける筋違の一種をいう。

  これも小屋振止と同じく形鋼や丸鋼などを用いて取り付ける。

- **補剛トラス**（ほごうトラス）**stiffening truss**

  構造物に加わる水平力による変形を防ぐために、水平面に入れるトラスをいう。図—23に見られる**対風梁**（たいふうばり）などがその代表例の一つである。

5）仕口（しぐち）

(1) 柱と梁

鉄骨の代表的なものに柱と梁の仕口がある。接合の方法としては直接溶接するものから、取合い部分に**ガセットプレート**（gusset plate）という鋼板を仲介にボルトや鋲で接合するものなどがある。

2．鉄骨の部位・部分の呼称   19

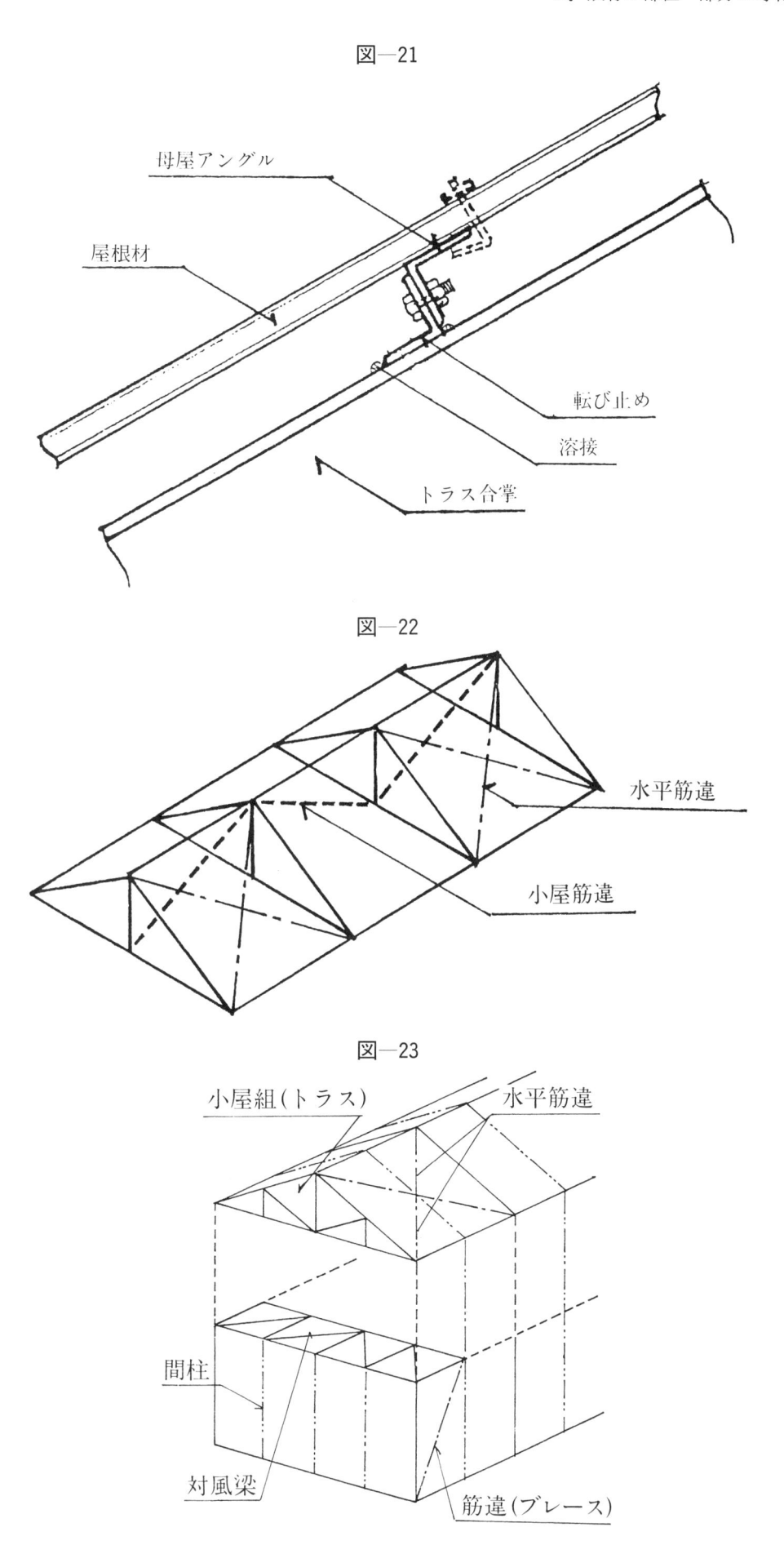

図—21

母屋アングル
屋根材
転び止め
溶接
トラス合掌

図—22

水平筋違
小屋筋違

図—23

小屋組(トラス)
水平筋違
間柱
対風梁
筋違(ブレース)

20　I．鉄骨の基礎知識

　昔、鉄骨造といえば、まず現場での取付けは鋲鋲（こうびょう）つまり**リベット**打ちによった。したがって柱と梁の仕口は図—24のように、柱と梁の端部を1枚の大きなガセットプレートを挟んで結合していたものである。

　しかし柱も梁もH形鋼やBH形鋼だけで構成してゆく方法をとる現在においては、図—25に見られるように柱にあらかじめ梁の端部が一体化された形で現場に搬入され、それらとを継いでゆくという方法をとっている。したがって柱と梁の仕口での接合とはならずに、梁と梁のフランジ・ウェブ部分を添板（そえいた）〜**スプライスプレート**（splice plate）〜で高力ボルトを用いて接合してゆく形となる。

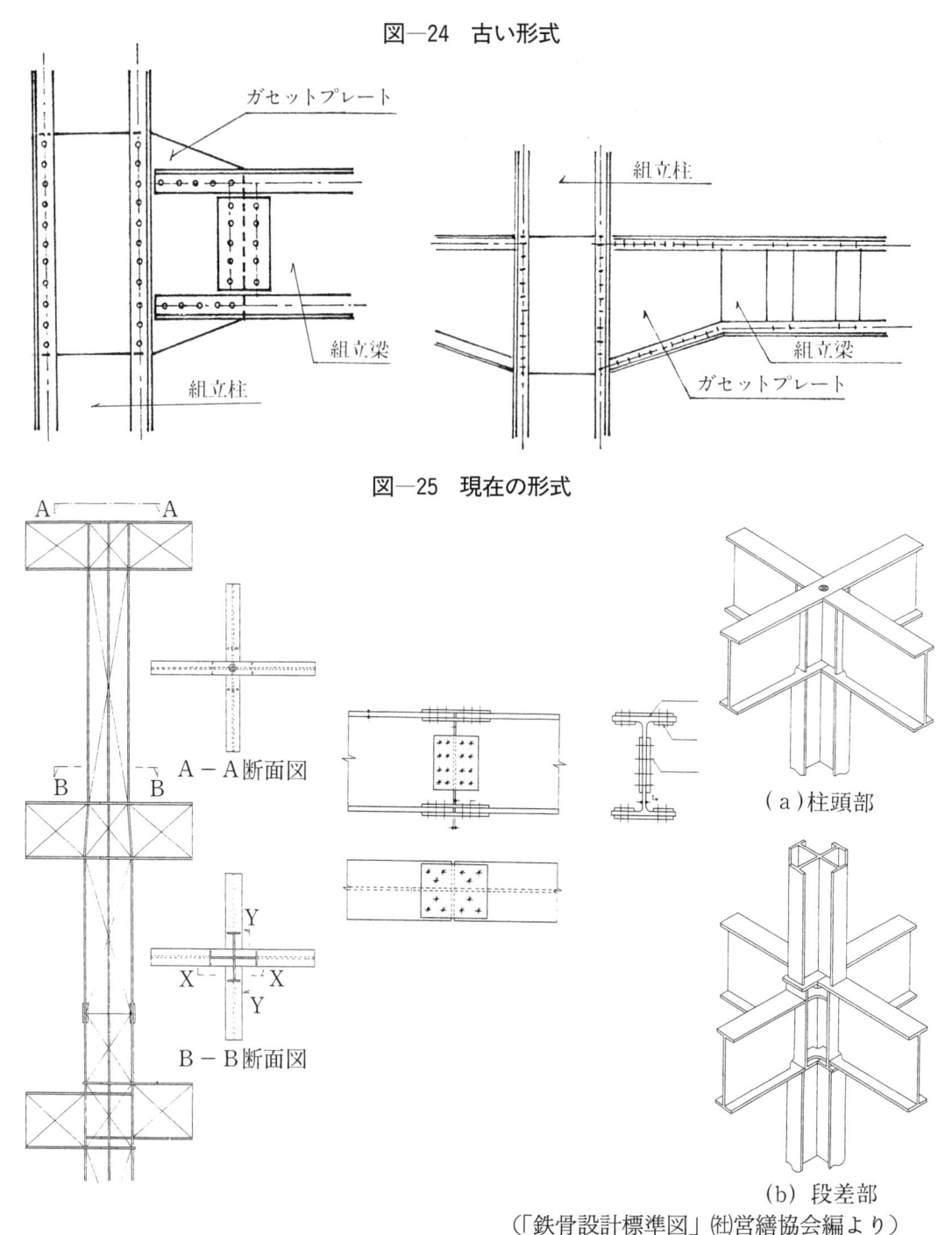

図—24　古い形式

図—25　現在の形式

（a）柱頭部

（b）段差部

（「鉄骨設計標準図」㈳営繕協会編より）

その他の仕口および柱と梁の取付け方法としては、図—26—①に見られるように梁の端部に柱でいうベースプレートのような**エンドプレート**（end plate）を前もって溶接しておき、柱のフランジと高力ボルトにより接合する方法と、同図の②に見られるように柱と梁のフランジの端部を**スプリットティー**（splittee）という接合部材を用い、高力ボルトで接合する方法などがあるが、スプリットティー接合の場合は、取付方法の特徴としては簡便ではあるが、ボルト穴や部材長さなど寸法上の精度が要求される欠点を合わせもつといわれている。

しかし品質管理が進んだ現在は、超高層ビルなど現場組立時に、現場溶接により仕口を接合できるようになってきている。

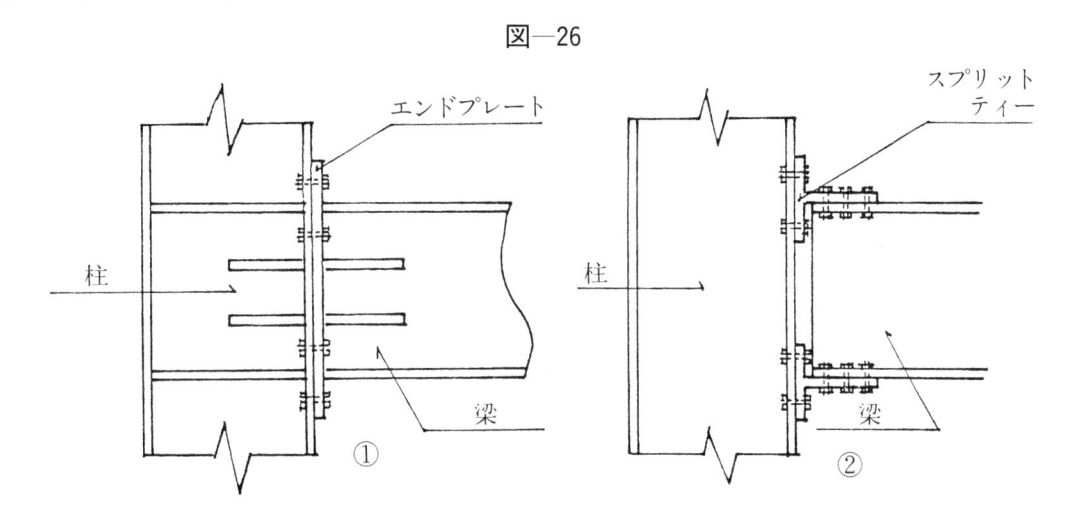

図—26

(2) 柱と柱、梁と梁

鉄骨の柱は、柱脚ベースプレート下端から最上端までの長さを、工場製作や運搬・建方、また立地条件などを勘案していくつかに区分して製作する。

図—27は梁間方向が2スパン、桁行方向が3スパンの8層の建物の軸組鳥瞰図である。ここでは全階の柱を3つ切りにしている。これを下の層から**第1節柱、第2節柱、第3節柱**と連番を付けて呼ぶことになっている。

柱が3つ切りということは柱同士の接合は2か所ということになり、梁との接合は『**柱に接合する梁の仕口部を含む柱部材と梁部材の複合体**』（図—28参照）との接合という表現方法になる。

要は柱の方にすでに梁の端部が付いた状態で工場製作されているので、梁とはその仕口部分でつなぐという意味である。

したがって柱と柱、梁と梁の接合部は、スプライスプレート（添え板）を仲介として高力ボルトまたは溶接によって接合されることになる。

22   I．鉄骨の基礎知識

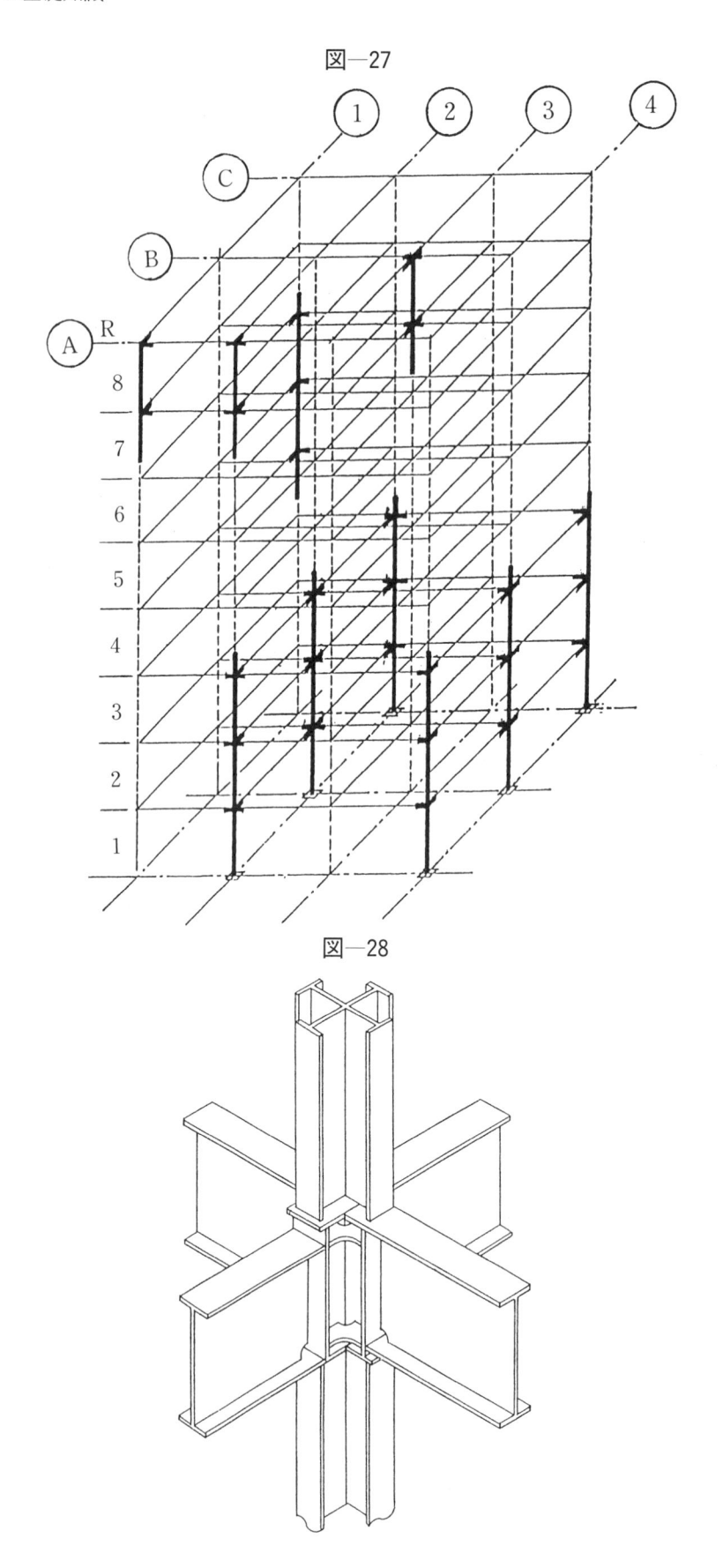

図—27

図—28

2．鉄骨の部位・部分の呼称　23

図—29

SP-1
SP-2
SP-3

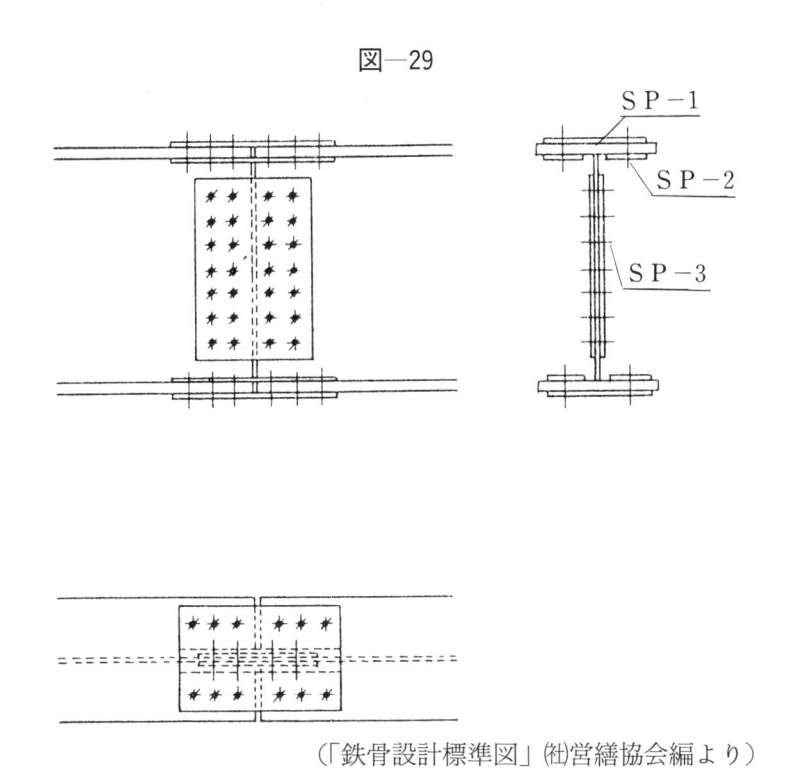

(「鉄骨設計標準図」㈳営繕協会編より)

図—30

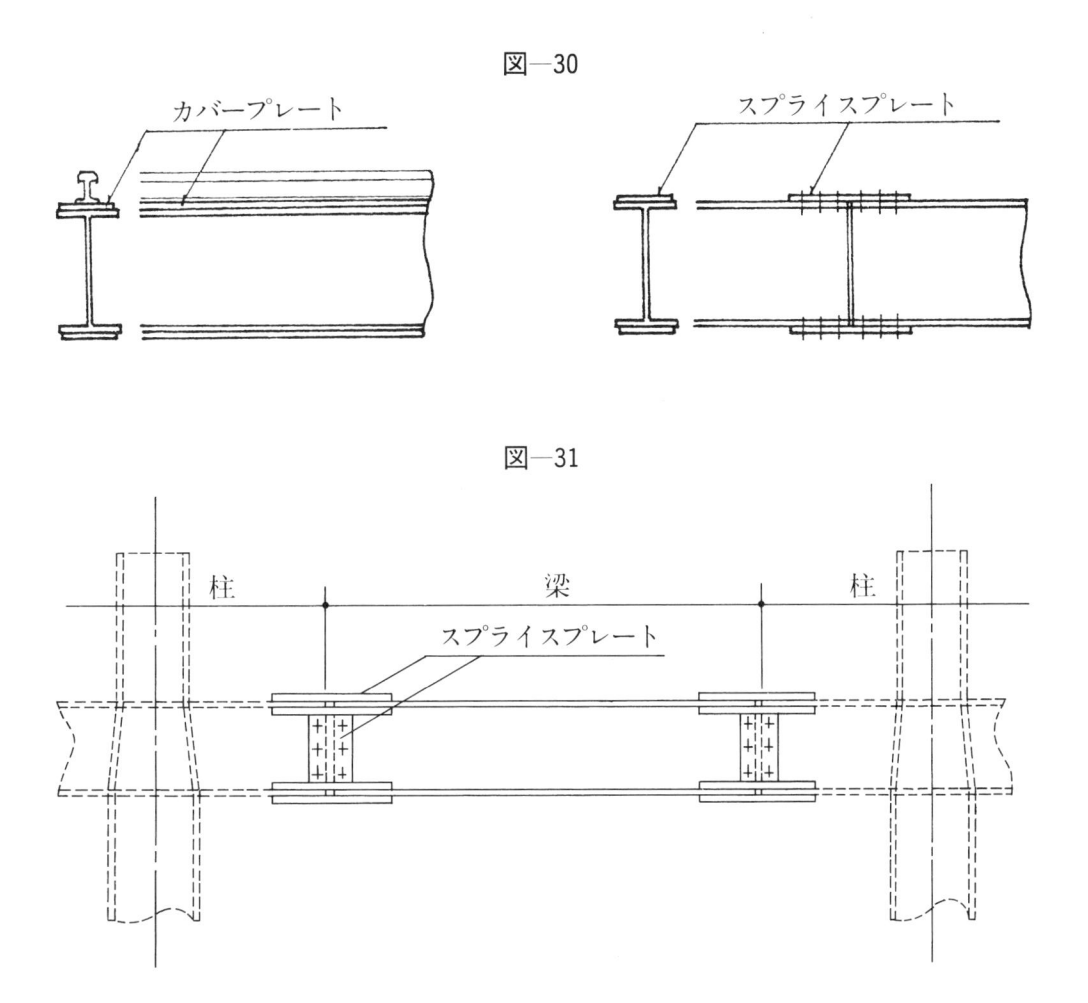

カバープレート　　　　　スプライスプレート

図—31

柱　　　梁　　　柱

スプライスプレート

スプライスプレートについては設計図書の継手基準によるが、不明の場合は社団法人公共建築協会編の『鉄骨設計標準図』に、設計条件に基づき断面形状・部材の種類・フランジ継手の形状などによって、標準継手表から大きさ・寸法・ボルト径や本数などまでが読み取れるようになっている。

なお、フランジの外側にあてる帯状の鋼板のうち、曲げに対する補強板の役目をするものを**カバープレート**（cover plate）といい、継手部分に使用するスプライスプレートと区別している。工場のクレーンガーダーのフランジの上に更に重ねた場合がいわゆるカバープレートということになる。

(3) 梁と床板

鉄骨造の床板には、現場打ちで鉄筋コンクリート造としたものや、スパンクリート・ＡＬＣ板などの既製版材を張ったもの、デッキプレートなど床鋼板材の上部に軽量コンクリートを打設したり、また床鋼板を型枠代りに用いてその上に鉄筋コンクリートを打設したものなどがある。

図—32は、鉄骨梁と鉄筋コンクリート造床板が一体となって働くようにしたもので、両者の接合には**シアコネクター**（shear conector）という接合具を取り付ける。

このように鉄骨梁と鉄筋コンクリート造床板との合成効果を期待するために設ける**スタッドボルト**は、梁のフランジ面に適当な間隔で抵抗溶接により垂直に取り付けられる。このスタッドボルトの剪断抵抗により、構造上は床板を含めたＴ形梁としての曲げ剛性を得ることができることになる。

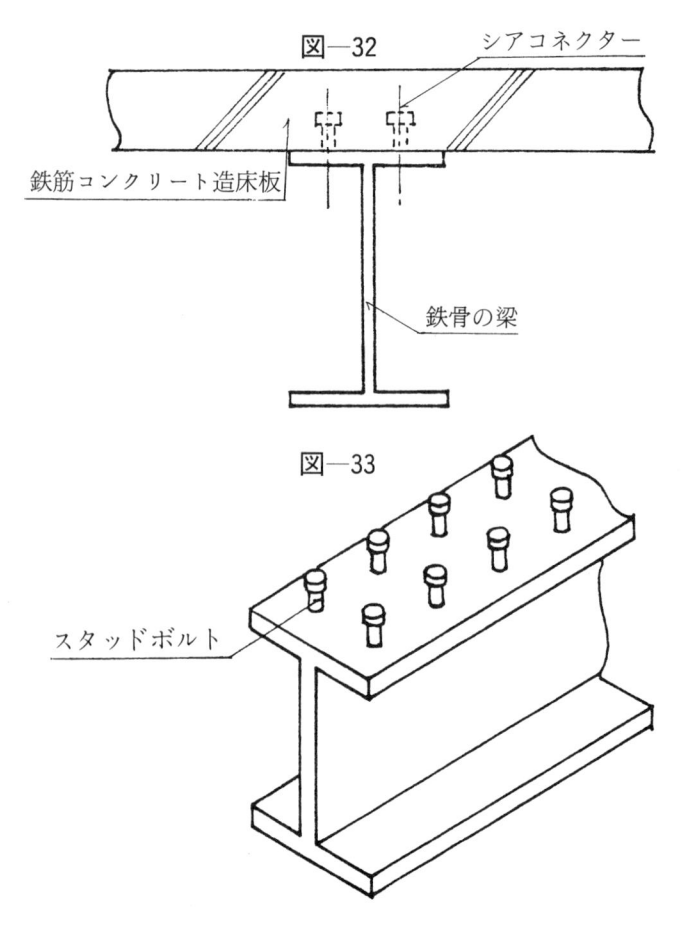

図—32　シアコネクター／鉄筋コンクリート造床板／鉄骨の梁

図—33　スタッドボルト

シアコネクターの形状には図—34に示すようなものがあり、スタッドボルトは、単に、**スタッド**または**植込みボルト**ともいわれている。

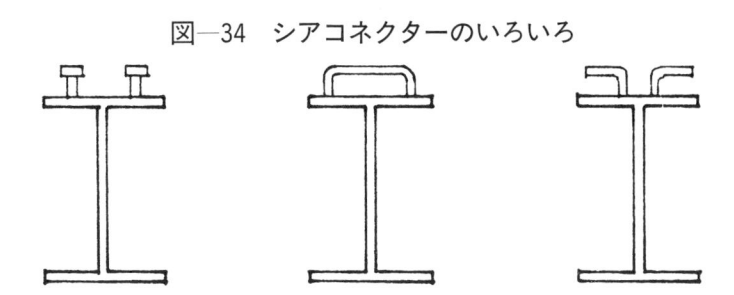

図—34 シアコネクターのいろいろ

図—35は、強度を保つために合理的な形状を波付けした広幅帯鋼の**デッキプレート**の一例である。通常は冷間で圧延して成形される。コンクリート床版の型枠代りに用いられ、特にサポートが不要でいけるため高層ビルに多く利用されている。

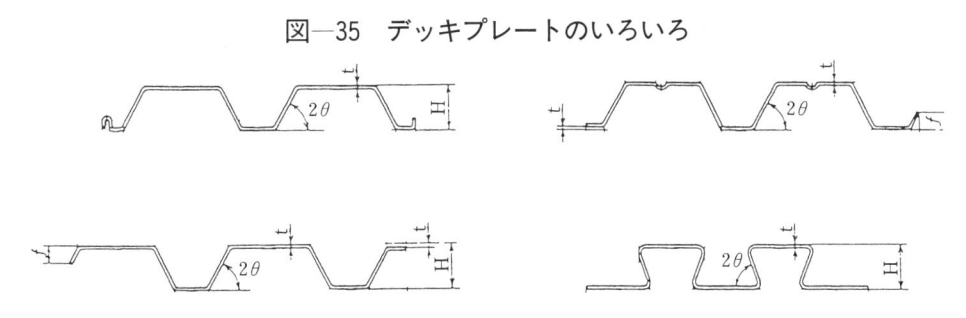

図—35 デッキプレートのいろいろ

デッキプレートはその他陸屋根や床板にそのまま用いて、その上に軽量コンクリートを打設して床板としたり、出入口庇などにそのまま用いられる場合などがある。その種類は多く、溝の深いもの浅いもの、ピッチの大小や特殊の溝形のものなどがあり**床鋼板**ともいわれている。

6) 壁

工場ときけば、ノコギリ屋根に波形スレートとイメージした昔は、まず外壁材を取り付けるために山形鋼の胴縁材が使われていた。そして柱や間柱にその胴縁材を取り付けるための仲介役として短く切断された山形鋼を取り付け、その名を**ピースアングル**といっていた。胴縁材の形鋼に代ってその後は軽量形鋼が出現し、Ｃ形鋼などがよく用いられるようになっている。

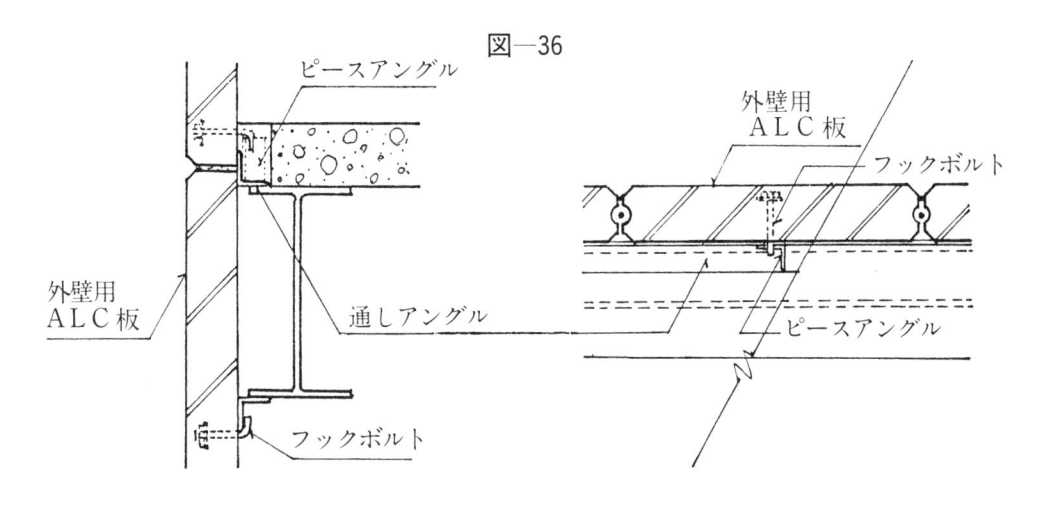

図—36

しかし経済成長とともに工場建築のグレードもあがり、気密性・遮音性などの目的からプレキャスト板、ＡＬＣ板をはじめ、種々の外壁材を使用するようになって鉄骨造の納りも高度になった。

建物の軸組を鉄骨とし、壁部分をプレキャスト板やＡＬＣ板（気泡コンクリート板）でやる場合、図─36に見られるように、構造体以外にそれら外壁材を取り付けるための**通しアングル**といった補足材が必要になる。

また、ＡＬＣ板などを横張りにし板の継目継目に間柱がくるように設計されていない場合にも、当然それに代る補剛材が必要だということになる。

同じように、大きな面積をカーテンウォールサッシにした場合も、鉄骨造に負けず劣らずの補剛材を必要とする。その拾いの守備範囲不明のまま積算してしまい、結果として宙に浮いてしまって拾い落としとなり、大騒ぎになることもあるので十分注意したい。

また昔ながらの外壁波形スレート張りなどの場合は、当然胴縁材として山形鋼なり軽量形鋼が存在する。

あとは壁まわりとして開口部を設けるための枠材、軸組に対し対角線状に入れた補剛材とし

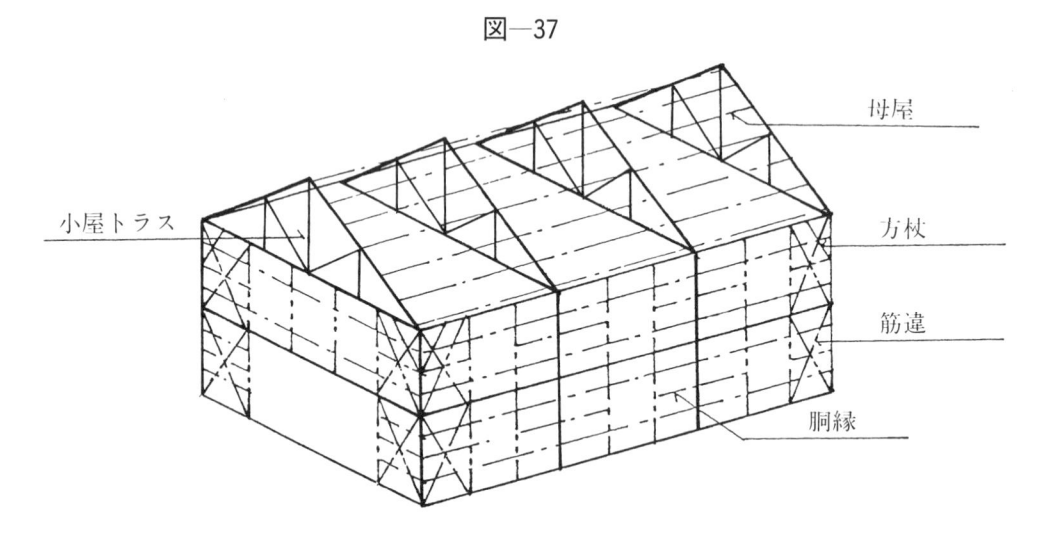

図─37

図─38

ての筋違（すじかい）、方杖（ほうずえ）などがあり、柱・間柱と胴縁を取り付けるため小さく切断された山形鋼でできた**ピースアングル**がある。そして、それら筋違や方杖と主材との仕口は、ガセットプレートなどにより結合されることになる。

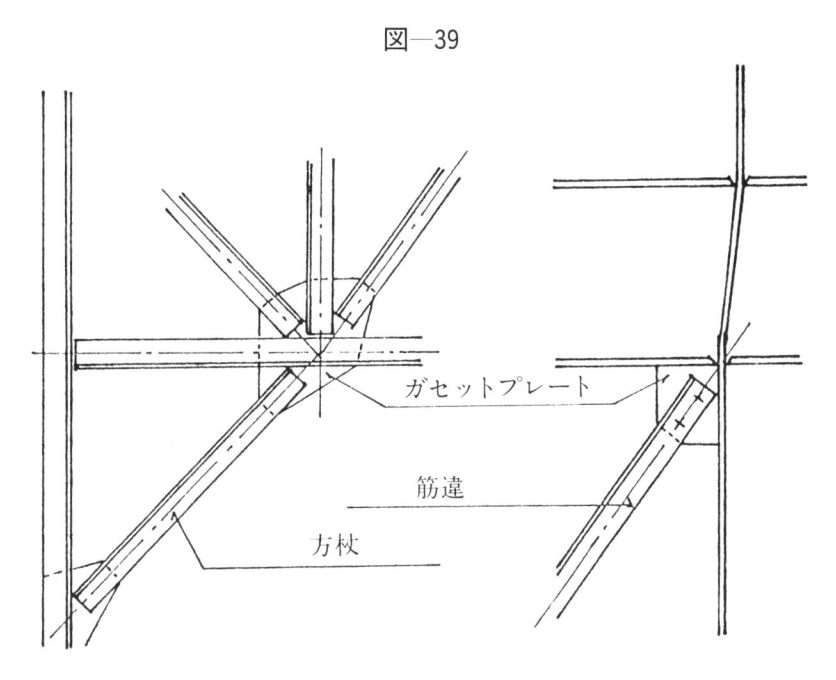

図—39

7) その他

その他鉄骨にかかわる名称、その役割などについて簡単に説明しておく。

●ゲージライン gauge line

形鋼にリベットを打ったりボルト締めの場合の、材軸方向のリベットやボルトなどの列の中心線をいう。そのゲージライン間の距離や、鋼材の端部からゲージラインまでの距離をゲージといい、形鋼それぞれに固有の標準ゲージが定められているのが普通である。

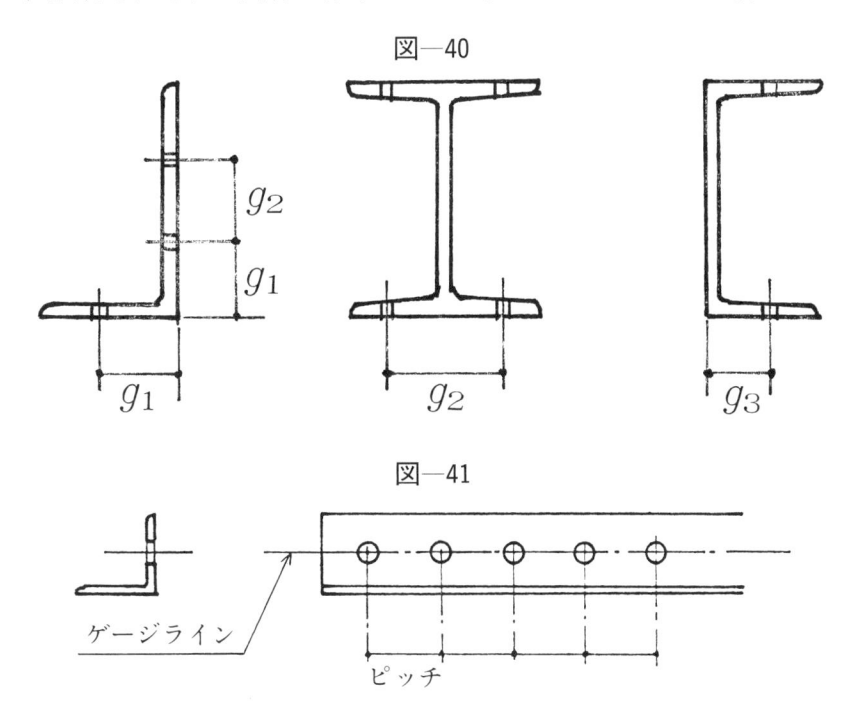

図—40

図—41

●千鳥打ち・千鳥締め（ちどりうち・ちどりじめ）zigzag riveting

リベットやボルトを千鳥状に打ったり締めたりする配列の方法をいう。つまり、二列打ちで板幅が狭いときや、アングルの両辺に打ったり締めたりする場合に用いられ、千鳥打ちまたは千鳥締めともいう。

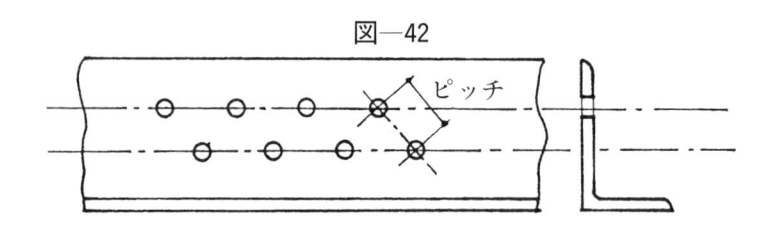

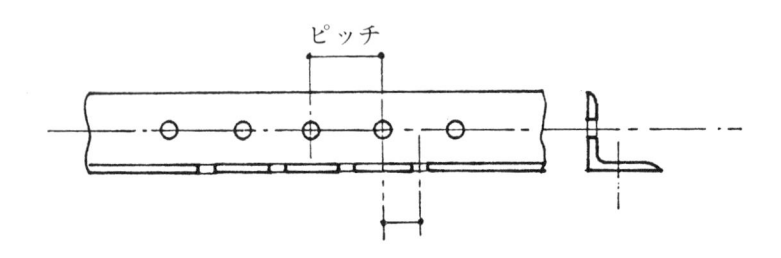

図—42

●圧延縁（あつえんえん）rolled edge

圧延鋼材の断面を構成する板要素の縁（へり）。リベットやボルト孔の径により最小圧延縁端距離が決められており、「あつえんへり」ともいう。

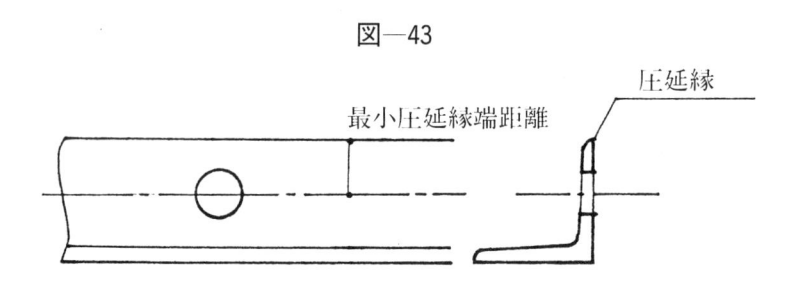

図—43

●剪断縁（せんだんえん）sheared edge

鋼板の部材端部の切断された縁部をいい、リベットやボルト孔の径によって最小剪断縁端距離が決められており、「せんだんへり」ともいう。

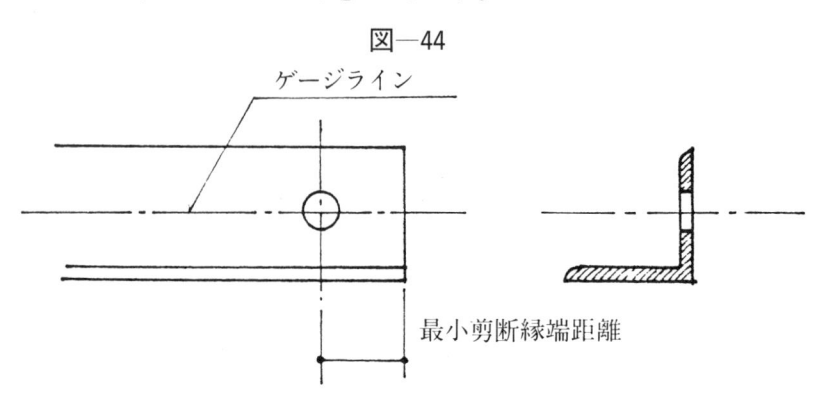

図—44

●鋼管構造 steel pipe structure

鋼管の長所を利用し、それにより構成された構造物の一般の名称をいう。つまり、断面に方向性のないことや、捩り剛性の大きいことから座屈に強く、美観の点でも有利である。ジョイントのほとんどは溶接によることが多いが、その材端を偏平にしてガセットプレートにボルト締めする方法や、立体トラスに見られるボールジョイント法などがある。

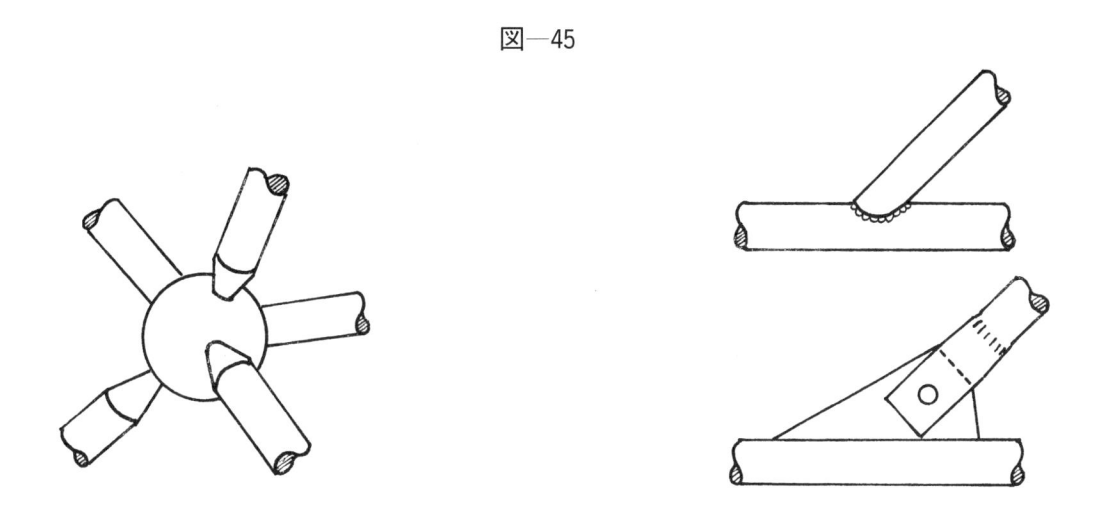

図—45

●端明き（はしあき）end distance

リベット孔またはボルト孔の位置寸法の一つで、作用する力と平行に測った最短縁から孔中心までの距離をいう。この部分の剪断強度とリベットやボルト強度があまり不均衡にならないように、リベットやボルトの径によりその最小値が決められている。

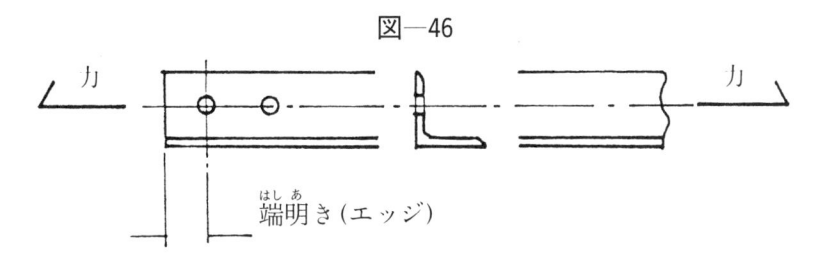

図—46

端明き（エッジ）

●リップ rip

軽量形鋼の断面の端に付けられたリブをいう。局部座屈を防止し、断面形を維持するのに効果がある。

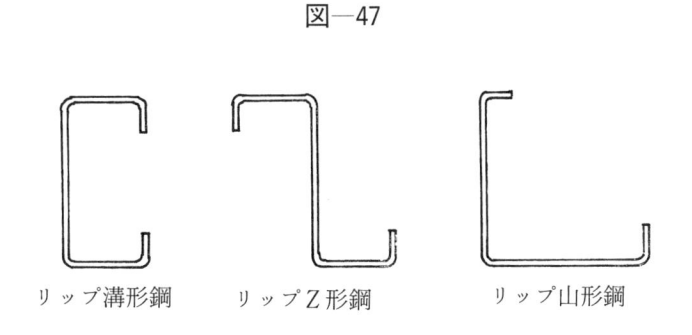

図—47

リップ溝形鋼　　リップZ形鋼　　リップ山形鋼

● トルクレンチ torque wrench

　高力ボルトを締め付けるときのトルク力（回転している部品が、その回転軸の周りに受ける偶力。距離×（m・kg）で表される。）が、コントロールされるようになっているレンチをいう。通常一定値を目盛に合わせて締め付け、完了は音と手応えで容易に知ることができる。また目盛も任意に変えられるＱＬ型（ラチェット付き）と、トーションバーの捻れを拡大してダイヤルに指示する直読み式のＤＢ型（ダイヤル付き）との２種類がある。トルクレンチは高力ボルトの締付けおよび検査に用いられ、一般的には手動式である。

● リベット rivet

　鋼材を接合するための鋲（びょう）金物をいう。リベット用鋼棒（JIS G 3140）を切断して、一端に種々の形状のリベット頭をプレス成形したものである。径は６〜40mm のものがあり、一般的には16、19、20mm の半球状丸頭のものが使用される。

　リベット頭の形状により、丸リベット、皿リベット、平リベットなどがある。鋼材の接合に当たっては、あらかじめ孔明けした箇所に、赤熱したリベットを入れてハンマーで打撃し、他端にリベット頭を作る。

　鋲ともいい、現在は騒音防止の上からほとんど見られなくなったが、かしめ鋲、からくり鋲ともいわれている。

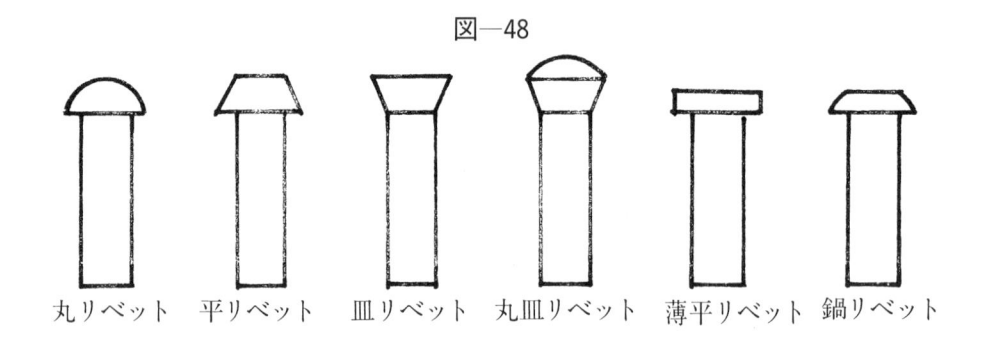

図―48

丸リベット　平リベット　皿リベット　丸皿リベット　薄平リベット　鍋リベット

3. 溶　　接

　前項までで、鉄骨造の各部位や部分の名称、それらの役割などについて述べてきた。恐らく、かなりの人が**少くとも鉄骨造に対してのアレルギーだけはすでになくなっている**と思う。「いい年をして、こんなことが人にきけるか！」という部分の大半は、もう雲散霧消してしまっているはずだ。

　そこで残り半分にあたる溶接の基礎知識に移り、次のステップを踏んでもらうことにする。もう、あと一息なので頑張ろう！

　溶接継目の形式としては、特別の場合を除いて次の３種類である。

●鋼管構造 steel pipe structure

鋼管の長所を利用し、それにより構成された構造物の一般の名称をいう。つまり、断面に方向性のないことや、捻り剛性の大きいことから座屈に強く、美観の点でも有利である。ジョイントのほとんどは溶接によることが多いが、その材端を偏平にしてガセットプレートにボルト締めする方法や、立体トラスに見られるボールジョイント法などがある。

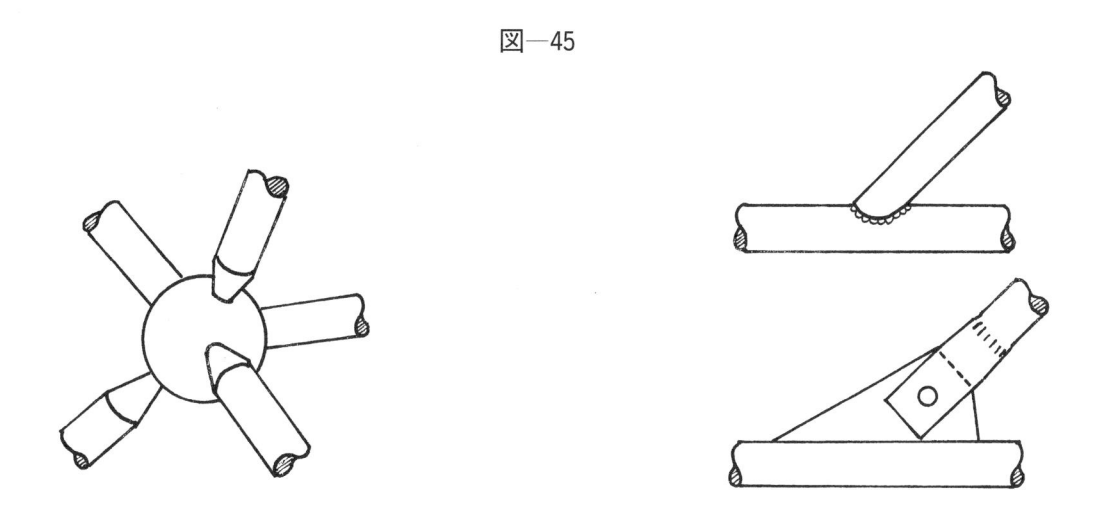

図―45

●端明き（はしあき）end distance

リベット孔またはボルト孔の位置寸法の一つで、作用する力と平行に測った最短縁から孔中心までの距離をいう。この部分の剪断強度とリベットやボルト強度があまり不均衡にならないように、リベットやボルトの径によりその最小値が決められている。

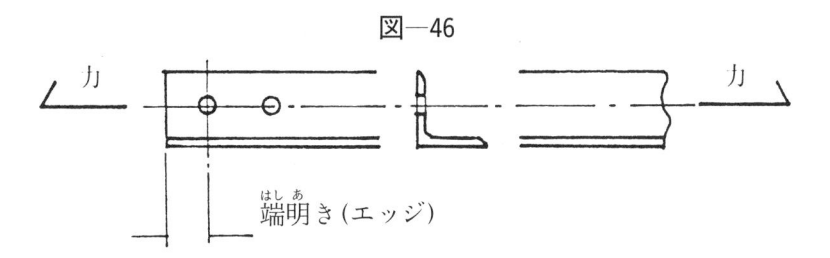

図―46

端明き（エッジ）

●リップ rip

軽量形鋼の断面の端に付けられたリブをいう。局部座屈を防止し、断面形を維持するのに効果がある。

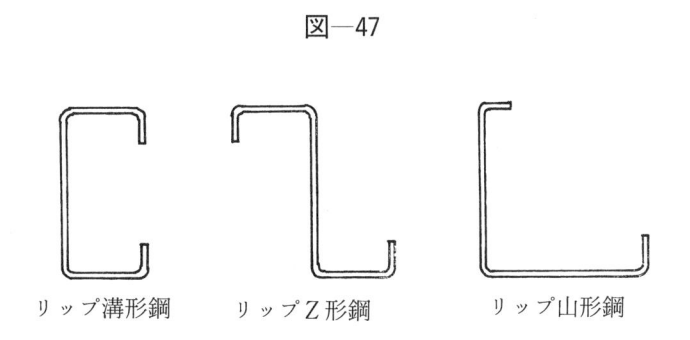

図―47

リップ溝形鋼　　リップZ形鋼　　リップ山形鋼

●トルクレンチ torque wrench

　高力ボルトを締め付けるときのトルク力（回転している部品が、その回転軸の周りに受ける偶力。距離×（m・kg）で表される。）が、コントロールされるようになっているレンチをいう。通常一定値を目盛に合わせて締め付け、完了は音と手応えで容易に知ることができる。また目盛も任意に変えられるＱＬ型（ラチェット付き）と、トーションバーの捻れを拡大してダイヤルに指示する直読み式のＤＢ型（ダイヤル付き）との２種類がある。トルクレンチは高力ボルトの締付けおよび検査に用いられ、一般的には手動式である。

●リベット rivet

　鋼材を接合するための鋲（びょう）金物をいう。リベット用鋼棒（JIS G 3140）を切断して、一端に種々の形状のリベット頭をプレス成形したものである。径は6～40mmのものがあり、一般的には16、19、20mmの半球状丸頭のものが使用される。

　リベット頭の形状により、丸リベット、皿リベット、平リベットなどがある。鋼材の接合に当たっては、あらかじめ孔明けした箇所に、赤熱したリベットを入れてハンマーで打撃し、他端にリベット頭を作る。

　鋲ともいい、現在は騒音防止の上からほとんど見られなくなったが、かしめ鋲、からくり鋲ともいわれている。

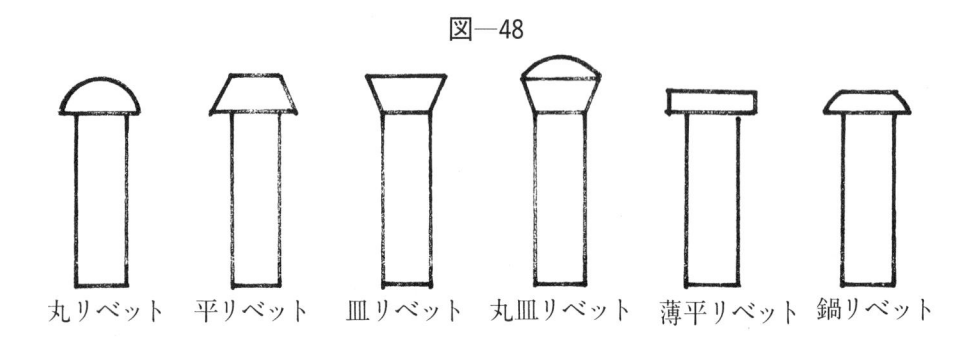

図—48

丸リベット　平リベット　皿リベット　丸皿リベット　薄平リベット　鍋リベット

3. 溶　　接

　前項までで、鉄骨造の各部位や部分の名称、それらの役割などについて述べてきた。恐らく、かなりの人が**少くとも鉄骨造に対してのアレルギーだけはすでになくなっている**と思う。「いい年をして、こんなことが人にきけるか！」という部分の大半は、もう雲散霧消してしまっているはずだ。

　そこで残り半分にあたる溶接の基礎知識に移り、次のステップを踏んでもらうことにする。もう、あと一息なので頑張ろう！

　溶接継目の形式としては、特別の場合を除いて次の３種類である。

- 突合せ　　　　溶接
- 隅肉　　　　　溶接
- 部分溶込み　　溶接

では、突合せ溶接から順次説明してゆく。

1) 突合せ溶接

突合せ溶接とは、文字通り溶接する部材と部材を図—49のように少し溝をとって突合せの状態におき、溶接によって接合する方法をいう。

図—49　突合せ溶接

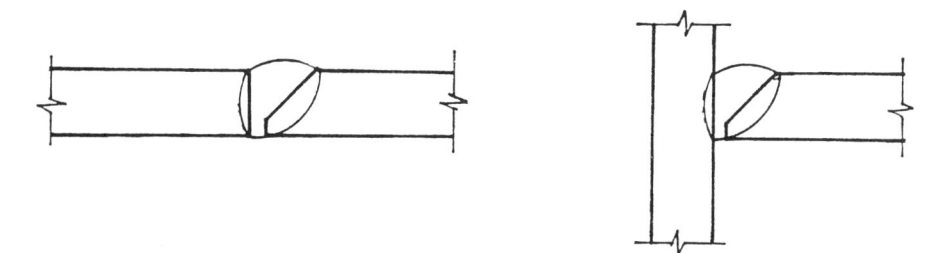

この溝のことを**グルーブ**あるいは**開先**（かいさき）といって、溶接の溶込みを完全にするためのものである。この溝の間隔を**ルート間隔**、材端面に勾配などの加工がなされることを**開先加工**（かいさきかこう）、材端面がつくる角度を**開先角度**という。

また、開先加工のとき、元の部材端面が残った部分を**ルート面**といっている。

開先には図—52に示すようにいろいろな形状がある。片面グルーブ、両面グルーブに大別され、板厚や溶接方法、おさまりなどによって適切な開先を選択することになる。

通常**I形**は板厚6mm以下に、**V形・レ形**は板厚6〜20mm程度、それ以上の厚さの場合にはK形・X形・H形・両面J形などが使用されている。

図—50

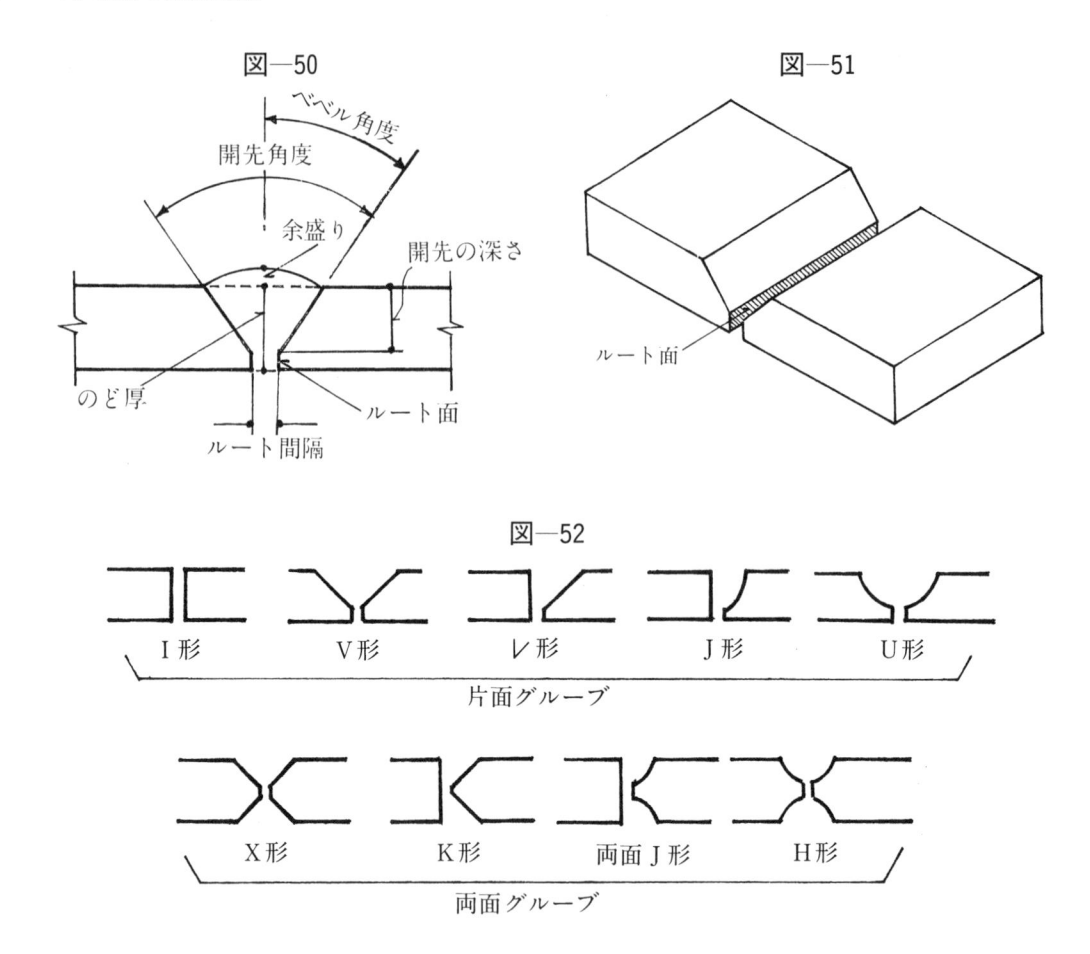

図—51

図—52

片面グルーブ: I形, V形, レ形, J形, U形
両面グルーブ: X形, K形, 両面J形, H形

　X形グルーブは、断面の形がX形をしており、主として板厚が19mm以上150mm未満の突合せ溶接に用いられる。

　また、H形グルーブは、断面の形がH形をしており、主として板厚が150mm以上の極厚板の突合せ溶接に用いられる。

　突合せ溶接は完全溶込みを原則とするため、施工面からは片面から溶接をした後、図—53のように裏はつりをし、更に裏面から溶接を行うのが基本となっている。しかしそれがやりにくい場合は、**裏あて板**を用いて溶接する。

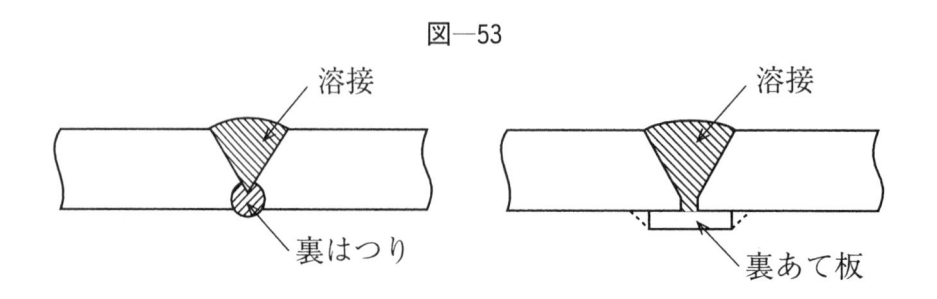

図—53

　突合せ溶接の継目では、母材表面より溶着金属部分の方が山形に高く盛り上がるのが普通である。この盛り上がった部分を**余盛**（よもり）といい、これが連続して形づくる波形の列を**ビード**といっている。

　また、突合せ溶接は、溶接の始端と終端に溶込み不足や**クレーター**（ビードの終端のくぼ

み）、割れなど不完全な溶接になりやすいので、図—54のような継目と同じ形状の**エンドタブ**（溶接ビードの始端と終端に取り付けた補助板）を取り付けて溶接を行い、溶接完了後に除去すれば完全な溶接部が得られることになる。鉄骨鉄筋コンクリート造などの場合は埋没してしまうので、施工のじゃまにならなければ切断しないで、そのまま残すことが多い。

なお、図—55に見られるようにビードが交差する部分、裏はつりや裏あて板を取り付ける部分の溶接を切断することなく連続させるために、板を扇形に切り取る。これを**スカラップ**といっている。

その他**フレアグルーブ溶接**というのがあり、これは軽量鉄骨のひだの部分や、丸鋼などによってできるグルーブを溶接する場合をいう。

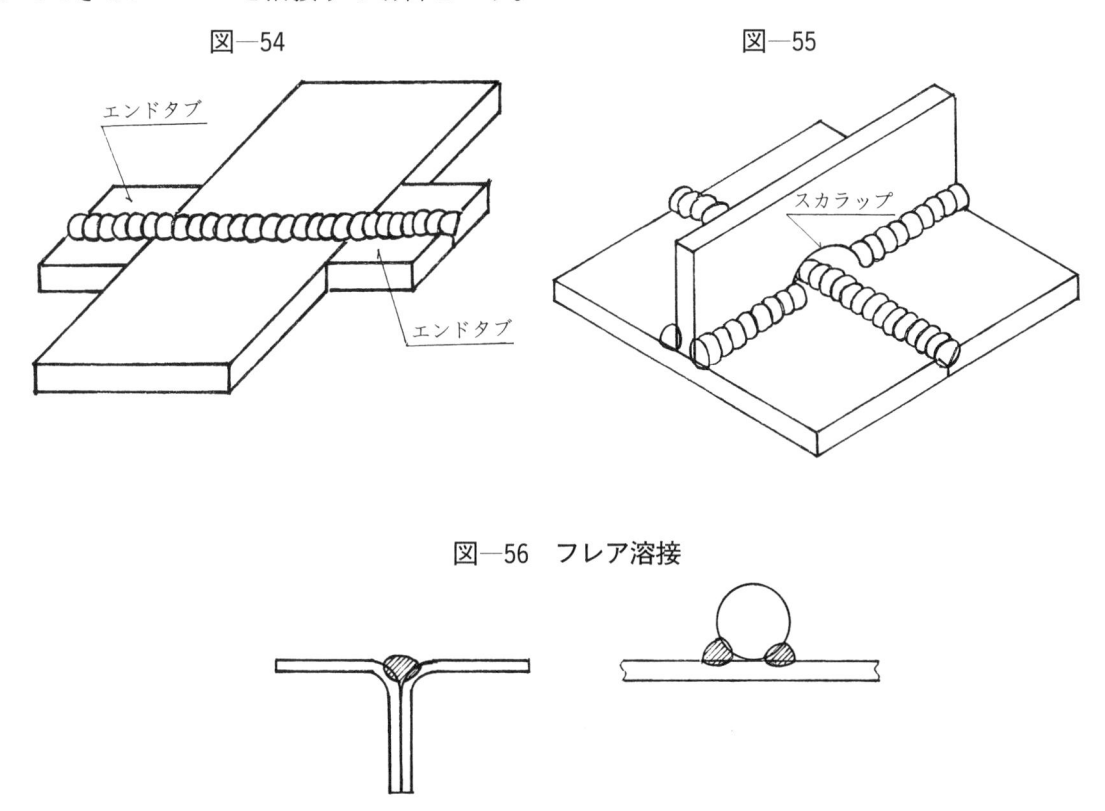

図—54

図—55

図—56 フレア溶接

2) 隅肉溶接

隅肉（すみにく）溶接とは、図—57に示すように、2枚の板を重ねた隅部またはT字形に組み立てた隅部に、母材の開先をとらずに溶接する方法をいう。

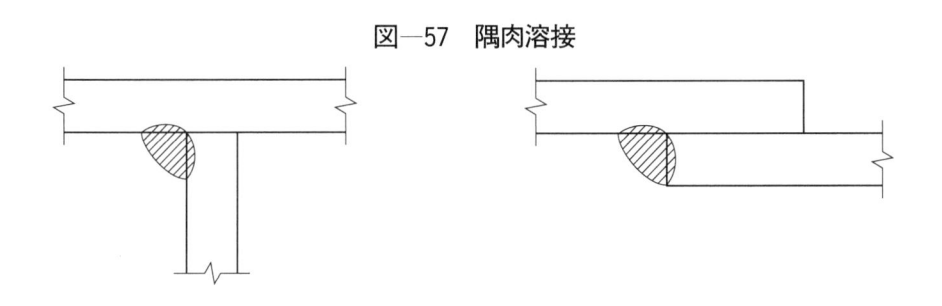

図—57 隅肉溶接

隅肉溶接には図—58に示すように、応力の方向に対してほぼ直角におかれた**前面隅肉溶接**と、応力の方向と溶接線が平行である**側面隅肉溶接**とがある。また図—59に見られるように、連続または断続の溶接法があり、その断続には並列と千鳥の溶接法がある。なお、溶接線が図—60のように、伝達すべき応力の方向に対して斜めになっている場合を**斜方隅肉溶接**（しゃほうすみにくようせつ）といっている。

その他図—61のように、接合する部材を突き合わせ、表裏両面あるいはいずれか片面に当て板をあて、部材の表面と当て板の端面を隅肉溶接する継手を**当て板継手**と呼んでいる。

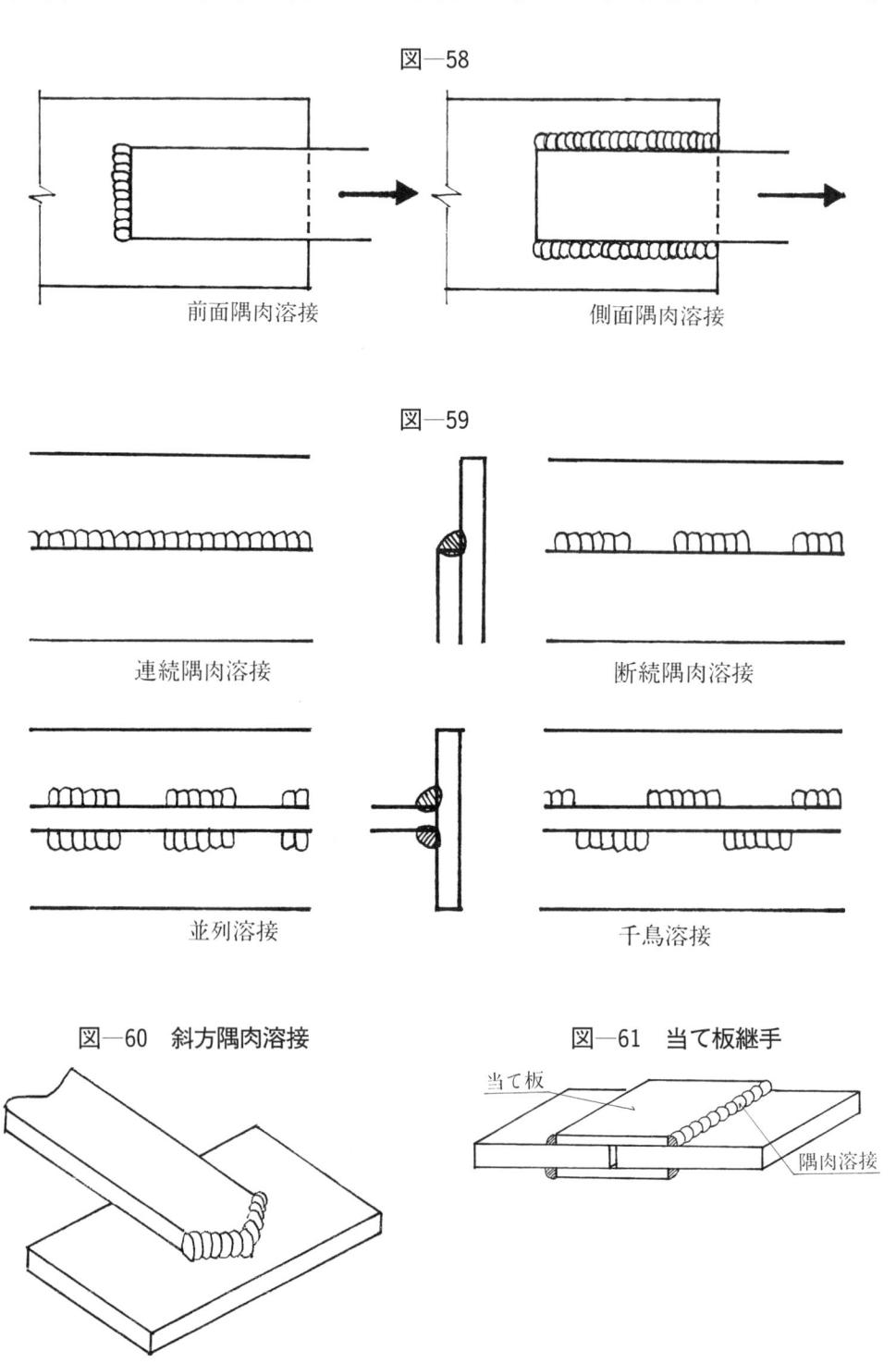

図—58

前面隅肉溶接　　　側面隅肉溶接

図—59

連続隅肉溶接　　　断続隅肉溶接

並列溶接　　　千鳥溶接

図—60　斜方隅肉溶接

図—61　当て板継手

また、図―62のように2つの部材をほぼ直角なL字形に保ち、その角を隅肉溶接する方法を**角継手（かどつぎて）**または**L形継手**と呼んでいる。

更には図―63のように十字形に部材を組み立て、その隅部を隅肉溶接する場合は文字どおり**十字継手（じゅうじつぎて）**といい、図―64のように一方の部材に段をつけ、両部材面がほぼ同一平面になるようにした重ね継手で隅肉溶接したものを**せぎり継手**と呼んでいる。

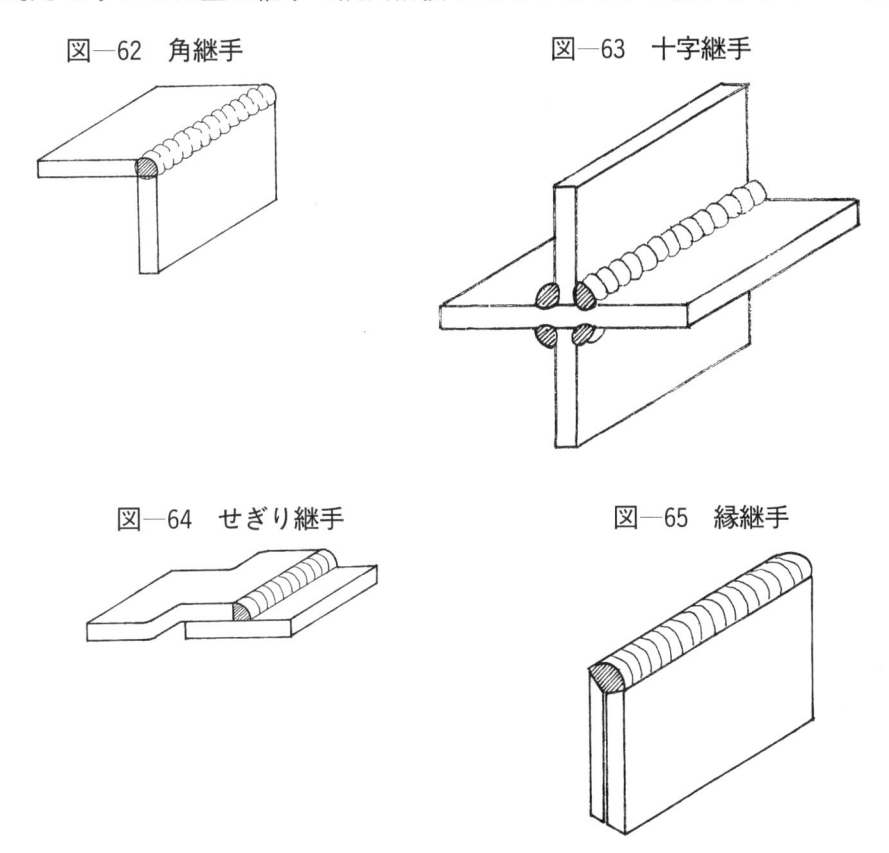

図―62　角継手

図―63　十字継手

図―64　せぎり継手

図―65　縁継手

次に隅肉溶接ではないが、図―65に見られるようにほぼ平行に重なっている部材の端面間を溶接する継手を**縁継手（へりつぎて）**といっている。部材の厚さにより開先をとる場合ととらない場合がある。

3）　溶接長（ようせつちょう）など

溶接に関しての用語としてはその他に次のようなものがある。

溶接ビード、隅肉溶接や突合せ溶接の方向を表す線で、溶接部断面の図心を通り、その断面に垂直な線を**溶接軸（ようせつじく）**といい、**溶接線**ともいっている。また、部材の面とビードの表面との交線を**止端（したん）**という。

さて、溶接継手において、応力を有効に伝達すると考えられる溶着金属の厚さを**喉厚（のどあつ）**というが、これには理論喉厚と実際喉厚がある。通常喉厚というときは理論喉厚を指す場合が多い。そして、継手のルートの位置から隅肉溶接の止端までの距離を**脚長（きゃくちょう）**、また単に**脚（きゃく）**ともいう。

36   I．鉄骨の基礎知識

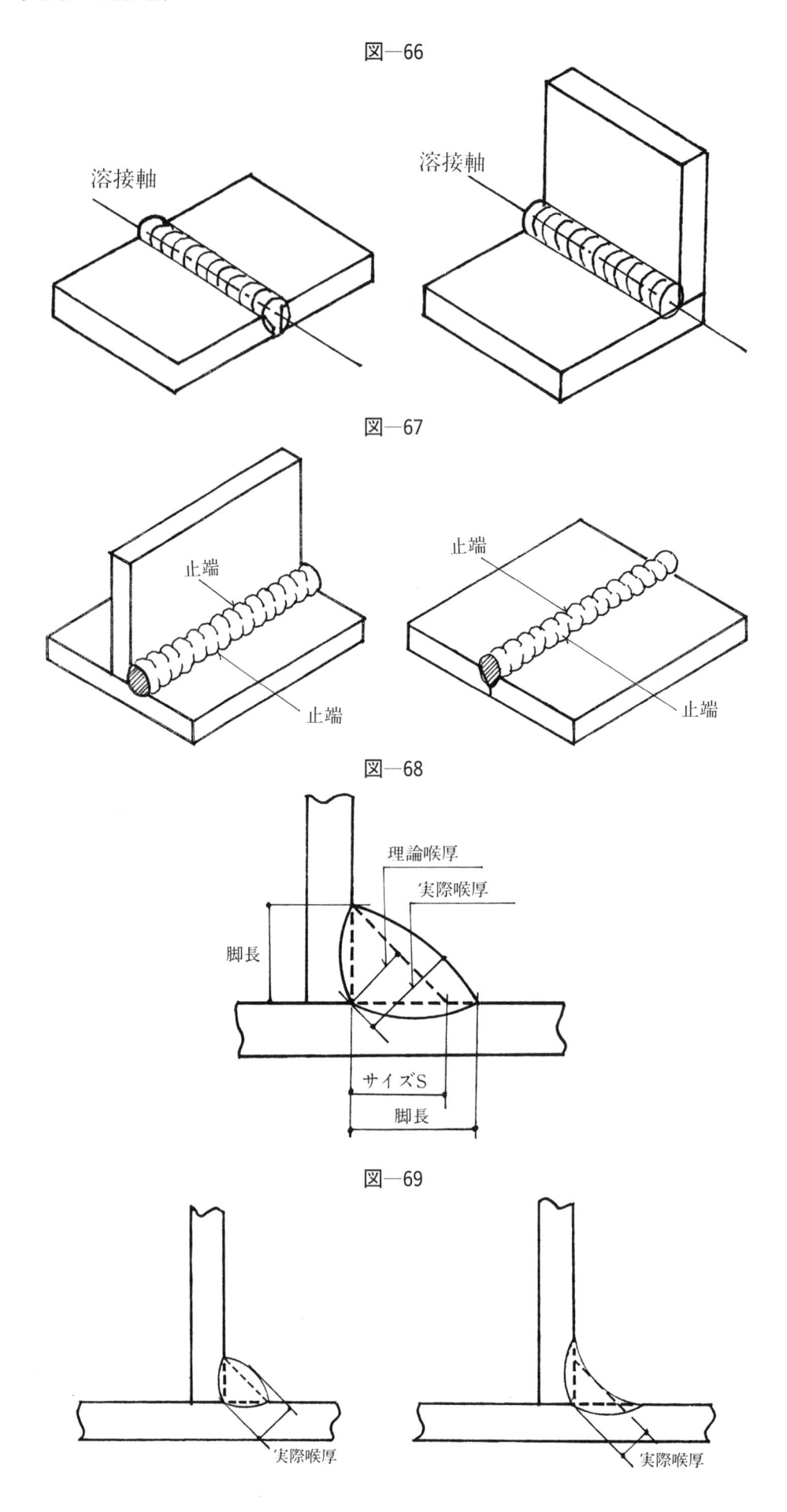

図—66

溶接軸

溶接軸

図—67

止端

止端

止端

止端

図—68

理論喉厚
実際喉厚
脚長
サイズS
脚長

図—69

実際喉厚

実際喉厚

図—70

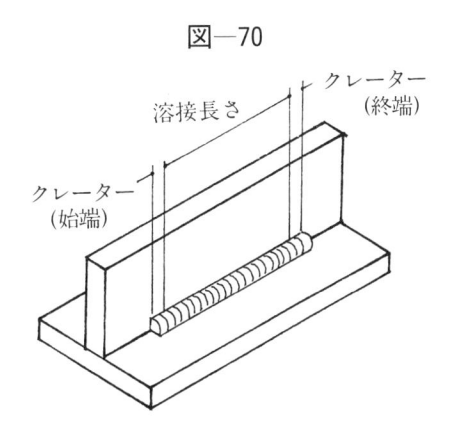

　構造計算上の**溶接の有効長さ**は、連続した溶接ビードの始端と終端のクレーターを除いた部分の長さをいう（図—70）が、本著では積算と関わりのもっとも深い**換算溶接長**（かんざんようせつちょう）について述べることになる。

　溶接には今まで述べてきたように、溶接の方法から溶接する板厚、その組合せ方などからいろいろあることになる。換算溶接長は、それら板厚・脚長の異なる溶接長を一定の板厚・脚長の場合に換算したもので、それぞれの溶接長に**換算係数K**を乗じたものの総和を求めるようにしている。建築の場合は一般に6mmの隅肉溶接長に換算している。溶接の種類、またその換算率などについては鉄骨積算の資料を参照されたい。

4．高力ボルト（HTB）

　高力ボルトは「**高張力ボルト**」、「**ハイテンションボルト（HTB）**」または単に「**ハイテンボルト**」ともいい、このボルトを用いて行う鉄骨造の接合法を高力ボルト摩擦接合（こうりょくボルトまさつせつごう）high strengfh bolled conections in friction typeまたは**フリクションボルト工法**といっている。

　高力ボルトはリベットやボルトとは本質的に応力の伝達機構が異なる。つまり継手効率が大きく、施工に際して騒音がほとんどなく、安全な接合法の一つであり、現在ではもっとも広く用いられているものである。

　材質としては高張力鋼でできており、通常は機械構造用炭素鋼や低合金鋼を熱処理して製造されている。JISではボルト材質の引張強さにより分類され、**F8T**、**F10T**、**F11T**などがあり、それに応じてナット・ワッシャーなどの強度も規定されている。（JIS B 1186参照）

　因にＦ８Ｔのボルト引張強さは8〜10 t/cm²、Ｆ10Ｔは10〜12 t/cm²、Ｆ11Ｔは11〜13 t/cm²である。日本では一般にボルトに高い軸力を導入し接合部を締め付け、材間摩擦力に期待して剪断力を伝達させる摩擦接合が多く用いられている。このほかには、ボルトの剪断耐力を使う支圧接や軸方向引張力を負担させる引張接合なども、このボルトまたは形状・寸法は少し異なるが、強度は同程度のボルトが用いられているものがある。

1) 高力ボルトの種類

高力ボルトは図—71に示すものが標準（JIS形）とされ、この形状・品質についてはJIS B 1186に「摩擦接合用高力六角ボルト・ナット・平座金のセット」によって規定されている。この標準形のほかに、1970年頃からナット・座金・ボルト軸部に工夫をこらし、締付けの便を図った**特殊形高力ボルトセット（トルシア形）**が製造され現在ではむしろこの方が多く用いられている。これは特許の関係でJISによる規格化はされずに、「JIS B 1186に規定するものと同等品」として取り扱われている。

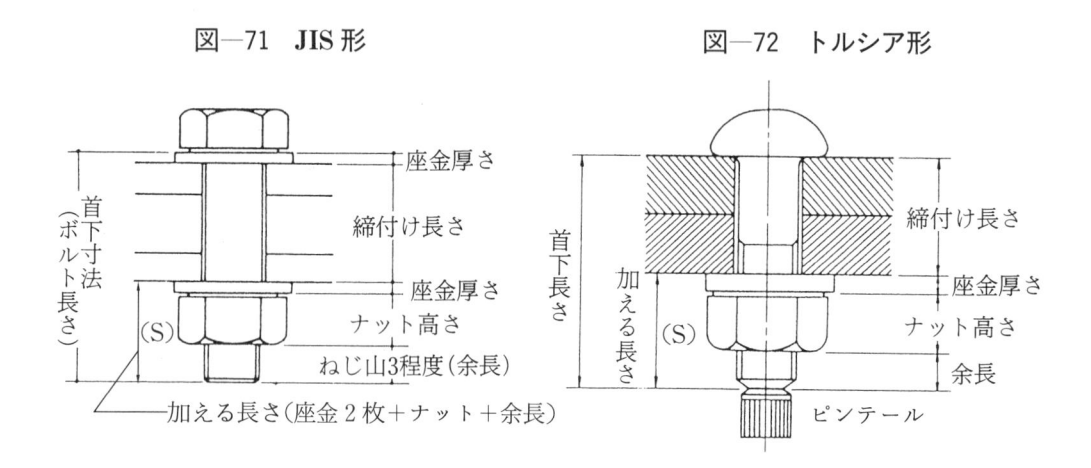

図—71 JIS形　　　図—72 トルシア形

特殊形高力ボルト（トルシア形）は、ナット締付トルク（トルクとは、回転している部品が、その回転軸の周りに受ける偶力をいい、距離×力（m・kg）で表わされる。）の反力をボルトの**ピンテール**で受け静的に締め付けるもので、ピンテールは所定のトルクで破断し、ボルトに所定の軸力が導入される機構になっている。

一般には新日鉄のTCボルトや住友金属のSSボルトなどが使用されている。SSボルトのメーカーはその特長として次のようにあげている。

1) 施工管理が容易である。
   - ボルトの締付け完了は、ピンテールの破断により目視により確認でき、また締忘れが防止できる。
   - ピンテールの破断強度が一定でボルト軸力が安定しているので、トルクレンチによるチェックを省略できる。
   - 締付けトルクの制御はボルトセット自体で行われるので、締付け器具の調整や検定は一切不要である。
2) 工期の短縮、施工費の低減ができる。
   - 締付け器具の調整、締付け後のトルクチェックの不要により工期の短縮が図れる。
   - 締付け器具の取扱いなど締付け作業に習熟を要せず、工期短縮につながり施工費の節減が可能である。

3) 騒音がない。
   ● 静的な力で締め付けるので、インパクトレンチにくらべ騒音が低い。
4) 導入軸力が安定している。
   ● ナットに特殊な潤滑材を使用しているので、気温や天候の影響によるトルク係数の変化が非常に少ない。

SSボルトもTCボルトも同じような特長がある。

一般高力ボルトとトルシア形高力ボルトの違いは、締付け長さに加える長さが、トルシア形の方が各サイズ共5mm短くなっているので、積算上注意が必要である。

高力ボルトの積算は、ボルト径別、首下長さ別の本数を拾い出すことになる。首下長さの市場寸法は5mm単位となっているため、5mm単位にならない場合は、2捨3入、7捨8入して5mm単位の長さとする。

首下長さ ＝ 締付け長さ ＋ 締付け長さに加える長さ

　　締付け長さ　　　　　　：　締め付ける板厚の合計厚（2枚以上）
　　締付け長さに加える長さ　：　座金、ナット、余長（ネジ山約3山半）

ボルト及び径	締付け長さに加える長さ（S）	
	一般高力ボルト（F10^T）	トルシア形高力ボルト（S10^T）
M12	25	—
M16	30	25
M20	35	30
M22	40	35
M24	45	40

但し、亜鉛メッキボルトは一般高力ボルトであるが規格はF8^{T}となる。

5. 鋼　　材

構造には形鋼、棒鋼といった鋼材を大量に使用しており、国内では鋼材生産量の50％前後が建設関係で占められ、その量は4,000万トン前後といわれている。

戦前から建築用に使われた鋼材は、鉄筋コンクリート造では棒鋼、鉄骨用としては厚鋼板、山形鋼、溝形鋼、I形鋼が主流であり、仕上用としては亜鉛めっき鉄板といった熱間圧延材であった。

しかし昭和30年代に入ってからは、生産技術の進歩、生産量の増大に伴って新形状の鋼材が次々と登場した。と同時に溶接技術の進歩、構造力学の発展により、更に鉄鋼の利用技術の開発が進み、斬新な構造物をつくるための材質と材形をもつ鋼材が開発された。

そして日本経済は高度成長期を迎え、建築生産の工業化、工期の短縮などの課題とともに鉄骨構造の発展を支え、ユーザーの要望を受けて材質・製品精度の向上と共に鋼材の品質はいまや世界のトップレベルを保持している。

「はまだかんじ」が社会人となった昭和26年（西暦1941年）頃は、東京では戦後復興へ向けて、ちょっとしたビル建設ブームの時であった。初任給を日給に換算した場合、型枠用のバタ角（10cm角の長さ3m程度）1本の材料費と余り変わらないほどだった。このように労務費に比べて資材の方が高かったし、また貴重でもあった。

その証拠に、当時銀座三原橋脇に建設した常磐炭砿本社ビル（はまだかんじ入社後2年目の昭和27年の話）の鉄骨鉄筋コンクリート造8階建の鉄骨は、すべて形鋼材と鋼板でできていた。現場での組立は当然のこととしてリベット打ちであった。

丸太足場（当時はまだまだビテー足場などという気のきいたものは影も形もなかった）のすき間を縫って真赤に焼かれた鋲が投げられ、それをまた見事にメガホン状の受け金物でキャッチするカシメ職の人たちの名人芸には息を呑んで感心したものである。百発百中というのはこのことをいうのだろう。

カシメる（リベット打ち）間は電話もさることながら、会話のやりとりも一時中断である。東京銀座のしかもど真中の真っ昼間、今ではもはや信じられない風景である。

したがって鉄骨の世界も型枠のバタ角と同じく鋼材は貴重品であった。だから質量はできるだけ軽い方がいいというわけで、柱にせよ梁にせよ、軸組はすべて形鋼、特に山形鋼と平鋼のラチス材による組立柱・組立梁であった。そしてその後、更に知恵を絞って生まれてきたのが軽量形鋼というわけである。

しかし、やがて経済成長と共に「所得倍増論」などの影響もあり、人件費つまり手間の方は年々上がり、少々質量は増えても手間の削減できるものの方がいいという時代の移り変りと、「超高層のあけぼの」といった画期的な構造理論の発展から、今や主流はH形鋼と角形鋼管の時代に入って現在に至っている。

このように、形鋼ひとつの変遷をたどっても、時代の移り変り、ニーズの多様化と高度化といったものが読みとれるわけである。ここに鋼材倶楽部編『建築鉄骨工事施工指針』からの抜粋を参考までに転記しておく。

なお、鋼材の形状や単位質量などは、本書のⅣ．鉄骨積算の資料に多数掲載してあるのでご覧頂きたい。

表—1　建築用鋼材の形状の変遷

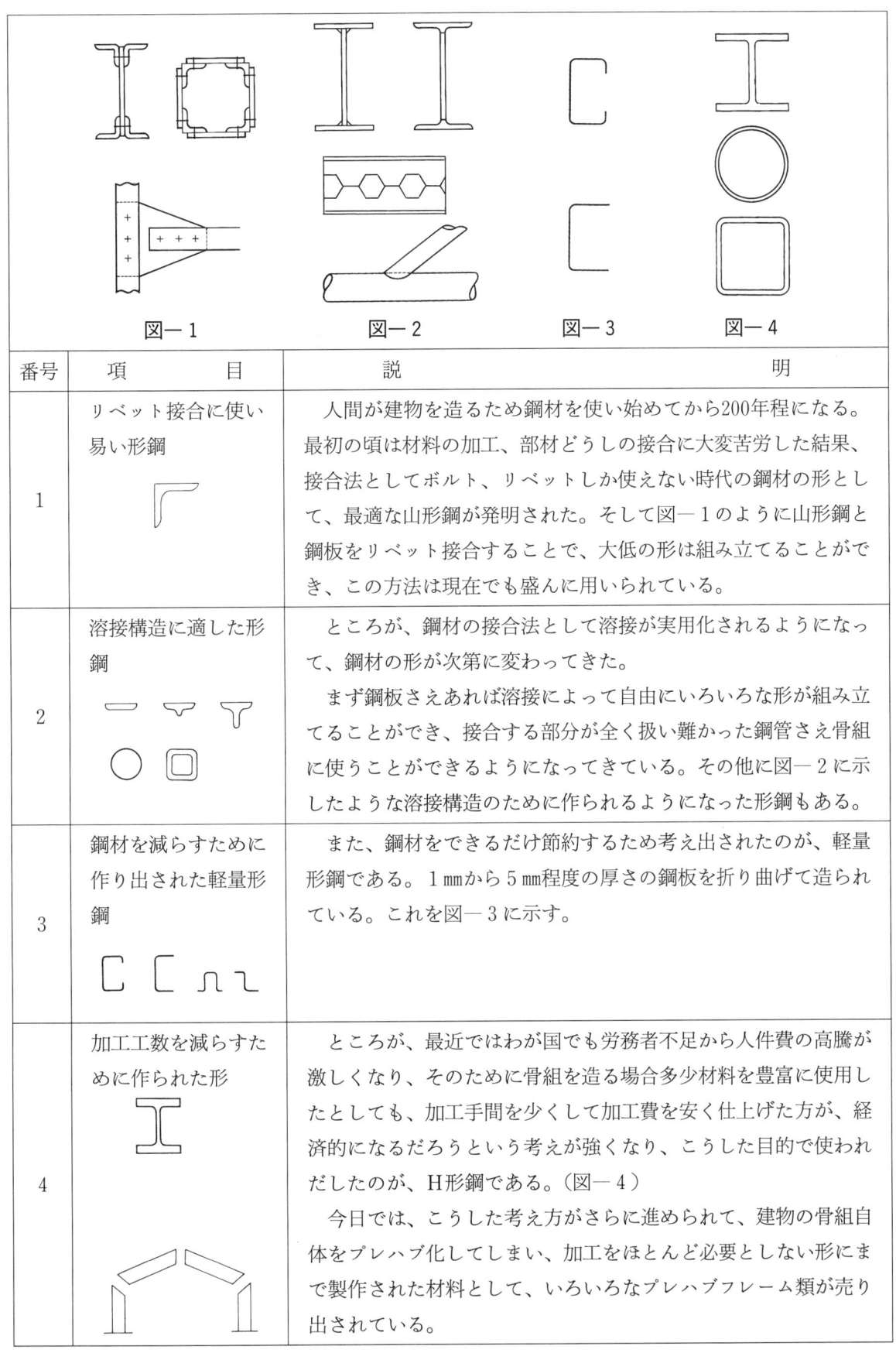

|図—1|図—2|図—3|図—4|

番号	項目	説明
1	リベット接合に使い易い形鋼	人間が建物を造るため鋼材を使い始めてから200年程になる。最初の頃は材料の加工、部材どうしの接合に大変苦労した結果、接合法としてボルト、リベットしか使えない時代の鋼材の形として、最適な山形鋼が発明された。そして図—1のように山形鋼と鋼板をリベット接合することで、大低の形は組み立てることができ、この方法は現在でも盛んに用いられている。
2	溶接構造に適した形鋼	ところが、鋼材の接合法として溶接が実用化されるようになって、鋼材の形が次第に変わってきた。　まず鋼板さえあれば溶接によって自由にいろいろな形が組み立てることができ、接合する部分が全く扱い難かった鋼管さえ骨組に使うことができるようになってきている。その他に図—2に示したような溶接構造のために作られるようになった形鋼もある。
3	鋼材を減らすために作り出された軽量形鋼	また、鋼材をできるだけ節約するため考え出されたのが、軽量形鋼である。1mmから5mm程度の厚さの鋼板を折り曲げて造られている。これを図—3に示す。
4	加工工数を減らすために作られた形	ところが、最近ではわが国でも労務者不足から人件費の高騰が激しくなり、そのために骨組を造る場合多少材料を豊富に使用したとしても、加工手間を少なくして加工費を安く仕上げた方が、経済的になるだろうという考えが強くなり、こうした目的で使われだしたのが、H形鋼である。（図—4）　今日では、こうした考え方がさらに進められて、建物の骨組自体をプレハブ化してしまい、加工をほとんど必要としない形にまで製作された材料として、いろいろなプレハブフレーム類が売り出されている。

〔鋼材の分類〕

鋼の種類は、鋼に含まれる元素やその量により分類され、建築の鉄骨造で用いられているものは、炭素の量からみて「**軟鋼**」といわれているものである。

材質は平成3年1月1日付で従来の記号（SS41、SM50……など）からSI記号（国際単位）に変更された。また鉄骨の加工は近年、溶接が主流になっているが、それに伴い平成6年6月1日付で新たにJIS規格としてSN材（JIS G 3136）が、また、平成8年にSNR材（JIS G 3138）、STKN材（JIS G 3475）が追加された。

構造用鋼材の材質　　表—2　　　記号はSI（国際単位）記号

規格番号	規格名称等	種類の記号
JIS G 3101	一般構造用圧延鋼材	SS400, SS490, SS540
JIS G 3106	溶接構造用圧延鋼材	SM400 A,B,C　SM490 A,B,C SM490 YA,YB　SM520 B,C
JIS G 3114	溶接構造用 　　耐候性熱間圧延鋼材	SMA400 AW,AP,BW,BP,CW,CP SMA490 AW,AP,BW,BP,CW,CP
JIS G 3136	建築構造用圧延鋼材	SN400A,B,C,　SN490B,C
JIS G 3138	建築構造用圧延棒鋼	SNR400A,B,　SNR490B
JIS G 3350	一般構造用軽量形鋼	SSC400
JIS G 3353	一般構造用溶接軽量H形鋼	SWH400, SWH400L
JIS G 3444	一般構造用炭素鋼管	STK400,　STK490
JIS G 3466	一般構造用角形鋼管	STKR400, STKR490
JIS G 3475	建築構造用炭素鋼管	STKN400W, STKN400B, STKN490
———	建設大臣の一般認定によるTMCP鋼	（例）SN490B-TMCP
———	建設大臣の一般認定による耐火鋼	（例）SM490B-FR

註）左の表は建設省建築工事共通仕様書（平成9年度版）より転記したもの

ボルト類の材質

規　格	名　　称	材　質
JIS B 1186	摩擦接合用高力六角ボルト	F10T
JSS※Ⅱ 09	構造用トルシア形高力ボルト	S10T
JIS B 1180	六角ボルト	4T
JIS B 1198	頭付きスタッド	—
JIS B 1214	熱間成形リベット	SV41
JIS A 5540	建築用ターンバックル	

※日本鋼造協会規格

表—3 鋼材の形状による分類

種類	名称	形状	表示方法	大きさ (mm)
棒鋼 JIS G 3191	丸鋼		RB−d$^\phi$	RB− 6$^\phi$ ⋮ RB−200$^\phi$
標準形鋼 JIS G 3192	山形鋼 アングル		L−A×B×t	L− 40× 40× 3 ⋮ L−250×250×35
	等辺山形鋼 不等辺山形鋼		L−A×B×t	L− 90× 75× 9 ⋮ L−150×100×15
	I形鋼 アイビーム		I−A×B×t	I−100× 75× 5 ⋮ I−600×190×16
	H形鋼		H−A×B×t$_1$×t$_2$	H−100× 50× 5× 7 ⋮ H−900×300×16×28
	みぞ形鋼 チャンネル		[−A×B×t	[− 75× 40× 5 ⋮ [−380×100×13
鋼板 JIS G 3193	鋼板 プレート		PL−t	PL− 1.2 ⋮ PL−50.0
平鋼 JIS G 3194	平鋼 フラットバー		FB−b×t	FB− 25×4.5 ⋮ FB−125×12
鋼管 JIS G 3444	鋼管		P−D$^\phi$×t	P− 21.7$^\phi$× 1.9 ⋮ P−1016.0$^\phi$×16.0
角形鋼管 JIS G 3466	角形鋼管		□−A×B×t	□− 50× 50×1.6 ⋮ □−350×350×12

I．鉄骨の基礎知識

表—4　軽量形鋼の種類

種類	名称	形状	表示方法	大きさ (mm)
軽量形鋼 JIS G 3350	リップみぞ形鋼		C—A×B×C×t	C—250×75×25×4.5 ⋮　⋮　⋮　⋮ C— 60×30×10×1.6
	軽みぞ形鋼		[—A×B×t	[—350×50×4.5 ⋮　⋮　⋮ [— 40×20×1.6
	リップZ形鋼		⌐L—A×B×C×t	⌐L—125×50×20×3.2 ⋮　⋮　⋮　⋮ ⌐L— 75×45×15×1.6
	軽Z形鋼		⌐L—A×B×t	⌐L—100×50×3.2 ⋮　⋮　⋮ ⌐L— 60×25×1.6
	リップ山形鋼		⌐_—A×B×C×t	⌐_—75×75×15×3.2 ⋮　⋮　⋮　⋮ ⌐_—50×25×10×1.6
	軽山形鋼		L—A×B×t	L—75×50×3.2 ⋮　⋮　⋮ L—30×30×1.6
	ハット形鋼		⊓—A×B×C×t	⊓—60×30×25×2.3 ⋮　⋮　⋮　⋮ ⊓—30×60×25×1.6

材質による分類

1) 一般構造用圧延鋼材

鋼材記号SSで示されるもので、建築、橋梁、車輌、送電鉄塔などの構造に用いる一般構造用の熱間圧延鋼材をいい、JIS G 3101で規定されている。

一般構造用というのは主としてボルトによって組み立てられることを意味し、構造上の主要部分では溶接を避けるようにしている。特に板厚が厚くなると溶接性が低下する傾向にあるので、板厚25mmを超えるものの使用について『鉄骨工事技術指針』では禁止している。

この鋼種は建築関係で広く用いられるが、SS330は強度不足で鉄骨構造には用いられない。SS490は炭素量を増加しているものが多いので、溶接ができにくいものと考えられており、建築関係で使われることは少なく、主として送電鉄塔用形鋼で使用され鋼板はほとんどない。

したがって、**建築関係ではSS400が主力**ということになる。

2) 溶接構造用圧延鋼材

この鋼材は、建築、橋梁、船舶、車輌などで特に溶接性のすぐれていることを要求される場合に用いられ、JIS G 3106に規定され、**SMの鋼材記号**で示されるものである。

- **SM400**

  強度的にはSS400と同等であるが、溶接性が良好で、A、B、Cの3種類に分かれている。厚さが36mmくらいまではSM400A、これより厚いものはSM400Bを使用すればよく、ABCの順に溶接性はよくなっている。SM400Cは特殊な場合に用いられ、一般には使用されない。

- **SM490**

  1952年にJISに制定された溶接構造用50キロ鋼で、鋼構造に広く用いられている。SM400に比べて多少溶接性は劣るが、溶接作業に注意すれば問題はなく、SM400と同じくABCの3種類がある。しかし特にSM490Aは厚板のなかで炭素含有量の高いものがあるので注意を要する。

- **SM490Y**

  降伏点をSM490より約10％高くしたもので、溶接性はSM490より劣るので、特に厚板の使用については注意が必要である。

- **SM520**

  高張力鋼で、建築界の要求によってJISに制定されたもの。使用実績も多く、溶接性も問題はない。

- **SM570**

  橋梁や圧力容器などに多く使用されているが、建築での鉄骨としては実績が少ない。

3) 溶接構造用耐候性熱間圧延鋼材

鉄は錆びに弱いことから、錆びない材料として開発された鋼材でSMA材という。種類も多いが建築ではあまり使用されていない。

4) 建築構造用圧延鋼材

今までの鋼材はSS材、SM材が主流となっていたが1982年6月に建築物の耐震設計法が改正施行され、これまでの設計方法が変わったことと、工法も柱をビルトボックスや角形鋼管とし、梁にH形鋼を使用するラーメン構造が主流となり、それに伴って最も重要な仕口部の板厚方向に集中引張力が作用する形状の設計が定着してきた。また建物の大型化や高層化に伴い、設計者がより高強度鋼を使用するようになり、鋼材の入手や品質管理などに問題が生じてきた。そこで今までの鋼材に替わる新しい鋼材としてSN材（Steel's for New Structure）が1994年6月1日付で新JISとして認定された。SN材の規格、適用範囲、種類、特性区分等は下記の通りである。

- 規格名称

  建築構造用圧延鋼材であることを規格名称で明確に定めている。

- 適用範囲

  この規格は熱間圧延した厚さ6mm以上100mm以下の鋼板、鋼帯、形鋼及び平鋼に適用される。従って、棒鋼、鋼管、冷間加工鋼材は対象外である。

- 種類及び記号

  SN400A、SN400B、SN400C、SN490B、SN490Cの5種類とし、SN490Aは極めて必要性が少ないとのことで規定されていない。

- 特性区分

  特性区分としてはA種、B種、C種の3種類となっている。

  A種　二次部材やトラスのように弾性範囲で使用し、溶接を行わない部材を主要用途とする鋼材。

  B種　塑性変形と溶接性の確保を意図したもので、耐震上主要な構造部材を主要用途とする鋼材。現行のSS400、SM400A、B、SM490Aに替わる鋼材でオプションとして超音波探傷検査（UT）による内部品質の保証が可能である。

  　　　例　SN400B-UTで表す。

  C種　B種の性能の上に板厚方向の特性を絞り値で規定するとともに、UT検査を実施した材料でボックス柱のスキンプレートやダイヤフラムなど板厚方向の性能を重視するものを主要用途とする鋼材。

5) 建築構造用圧延棒鋼

溶接割れなどに適用する材料として、1996年に新しく認定された棒鋼でSNR材という、棒鋼には丸鋼、角鋼、バーインコイルが含まれており、6mm以上、100mm以下に適用する。建築工事共通仕様書（平成9年度版）では「特記のないアンカーボルトの材質はSNR400Bを使用する」となっている。

6) 一般構造用軽量形鋼

軽量形鋼は、鋼板または鋼帯から冷間でロール成形されたもので、JISで認定されており、普通鋼材と同じように使用されている。記号はSSCで表す。

7) 一般構造用軽量H形鋼

質量が軽いので取り扱いや加工等も容易であるが、一般に軽微な建物に使用されている。記号はSWHで表す。

8) 一般構造用炭素鋼管

構造用鋼管として開発されたもので、一般のガスパイプとは異なる。従来の鋼管構造はすべて、この鋼管が使用されていた。JISで認定されており、記号はSTKで表す。

9) 一般構造用角形鋼管

構造用角形鋼管として開発されたもので、近年では鉄骨造の柱材として一般的に使用されている。JISで認定されており、記号はSTKRで表す。

10) 建築構造用炭素鋼管

溶接割れなどに適用する材料として、1996年に新しく認定された鋼管で記号はSTKNで表す。寸法の適用範囲は外径21.7mm以上、1,754mm以下、厚さは2.0mm以上、100mm以下に適用する。材種の区分はSN材と同様に、W種はSN－A種に相当し、弾性範囲内で使用される部材または部位に、B種は塑性化が予想される部材または部位に使用されることを想定している。なお、W材でも鋼管の場合は溶接を行わない部材は考えにくいので、特別の規定が設けられている。

11) JIS認定品以外の鋼材

JIS認定品以外に、溶接施工に対して品質の確保と、耐震性の向上を図るために開発された認定品（大臣認定）…以下認定品という…や評定品（日本建築センター）…以下評定品という

…の角形鋼管があり、現在は鉄骨構造の柱材として90%以上使用されている。

認定品	BCR295	200×6㎜	～	550×22㎜
評定品	BCP295	200×6㎜	～	1000×40㎜
	BCP325	〃	～	〃

上記は冷間成形された角形鋼管であるが、熱間成形角形鋼管としてSHC材（ナカジマ鋼管）などもある。いずれもJIS認定品のSN材に適用する材料として、一般的に使用されている。

12) 高性能鋼

- TMCP鋼（Thermo Mechanical Process）

    本格的な超高層建築の出現により、建築物に使用される鋼材に高強度化、大断面化、極厚化が要求されてきた。そのため溶接性の低下を防ぐためTMCP（熱加工制御）と呼ばれるプロセスで製造されたTMCP鋼が開発され、現在は板厚が40㎜を超える鋼材に使用されている。

- FR鋼（Fire Resistant Steel）

    鉄の欠点は火に弱いことであるが、FR鋼は一般の鋼材（350℃）の倍近い耐火性能（600℃）をもつ鋼材として認定された材料で、線路上の建物や工作物に使用されている。

- ステンレス鋼

    ステンレスは高価な材料として、一般には仕上げ材として使用されていたが、高強度の材料で、構造用鋼材として認定され、（一社）日本鋼構造協会なども設立されている。

形状による分類

1) 鋼板

鋼板は一般に板厚により厚板、中板、薄板に分類される。

表-5 厚さによる鋼板の分類

呼　　称	厚　さ　の　範　囲
厚　板	6 mm以上
中　板	3 mm以上 6 mm未満
薄　板	3 mm未満

また、厚み、幅などの寸法により区分した場合は次のようになる。

表-6

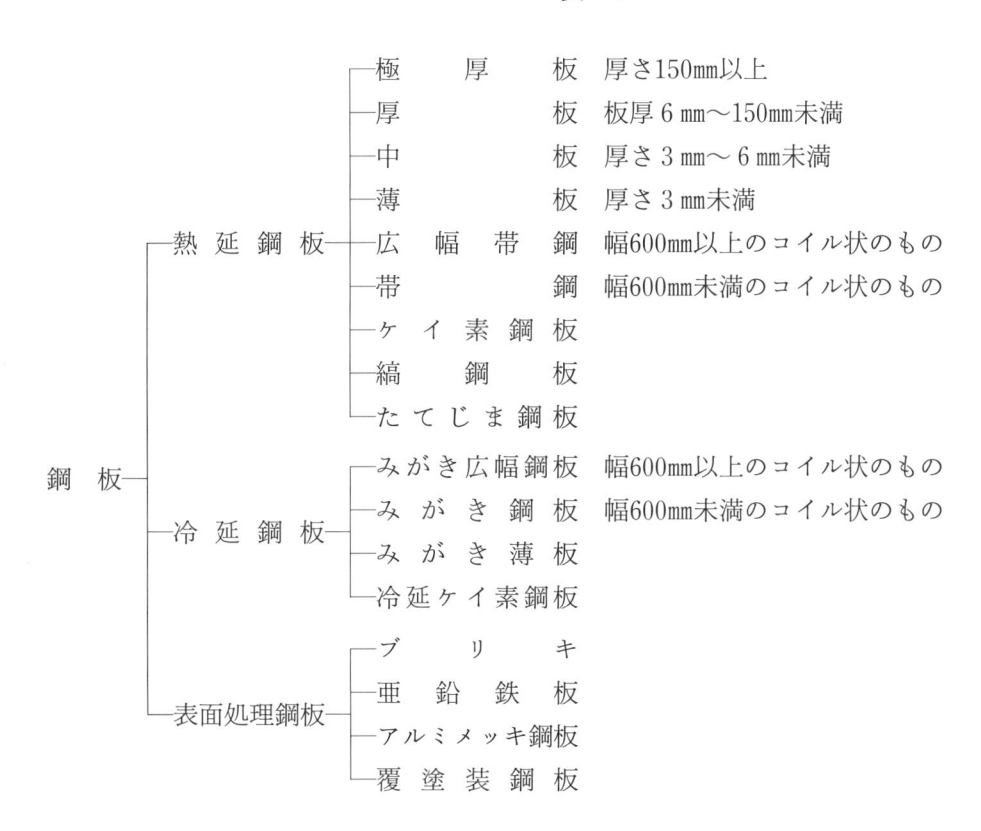

```
                    ┌─極　厚　板    厚さ150mm以上
                    ├─厚　　　板    板厚 6 mm～150mm未満
                    ├─中　　　板    厚さ 3 mm～ 6 mm未満
                    ├─薄　　　板    厚さ 3 mm未満
          ┌─熱延鋼板─┼─広幅帯鋼     幅600mm以上のコイル状のもの
          │         ├─帯　　　鋼    幅600mm未満のコイル状のもの
          │         ├─ケイ素鋼板
          │         ├─縞　鋼　板
          │         └─たてじま鋼板
          │         ┌─みがき広幅鋼板 幅600mm以上のコイル状のもの
鋼　板 ───┼─冷延鋼板─┼─みがき鋼板   幅600mm未満のコイル状のもの
          │         ├─みがき薄板
          │         └─冷延ケイ素鋼板
          │         ┌─ブ　リ　キ
          │         ├─亜鉛鉄板
          └─表面処理鋼板┼─アルミメッキ鋼板
                      └─覆塗装鋼板
```

表-7　鋼板の標準寸法 (JIS G 3193-1977)

(1) 標準厚さ　　　　　　　　　　　　　　　　　　　　　　　　　　　　　単位 (mm)

1.2	(1.4)	1.6	(1.8)	(2.0)	2.3	(2.5)	(2.6)	(2.8)	(2.9)	3.2
3.6	(4.0)	4.5	(5.0)	(5.6)	6.0	(6.3)	(7.0)	(8.0)	9.0	(10.0)
(11.0)	12.0	(12.7)	(13.0)	14.0	(15.0)	16.0	(17.0)	(18.0)	19.0	(20.0)
22.0	25.0	(25.4)	28.0	(30.0)	32.0	36.0	38.0	40.0	45.0	50.0

備考　1．かっこ以外の標準厚さの適用が望ましい。
　　　2．鋼帯および鋼帯からの切板は、厚さ12.7mm以下を適用する。

(2) 標準幅　　　　　　　　　　　　　　　　　　　　　　　　　　　　単位（mm）

600	630	670	710	750	800	850	900	914
950	1,000	1,060	1,100	1,120	1,180	1,200	1,219	1,250
1,300	1,320	1,400	1,500	1,524	1,600	1,700	1,800	1,829
1,900	2,000	2,100	2,200	2,300	2,400	2,500	2,600	2,800
3,000								

備考　1．鋼帯および鋼帯からの切板は、幅2,000mm以下を適用する。
　　　2．鋼板（鋼帯からの切板を除く。）は、幅914mm、1,219mmおよび1,400mm以上を適用する。

(3) 鋼板の標準長さ　　　　　　　　　　　　　　　　　　　　　　　　単位（mm）

| 1,829 | 2,438 | 3,048 | 6,000 | 6,096 | 7,000 | 8,000 | 9,000 | 10,000 |
| 11,000 | 12,000 | 12,192 | 13,000 | 14,000 | 15,000 | | | |

備考　鋼帯からの切板には適用しない。

鋼板の定尺寸法

呼び名	幅(mm)	長さ(mm)	呼び名	幅(mm)	長さ(mm)	呼び名	幅(mm)	長さ(mm)
3×6	914	1,829	5×40	1,524	12,192	9×20	2,743	6,096
3×12	914	3,658	6×20	1,829	6,096	9×30	2,743	9,144
4×8	1,219	2,438	6×30	1,829	9,144	9×40	2,743	12,192
4×16	1,219	4,877	7×20	2,134	6,096	10×20	3,048	6,096
5×10	1,524	3,048	7×30	2,134	9,144	10×32	3,048	9,144
5×20	1,524	6,096	8×20	2,438	6,096	10×40	3,048	12,192
5×30	1,524	9,144	8×30	2,438	9,144			

2) 形鋼

　形鋼の歴史は古く、建築で最初に用いられたのは1849年にフランスでIビームの形で使われたといわれている。現在の形鋼の大半もその頃を起源としていると考えられている。形鋼は本来リベット接合を目的としてきたため、強度のみが必要条件でその化学成分や靱性はあまり問題とされなかった。

　その後、溶接構造の発達により一般形鋼もどんどん使用されるようになり、溶接性のよい一般形鋼も生産されている。しかし、形鋼の生産は今やH形鋼を中心とする大形形鋼が全体の半分以上を占めるようになった。

●H形鋼

　わが国においてのH形鋼は、20数年の歴史を経て建設用材料としてその地位を確固たるものにしている。その断面形状は平行なフランジがあるため構法の点で有利なほか、フランジ断面積が大きいので断面性能にすぐれ、柱材や梁材として広く用いられている。

H形鋼は断面形状から次の3種類に大別されている。

　広幅～ウェブ高さとフランジ幅が等しいもの。

　中幅～フランジ幅がウェブ高さより小さいもの。

　細幅～フランジ幅が中幅より更に狭いもの。

広幅系列は圧縮部材としての耐力が大きいので建築の柱材、杭材として利点を発揮し、中幅、細幅系列は単位質量に対して断面係数が大きいため、鉄骨造の梁材として多く用いられている。

● **極厚H形鋼**

極厚H形鋼は単材のまま大きな耐力を有するため、超高層ビルの柱材として脚光を浴びた。400×400シリーズがもっとも一般的であるが、現在の圧延技術では最大寸法がH－608×477×90×125、単位質量にして1,194kg/mというものまで可能という。

代表的な建設例としては、「超高層のあけぼの」で有名な三井霞ケ関ビルに始まり、東京では京王プラザホテル、新宿住友ビル、池袋に建つサンシャイン60など、今では都心や副都心に林立している超高層ビルの主要鋼材となっている。

しかし、大形H形鋼のどのあたりから極厚H形鋼と呼ぶのか、呼称の明確な区別はないが、大体フランジ厚さが30～50mm以上、ウェブ厚さが30～40mm以上あたりを極厚と呼び、更にフランジ厚が65～70mm級のものになったとき超極厚と呼んでいるようである。

● **BH鋼（溶接H鋼）**

BHつまりビルトHといっている種類である。メーカー品としてはT形鋼と鋼板、または鋼板と鋼板を溶接してH形断面としたものが生産されている。これは圧延形鋼ではないが、圧延H形鋼とほとんど同様に使われる。その寸法系列も大体圧延H形鋼のJISシリーズに準拠している。現場での精度を要するような建物にはこのBH形鋼が使われることが多い。

溶接H形鋼の製造寸法範囲をメーカー別に下表に記す。

表－8　溶接H形鋼の製造寸法範囲の例

溶接H形鋼（川鉄建材）

	最大(mm)	最小(mm)
フランジ（幅）	400	120
フランジ（厚さ）	32	4.5
ウェブ（高さ）	2,000	150
ウェブ（厚さ）	19	3.2

溶接H形鋼（住友金属）

	最大(mm)	最小(mm)
フランジ（幅）	500	50
フランジ（厚さ）	50	8
ウェブ（高さ）	2,000	200
ウェブ（厚さ）	30	4

表－8のようにメーカーで製造されている材料の他に、BH材はファブリケーター（鉄骨専門業者）の工場製作の範囲として製作されている。その場合、積算上は鋼材と溶接を拾うことになる。BH材は板厚や材質の異なる鋼板を、溶接で自由に組み合わせが出来ることから、現在では鉄骨構造の代表的な材料となっている。

●外法一定H形鋼（HY鋼、SH鋼）

　以前から使用されていたH形鋼は、各シリーズとも内法一定寸法で、フランジの板厚が変わるごとにHの成（高さ）が変わるため、標準形以外は使用する際、不便であったが、メーカーの製造工程の進歩で、各シリーズ内でフランジやウェブの板厚が変わっても、外法寸法を一定にしたH形鋼が開発された。これが外法一定H形鋼である。この鋼材はコンピューター制御に基づいて製造されるため、精度も良く、BH材のように溶接をしなくともよく、シリーズごとの種類も多いため、今後はH形鋼の主力材料となると思う。

溶接H形鋼（中部鋼板）

	最大(mm)	最小(mm)
フランジ（幅）	600	100
フランジ（厚さ）	50	6

	最大(mm)	最小(mm)
ウェブ（高さ）	2,000	210
ウェブ（厚さ）	30	6
長さ	20,000	—

●Ｉ形鋼

　Ｉ形鋼は、フランジの内面に勾配がついているので、他部材との接合に不便であり、最近では特殊用途以外はあまり生産されていない。用途としてはもっぱらホイストのガードレール、産業用機械の架台など単独で応力を受ける部材に用いられる。（GIS G 3192参照）

●溝形鋼

　溝形鋼は、フランジが平行でかつ他の部材との組合せが容易なほか、断面剛性が大きいので一般構造物の強度部材、建築用柱材、仮設構造用部材など幅広い用途に用いられている。しかし山形鋼と同じく需要の多いものだけが生産されている。（JIS G 3192参照）

●山形鋼

　山形鋼は小形断面の割には断面効率がよいので、鋼構造物の二次部材など幅広く利用されている。一般には等辺等厚のものが多く生産され、ほかに不等辺等厚、不等辺不等厚山形鋼があるが、需要の多いものは問題ないが、JIS規格にあるサイズが常に入手できるとは限らないので、需要の少ないサイズについてはメーカーと事前によく打ち合わせる必要がある。

3）　軽量形鋼

　一般構造用軽量形鋼は、鋼板または鋼帯から冷間でロール成形法で製造されるものをいう。本来は二次製品になるが、一般には普通鋼材と同じに取り扱われ、JIS規格化されている。

　軽量形鋼は薄鋼板から冷間形成されるため、熱間圧延形鋼に比べて肉厚が薄く、形状寸法が正確で質量当たりの断面性能がよいので、わが国では1957年にJISで制定され、量産も開始、その利用も増え、特にプレハブ住宅での使用量が急速に伸びて年間100万トン以上に達していた。しかし軽量形鋼は板厚が薄く、錆に弱いことから近年は母屋、胴縁などの他根太などの二

次部材に使用されている程度である。

4) 溶接軽量H形鋼

　形状が単純かつ合理的であり、圧縮・曲げ耐力が大きく、しかも同一断面性能の熱延H形鋼と比べて薄肉であり、質量が軽いので取扱い、加工、組立も容易である。また接合部が単純なので加工工数を節減でき、コストの低減、工期の短縮もはかれるという特徴をもっている。

　したがって、用途としてはプレハブ住宅、工場、倉庫、鶏舎、園芸ハウスなど多目的に使用されている。

II．建築数量積算基準と鉄骨

II

建築数量積算基準と鉄骨

1. はじめに

　「ながらく、お待たせ！」といった感じになってしまった『鉄骨の積算入門』の扉が、やっとここで開けそうだ。

　（公社）日本建築積算協会が主催しているものの一つに、『積算学校』というのがある。ごく最近、この受講生に対して学校側がアンケート調査を行ったところ、「鉄骨についてはもう少し時間を取ってほしい」とする声が目立ったという。一方、講師側の人々は、「どうも、積算以前の段階、たとえばスプライスという用語そのものが分かっていないがために、ついていけなくなるらしい……。」といった感想をある協会の委員会で述べていた。中学時代の授業で、頭脳明晰でその道ベテランの先生に習うよりも、むしろどちらかといえば数学に弱かった先生に習ったときの方が、よく理解できた経験を「はまだかんじ」自身はもっている。

　賢明なる読者諸君は、「エンドタブ」であれ「スカラップ」であれ、それらがどういうもので、いかなる役目をもつものであるかは、この章の扉を開く以前に、もう十分承知しておられるはずである。

　やや自画自讃のきらいがなくもないが、こうしたこと一つを取り上げても、いよいよこの入門書の狙いがどうやら的を射たものになるのではないかと、自信を一層深めたのである。

58　Ⅱ．建築数量積算基準と鉄骨

2．鉄骨の区分

　鉄筋コンクリート造での区分は、基礎、柱、梁、床板、壁、階段、その他の7つの区分に分かれていた。それに対し「基準」の上での鉄骨の場合は

　　柱→梁→ブレース→階段→その他

の5つの区分に分けられている。

　つまり基礎、基礎梁部分などは鉄筋コンクリート造が普通であり、したがって鉄骨鉄筋コンクリート造にせよ、単なる鉄骨造にせよ、積算は柱以降を考えればよいからである。

　なお「基準」の鉄骨の部分に入る以前に『総則』のうち鉄骨に関係ある事項のみについてまず述べておくことにする。

　　総　則
 3　本基準において数量とは、原則として設計数量（設計寸法に基づく計算数量）をいう。
　　ただし計画数量（施工計画に基づく数量）又は所要数量（市場寸法による切り無駄及び施工上止むを得ない損耗などを含む予測数量）を必要とする場合は、本基準に示す方法に基づいて計算し、計画数量又は所要数量であることを明示する。
 4　本基準において設計寸法とは、設計図書に表示された寸法、表示された寸法から計算することのできる寸法及び物差により読みとることのできる寸法をいう。

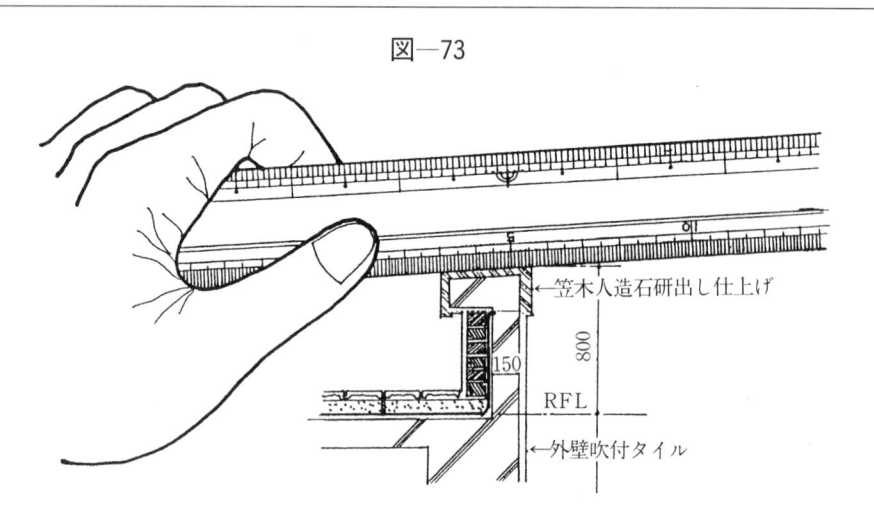

図―73

物差により読みとることのできる寸法
分一（ぶいち）のこと

 5　本基準において単位及び端数処理は原則として次による。
　(1)　長さ、面積、体積及び質量の単位はそれぞれ、m、m²、m³及びtとする。
　(2)　端数処理は、四捨五入とする。

(3) 内訳書の細目数量は、小数点以下第1位とする。ただし、100以上の場合は整数とする。

(4) 計測の単位はmとし、小数点以下第2位とする。また計算過程においても、小数点以下第2位とすることができる。

　なお、設計図書から得られる電子データの小数点以下第2位の数値については、その数値を活用し、端数処理を行わなくてよい。

〔解説〕

例えば

○長　　さ　　5.678m ⇒ 5.68m
　　　　　　　　　　　　　↑
　　　　　　　　つまり、cmまででよいことを意味する。

○面　　積　　6.789m² ⇒ 6.79m²

○体　　積　　10.123m³ ⇒ 10.12m³

○計算過程　　2.34m×5.67m＝13.2678m²　　　　⇒13.27m²
　　　　　　　2.34m×5.67m×8.91m＝118.216098m³⇒118.22m³

⎛これを　2.34m×5.67m＝13.2678→13.27　　　　　　　　　⎞
⎜　　　　13.27m²×8.91m＝118.2357m³　　　　　⇒118.24m³⎟
⎝までの必要はなく、計算過程はそのまま続け、最後に四捨五入すればよい。⎠

　手軽な電卓が普及している現在では、〔　〕内のような手法をとるとかえって手間ひまがかかり、時間のロス以外のなにものでもないことになる。神経質な人がいて、118.22m³と118.24m³では0.02m³の差があるではないか？と異議を挟むかもしれない。しかし、これこそナンセンスの一語につきる。その差の0.02m³は、118.22m³に対してわずかの0.017％でしかない。

　しかしこの項で注意したいことは、総則5(3)の規定に関係なく、鉄筋コンクリート造におけるコンクリートの断面寸法や鉄骨や木造の断面寸法などは小数点以下第3位つまりmmまで計測する申し合わせになっている。これを図-74により説明しておく。

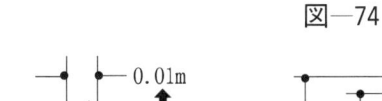

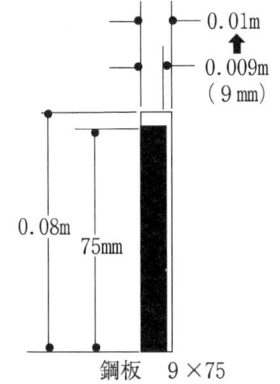

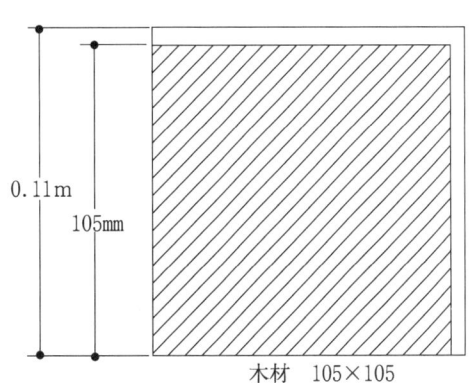

図-74

今厚さ9mm、幅75mmの鋼板を計測する際、これを基準の総則のままに扱ったとすれば、厚さ0.009mは小数点以下3位を四捨五入することで0.01m、つまり1cmとなり、幅の方も0.075mが0.08mすなわち8cmとなる。鉄の比重を7.85t/m³として両者を比較すると

$$0.009 \times 0.075 \times 100m \times 7.85 = 0.53 t$$
$$0.01 \times 0.08 \times 100m \times 7.85 = 0.63 t$$

となり、両者の差0.1tは18.87％にもなってしまう。つまり鋼材の場合断面の計測はcmでなしにmm単位で扱っていることがよく分かっていただけたであろう。

ことのついでに木材で同じようなことをやってみる。昔尺貫法時代3寸5分角（さんずんごぶかく）といわれた木材の断面寸法をもしcm単位で扱ったとする。断面寸法の0.105mは四捨五入により0.11mとなる。したがって両者を比較すれば

$$0.105m \times 0.105m \times 4.00m = 0.0441 m³$$
$$0.11 m \times 0.11 m \times 4.00m = 0.0484 m³$$

となり、その差は9.75％もあることになる。

このような背景から、コンクリート、鉄骨、木材などの断面寸法の計測はmm単位で扱うことにしたようである。

総則5(3)の「内訳書の細目数量」とは、仕分け集計の結果求めた数量を内訳書などに計上する場合、100未満については小数点以下第2位を四捨五入、100以上については小数点以下第1位を四捨五入しようという趣旨を述べている。

$$2.34m \Rightarrow 2.3m$$
$$23.45m² \Rightarrow 23.5m²$$
$$234.56m³ \Rightarrow 235 m³$$
$$2,345.67 t \Rightarrow 2,346 t$$

したがって前述した「計算過程」での扱いで、118.22と118.24の差の問題に再度触れれば、いずれの場合も最終的には118となって全く同じ結果になる。

世間には大所・高所から大局を把握しようとせずにこうした技葉末節のことにこだわり、「重箱のすみをつつくようなこと」ばかり好きなご仁も結構いるものだ。やはり積算の世界にあっても、まず大局を誤りなく把握することが大切というものであろう。

それでは次に「基準」の「鉄骨」の規定について述べることにする。

なお、鉄骨の区分の中で最も重要なところは「基準」の解説で「鉄骨については工場製作を重点とした鉄骨独自の区分を規定した」となっている記述で柱に取付く大梁の端部などは柱の部分であると規定していることである。ただし工場で製作されるものでも簡易なもの（ガセットプレートやスチフナー類）は「あとの部分」で拾うことになっているので注意すること。

1) 柱

第4章 鉄　　骨

第1節　鉄骨の区分

鉄骨は、ボルト類及び溶接を含むものとし、各部分の区分は、次のとおりとする。

(1) 柱

1) 鉄骨柱は柱脚ベースプレート下端から最上端までの、柱として工場製作する部分をいい、設計図書により各節に区分した柱とする。各節の柱及び梁との接合は設計図書による。

2) 各節の柱は、最下部の柱を第1節柱とし、上部の柱を逐次第2……第n節柱とする。

3) 各節の柱と柱の接合部材は、原則として接合する「あとの部分」に含める。

4) 間柱は原則として梁間の長さとし、接合部は設計図書による。

〔解説〕

　鉄骨も木造同様軸組のほとんどの部分が工場製作となる。つまり現場でそれらの組立てとその継目部分の処理が終わればほぼ完了である。したがって現場で組み立てる部材の数が少ないほど効率的のはずである。

　しかしながら、部材運搬に伴う交通事情や現場の立地条件によりいろいろな制約を普通は受ける。図—75は鉄骨建設業協会編集による車両制限令による通常の輸送可能範囲を示したものである。道幅が狭ければトレーラーの大きさそのものも制約を受けるであろう。また、積載する方の鉄骨自体の質量にしても、建方に用うる重機の能力、あるいは運搬車の質量制限の面からもやはりなにかと制約を受けることになる。

　柱と柱の接合部分は、接合部材であるスプライスプレート（添え板）を仲介して鋲、高力ボ

図—75 車両制限令による通常の輸送可能範囲（社団法人　鉄骨建設業協会資料）

本図に示す積載寸法は，一元的許可限度の最大値を示したものであって，各図示の値以下であっても道路との関係において，さらに制限される．

（1）トラック許可範囲（11トン積トラック）

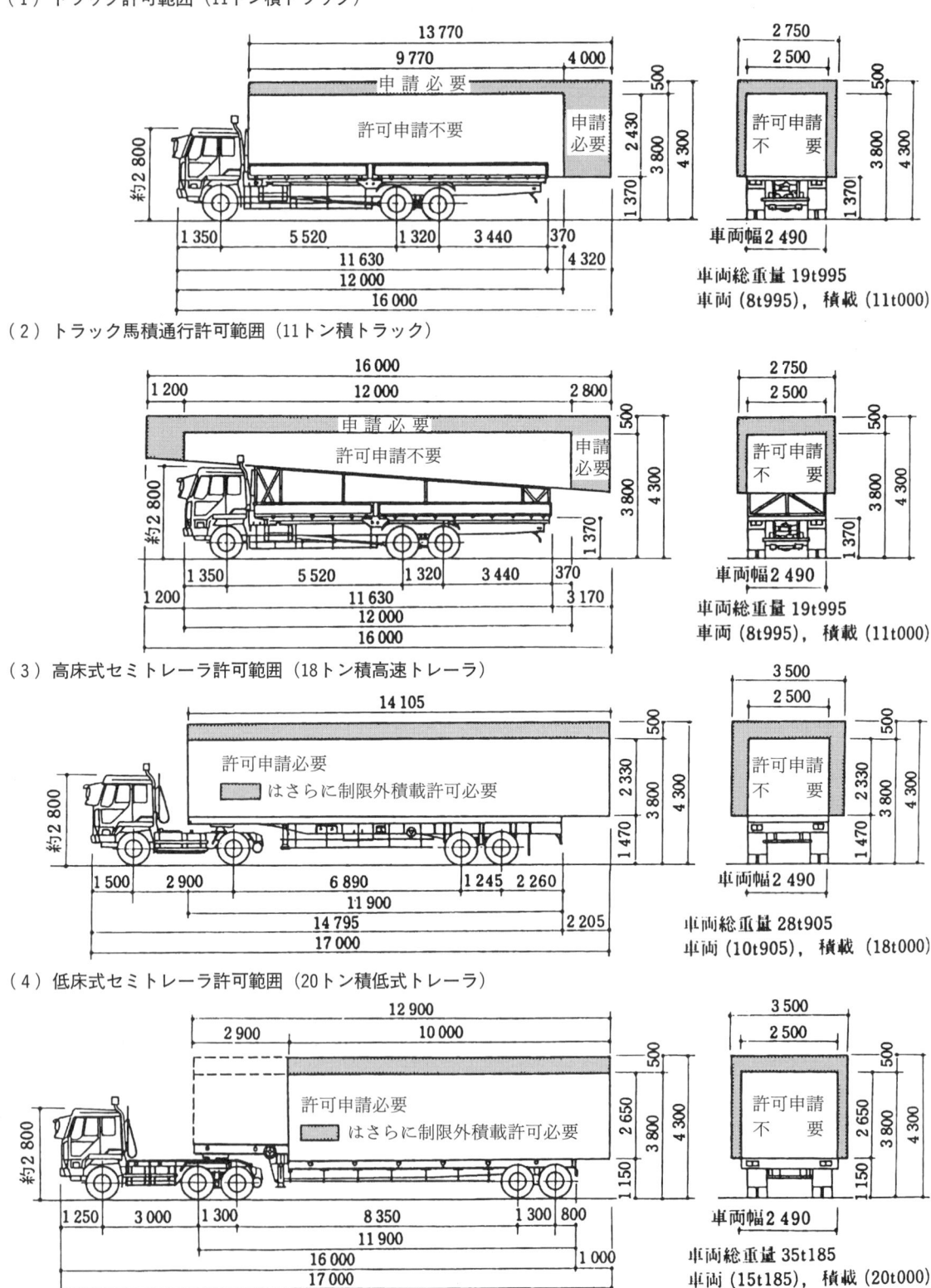

車両総重量 19t995
車両 (8t995)，積載 (11t000)

（2）トラック馬積通行許可範囲（11トン積トラック）

車両総重量 19t995
車両 (8t995)，積載 (11t000)

（3）高床式セミトレーラ許可範囲（18トン積高速トレーラ）

車両総重量 28t905
車両 (10t905)，積載 (18t000)

（4）低床式セミトレーラ許可範囲（20トン積低式トレーラ）

車両総重量 35t185
車両 (15t185)，積載 (20t000)

2. 鉄骨の区分　63

図—76　十字形柱

(1) はり通し

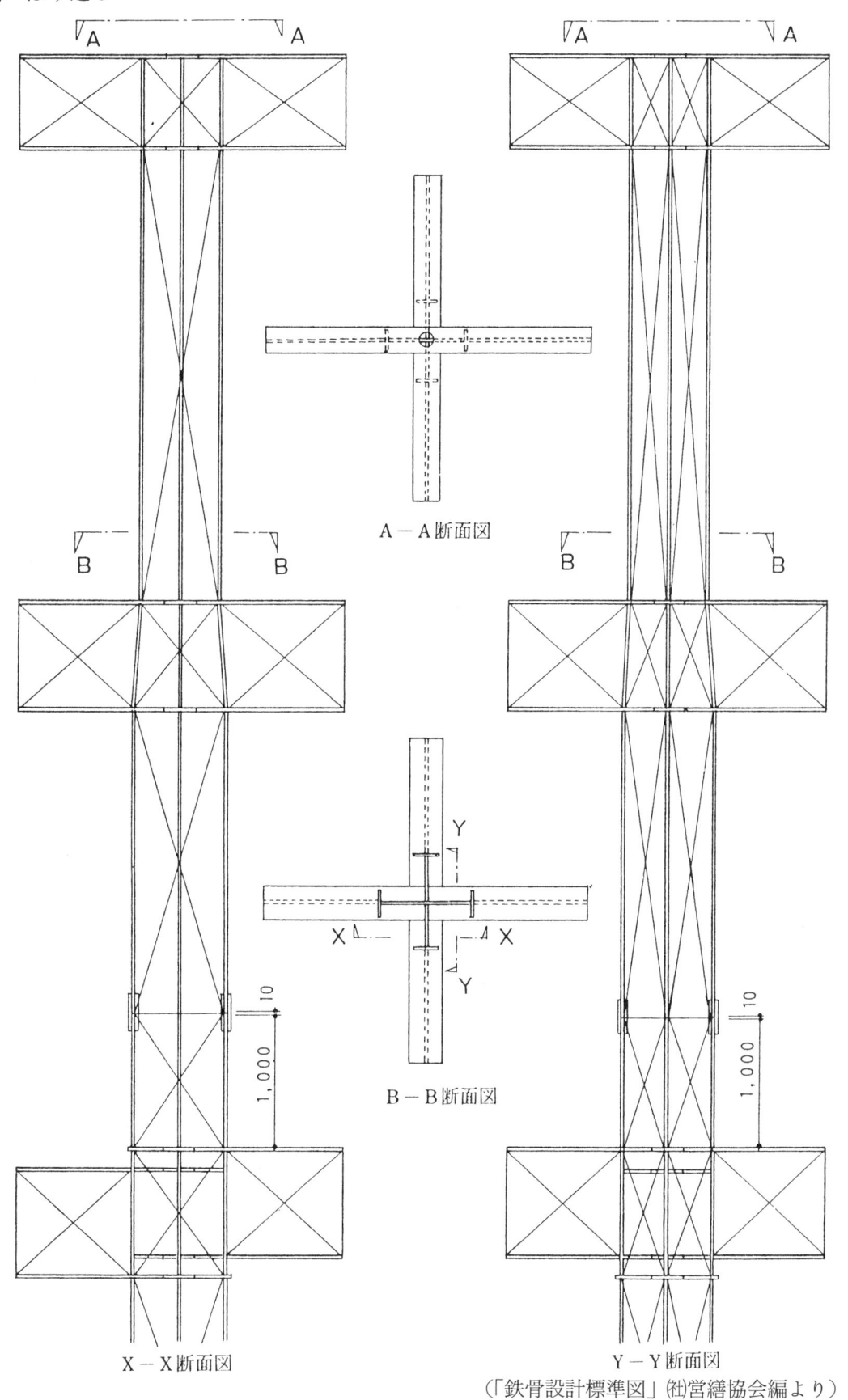

A—A断面図

B—B断面図

X—X断面図　　　Y—Y断面図
（「鉄骨設計標準図」(社)営繕協会編より）

ルトまたは溶接により接合される。その場合の接合部材は、上部の柱である『あとの部分』の方に含んで積算する申し合わせである。

積算用語として、部分の順位にしたがって『先きの部分』と『あとの部分』というのがある。例えば鉄筋コンクリート造においては、基礎、柱、梁、床板、壁、階段、その他の順に順位がつけられている。梁にとって柱は『先きの部分』であり、床板は『あとの部分』になる。

したがって柱での第1節柱は第2節柱にとって『先きの部分』となり、第3節柱は『あとの部分』となる。「基準」でいう接合部材は、原則として接合する『あとの部分』に含めるということは、第1節柱と第2節柱の接合に必要なスプライスプレートや高力ボルトといった接合部材は、『あとの部分』である第2節柱に含むことを意味している。

こうした規定は、接合部材の積算上での重複（二重拾い）や拾い落としといったものを避けるための配慮である。

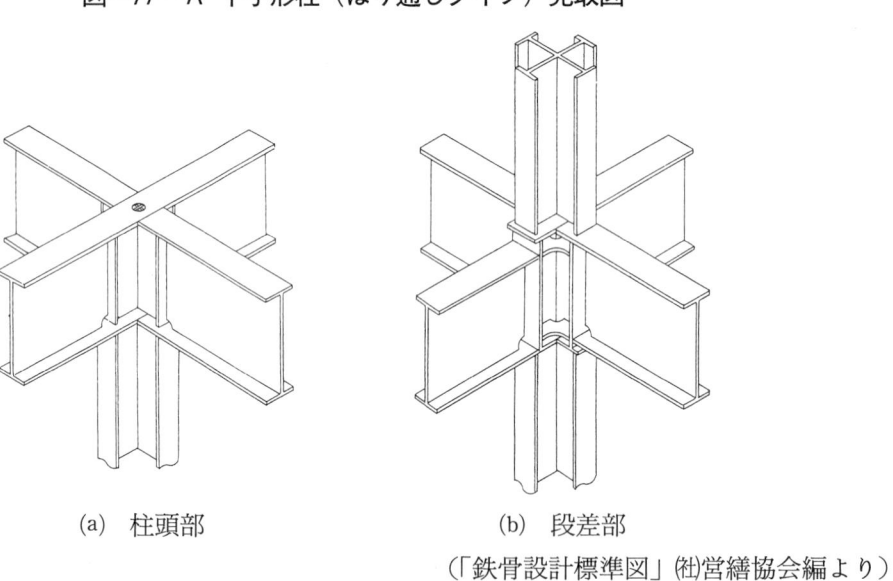

図―77―A 十字形柱（はり通しタイプ）見取図

(a) 柱頭部　　　　　(b) 段差部
（「鉄骨設計標準図」㈳営繕協会編より）

2. 鉄骨の区分　65

2　各部分の計測・計算

(1)　柱

1)　柱の節の長さは、設計図書による各節の接合位置間の長さとし、第1節柱又は最上部の節柱にあっては、ベースプレート下端又は柱頭上端から接合位置までの長さとする。

図―77―B

〔解説〕

特に解説するほどのこともなさそうだが、後述の昭和54年度の建築積算士試験問題（実技編）がいわゆる第1節柱になる。この柱の長さは、ベースプレート下端から次の第2節柱との接合点までになるので7.0mということになる。

したがって、図―27（22頁参照）での第1節柱の長さはベースプレート下端から4階床面よりやや上の接合位置までをいい、第2節柱の長さは第1節柱との接合位置から次の接合位置の7階床面よりやや上の接合位置までをいう。そして残りの第3節柱の長さは第2節柱との接合位置からR階の柱頭上端までをいう。

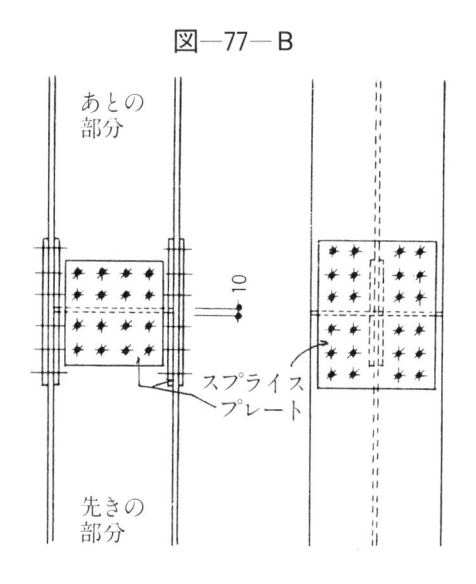

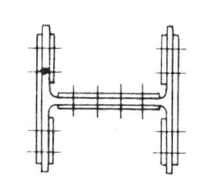

（「鉄骨設計標準図」より）

また、各節柱同士のクリアランスは、「あとの部分」の柱寸法に含めて「あとの部分」の柱の長さとして計測すればよい。

2)　梁

第1節　鉄骨の区分

(2)　梁

1)　鉄骨梁は、柱又は梁に接する横架材の部分をいう。片持梁等もこれに準ずる。
2)　柱又は梁との接合部材は、接合する「あとの部分」に含める。

〔解説〕

鉄骨梁にも鉄筋コンクリート造と同様に大梁、小梁、片持梁などがある。小梁は大梁にとって『あとの部分』になる。したがって両者の接合に必要な接合部材は、『あとの部分』である小梁に所属することになる。同様に、片持梁は柱付きの場合であろうと、大梁付きの場合であろうと、仕口部分を除き接合に必要な接合部材は『あとの部分』である片持梁の所属になる。

なお、柱と大梁、大梁と小梁などを接合するガセットプレートは接合部材とは考えない。なぜならば、前述した節柱に『あとの部分』である梁の端部が含まれたと同様に、柱と大梁を接

合するガセットプレートは柱の部分に含み、大梁と小梁を接合するガセットプレートは『先きの部分』である大梁に含まれることになるのだが、現在の「基準」では、すべて「あとの部分」に含むことになった。

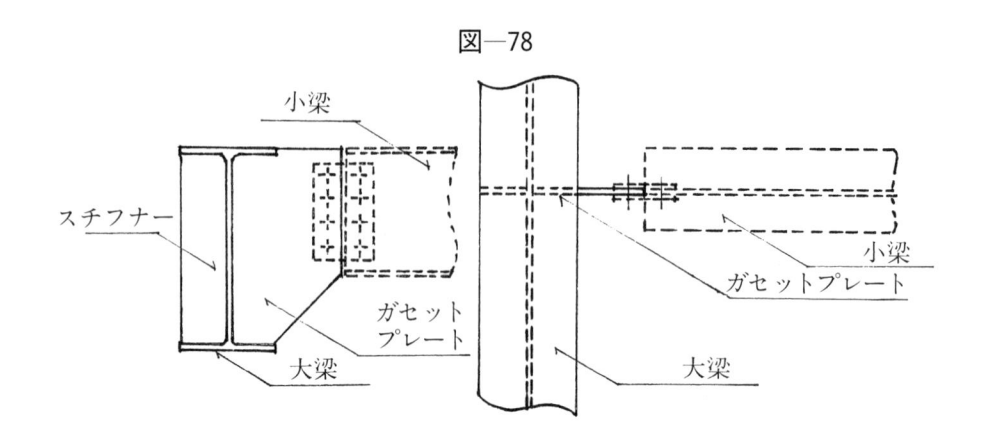

図—78

図—78は、大梁と小梁の接合部を示したものである。小梁を大梁に接合するための接合部材（スプライスプレート、高力ボルト）やガセットプレート、スチフナーも小梁に含まれることになった。

2　各部分の計測・計算

(2) 梁
1) 梁の長さは、鉄骨柱又は鉄骨梁の仕口の内法長さとする。
2) 梁の構成部材は設計図書により計測・計算する。

〔解説〕

図—31（23頁参照）でも明らかなように、梁の両端部分は柱の方に含まれているので、梁の長さは仕口から仕口までの内法長さとなる。

また梁の構成部材は、梁がBHであれば主材であるフランジ材・ウェブ材およびその溶接長さを求めると共に、柱との接合部材であるスプライスプレート、高力ボルトなどを計測・計算することになる。

なお、最近はH鋼の影に埋没してしまってほとんど姿を見せないラチス梁のラチスの計測・計算について少し触れておく。

図—79

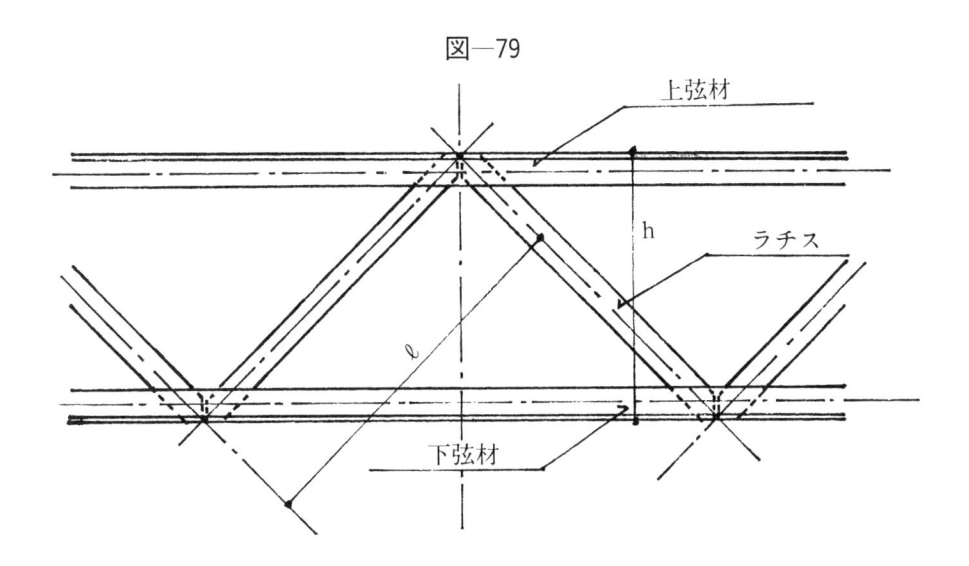

図—79はラチス梁詳細の一部である。上弦材・下弦材の形鋼はその長さを計測すればよい。しかしラチス材をどう扱うかが後述する鋼板の扱いの項とからんできて迷うところである。

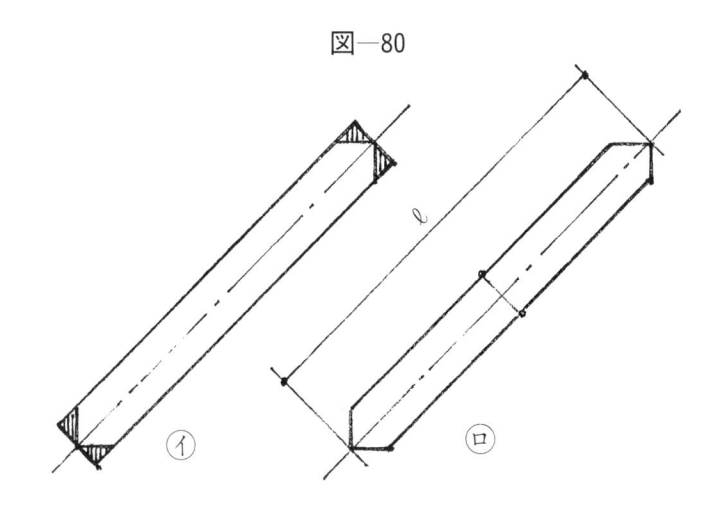

図—80

図—80の①のラチス材は平鋼であるが、これを鋼板と考えれば、端部の欠除部分を考慮した残りの面積が設計数量となる。

一方、図—80の⑪のように、平鋼によるラチス材と考えれば端部から端部までをcm単位で計測することになる。

結論からいえば、ラチス材に平鋼を使用すれば⑪の解釈でよい。平鋼は規格に基づく厚みと幅をもち、使用目的によってその長さ方向を切断して用いるので、形鋼に準じたものと考えれば⑪の扱いでよいことになろう。ただし、ラチス材に幅広の鋼板を用いた場合は当然、ガセットプレートと同様に扱わなければならないことに注意してほしい。

3) ブレース

> **第1節　鉄骨の区分**
> (3) ブレース
> 1) 鉄骨ブレースは鉛直ブレース、水平ブレース等の部材をいう。柱、梁等との接合は設計図書による。
> 2) 柱又は梁に接合するブレースの接合部材は、原則として接合するブレースの部分に含める。

〔解説〕

鉄骨鉄筋コンクリート造、鉄筋コンクリート造ではまずお目にかからない部分がこの「ブレース」といえる。木造では「筋違」といっている。なぜこの部分だけが横文字になったのかは知るよしもないが、ベースプレートから始まって、鉄骨造には横文字をそのまま用いることが多い。したがって、「筋違」とせずに「ブレース」としたのかもしれない。要は軸組の間に斜材として入れ、ねじれを防止したり、地震や風に対しての補剛材である。鉄骨造では一般に細長比が大きいため、引張りのみに抵抗すると考える場合が多いようである。

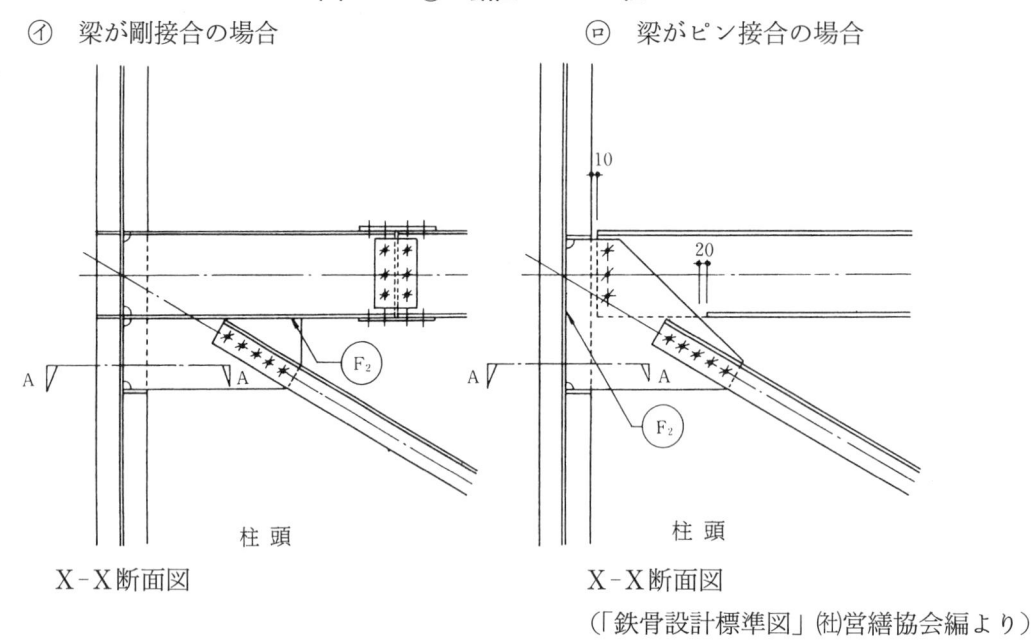

図―81―① 鉛直ブレース仕口

イ 梁が剛接合の場合　　　　　　　ロ 梁がピン接合の場合

X-X断面図　　　　　　　　　　　X-X断面図

（「鉄骨設計標準図」㈳営繕協会編より）

図―81―①は、柱と梁の仕口の状態が剛接合とピン接合の場合それぞれのブレースの接合の様子を示したものである。

イの方の剛接合の場合でのガセットプレートは、明らかに「ブレースとの接合のために必要な接合部材」と考えられる。したがって、「基準」でいう「接合するブレースの部分とする。」に則ればブレース側で一緒に拾うことになるが、工場製作を基本とする考えに立てば、柱側に

所属する接合部材と解釈した方がよいと思われる。

しかし㋺の方のピン接合の場合でのガセットプレートは、ブレースもさることながら、まず「先きの部分」である柱と梁の接合のために必要なものである。したがってこの場合のガセットプレートは柱付きのガセットプレートと考えて柱の部分で拾い、ブレースの部分の時にはボルトのみを接合部材としてブレースと共に拾えばよいと考えられる。要は積算上の重複や脱漏のないようにさえすればいいわけである。

図—81—②の柱脚では、ガセットプレートとボルトはブレースの接合に必要な部材である。それと同時に、柱脚部補剛のためのリブ材も接合部材としてブレースと一緒に拾うことになる。

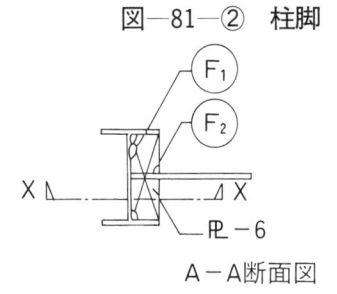

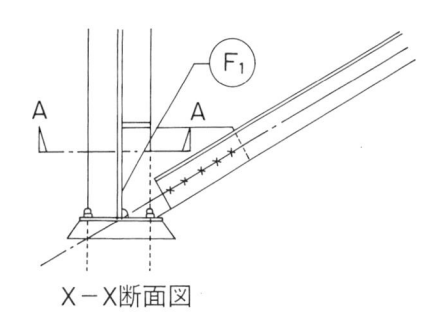

図—81—② 柱脚

A—A断面図

X—X断面図
（「鉄骨設計標準図」㈳営繕協会編より）

なお、その他のブレースの納まりの参考図を『標準図』より抜粋して次の図—82、83に記載する。

図—82 横補剛材と水平ブレースの取付け

上端に取り付く場合　　　下端に取り付く場合
（「鉄骨設計標準図」㈳営繕協会編より）

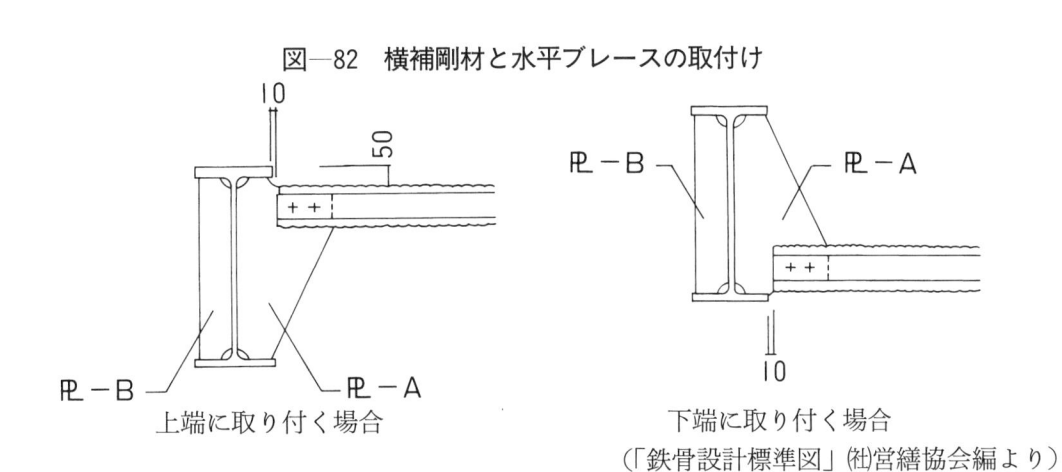

図—83 柱、大ばりと水平ブレースのとりあい（H形柱）

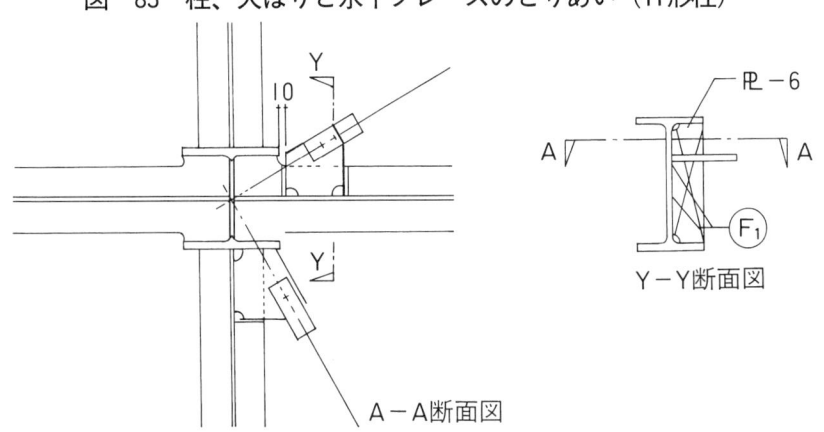

A—A断面図　　　Y—Y断面図
（「鉄骨設計標準図」㈳営繕協会編より）

2 各部分の計測・計算

(3) ブレース

ブレースの計測・計算は設計寸法による。ただし、支点間にわたるブレースの主材は原則としてターンバックル等による部材の欠除を計測の対象としない。

〔解説〕

構造的に解釈すれば、「支点間」は部材ゲージラインの接点間とも思えるが、その前に「設計寸法による。」とあるので、積算上のスタートは「設計寸法」から入る。

次に図—85㋑に見られるターンバックル、ガセットプレートに接合する端部の接合部材（ここでは平鋼）の扱いをどうするかということになる。同様に㋺のようにブレースがたすきがけになった場合の一部欠除の扱い、そしてブレース同士交叉する点でのガセットプレートの扱いなどがある。

㋑も㋺もブレースの長さの計測は、図示による端部から端部までとし、あと欠除の扱いをどうするかで判断すればよいことになる。

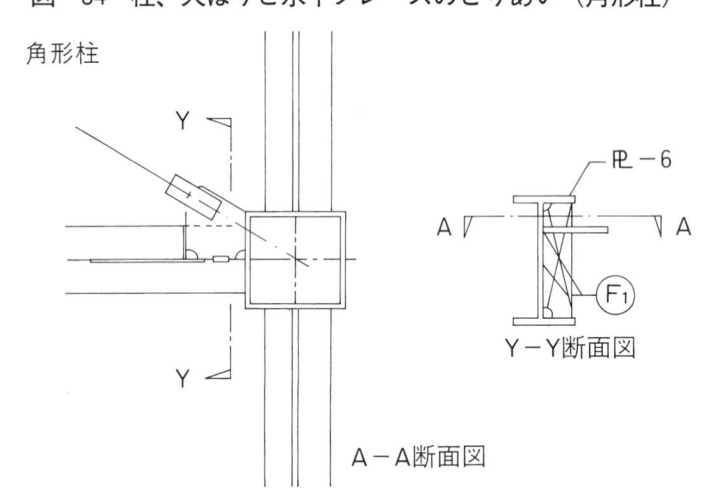

図—84　柱、大ばりと水平ブレースのとりあい（角形柱）

（「鉄骨設計標準図」㈳営繕協会編より）

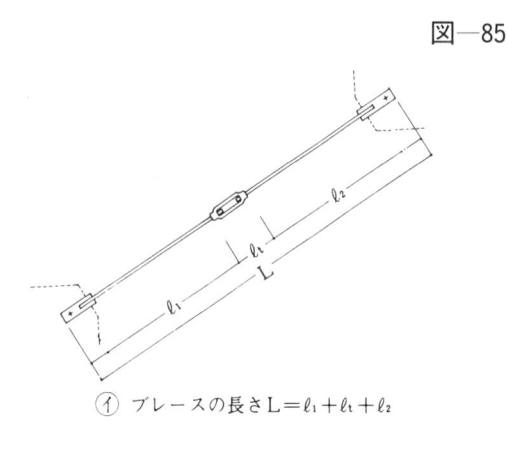

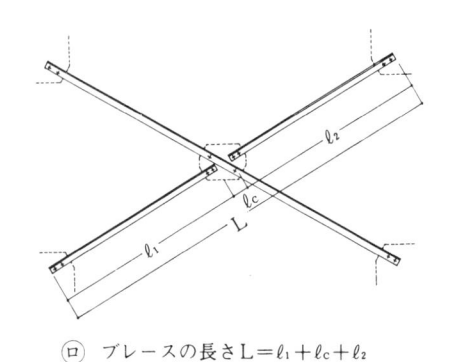

図—85

㋑　ブレースの長さ $L = \ell_1 + \ell_1 + \ell_2$　　㋺　ブレースの長さ $L = \ell_1 + \ell_c + \ell_2$

（「建築数量積算基準・同解説」より）

「基準」では「ターンバックル等による部材の欠除は計測の対象としない」としているので、ターンバックルはもちろんとして、㋑における端部の平鋼も欠除せずにすべての部材が主材の丸鋼と考えればよいことになる。

同様に㋺の場合も、相棒のブレースによる欠除はないものとして、端部から端部までの図示の寸法を採用すればよいことを意味していることになる。

そして残りのガセットプレートはどうなるか？、これはブレースの2)項で述べているように、「……に接合するブレースの接合部材は原則として接合するブレースの部分に含める。」によって、ガセットプレートとして計測・計算し、その面積を設計数量で求めればよい。

4) 階段

> **第1節　鉄骨の区分**
> (4) 階段
> 1) 鉄骨階段は段板、ささら桁及びこれに付随する部分をいい、踊場等を含む。
> 2) 他の部分との接合部材は階段の部分として区分する。

〔解説〕

一般的な事務所建築によく見られる内部階段や、外部に設けられる非常階段がこれに当たる。構造的には木造とそう変わりはなく、要は「ささら桁」を段差のある床板の間に設け、これに「段板」を付ければ一応は用をなす。

あとは意匠上の納まりなどから、踏面・蹴込み面を他の仕上材で仕上げるとすれば下地材として「蹴込み板」が増えてくる。また、本体を鉄骨鉄筋コンクリート造や鉄筋コンクリート造とし、非常階段部分のみをすべて鉄骨造にすれば、階段を支えるための柱、梁が更に必要である。またこれらを接合するための接合部材もまた発生するので、これらを順を追って「ダブらず」、「落ちなく」拾ってゆけばよい。つまり、今まで述べてきたことの応用でしかない。次に参考図として図—86（72頁参照）を載せておく。

5) その他

「基準」では、その他は「雑鉄骨、付属物、仮設金物に区分する」となっている。

- 雑鉄骨…柱、間柱、梁、ブレース、階段に接合している部分で、これらの区分に含まれないものをいう。
- 付属物…設備用スリーブ、ＰＣ受けファスナー類、デッキ受金物等をいう。
- 仮設金物…鉄骨を現場で組立てる際に使用する架設金物で、一般には仮設タラップ、親綱受けピース、安全ネット受け金物、足場受けブラケット、吊りピース等をいう。

72   II．建築数量積算基準と鉄骨

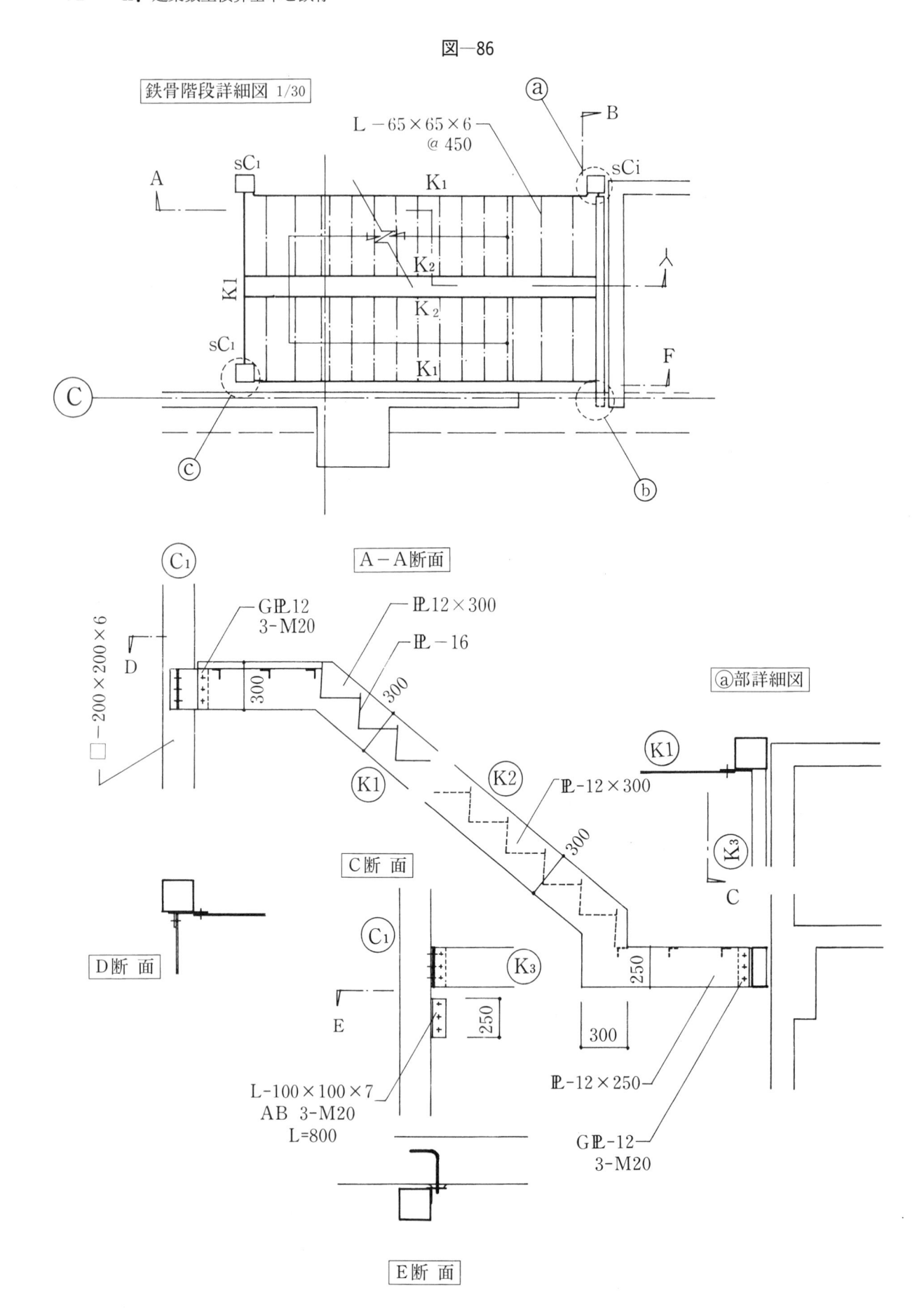

図—86

鉄骨階段詳細図 1/30

3．鉄骨の計測・計算

いよいよこれから計測・計算、つまり俗っぽい表現を用いれば「拾い」に入る。「基準」の通則には以下のように書かれている。

第2節　鉄骨の計測・計算
　1　通則
1)　材料価格に対応する数量は、所要数量とする。
2)　鋼材（形鋼、鋼板、平鋼等）の数量は、各部分について規格、形状、寸法等ごとに、次の各項に定めるところに従い計測・計算した長さ又は面積をそれぞれ設計長さ又は面積とし、設計長さ又は面積とJISに定める単位質量とによる質量とする。

〔解説〕
　法律文書のようなものは、なにも当「基準」に限らず言い回しを含めて結構むずかしい。分かりやすく書こうとするとダラダラしてしまりが全くなくなる。逆に短く電報文のようにしてしまうと、なにがなんだかわからなくなる。

　つまりここで述べている要旨は、部分である柱にせよ梁にせよ、それらはいろいろな断面の形をした形鋼と、いろいろな厚みをもつ鋼板との組合せでできている。形鋼はその種別に分けてその長さで求め、鋼板は厚さ別に面積で求め、それぞれJISに定めた単位質量を掛けて質量を求めよということである。

　そして計測・計算での過程も含め、数量は「設計数量」でまとめようという申し合わせを述べたものに過ぎない。

　具体的に例を挙げて説明した方が理解が早いと考え、資料はやや古いが、昭和54年度の『建築積算士試験問題（実技編）』の中から鉄骨に関する問題だけを抜粋し、その解説を試みることにする。（ただし、換算表については今回修正しておく。また鋼材の規格はSI単位に修正した。）

問3
　「建築数量積算基準」の定めに従って図面ⅣのX_1通りのC_1鉄骨柱（第1節柱）の設計数量を、配布してある計算用紙を用いて計算・集計し、解答用紙の所定の欄に記入しなさい。
　ただし、C_1鉄骨柱は図面に実線で示した部分とし、第2節柱との接合部材（スプライスプレート等）は含み、梁との接合部材は含まない。
●特記事項
1．使用鋼材はSS400とする

74　II. 建築数量積算基準と鉄骨

図—87

鉄骨伏図(1/200)

B~B' 断面詳細図

A~A' 断面詳細図

柱梁ジョイント仕様

すみ肉溶接仕様

両すみ肉の場合右表による
片すみ肉の場合 s=t
$t_1 t_2$ の小さな方をとる

6 mm換算は、平成4年11月改定版「基準」の換算表による。

鉄骨詳細図(1/30)

1. 柱梁フランジ継手リスト

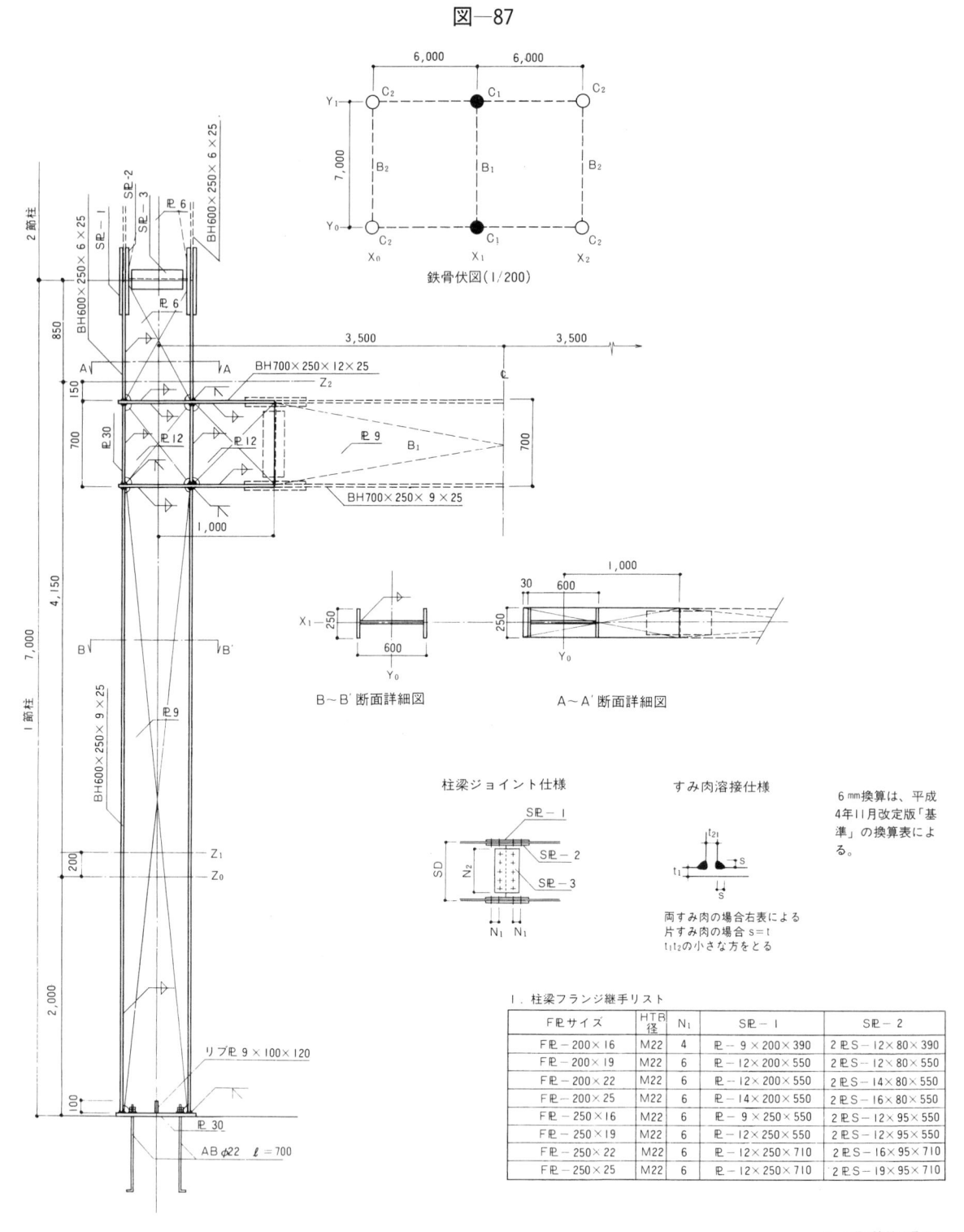

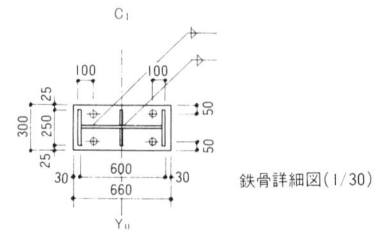

FPLサイズ	HTB径	N_1	SPL—1	SPL—2
FPL—200×16	M22	4	PL—9×200×390	2PLS—12×80×390
FPL—200×19	M22	6	PL—12×200×550	2PLS—12×80×550
FPL—200×22	M22	6	PL—12×200×550	2PLS—14×80×550
FPL—200×25	M22	6	PL—14×200×550	2PLS—16×80×550
FPL—250×16	M22	6	PL—9×250×550	2PLS—12×95×550
FPL—250×19	M22	6	PL—12×250×550	2PLS—12×95×550
FPL—250×22	M22	6	PL—12×250×710	2PLS—16×95×710
FPL—250×25	M22	6	PL—12×250×710	2PLS—19×95×710

2. 柱梁ウエブ継手リスト

SD	WPL	HTB径	N_2	SPL—3
600	6	M16	5	2PLS—4.5×150×510
600	9	M20	5	2PLS—6×170×510
600	12	M20	6	2PLS—9×170×510
700	6	M16	6	2PLS—4.5×150×610
700	9	M20	5	2PLS—6×170×610
700	12	M20	6	2PLS—9×170×610

3. HTB締付け長さに加える長さ

HTB径	加える長さ mm
M16	30
M20	35
M22	40
M24	45

注) 1. 接合される相手方の厚さが異なる場合は小さな方で決定する
　　2. 板厚に差がある場合 1 mm以上あればフィラープレートを挿入する

2．溶接およびジョイント等については図示の仕様による

3．鋼板の単位質量は下表による

t (mm)	4	4.5	5	6	7	8	9
kg／m²	31.40	35.32	39.25	47.10	54.95	62.80	70.65
t (mm)	10	12	16	19	22	25	30
kg／m²	78.50	94.20	125.60	149.25	172.70	196.20	235.50

問3 解答用紙

鉄骨(鋼板)の重量	PL 4.5 (t)	PL 6 (t)	PL 9 (t)	PL 12 (t)	PL 19 (t)	PL 25 (t)	PL 30 (t)
	①	②	③	④	⑤	⑥	⑦

アンカーボルトの本数	22φ ℓ=700 (本)
	⑧

ハイテンションボルトの本数	HTB M22-95 (本)	HTB M16-45 (本)
	⑨	⑩

溶接の長さ	すみ肉脚長 6mm換算長 (m)
	⑪

注意：○数字は、アラビア数字を使って明確に記入して下さい。
　　　○解答用紙と計算用紙は綴じたまゝ提出して下さい。
　　　○斜線を引いてある欄には記入しないこと。

（準備）

試験問題に決してケチをつけるつもりは毛頭ないが、「基準」の上での部分区分からゆくと「先きの部分」であるこの第1節柱に、第2節柱との接合部材が含まれるのはおかしいことになる。しかし、試験問題としては、スプライスの拾いもテストする意味で加えられたものと思う。

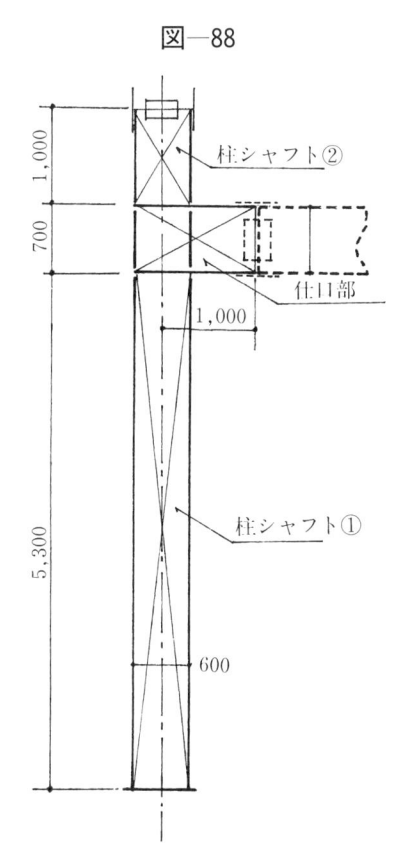

対象となる鉄骨部材は、大梁との仕口を持つ第1節柱である。そして柱と梁との接合は「梁通し」になっている。したがって上下2組の柱部分（シャフト）と1組の梁端部（仕口）とによりできている。そこで積算上は図—88に示すように3つに区分して拾うと分かりやすいし間違いも少ない。

図—88

あとは「基準」でいうように、種類別に分けて長さで拾うもの、面積で捕えるものそれぞれを計測し、計算していくことになる。

> 3）ボルト類等は原則としてその規格、形状、寸法ごとに個数又は質量に換算したものを設計数量とする。

〔解説〕

高力ボルトなどの長さは図—89に示すように首下長さとし、接合する板厚の合計による締付け長さに設問表—3に示

図—89

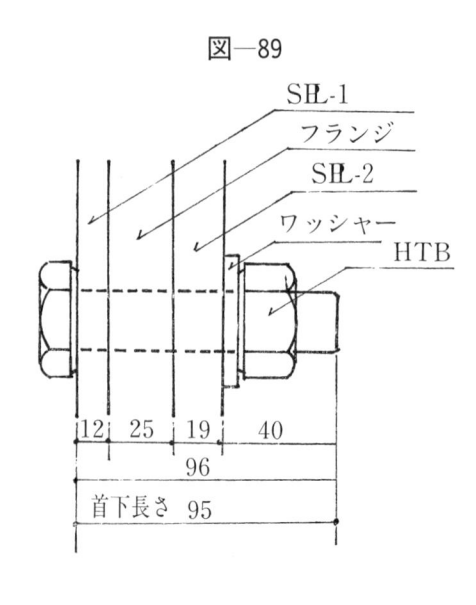

SPL-1
フランジ
SPL-2
ワッシャー
HTB

12　25　19　40
　　　96
首下長さ　95

す「締付け長さに加える長さSmm」を加算した長さとしなければならない。

因に第1節柱と第2節柱のフランジ部分を接合するために必要なHTB（ハイテンションボルト）の首下長さは、BH（ビルトエッチの略で、溶接によるH形鋼をいう）のフランジの厚さの25mm、それを挟むスライスプレートの厚さを設問表—1「柱梁フランジ継手リスト」から求めれば、FPL—25×250（表の最下段）でSPL—1が12mm、SPL—2が19mmであるので、それに設問表—3から「M22の締付け長さに加える長さ」40mmを加算した都合96mmとなる。したがってHTBの首下長さは、5mmきざみであるのでこの96mmを95mmとすればよい。

本数の方は、同じく設問表—1から「$N_1=6$」から片側に6本づつと読み取り、片側でウェブを挟んで2列あり、フランジは対称に入っていることから

　　　　6本×2組×2か所＝24本

となる。

> 4）溶接は原則として種類に区分し、溶接断面形状ごとに長さを求め、すみ肉溶接脚長6mmに換算した延べ長さを数量とする。

〔解説〕

いよいよ問題とする『溶接』に入ってきた。溶接の種類、溶接記号、また記入方法などはすでに「基礎知識」で触れた。

溶接の積算は、工場溶接（工場で行う溶接）と現場溶接（現場で行う溶接）に分け、溶接断面形状ごとに長さを拾い出し、それにすみ肉溶接脚長6mmに換算した係数（6mm換算係数という）を乗じて延べ長さを求めることになる。

換算した係数とは、各溶接断面形状ごとの断面積を基準となるすみ肉溶接脚長6mmの断面積 $21.78mm^2$ で除して求めた係数のことである。しかし各断面形状ごとに計算することは大変煩雑なため一般には標準断面についての6mm換算係数表を使用している。

本書も参考として資料編に標準的な6mm換算係数表（積算基準に添付されているものと同じ）を添付したので利用されたい。

まずは柱下部（1階シャフト部）にある溶接について実際に拾ってみよう。

図—90

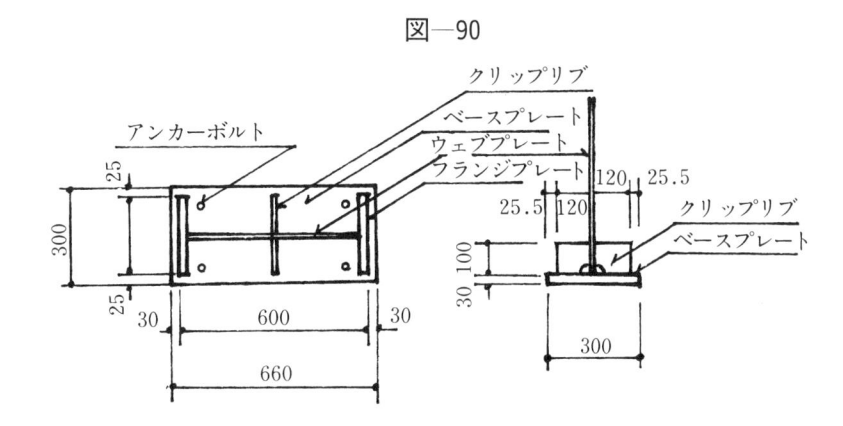

●柱脚部分

ベースプレートに柱の主材が溶接により接合され、そのウェブ材の中央部分にクリップリブが付いている。柱のフランジ材とベースプレートはレ形の突合せ溶接、柱のウェブ材およびクリップリブは両面隅肉溶接で接合されている。

フランジプレートが25mmであるから、1か所の溶接長さはフランジの幅に相当すると考えてよい。したがって0.25m、両側にあるのでその2倍の0.5mとして計測する。なお、溶接の長さは、代表的な6mmの隅肉溶接を基準にして、後述の『溶接長6mm換算率』で計上することになっている。ここでは換算率の係数Kは積算基準溶接換算記号 HT_2 より20.22ということから

 ベースPL＋FPL ∠25 0.25m×2か所×2本×20.22＝20.22m
              ↑K

ということになる。

同様に、ベースプレートとウェブプレートとの接合部の溶接長さを次に求めてみよう。

両者の板厚は、9mm厚さのウェブプレートの方が小さいので、まずこちらが対象になる。次に、隅肉溶接の場合は板厚と脚長との関係からKを求めることになり、試験問題に記載の表からウェブの幅、つまり片側の溶接長さは、総幅からフランジ部分の厚さを差し引けばよいから、

 0.60−(0.025×2)＝0.55m

したがって

 ベースPL＋WPL ⊳9 0.55m×2.72×2本＝2.99m
           ↑K

となる。

残ったクリップリブプレートは

          長さ か所 K 本
 ベースPL＋リブPL ⊳9 0.12× 2 ×2.72× 2 ＝1.31m
 W PL＋リブPL ⊳9 0.10× 2 ×2.72× 2 ＝1.09m

となって、柱脚部分の溶接についてはすべて完了したことになる。

なお、スカラップによる溶接長さの欠除は、ないものと考えてよい。

●柱下部

この柱はBH（ビルトエッチ鋼）なので、フランジとウェブ部分は隅肉溶接による全溶接になっている。長さは「梁通し」になっているので梁の下端から、ベースプレートの上端間ということになる。

柱の長さ　$7.00-(\underset{\text{上部柱長さ}}{0.85}+\underset{\text{FL〜梁天端}}{0.15}+\underset{\text{梁の成}}{0.7}+\underset{\text{ベースプレート厚さ}}{0.03})=5.27\text{m}$

したがって

FPL＋WPL　∌9　$5.27\text{m}\times \underset{\text{か所}}{2}\times \underset{\text{K}}{2.72}\times \underset{\text{本}}{2}=57.34\text{m}$

次に、柱と梁との仕口の溶接を拾わねばならない。図—92に示すようにフランジ同士はレ形溶接、柱のウェブと梁のフランジとの接合は隅肉溶接である。柱脚部分のフランジ、ウェブの溶接と同じなので

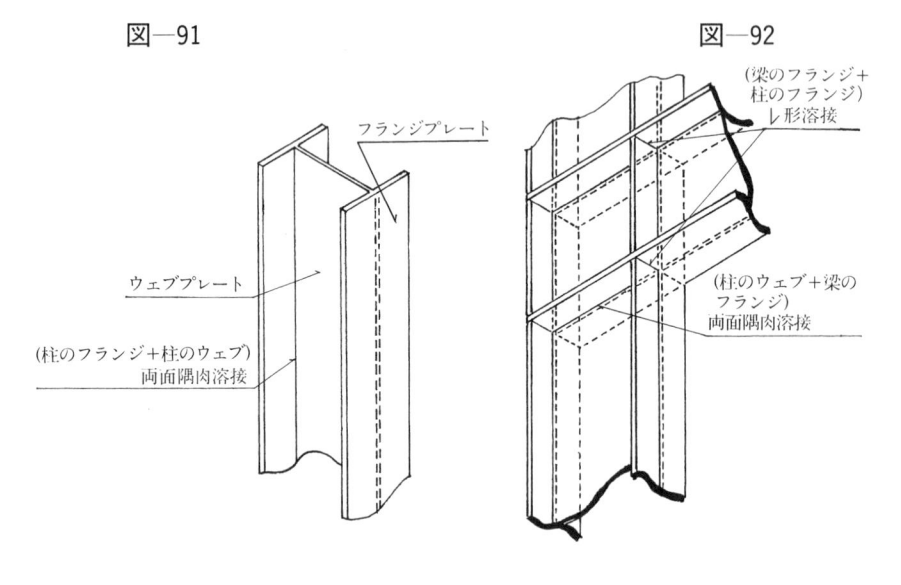

FPL＋梁下FPL　∠25　$0.25\text{m}\times \underset{\text{か所}}{2}\times \underset{\text{K}}{20.22}\times \underset{\text{本}}{2}=20.22\text{m}$

WPL＋梁下FPL　∌9　$0.55\text{m}\times 2.72\times 2=2.99\text{m}$

となり、柱下部（1階シャフト部）すべての溶接長さの小計は、

$20.22+2.99+1.31+1.09+57.34+20.22+2.99=106.16\text{m}$

となる。

図—91　　　　　　　　　　図—92

---

5)　鋼板は原則として設計寸法による面積を計測・計算する。ただし、複雑な形状のものはその面積に近似する長方形として計測・計算することができる。なお、全溶接構造の鋼板の場合は、第1編総則5(3)の定めにかかわらず短辺方向は小数点以下第3位まで、計測・計算する。

※ 「基準」のなお、全溶接構造の鋼板の場合は、……の内容についてはⅢ．演習の「Ａビルの積算解説」を参照されたい。

図―93

㋑ その形状の面積に近似する長方形　　㋺ その形状を含む最小長方形の面積

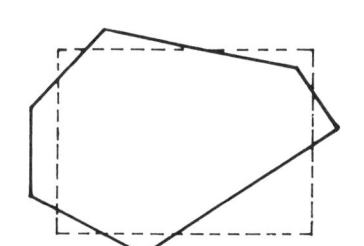

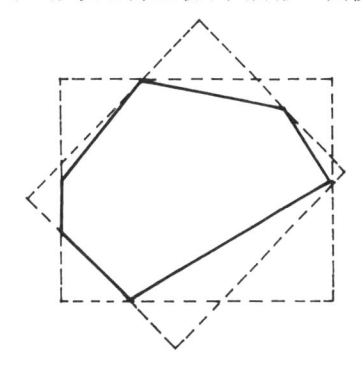

（「建築数量積算基準・解説」より）

㋩

〔解説〕

基準では鋼板の計測・計算は㋑によることになるが、リベット工法が影をひそめ、もっぱらＨ形鋼同士を溶接によって接合するため、ガセットプレートもほとんどなくなった現在では、細かいことで「基準」にメクジラを立てるつもりはないが、「基準」のなかった昔は㋺の「その形状を含む最小長方形の面積」で計測・計算してきたものである。

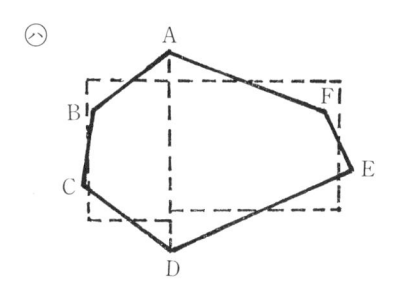

実際問題として、複雑な形状をしている㋑のような形のものを、その近似値に近い長方形で捕えるというのは、できそうでなかなかできない。しかし、設計図に記入されているガセットの形状は施工図や原寸によらない限り正確な形状とはいいがたいので、あまり細かいことは考えない方がよいのかもしれない。一般にはスケールで㋑の方法により計測しているが、あまり複雑な形状の場合は㋩のように分割して計測した方がよい。ただし寸法の読めるようなものは欠除方式で差し引いている。

> 6) ボルト類のための孔明け、開先き加工、スカラップ及び柱、梁等の接続部のクリヤランス等による鋼材の欠除は、原則としてないものとする。1か所当たり面積0.1m²以下のダクト孔等による欠除もこれに準ずる。

〔解説〕

計測・計算に用いる単位がcmまでとすると、ボルト類のための穴も、鉄骨鉄筋コンクリート造において柱のガセットプレートなどを貫通する鉄筋用の穴も気になりだす。また、梁を貫通するダクト用の穴などもその扱いをどうするかもルールを決めておかないといけない。

これらを規定したものが「基準」のこの項目である。

今前述の5)項ともからんだ昭和56年度に実施された「建築積算士試験問題（学科）」の中から1問取り上げて解説をしてみよう。

80　Ⅱ．建築数量積算基準と鉄骨

小学生に戻って計算さえすればことは簡単である。しかし、この図形を『積算技術者』らしく扱わないと『積算資格者』にしてくれない。

積算手法のコツの一つに、

大きく捕えて、控除（欠除の扱い）はあとで！

の要領でこれも扱ってほしい。

設問の図形は800mm×600mm の長方形のものが四隅を三角形に切り取られた上、中央には径が300mm の円形に穴が明けられていると考えることからスタートする。

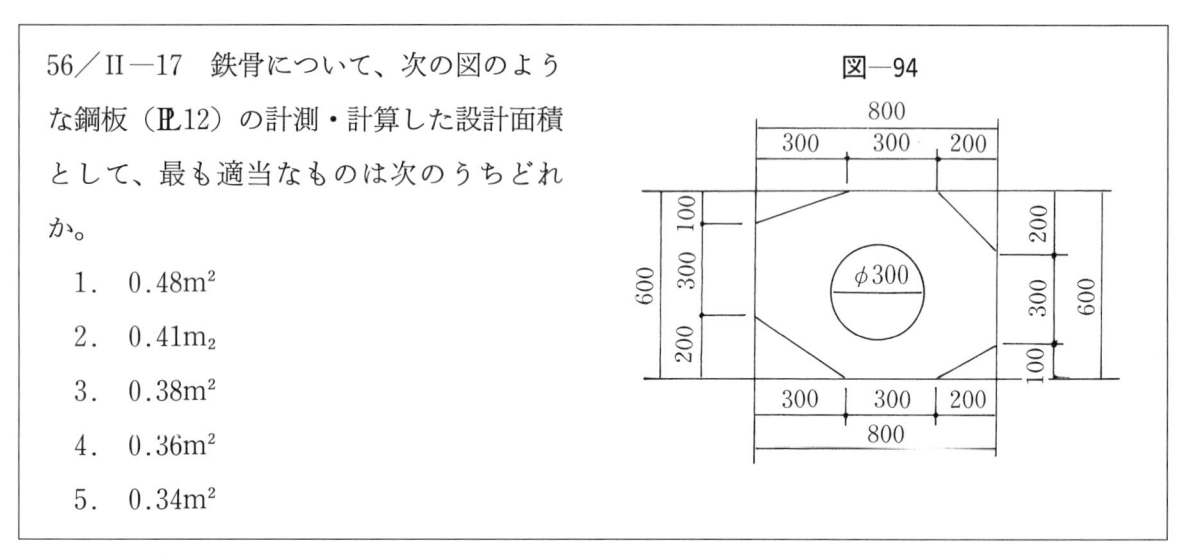

56／Ⅱ—17　鉄骨について、次の図のような鋼板（PL12）の計測・計算した設計面積として、最も適当なものは次のうちどれか。

1．0.48m²
2．0.41m²
3．0.38m²
4．0.36m²
5．0.34m²

図—94

$$0.80 \times 0.60 = 0.48$$

欠除部分　▲0.30×0.10×1/2 ＝ ▲0.015 ……………㋑

　〃　　▲0.30×0.20×1/2 ＝ ▲0.03 ……………㋺

　〃　　▲0.20×0.20×1/2 ＝ ▲0.02 ……………㋩

　〃　　▲0.20×0.10×1/2 ＝ ▲0.01 ……………㋥

　〃　　▲0.15×0.15×3.14 ＝ ▲0.07 ……………㋭

となって、0.48m²から㋑〜㋭までの欠除面積の合計を差し引けばよいように思うかもしれないが、「ちょっと、待て！」となる。

「基準」の5)項だけを頭におけば

$$0.48-(0.015+0.03+0.02+0.01+0.07)=0.48-0.145=0.335 \Rightarrow 0.34 m^2$$

となり、〔5.〕を正解としてしまう。

しかし、「基準」では四隅の欠除と、中央の穴の欠除は扱いが異なることに注意しないといけない。中央の扱いは6)項により、その欠除面積が0.07m²であるため0.1m²以下になる。したがってこれによる欠除はないものと考えなければならない。

正解は

$$0.48-(0.015+0.03+0.02+0.01)=0.48-0.075=0.405 \Rightarrow 0.41 m^2$$

となって〔2.〕になる。

なお、ここで若干付け加えておきたいことがある。欠除部分の計算で(イ)を0.015m²のまま集計し、最後の計算で0.405m²を四捨五入で0.41m²としたが、「基準」の『総則』では「計算過程での桁の扱いも小数点以下第2位とすることができる」から、ここで(イ)の答を0.02m²としても間違いでない理屈になる。

すると、　　　　　　※
$$0.48-(0.02+0.03+0.02+0.01)=0.48-0.08=0.40\text{m}^2$$

となって同じ答はない。したがって、「最も適当なもの」として結果的には0.41m²の〔2.〕を選ぶことになろう。

ついでに更に要領のよい計算方法は

```
         0.80×0.60            =   0.48
        ─0.03─
      ▲0.30×0.10
        ─0.06─                              0.405⇒0.41
      ▲0.30×0.20
        ─0.04─        0.15×1/2=▲0.075
      ▲0.20×0.20
        ─0.02─
      ▲0.20×0.10
      ▲0.15×0.15×3.14       =▲0.07<0.1
```

念のために、図—95のようなガセットプレートの面積はどうなるかをやってみよう。

(イ)の方は、直径が400mmの円形であるから

$$0.20\times0.20\times3.14=0.1256>0.1$$

となって欠除の対象となる。しかし残りの(ロ)はどうであろうか？面積的には丁度(イ)の半分に相当するので

$$0.20\times0.20\times3.14\times1/2=0.06<0.1$$

で欠除なしと考えられる。しかし前述の「基準」の5)項では、1か所が0.01m²のものも欠除の対象になっていた。さて、(ロ)の部分は5)項か、それとも6)項か？で迷うことしきりである。

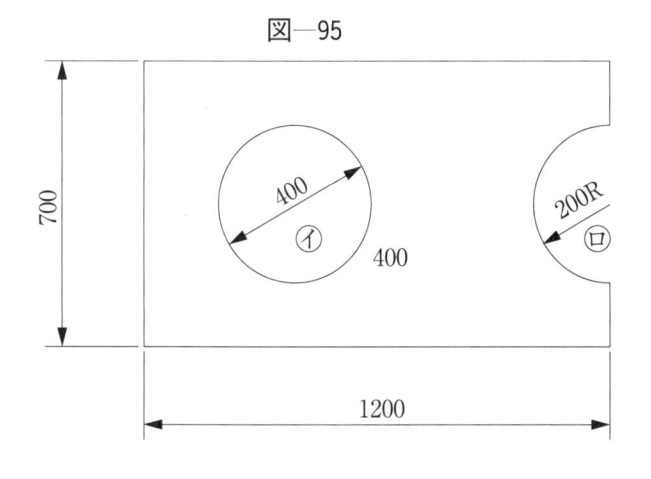

図—95

「松本伊三男」先生を立往生させるためにわざわざ探してきたいじわるな質問というわけでは決してない。

「はまだかんじ」の結論は

0.1m²以下であるので欠除なし！

とした。

その主な理由の一つは、もともとスカラップなどによる欠除はなしと考えている。つまりこの半円は「スカラップの親玉」と

まず考えること。次に、そうすれば1か所の面積としていくらあるか？をチェックし、それが0.1m²以下であれば欠除なしと考えてよいと判断した。

もう一つの理由は、

欠除する部分が「凸」の場合は欠除ありとし、「凹」の場合は欠除なしとする。ただし、1か所当たりの面積が0.1m²を超える場合は欠除の対象とする。

という考え方で処理することにした。この辺までは「基準」の解説にもないので、多少論議を呼ぶかもしれない。

したがって図—95のガセットプレートの面積を計算すれば

$$1.20m \times 0.70m = 0.84m^2$$
欠除㋑ ▲$0.20m \times 0.20m \times 3.14 = ▲0.13m^2 > 0.1m^2$　欠除する
欠除㋺ ▲$0.20m \times 0.20m \times 3.14 \times 1/2 = ▲0.06m^2 < 0.1m^2$　欠除なし
$$0.84m^2 - 0.13m^2 = 0.71m^2$$

ということでよいと思う。

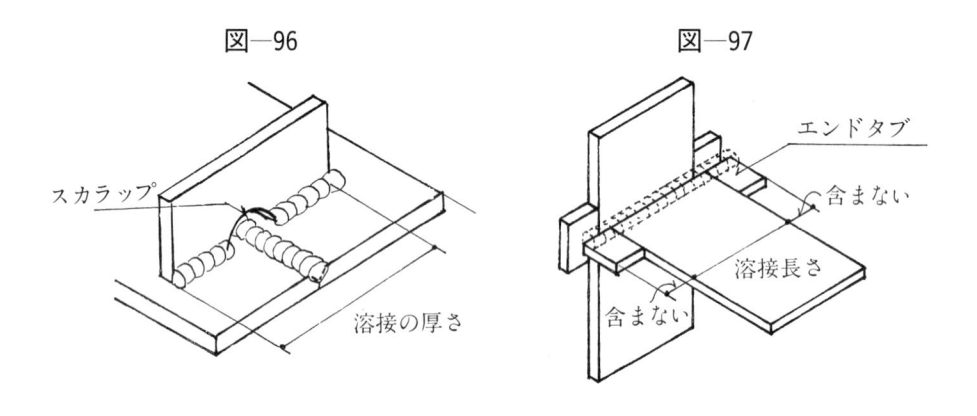

図—96　　　　　　　　図—97

また6)項では鋼材の欠除についてのみ述べているが、図—96に示すように、スカラップによる溶接長さも欠除の対象としないことになる。このことは逆に図—97に示すエンドタブに基づく溶接長さは計測・計算に含まれないことを念のために付記しておく。

---

7) 鉄骨材料について、所要数量を求めるときは、設計数量に次の割増をすることを標準とする。

形鋼、鋼管及び平鋼	5%
広幅平鋼及び鋼板（切板）	3%
ボルト類	4%
アンカーボルト類	0%
デッキプレート	5%

※広幅平鋼は一般に150mmから使用されている。

〔解説〕

鉄骨材料に限らず、木材や鉄筋にも市場寸法がある。合板なども3尺×6尺（通常さぶろくと呼んでいる）や2尺×8尺などの寸法でできているものがほとんどである。

今たたみ8畳敷の広さの洋間の床下地に3尺×6尺の合板を使用すれば8枚必要となる。設計数量で面積を求めれば

床の面積　　$\overset{3.64-0.105}{3.54\text{m}} \times 3.54\text{m} = 12.53\text{m}^2$

合板の所用面積　$0.91 \times 1.82 \times 8 = 13.25\text{m}^2$

$13.25 \div 12.53 = 1.06$

となり、設計数量から見た所要数量は6％増しになる。

同じ方法で1坪相当分の面積で考えれば

床の面積　　$\overset{1.82-0.105}{1.72\text{m}} \times 1.72\text{m} = 2.96\text{m}^2$

合板の所要面積　$0.91\text{m} \times 1.82\text{m} \times 2 = 3.31\text{m}^2$

$3.31 \div 2.96 = 1.12$

となってこちらは12％増になる。

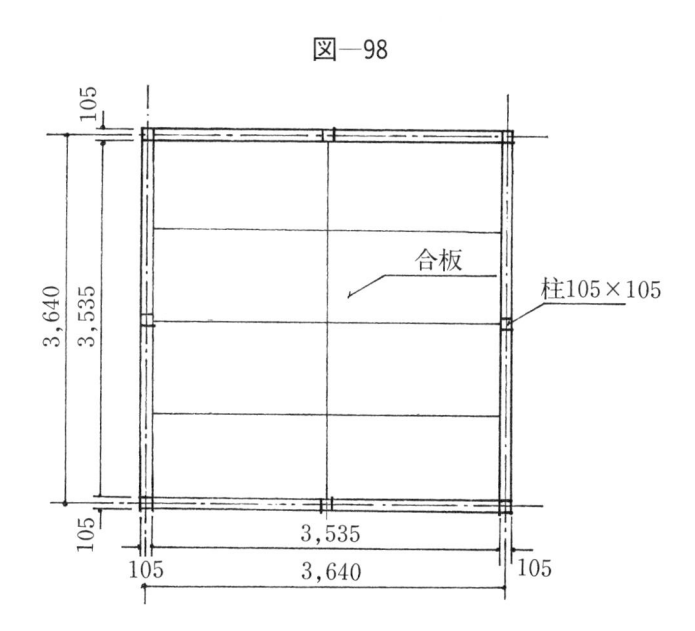

図―98

これひとつを見ても、設計数量と所要数量との間には、きちっと決まった相関関係はない。これは鋼材においても同じことがいえる。ということは、設計数量を折角求めておきながら、なぜ標準（これがなかなかくせもの）と称する割増率を掛けてまで所要数量（はまだかんじに言わせれば、これは所要数量とはいえない。）を求める必要があるのか理解に苦しむが、鋼材の場合はある程度大きな規模の建物を規準に所要数量が決められていると考えられるし、また残材をストックすることを考慮してロス率が決められたものと思う。

前述の8畳間に必要な合板の所要数量は8枚であり、1坪相当分の脱衣場の床下地に必要な合板の所要数量はあくまで2枚である。

もっとも「……を標準とする。」と述べているので、なにも騒ぎ立てるほどのことではなかろうが、**世間では応々にして、「標準」とか「平均」とかいったもので律しがちである**ので、『コーヒー・タイム』としてちょっと感想を述べてみたまでである。

平均降雨量で示せば、毎日
雨が降っていることになる。

4．基準に基づく演習

建築積算士試験問題（実技編）の解説を続けるとしよう。設問の第1節柱を3つの部分に分けて計測・計算すればよいことは前にも述べた。そして柱の下部部分についてはすでに終了しているので、これをまず整理してから次へ移ろうと思う。

①はベースプレート。面積0.396の小数点以下3位を四捨五入して0.40m²とした。

②はアンカーボルトの本数を示す。

③は柱脚のクリップリブの面積である。これも①と同様に0.048m²を0.05m²とした。

④はベースプレートと③のクリップリブとの溶接長さである。隅肉溶接は鋼板の厚み、溶接のサイズから6mm換算率のKが求められる。

⑤は柱主材のウェブとクリップリブの溶接長さを求めたものである。Kは④に同じ。

⑥は主材のフランジ材である。長さはベースプレート下端から梁下端までの5.30mからベー

スプレートの厚みの0.03mを差し引いて求めた。幅が0.25m、両側で2倍した。

⑦は主材のウェブ材である。長さはフランジと同じである。幅は柱の総幅からフランジの厚み0.025m2つ分を差し引いた。

⑧はベースプレートと主材のフランジ材との溶接を求めたものである。レ形溶接の場合の換算率表からKの20.22を求めて計算した。

⑨はベースプレートと主材のウェブ材との溶接を求めたものである。両面隅肉溶接でウェブプレートの厚さが9mmであるから、Kの値はクリップリブと同じ2.72になる。

⑩は柱の主材のフランジ材とウェブ材との全溶接の長さを求めたものである。両面隅肉溶接で厚さの薄い方のウェブ材が9mmであるのでここでもKは2.72となる。

⑪は柱の主材のフランジ材と梁の下弦材であるフランジ材との接合に必要な溶接長さを求めたものである。ベースプレートとの接合同様にレ形溶接であるのでKは20.22となり同じ要領で求めた。

⑫は柱の主材のウェブ材と梁の下弦材であるフランジ材との溶接長さを求めたものである。Kは2.72である。

以上でもって、柱の下部部分の鋼材と溶接長さの拾いはすべて完了した。それらを積算用紙にまとめたものが表—9である。

以下、梁仕口部分、柱部分（上部）、継手部分に分けて計測・計算した積算書の項目それぞれについて要点を述べていく。

86　II．建築数量積算基準と鉄骨

表—9　鉄骨積算—1

(公社)日本建築積算協会13号用紙

名称	形状・寸法		計	算	か所	SS400 L-30	〃 L-25	〃 L-9	アンカーボルト φ22 ℓ=700			長さ m	WELD 換算係数 k	換算長さ m
1. 柱（下部）部分														
① ベースL	L	30	0.66	0.66 * 0.30 * 1	2	0.40								
② アンカーボルト	φ	22 ℓ=700		4	2				8					
③ リブL	L	9	0.10		2			0.05						
④ WELD ベースL＋リブL	⌅	9	0.12	0.12 * 2	2							0.48	F2 2.72	1.31
⑤ WL＋φL	〃	〃	0.10		2							0.40	〃	1.09
⑥ FW（フランジL）	L	25	0.25	5.27 * 5.27 * 2	2		5.27							
⑦ WL（ウェブ）	〃	9	0.55	5.27 * 5.27 * 1	2			5.80						
⑧ WELD ベースL＋FL	⌅	25	0.25		2							1.00	HT2 20.22	20.22
⑨ 〃＋WL	⌅	9	0.55		1							1.10	F2 2.72	2.99
⑩ FL＋WL	〃	〃	5.27		2							21.08	〃	57.34
⑪ 〃梁FL	⌅	25	0.25		2							1.00	HT2 20.22	20.22
⑫ WL＋〃	⌅	9	0.55		1							1.10	F2 2.72	2.99
柱（下部）小計						0.40	5.27	5.85	8					106.16

4. 基準に基づく演習

表-10 鉄骨積算-2

名称	形状・寸法		計	算		か所	SS400 L-30	〃 L-25	〃 L-12	長さ m	WELD 換算係数 k	換算長さ m
2. 梁仕口部分												
⑬ FL(上下)	L	25	0.25	＊ 1.33 ＊ 2		2		1.33				
⑭ stt (スチフナー)	〃	30	0.25	× 0.65 × 2		2	0.65					
⑮ WELD stt＋FL	∠	30	0.25	＊ 2 ＊ 2		2				2.00	HT2 26.32	52.64
⑯ WL(ぺネル内)	L	12	0.54	＊ 0.65 ＊ 1		2			0.70			
⑰ WL(ぺネル外)	〃	〃	0.70	× 0.65 × 1		2			0.91			
⑱ WELD stt＋WL	⊕	12	0.65	＊ 3		2				3.90	F2 4.50	17.55
⑲ 〃 (ぺネル内) FL＋WL	〃	〃	0.54	× 2		2				2.16	〃	9.72
⑳ 〃 (ぺネル外) FL＋WL	〃	〃	0.70	＊ 2		2				2.80	〃	12.60
梁仕口小計							0.65	1.33	1.61			92.51

図—99

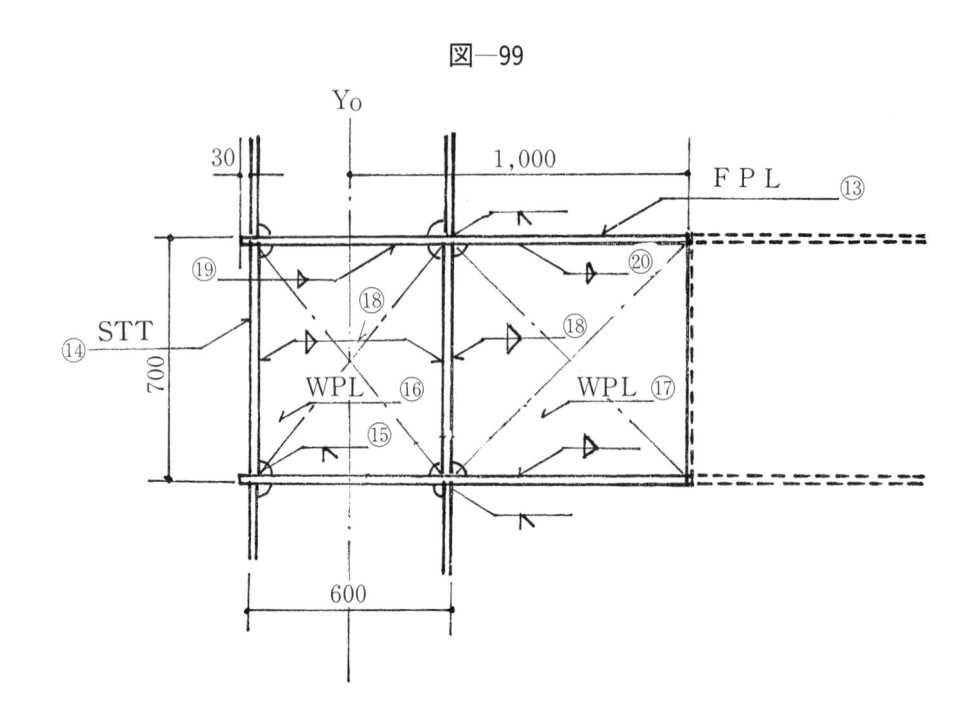

⑬は、梁仕口部分の上下フランジである。幅0.25m、長さは柱心のYo通りから仕口までの1.00mに柱幅の半分を加え、更に余長の3cmつまり0.03mを加算した1.33mになる。枚数は上下で2枚、柱本数2本で4枚となる。

⑭は上下柱のフランジと同じ位置にあるスチフナーの部分である。幅は梁のフランジと同様0.25mである。高さは梁の高さの0.70mから梁の上下フランジ厚の0.025mの2倍を差し引いた0.65mになる。数は2枚、柱2本分で都合4枚となる。

⑮は、⑭のスチフナーと⑬の梁フランジとの溶接長さを求めたものである。レ形溶接でスチフナーの厚みから6mm換算率Kを求め26.32とした。1か所の溶接長さはフランジおよびスチフナーの幅0.25mになる。

⑯は、柱幅分つまりパネル内のウェブプレートを求めたものである。幅は柱幅の0.60mからスチフナーの厚み0.03m2枚分を差し引いた。高さについては梁の高さ0.7mから梁のフランジの厚さ0.025m上下2枚分を差し引いて0.65mとした。

⑰は、残りのパネル外のウェブプレートを求めたものである。長さは、柱心から仕口までの1.00m分から柱幅の半分を差し引いて0.7mとした。高さは⑯に同じである。

⑱は、スチフナーとウェブプレートの溶接長さを求めた。溶接形式は両面隅肉溶接、Kは板厚の薄い方のウェブプレート厚12mmにより、6mm換算率表から4.50を読み取った。1か所の長さはウェブプレートの高さ0.65mであり、パネル内両側で2か所、パネル外で1か所あるから都合3か所となる。

⑲は、梁上下のフランジとパネル内のウェブプレートの溶接長さを求めたものである。両面

4．基準に基づく演習　89

隅肉溶接であるから、Kと条件は⑱に同じである。長さはウェブプレートに同じ0.54mである。

⑳は、梁上下のフランジとパネル外のウェブプレートの溶接長さである。要領は⑲と同じであるので省略する。

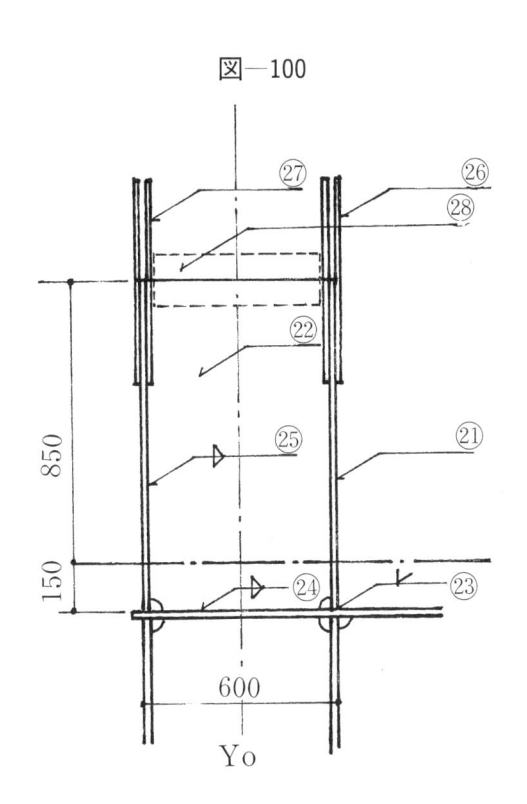

図—100

㉑は、柱のフランジプレートである。長さは図面から床仕上り面から第2節柱との継手位置までの高さ0.85mに、床仕上り面から梁天端までの高さ0.15mを加えた1.00mとなる。フランジ幅は0.25mである。

㉒は、ウェブプレートである。幅は柱幅0.60mからフランジ厚を差し引いた0.55mとなる。高さは㉑のフランジ同様に1.00mである。

㉓は柱のフランジプレートと梁のフランジプレートの溶接である。1か所の長さはフランジ幅の0.25m、溶接の形式やKは⑪に同じである。

㉔は柱のウェブプレートと梁フランジプレートとの溶接について求めたものである。両面隅肉溶接で、ウェブプレート厚が下部の9mmに対して6mmにおちていることに注意。したがってKの値は当然下部の場合と異なり、6mm換算率表からKを1.39と求めた。1か所の溶接長さはウェブプレート幅の0.55mである。

㉕は柱自身のフランジプレートとウェブプレートの溶接について求めたものである。1か所の長さは1.00m、Kについては㉔と同じ条件になるので1.39となる。

㉖、㉗は継手部分で用いられるスプライスプレートを求めたものである。スプライスプレー

トおよびその継手に用いられるHTBの標準的なものについては『鉄骨設計標準図』にきめ細かく記載されており、出題の表もここから引用している。

㉖のスプライスプレートは、フランジプレートの幅と厚みから、設問表―1の最下段からスプライスプレートの幅、長さ、そしてHTBの径、本数が自動的に求められる。フランジプレートについては厚さ12mm、幅250mm、長さ710mmということが分かる。

㉘のHTBは「M22」から径が22mm、その片側本数は「N_1」のところから6本となる。したがってHTBはスプライスプレート1か所当たり6本×2か所で12本、それに両サイドということから24本、柱の数が2か所なので都合48本となる。なお首下の所要長さについては、スプライスプレート2枚分とフランジプレートのそれぞれの厚さ合計に設問表―3から「加える長さ」の40mmを加算し96mmとなる。HTBの長さは5mm単位であることから、これを首下95mmとした。（首下長さの計算は2捨3入、7捨8入とする）

㉗については説明するまでもないと考え省略した。

以上の①〜㉘までを仕分けし、それぞれに単位質量を掛けて質量を求めたものが集計表である。以上で演習問題の解説をすべて完了した。

表—11 鉄 骨 積 算 —3

名称	形状・寸法	計	算	か所	SS400 H-25	〃 H-6			長さ m	WELD 換算係数 k	換算長さ m
3. 柱(上部)部分											
㉑ F H	H-25	0.25 × 1.00	× 2	2	1.00						
㉒ w H	〃 6	0.55 × 1.00	× 1	2		1.10					
㉓ WELD F H+梁 F H	⊥ 25	0.25	× 2	2					1.00	HT2 20.22	20.22
㉔ W H+〃	＋ 6	0.55	× 1	2					1.10	F2 1.39	1.53
㉕ F H+W H	〃 〃	1.00	× 2	2					4.00	〃	5.56
柱(上部)小計					1.00	1.10					27.31

92　II．建築数量積算基準と鉄骨

表—12　鉄　骨　積　算—4　（公社）日本建築積算協会13号用紙（　　　）

名称	形状・寸法	計	算	か所	SS400 L-19	〃 L-12	〃 L-4.5		HTB	〃	WELD 長さ m	換算係数 k	換算長さ m
4．継手部分										M22×95	M16×45			
㉖ SスプライスL-1	L-12	0.25	＊ 0.71 ＊	2		0.71								
㉗ SL-2	〃 19	0.095	＊ 0.71 ＊ 2×2	2	0.54									
㉘ F	HTB 25+12+19+40＝96→100M22×95	6	＊ 2	2					48					
㉙ SL-3	L-4.5	0.15	＊ 0.51 ＊ 2	2			0.31							
㉚ W	HTB 6+4.5×2+30＝45 M16×45	5	＊ 2	2						20				
継手小計					0.54	0.71	0.31		48	20				

表―11

鉄 骨 積 算 ―3

名称	形状・寸法		計	算		か所	SS400 PL-25	〃 PL-6	長さ m	WELD 換算係数 k	換算長さ m
3.柱(上部)部分											
㉑ F PL	PL	25	0.25	×1.00	×2	2	1.00				
㉒ W PL	〃	6	0.55	×1.00	×1	2		1.10			
㉓ WELD F PL+梁 F PL	∠	25	0.25		×2	2			1.00	HT2 20.22	20.22
㉔ W PL+〃	⌢	6	0.55		×1	2			1.10	F2 1.39	1.53
㉕ F PL+W PL	〃	〃	1.00		×2	2			4.00	〃	5.56
柱(上部)小計							1.00	1.10			27.31

No.

表－12 鉄骨積算－4

名称	形状・寸法	計	算	か所	SS400 L-19	〃 L-12	〃 L-4.5	HTB	〃	WELD 長さ m	換算係数 k	換算長さ m
4. 継手部分									M16×45			
㉖ Sスプライス L-1	L-12	0.25	＊ 0.71 ＊ 2	2		0.71		M22×95				
㉗ S L-2	〃 19	0.095	＊ 0.71 ＊ 2×2	2	0.54							
㉘ F	HTB 25+12+19+40=96→100M22×95	6	＊ 2 ＊ 2	2				48				
㉙ S L-3	L-4.5	0.15	＊ 0.51 ＊ 2	2			0.31					
㉚ W	HTB 6+4.5×2+30=45 M16×45	5	＊ 2	2					20			
継手小計					0.54	0.71	0.31	48	20			

4. 基準に基づく演習　93

表-13　鉄骨集計表　（　　造／延　　m²）　(公社)日本建築積算協会13号用紙

	SS400	″	″	″	″	″	″			HTB	″		WELD
	PL-30	PL-25	PL-19	PL-12	PL-9	PL-6	PL-4.5		アンカーボルト φ22 ℓ=700				換算長さ m
										M22×95	M16×45		
1 柱(下部)	0.40	5.27			5.85				8				106.16
2 梁仕口	0.65	1.33		1.61		1.10							92.51
3 柱(上部)		1.00		0.71			0.31						27.31
4 継手			0.54	2.32	5.85	1.10	0.31			48	20		
Ⓐ計/m²	1.05	7.60	0.54	2.32	5.85	1.10	0.31						
Ⓑ単位質量kg/m²	235.50	196.20	149.25	94.20	70.65	47.10	35.32		8 本	48 本	20 本		225.98 m
Ⓐ×Ⓑ×1/1,000 質量	0.25 t	1.49 t	0.08 t	0.22 t	0.41 t	0.05 t	0.01 t						

工事名：

III. モデル建物の計算・解説

III

モデル建物の計算・解説

1. モデル建物の概要

1) Aビル新築工事（初級）……解説付き

本例は、1階部分のみに鉄骨がはいっているSRC構造で、積算講習会テキスト用として作成したもので、わかり易いように鉄骨の代表的な部分のみを取り出した形になっている。

部材の名称については、基礎知識の項ですでに詳しく説明済であるが、いざ拾う段になると部材と名称が結びつかない人が多い。そこでAビルは設計部材すべてに名称を付した図面にしてある。またAビルは拾いの項目に番号をつけ項目ごとに解説をしたので拾い順や書き方など参考にしてもらいたい。

2) A・Aビル新築工事（中級）……解説付き

近年、鉄骨鉄筋コンクリート造（SRC造）の建物は少なくなり、鉄骨造（S造）の建物が主力となってきた。そこで、S造としては代表的なBOX柱の図面とその積算例を、この度の改訂で追加することとした。なお、A・Aビルは計算式とその解説に付けた番号を設計図の各項目にも記入したので、よりわかり易い計算例となっている。鉄骨の積算は建物の規模の大小には、あまり関係ないので、この例で拾い順や集計方法など習得して頂ければ幸いである。

3) Bビル新築工事（上級）

SRC造の鉄骨としてはもっとも一般的なものである。Aビルに用いた柱を積み重ねた側柱（C_2、C_2A）と中柱（C_1）、隅柱（C_3）からなる4階まで鉄骨がはいった建物である。普通、設計図は各断面リストの他は代表的な詳細図しか書いてないことが多い。しかし、Bビルの設計図は入門書ということを考え、ほとんどの詳細図を施工図に近い形式で書いてある。またスタッドボルトの拾い方も覚えてもらうために、柱脚フランジ面にスタットボルトをつけた。なお、アンカーボルトについては、Aビルをアンカーフレーム付両ネジタイプにしたので、ここではステッキ形アンカーボルトとした。

4) C倉庫新築工事（上級）

　小屋物を一例加えたいと考え、工場建家、平家建倉庫、2階建倉庫の3種類を候補にあげてみた。しかし工場建家はクレンガーダーなどが付き難かしくなるし、平家建倉庫ではやや単純すぎるので、2階建倉庫を採用した。倉庫と名付けたが事務所にも使える建物で、小規模のS造としてはもっとも一般的なタイプといえる。

　ここでは小屋組、ブレース、母屋、胴縁、デッキプレート、塗装面積などの拾い方や集計方法を覚えてもらいたい。実際にはこの他に鉄骨階段がある訳だが、図面枚数の都合上省略してある。したがって基礎知識の項の鉄骨階段詳細図を参照されたい。なお階段を積算する場合は、他の鋼材とは別に拾い、集計し、内訳書には階段として項目を設け、（一式）または(ton)で計上する。

2．拾いに先立って

1) 設計図書のみかた

　鉄骨の図面（構造図）としては、各階梁伏図、軸組図、断面リスト、それに溶接や継手などの基準図、詳細図などの図面がある。設計図書を入手した場合先ず全体の図面に目をとおすことが大切である。そんなことはあたりまえだと思うかもしれないが、しかし図面枚数が100枚もあるような工事になるとどうしてなかなか大変である。図面に目をとおすということは積算するのに必要な図面がそろっているか、設計者はどんな考えをしているか（図面表示、仕口などの納め方、床のレベル差など）、また全体の質量は何 ton くらいかなど想定することである。ただ漫然と眺めるだけではなんら意味がない。特に仕様書や基準図はその鉄骨全体を左右するので、拾いだす前に十分チェックし、不明な点などは設計者によく確かめる必要がある。

2) 溶接記号の書き方

　鉄骨の積算は溶接記号を書く頻度が多いので、なるべく記号を簡略化する必要がある。また換算係数は計算の段階で記入することになるので、溶接形状の種類を判別し易いように決めておかなければならない。溶接形状の少ない場合は形状記号のとおりに書いていくことが多いが、記号数の多い場合はA_1、A_2…、B_1、B_2…、C_1、C_2…等のような記号に置き換えて拾うと便利である。その場合は計算書の初めに記号説明などを添付しなければならない。

図—101

溶接の種類	形状	積算記号－例1	積算記号－例2
片面すみ肉溶接			A_1
両面すみ肉溶接			A_2
﹀形溶接			B_1
﹀形溶接			B_2
K形溶接			C_1
K形溶接			C_2

3) 溶接の拾い方

「鋼材は拾いるが溶接は拾いない」という人が多い。模型などを組み立てる際に、のりで接着して形を作るが、鉄骨の場合も鋼材と鋼材を接着して形を作る。そのときの接着材が溶接であると考えれば、鋼材を拾いる人（図面を理解できる人）は誰でも溶接は拾うことが出来る訳である。しかし現実には溶接を拾いる人は少ない。それは溶接とは何であるかという「溶接の基礎知識」が不足しているからである。

溶接をする場合、力のかかり方などにより完全に一体化（完全溶込溶接）するか、部分的に接着（部分溶込溶接）するかで溶接のやり方が変わってくる。そこで溶接の種類などを明記するために溶接記号を使用する。

溶接継手には次のような種類がある。

〔完全溶込溶接〕

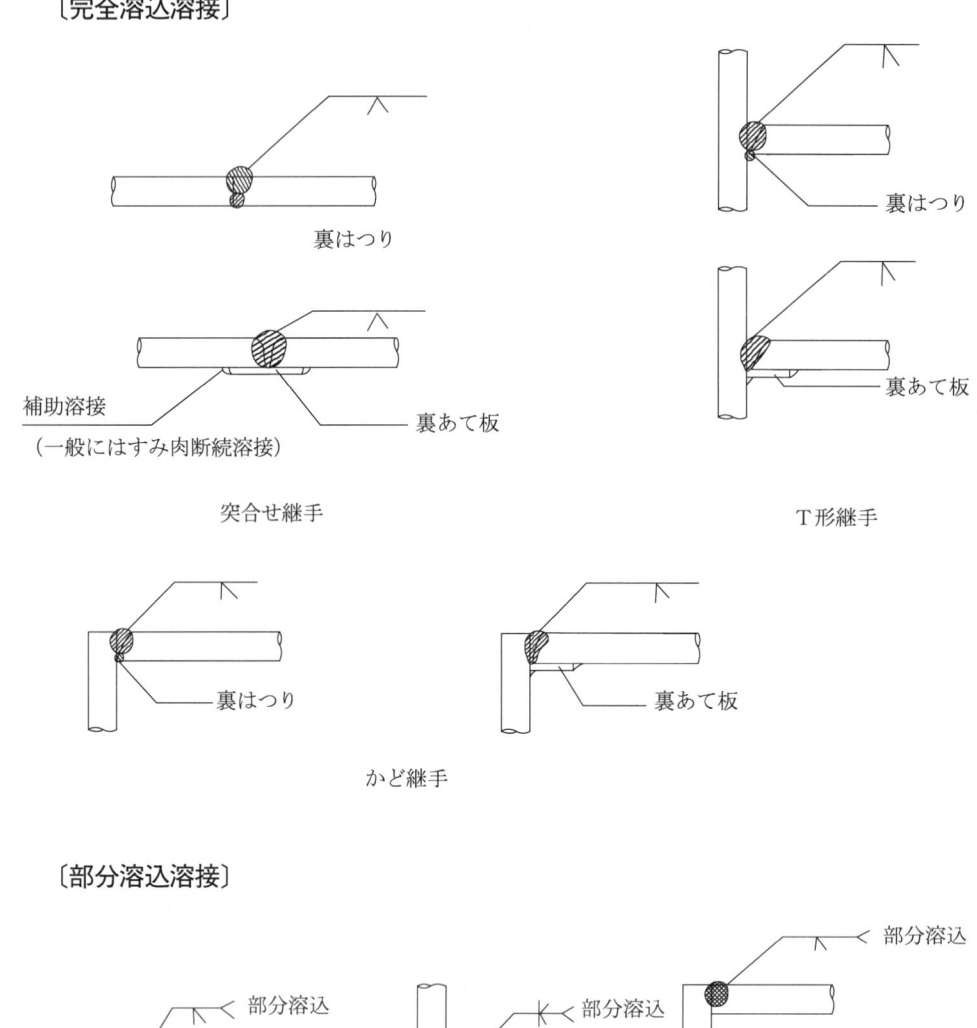

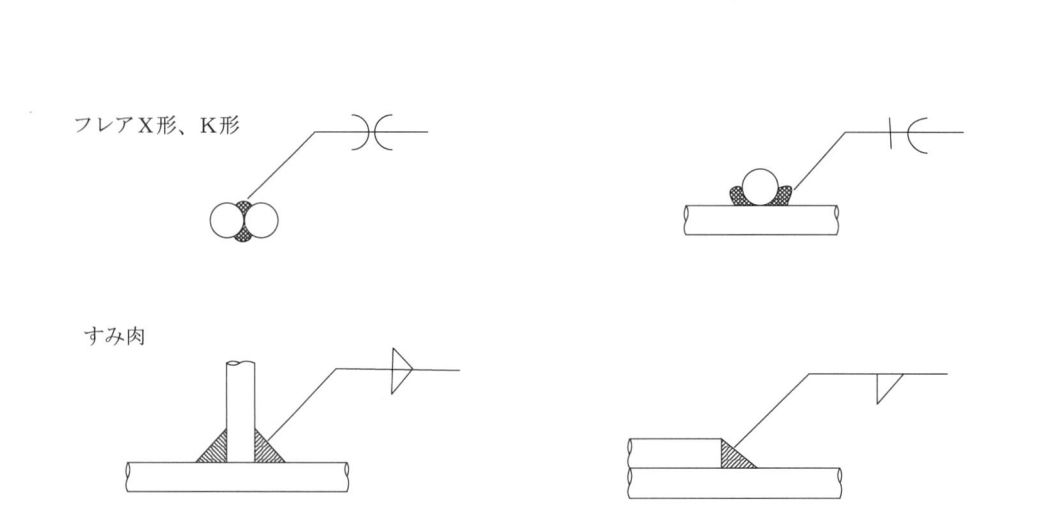

裏はつり

補助溶接
（一般にはすみ肉断続溶接）
裏あて板

突合せ継手

裏はつり

裏あて板

T形継手

裏はつり

裏あて板

かど継手

〔部分溶込溶接〕

部分溶込

部分溶込

部分溶込

フレアX形、K形

すみ肉

　その他の溶接としては、内ダイヤフラム（溶接ボックス柱）に使用するエレストスラグ溶接（エレスラ）などもある。

溶接の数量（積算）は、それぞれの溶接断面形状ごとに長さを拾い出し、それを「すみ肉溶接脚長6mmの断面積21.78mm²（余盛りを含む）」で除したものを数量とすることにしている。しかし、それぞれの断面形状ごとに断面積を計算するのは、大変な労力を要するので一般には「溶接6mm換算係数表」を使用している。（鉄骨積算の資料を参照）

基準となるすみ肉溶接脚長6mmの断面積

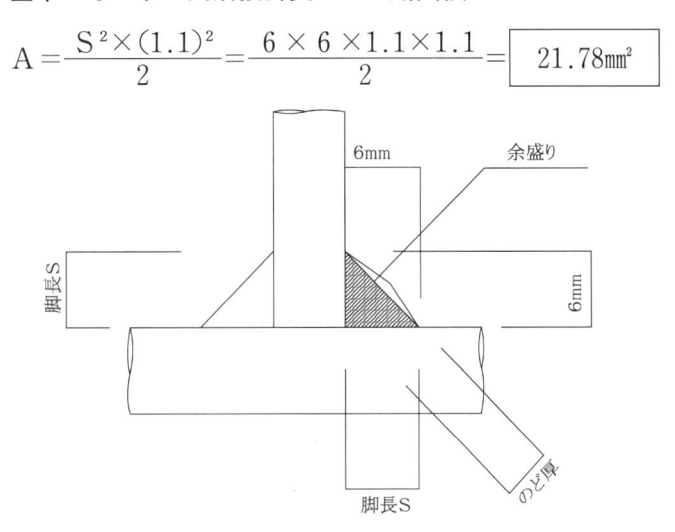

$$A = \frac{S^2 \times (1.1)^2}{2} = \frac{6 \times 6 \times 1.1 \times 1.1}{2} = \boxed{21.78 \text{mm}^2}$$

以上で分かるように「この鉄骨は溶接がトン当たり100mある」といえば、溶接をした長さ（溶接断面形状ごとの実長）が100mあるということではなく「6mm換算」された長さが、鋼材の全質量で除したとき100mあったということである。

溶接の拾い方や換算係数の使い方など、本書の演習の中に数多く出ているので要領等を習得し、溶接の拾いに強くなって頂ければ幸いである。

4) 拾いの順序など

一般に鉄骨の拾い方は下から上へ、また主材（BHの場合はフランジを拾ってからウェブを拾う）を拾ってから補助材を拾う。スプライスプレートやボルトはその拾いの最後に拾う。また同じ記号のものは取り付くものが違ったり形が違ったりしても一緒に拾うことが多い。その場合、共通なもの以外については何柱付、あるいは何梁付といったように摘要欄に明記しておくとよい。得てして拾っているときはわかるが、あとでわからなくなることが多いものである。また拾い順は、同じ順序とリズムで拾うことで重複や拾い落としを防ぐことができる。

5) 鋼材の集計方法

鋼材の集計とは、個々の拾いから材質や材種の同じものを集めることである。ファブリケーター（専門工事会社）のような質量拾いの場合は同じものをそのまま集めればよいが、面積や延長で拾う場合は先ずページ集計をやり、それに単位質量を乗じて質量を算出する。鉄骨の拾いは原則的には部位別、階別、節別に拾っているので大規模な鉄骨は部位別、階別、節別の集

計を分けて行い、そのあとで総集計を行う。

　できれば、小規模の鉄骨でも部位別集計をやってから総集計表を作成した方がよい。工場加工費などを算出するとき、柱や梁の形鋼、鋼板別の質量や溶接延長が必要となるからである。一般に鉄骨の部位とは柱、間柱、大梁、小梁、ブレース、母屋、胴縁、階段、雑などをいう。鋼材の書き順は形鋼、鋼板、アンカーボルト、高力ボルト、その他の順に、またサイズの大きいもの、強度の大きいもの（SN490、SN400）から順に書いていく。

6）　内訳書の作成方法

　内訳書は集計表より数量を転記して作成する。記入の順は一般に、材料費を書き、工場で行う作業、現場で行う作業、特殊な作業といった順に書いていく。材料費は材料の種類を順に書いていく方法と、明細は別紙に書き一式計上する方法とがある。また、鋼材の書き順は形鋼、鋼板、ボルト類といった順に所要数量で書いていく。実例では補助材の項目をつくっているが、補助材とは仮ボルトや溶接のときの裏板（鋼材費に含むこともある）、エンドタブ、その他工場製作の際の仮設的なものをいう。塗装費は錆止め塗装のことで、仕上塗装がある場合は別に本工事の塗装工事の中で計上する。運搬費は工場から建てる場所までの費用をいう。工場など未定の場合は、現場から20km以内とか50km以内というように条件を記入しておく。アンカーボルトの材料は材料費に計上し、据付け手間は別に計上する。また本体工事に含まないもの、例えばデッキプレート、鉄骨階段、梁貫通補強、PCファスナーなどは材工共と明記し別計上する。諸経費については鉄骨工事のみの経費なので、総工事費に対する諸経費とは別に鉄骨工事の一部であると考えた方がよい。なお、内訳書に計上する数量は鋼材費のみ所要数量とし、その他はすべて設計数量とする。

7）　拾い方

①　柱

　柱の拾いは鉄骨部位の中でも一番難かしい。なぜなら柱の幹部（シャフト部）が組立材になっていることが多いことと、梁の端部やブレースのガセットプレートなどを含む工場製品の形で拾うからである。また床のレベル差がある場合などは仕口廻りもなお複雑になる。

　柱の形式も梁通しと柱通しの2つの方式がある。梁通しは実例のように梁の仕口をそのまま通し、柱のシャフト部分をきる方法である。柱通しは節の長さまで柱のシャフトを通し、梁の端部を柱のシャフト部分に取り付ける方法でブラケット方式ともいう。

　拾い順は3.4）で説明したように、原則的には下から上へ、主材から補助材へと順に拾っていくが、梁通しの場合は各階シャフトを先に拾い、次に各階の仕口を拾う場合が多い。いずれの拾い方でも柱の拾いは節単位とする。

2. 拾いに先立って　103

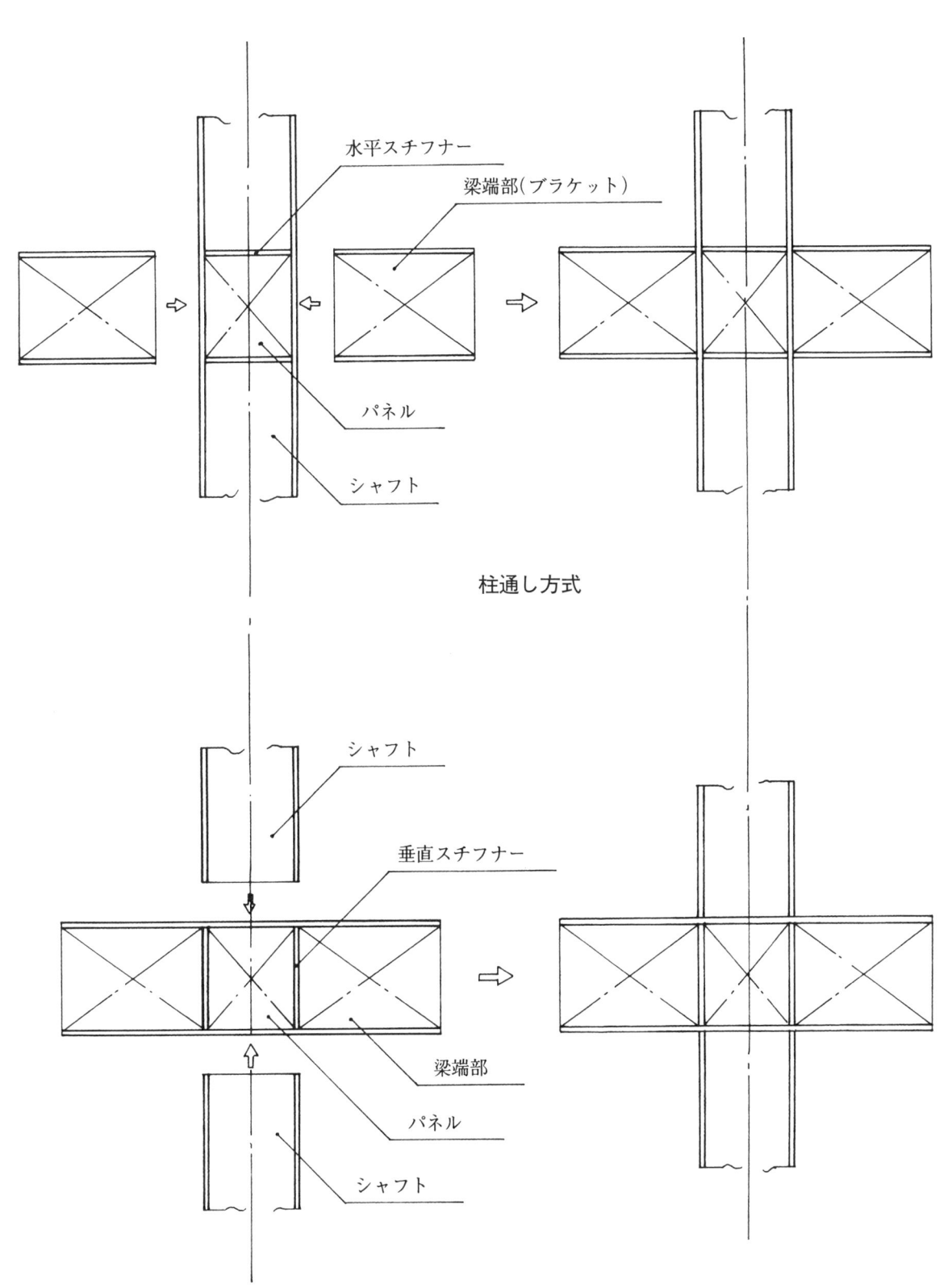

水平スチフナー
梁端部（ブラケット）
パネル
シャフト

柱通し方式

シャフト
垂直スチフナー
梁端部
パネル
シャフト

梁通し方式

② バンドプレート

バンドプレートは組立柱の変形を防ぐためにフランジとフランジを緊結する材で、一般にはFB－50×6、FB－65×6、FB－75×9などの鋼材が1.00m以内の間隔で取り付けられている。

拾い方は下図のようにフランジ間の長さで拾う。

図－102

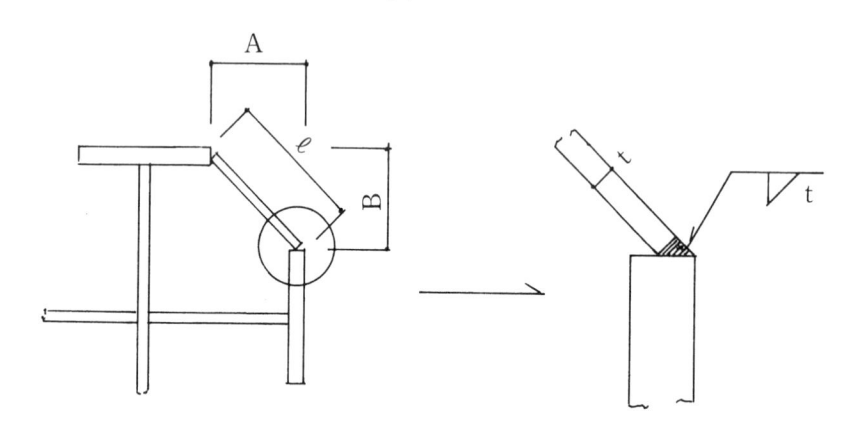

また溶接は、図－102のようになるので特記のない場合は自然開先とみなし、板厚のすみ肉で拾い換算する。例えばFB－50×6の場合は△6つまり

$$K=1.0 \left(K=\frac{1.21\Sigma A}{21.78}=\frac{1.21\times 6\times 6\times 1/2}{21.78}=1.0\right)$$ となり、FB－75×9の場合は△9つまり

$$K=2.25 \left(K=\frac{1.21\Sigma A}{21.78}=\frac{1.21\times 9\times 9\times 1/2}{21.78}=2.25\right)$$ となる。

③ 梁

梁の拾いは柱からみると簡単である。普通リストには端部、中央と分けて記入されているが、梁の拾いは中央部分のみ拾えばよい。BH梁の場合は上下フランジ、ウェブの順に主材を拾い、小梁などのガセット類、スプライスプレート、高力ボルトの順に拾っていく。なお、注意することは端部、中央部の板厚の差があることが多いので、その場合はフィラープレートを忘れずに拾うことである。

④ フィラープレート

部材と部材とを剛接合するときはスプライスプレートを用いて高力ボルトで締め付ける。その際接合するフランジやウェブの厚さが異なる場合が多い。その厚さを揃えるために入れる鋼板をフィラープレートという。

フランジの場合は、普通外側がそろっているので内側にフィラープレートを入れる。しかしウェブプレートの場合は、お互いのウェブ芯を通すのでウェブ厚の差の半分の厚さで2枚入れ

ることになる。フィラープレートを入れる最少差は設計図書により1mm以上と1mmを超えるものとの二通りの方式がある。1mm以上とは1mmを含み、1mmを超えるものとは1mmを含まないことである。特記のない場合は1mmを超えるもの（JAS参照）と解釈してよいと思う。また材質としてはフランジやウェブの材質がSM材またはSS材であっても、特記がなければSS材でよい。

　フィラープレートを拾う場合は一般に市場にある鋼板厚で拾う。その場合の鋼板厚は次のようになる。なお、フィラープレートの厚さは「基準」にも掲載されている。

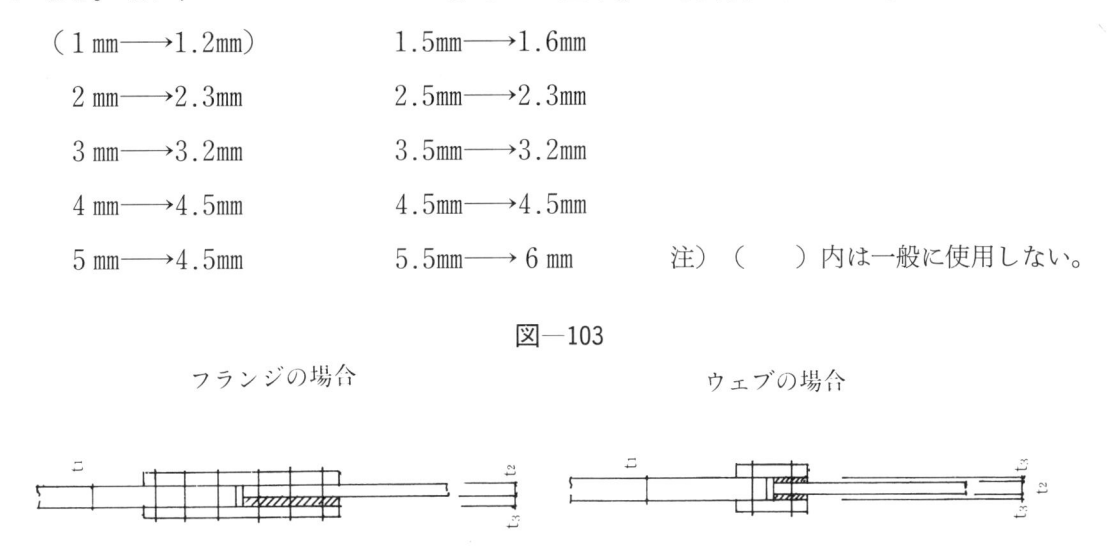

　　（1mm──→1.2mm）　　1.5mm──→1.6mm
　　2mm──→2.3mm　　　　 2.5mm──→2.3mm
　　3mm──→3.2mm　　　　 3.5mm──→3.2mm
　　4mm──→4.5mm　　　　 4.5mm──→4.5mm
　　5mm──→4.5mm　　　　 5.5mm──→6mm　　　注）（　）内は一般に使用しない。

図－103

フランジの場合　　　　　　　　　　　　　ウェブの場合

$t_3(フィラー) = t_1 - t_2 > 1.0mm$ 　　　　　$t_3(フィラー) = (t_1 - t_2)/2 > 1.0mm$

⑤　ブレース

　ブレースは大規模の鉄骨造になると組立材を使用することもあるが、普通は単材（丸鋼、山形鋼、H形鋼など）を使用する場合が多い。ブレースの拾い方はブレースの結び点を決め√（ルート）でひらいて結び点間の長さを求め、〔$\ell = L - \ell_1 - \ell_2$〕の式で拾う（図－104参照）。実際の結び点や$\ell_1$、$\ell_2$の長さを決めることは原寸や施工図によらない限り難しい。したがって積算の際にはあまりこまかいことにこだわらず、積算の根拠のみはっきり分かるようにして拾ったらよい。

　積算基準では丸鋼のブレースの長さはℓでよいことになっているが、その他の羽子板、タンバックル、締付けボルトなどは別に拾わなければならない。ただし、JIS規格のブレースは丸鋼、羽子板タンバックルなどがセット質量になっているので、注意する必要がある。

図—104

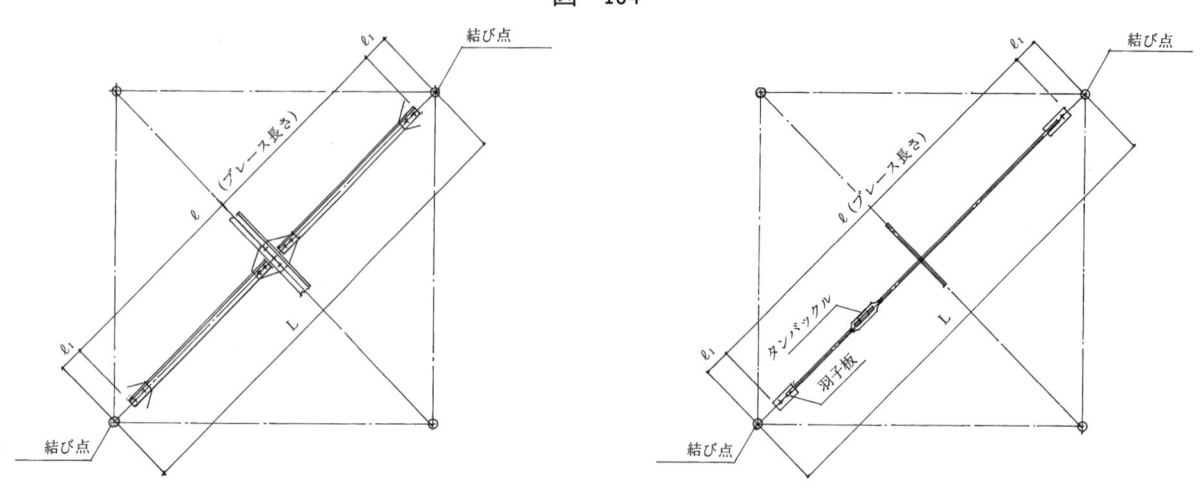

⑥ 母屋、胴縁

　母屋や胴縁は山形鋼や軽量形鋼（リップ溝形鋼）を主に使用している。その他窓の開口のための縦胴縁や、妻面に屋根の勾配なりに取り付く登り胴縁などがある。後者の方は接合のためのガセットプレートなどがあるものの、一般には単材で、加工も少ないため拾いは簡単である。ただ桁方向が長くなってくると材料の定尺（市場品の長さのことで、一般には12ｍまでとする）を考慮しなければならない。なぜなら、主材の長さは延長で拾っても質量としては変わらないが、母屋や胴縁を取り付けるためのピースが一般用と継手用で変わるし同時に締付けボルトの数もちがってくる。

　理想としては、柱や梁を拾うとき一緒に母屋、胴縁のピースも考えて拾った方が良いが、相当なベテランでないと難しい。したがって母屋胴縁の拾いのときにピースとボルトを一緒に拾うことが多い。

図—105

⑦ デッキプレート

デッキプレートの種類は鉄骨積算の資料に添付した形状のものと合成デッキプレートなどがある。

また表面処理をしていないもの（黒かわ）と亜鉛メッキ仕上（片面）をしているものがあるので注意すること。デッキプレートの拾い方は一般的には外周梁フランジの外側までの面積を拾っているが、強軸方向（波と直角方向）などは多少はね出して使用する場合もある。梁フランジが剛接合の場合スプライスプレートがあるのでその部分はデッキプレートを切り欠くことになる。その場合は、梁上フランジ面に新たにデッキ受けを必要とする。デッキ受けとしては一般にFB—50×6などが使用されている。デッキプレートを貼る場合、小梁上などはフランジ幅がせまいので通して貼ることが多いが、大梁上は50mmくらいかけてデッキプレートを連続させないことが多い。梁フランジ幅が広いときはデッキプレートを貼らない部分を控除する場合もあるので注意する必要がある。デッキプレートの取付け方法は、デッキプレートと梁フランジの接続部分をスポット溶接で止める。積算上は貼り手間に含むものとして拾わないが、スポット溶接のか所数を拾う必要があるときは単位面積当たりのか所数を拾い、歩掛で算出するとよい。

塗装面積を拾う場合は形状が複雑なので質量に板厚の塗装係数を掛けて算出するか、または「基準」に記載されている塗装係数を使用するとよい。

床にデッキプレートを使用する場合は、通常デッキプレートの上にコンクリートを打設する。

その場合、床の外周部や開口部廻りの小口部分に鋼板を加工して、型枠代りにコンクリート流れ止めを取り付ける場合が多い。コンクリート流れ止めは仕様別に延長を拾い、内訳書には別計上するとよい。またデッキプレートの連続しない部分に小口塞ぎが必要になるが、一般にはデッキプレートに含むものとみなし計上しない。

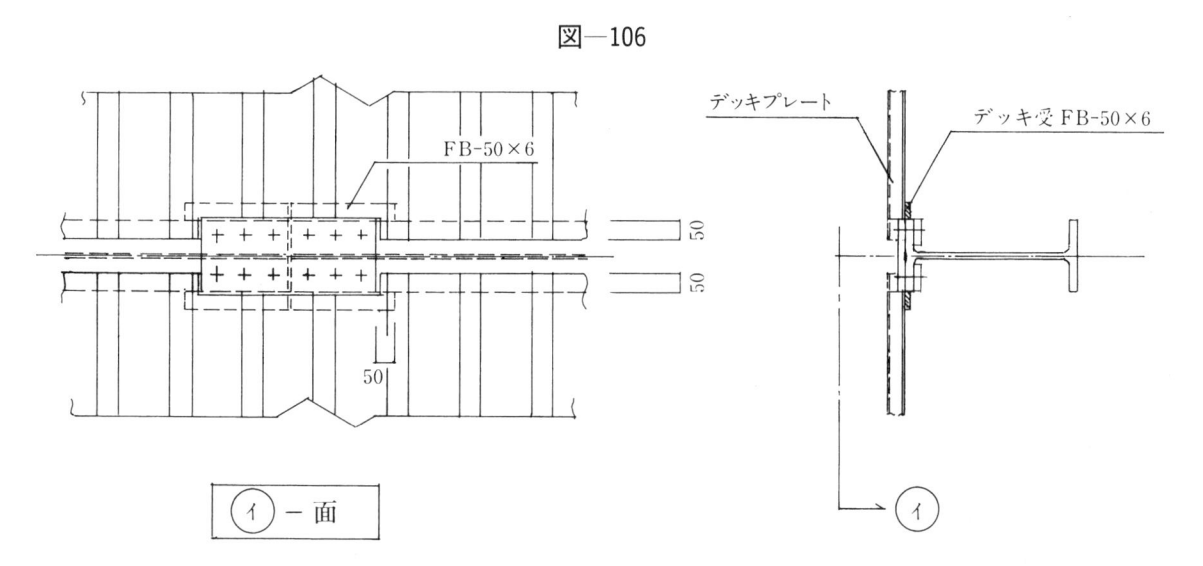

図—106

⑧ アンカーボルト

アンカーボルトは鉄骨積算の資料に添付しているステッキ形タイプと両ネジ形タイプがある。拾いは径別、長さ別（有効長さ、例えばℓ＝1,000）に本数を拾い、単位質量を掛けて質量を算出する。

演習で使用しているアンカーボルトの質量を計算すると次のようになる。

  M24 ℓ＝1,000（ステッキ形）

  資料より M24 ℓ＝960   4.933kg
       軸部の不足分 0.04×3.55＝0.142
       計   5.075

  M24 ℓ＝1,000（両ネジ形）

  資料より M24 ℓ＝960   4.300kg
       軸部の不足分 0.04×3.55＝0.142
       計   4.442

  M20 ℓ＝600（ステッキ形）も同じように計算すると2.379kgとなる。

⑨ ボルト類

「基準」によると「ボルト類などは原則としてその規格、形状、寸法ごとに個数又は質量に換算したものを設計数量とする」となっている。

この基準の寸法とは首下長さのことである。個数を拾い出すことはボルトの材料費を算出するほかに現場における組立費などの根拠になる。質量に換算するかどうかは材料費を算出するとき個数を使うか質量を使うかにより決まる。一般にボルト類は、径別、首下長さ別の本数を拾い、単位質量を乗じて質量を算出する。ボルトの首下長さは、締め付け長さ＋締め付け長さに加える長さ（径別に一定）で算出する。ただし、ボルトの市場品の長さは5mm単位となっているので5mm単位の長さにならない場合は2捨3入、7捨8入して5mm単位の長さとする。

注）Ⅰ．鉄骨の基礎知識の4．高力ボルト（HTB）を参照。

⑩　塗装面積

鉄骨工事で計上する塗装は錆止め（さびどめ）のことをさすが、S造の場合は仕上塗装もあり錆止めの面積をそのまま使用することもある。「基準」では「部材の重なりによる塗装の欠除は計測の対象としない」ことになっているが、ベースプレートの下端や梁上端でコンクリートに接する部分などは当然控除の対象になる。床にデッキプレートを使用している場合は一般に梁上端の控除を行わないが、設計図書に仕様等が明記され控除が必要な場合は控除することになる。またスプライスプレートをどう扱かうかについては基準では控除しなくてもよいと解釈されるので、一般にはスプライスの面積分は控除しない。

⑪　ベース下均しモルタル

ベース下の均しモルタルはベースプレートのレベルを出すためのもので、普通のモルタルではなく無収縮モルタルを使用する。施工方法は鉄骨を建てる前にベースプレートの中央部分に小さく作り（マンジュウともいう）、建て方が終ってから残りの部分にモルタルを詰める方法と、最初からベースプレートの大きさに作っておく方法がある。前者は、アンカーボルトの位置を調整したり鉄骨の建て入れの調整などに有利なため、もっとも一般的な施工方法である。

拾い方はモルタルの厚さ別、ベースプレートの形状別にか所数を拾う。その他厚み別の面積で拾うこともある。

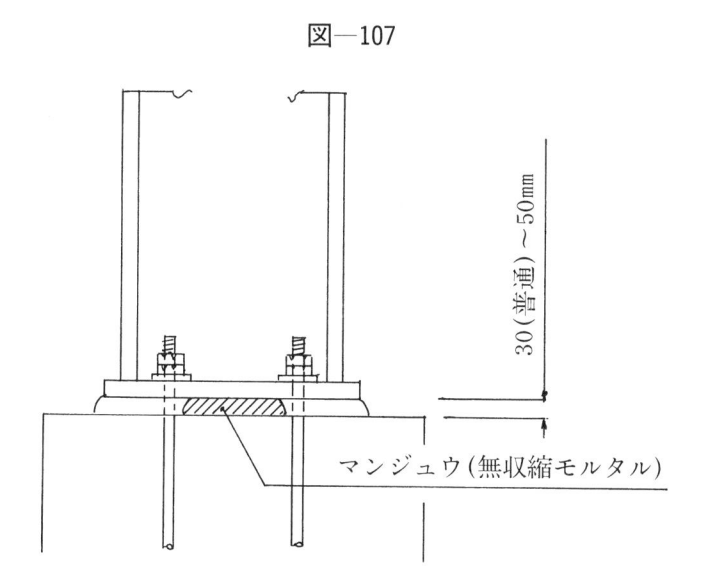

図—107

⑫ 超音波探傷検査　Ultrasonic Testing（略 U. T）

　溶接は母材を一体化させることが基本である。外側の形状は目視でわかるが内部までは不可能である。そこで内部の状態を検査するために超音波が使われ、その検査を超音波探傷検査という。積算上は完全溶込み部分（∨. V. K……）のか所数を全量算出する。計算は板厚に関係なく、1回の検査部分の長さを300mm以下とする。たとえば1mの長さは4か所として計算する。一般に第三者による検査は20％あるいは30％と仕様書に記入されているので、内訳書に計上する場合は全量×20％あるいは30％の数量を計上する。ちなみに、JASSの場合は溶接か所数600個以下を1ロットとし、1検査ロットごとに30個のサンプリングを行う。詳細はJASSを参照のこと。

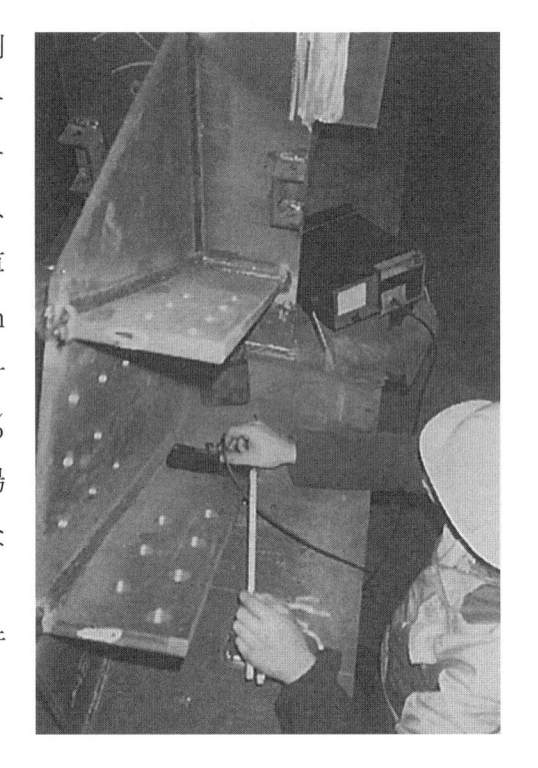

3. Aビル新築(鉄骨)工事

図　　面

数量積算書実施例及び解説

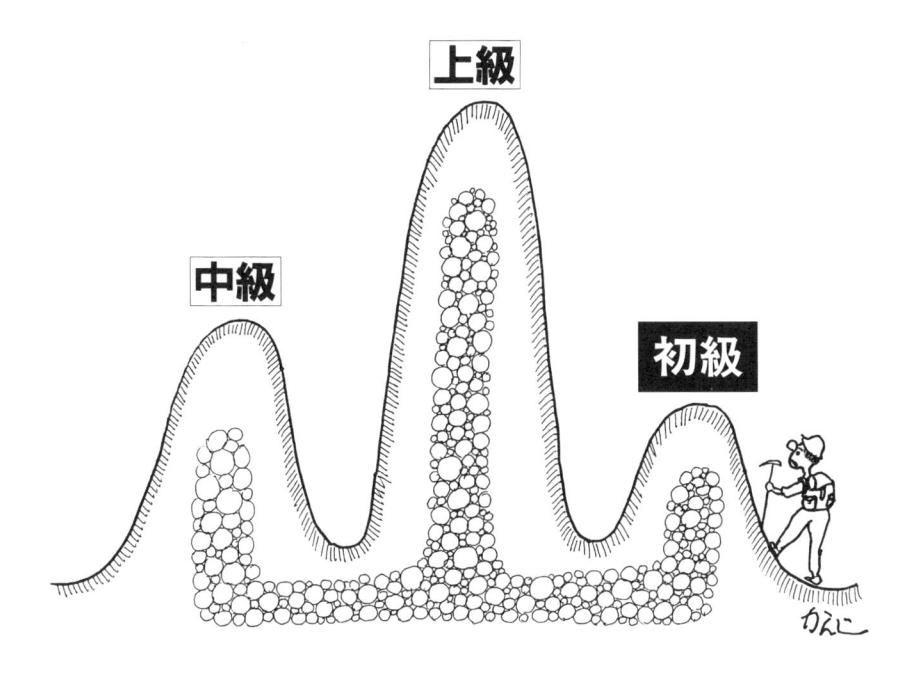

3．Aビル新築（鉄骨）工事　119

名　　称	内　　容	数　量	単位	単　価	金　額	備　考
Aビル鉄骨工事						
鋼　　　材	内訳は別紙	1	式			
副　資　材		1	〃		―	
工場加工組立		7.8	t			
工場溶接	6 ㎜換算	741	m			
錆止塗装			㎡		―	
運　　搬		7.8	t			
建　　方		7.8	〃			
現場組立本締		7.8	〃		―	
試　験　費	超音波探傷30%　20か所	1	式			
諸　経　費		1	〃			
アンカーボルト取付	M24 ℓ=1,000　16本	1	〃			
ベース下均しモルタル	㋐30×650×650　4か所	1	〃			
計						

(公社) 日本建築積算協会 3 号用紙 (　　)

№ _____

120　Ⅲ．モデル建物の計算・解説

（公社）日本建築積算協会 3 号用紙

名　称 材 内 訳	内　　容	数　量	単位	単　価	金　額	備　考
[鋼]						
形　　鋼	H-300×150×6.5×9　SS400	0.22	t			割増を含む
鋼　　板	⑲19　SM490A	1.99	t			1.05
〃	⑲16　〃	1.94	〃			1.03（切板）
〃	⑲12　〃	0.15	〃			〃
〃	*H*25　SS400	0.28	〃			〃
〃	*H*12　〃	0.91	〃			〃
〃	*H* 9　〃	2.36	〃			〃
〃	*H* 6　〃	0.04	〃			〃
〃	*H* 1.6　〃	0.01	〃			〃
平　　鋼	FB75×6　SS400	0.03	t			1.05
〃	FB65×6　〃	0.07	〃			〃

No.

3．Aビル新築（鉄骨）工事　121

名称	内容	数量	単位	単価	金額	備考
アンカーボルト	M24　ℓ＝1,000	16	本			割増を含む 1.0
高力ボルト	HTB　M22×85　F10T	200	本			1.04
〃	〃　M20×60　〃	83	〃			〃
〃	〃　M20×50　〃	6	〃			〃
材料計						

No.

122　Ⅲ．モデル建物の計算・解説

Ａビル　鉄　骨　集　計　表　〔 SRC 造 ／ 延　　　m²〕　(公社) 日本建築積算協会23号用紙　(1－1)

		SS400	SM490A	〃	〃	SS400	〃	〃	〃	SS400	〃	計
		H300×150 6.5×9	⑭–19	⑭–16	⑭–12	ℓ–25	ℓ–12	ℓ–9	ℓ–6	ℓ–1.6	FB75×6	FB65×6	
柱	No. 1					1.37		17.48					
	2		6.08	10.01 3.86			6.97 2.45	4.19			8.80	14.40 3.60 3.60	
	3												
			(6.08)	(13.87)		(1.37)	(9.42)	(21.67)			(8.80)	(21.60)	
大梁	No. 4		6.88	1.10	1.57			10.82	0.84	0.39			
	5												
			(6.88)	(1.10)	(1.57)			(10.82)	(0.84)	(0.39)			
小梁	No. 6	5.80											
		(5.80)											
計	m/本 m²/m²	5.80	m² 12.96	m² 14.97	m² 1.57	m² 1.37	m² 9.42	m² 32.49	m² 0.84	m² 0.39	m 8.80	m 21.60	
単位質量	kg/m m²/m²	36.7	149.2	125.6	94.20	196.2	94.20	70.65	47.10	12.56	3.53	3.06	
質量	kg	213	1,934	1,880	148	269	887	2,295	40	5	31	66	7,768
割増率	% kg	5% 11	3% 58	56	4	3% 8	27	69	1	—	5% 2	3	239
所要数量	kg	224	1,992	1,936	152	277	914	2,364	41	5	33	69	8,007

工事名・　　　　　　　　　　　　　　　　　　　　　　　　　　　　　　　　　　　　No.

鉄 骨 集 計 表 （ 造 / 延　　　m²）　　(公社) 日本建築積算協会23号用紙 (1-2)

	SS400	F10ᵀ	〃	〃			WELD(I)		超音波探傷		均しモルタル	
	A, B M24	HT BM22	HT BM20								⑦30	
	ℓ=1,000	85	60	50			換算長さ				650×650	
柱 No.1	16						266.22					
No.2							82.99					
No.3	(16)						290.17		68		4	
							(639.38)		(68)		(4)	
大梁 No.4		192	80				102.38					
No.5		(192)	(80)				(102.38)					
小梁 No.6				6								
				(6)								
計 m	16本	192本	80本	6本			741.76 m		68 か所		4 か所	
割増率 %	4%	3		─					30%			
	8						(741.76 m ÷ 7.768 t = 95.49 m/t)		20			
所要数量 m本	16	200	83	6								

工事名・

124　Ⅲ．モデル建物の計算・解説

鉄　骨　積　算　Aビル（SRC）

	名称	形状・寸法	計	算	か所	SM490A ⑫—16	SS400 H—25	〃 H—9	〃 FB75×6	〃 FB65×6	SS400 A.B M24		長さ m	WELD 換算係数 k	換算長さ m
											$\ell=1{,}000$				
① 柱		C₁—4台													
②	A.B	M24 $\ell=1{,}000$		4	4						16				
③	A.F	FB 75×6	0.50	×2	4				4.00						
④	〃	〃	0.60	×2	4				4.80						
⑤	WELD	△ 6	0.08 ×4	※4	4								5.12	F²/² 1.39/2	3.56
	1Fシャフト														
⑥	B. H	H 25	0.65 ※0.65	※1	4		1.69								
⑦	〃	〃	0.20 ×0.40	×2/2	4		▲0.32								
⑧	F.×y	⑫ 16	0.20 ×4.17	×3	4	10.01									
⑨	W×x	H 9	0.568 ※4.17	※1	4			9.47							
⑩	W×y	〃 (500—16—4.5)	0.48 ×4.17	×1	4			8.01							
⑪	Band	FB 65×6	0.45	※8	4					14.40					
⑫	WELD F+F・B	✓ 16	0.20	※6	4								4.80	HT² 11.22	53.86
⑬	W×x	╋ 9	(0.57+4.17)	×2	4								37.92	F² 2.72	103.14
⑭	W×y	〃 〃	(0.48+4.17)	×2	4								37.20	〃 2.72	101.18
⑮	Band	△ 6	0.07 ×2	※8	4								4.48	1.0	4.48
						10.01	1.37	17.48	8.80	14.40	16				266.22

No. 1

鉄 骨 積 算

(公社) 日本建築積算協会13号用紙

名称	形状・寸法			計算		か所	SM490A PL-19	" PL-16	SS400 PL-12	" PL-9	" FB65×6			WELD 長さ m	換算係数 k	換算長さ m
2Fシャフト																
⑯ F x,y	PL 16		0.20	※ 1.00	× 3	4		2.40								
⑰ W x	PL 9		0.568	※ 1.00	× 1	4				2.27						
⑱ W y	"		0.48	※ 1.00	× 1	4				1.92						
⑲ Band	FB 65×6		0.45		× 2	4					3.60					
⑳ WELD F×F	∠ 16		0.20		× 3	4								2.40	HT2 11.22	26.93
㉑ W x	⊥ 9		(0.57+1.00×2)		× 1	4								10.28	F2 2.72	27.96
㉒ W y	"		(0.48+1.00×2)		× 1	4								9.92	2.72	26.98
㉓ Band	△ 6		0.07	× 2	× 2	4								1.12	1.0	1.12
2F仕口																
㉔ F. x	PL 19		0.20	※ 2.40	× 2	4	3.84									
㉕ F. y	PL 19		0.20	※ 1.40	× 2	4	2.24									
㉖ x.y stif	PL 16		0.20	※ 0.61	× 3	4		1.46								
㉗ P. x	PL 12		0.568	※ 0.61	× 1	4			1.39							
㉘ P. y	"		0.478	※ 0.61	× 1	4			1.17							
㉙ W. x	"		0.612	※ 0.90	× 2	4			4.41							
							6.08	3.86	6.97	4.19	3.60					82.99

No. 2

III．モデル建物の計算・解説

鉄 骨 積 算　　　　　　　　　　　　　　　　　　　　　　　　　　　　　　　　　（公社）日本建築積算協会13号用紙（　　）　No. 3

	名称	形状・寸法	計	算	か所	SS400 H-12	〃 FB65×6			均しモルタル ⑦30	超音波探傷			均しモルタル		長さ m	WELD 換算係数 k	換算長さ m
										650×650								
㉚	W.y	H 12	0.612×1.00	×1	4	2.45												
㉛	Band	FB 65×6	0.45	×2	4		3.60											
㉜	WELD F+F	∨ 19	0.20	×2	4											1.60	HB2 12.33	19.73
㉝	stif x y	∨ 16	0.20	×6	4											4.80	HT2 11.22	53.86
㉞	P.x	✚ 12	(0.57+0.61)	×2	4											9.44	F2 4.50	42.48
㉟	P.y	〃	(0.48+0.61)	×2	4											8.72	〃 4.50	39.24
㊱	W.x	〃	(0.61+0.90×2)	×2	4											19.28	〃 4.50	86.76
㊲	W.y	〃	(0.61+1.00×2)	×1	4											10.44	〃 4.50	46.98
㊳	Band	△ 6	0.07×2	×2	4											1.12	1.0	1.12
㊴	均しモルタル	⑦ 30×650×650		1						4								
㊵	超音波探傷		17		4						68							
						2.45	3.60			4	68							290.17

3．Aビル新築（鉄骨）工事

鉄 骨 積 算　　　（公社）日本建築積算協会13号用紙　No.4

	名称		形状・寸法	計		算	か所	SM490A ⑫-19	〃 ⑫-16	〃 ⑫-12	SS400 ℓ-9	〃 ℓ-6	〃 ℓ-1.6	F10T	WELD 長さ m	換算係数 k	換算長さ m
	大梁													HTB M22×85 / HTB M20×60			
㊶	2G₁		2G₁-2台, 2G₂-2台 計4台														
㊷	2G₁	F	⑫ 19	0.20	＊	5.60 ＊ 2	2	4.48									
㊸		W	ℓ 9	0.612	＊	5.60 ＊ 1	2										
㊹	2G₂	F	⑫ 19	0.20	＊	3.00 ＊ 2	2	2.40									
㊺		W	ℓ 9	0.612	＊	3.00 ＊ 1	2				6.85						
㊻	2G₁	B₁×G	〃	0.176	＊	0.61 ＊ 1	2				3.67						
㊼		□	〃 (100+80-4.5) ▲	0.08	＊	0.33 ＊ 1/2	2				0.21 ▲ 0.03						
㊽		stif	〃 (100-4.5)	0.096	＊	0.61 ＊ 1	2				0.12						
㊾	2G₁/2G₂	FS外	⑫ 12	0.20	＊	0.49 ＊ 4	4			1.57							
㊿		FS内	⑫ 16	0.07	＊	0.49 ＊ 8	4		1.10								
51		F	HTB M22×85 (47+40)			48	4							192			
52		WS	ℓ 6	0.15	＊	0.35 ＊ 4	4					0.84					
53		W Fill	ℓ 1.6	0.07	＊	0.35 ＊ 4	4						0.39				
54		W	HTB M20×60 (24+35)			20	4							80			
								6.88	1.10	1.57	10.82	0.84	0.39	192 / 80			

128　III．モデル建物の計算・解説

鉄　骨　積　算

名称	形状・寸法		計算		か所	長さ m	WELD 換算係数 k	換算長さ m
WELD								
㊺ G₁ F+W	⌀	9	5.60	×2	2	22.40	F 2 2.72	60.93
㊻ G₂ 〃	〃	〃	3.00	×2	2	12.00	〃 2.72	32.64
㊼ G₁ G. stif	〃	〃	(0.10×2+0.61)	×2	2	3.24	〃 2.72	8.81
								102.38

No. 5

（公社）日本建築積算協会13号用紙
（　　）

鉄　骨　積　算

	名称		形状・寸法		計算		か所	SS400 H300×150 6.5×9						F10T HTB M20×50	WELD 長さ m	WELD 換算係数 k	WELD 換算長さ m
	小梁																
(58)				B$_1$−1台													
(59)		Main	H	300×150×6.5×9	(6.00−0.20)	× 1	1	5.80									
(60)		W	HTB	M20×50 (15.5+35)		6	1							6			
								5.80						6			

No. 6

Aビルの積算解説

　それでは、モデル建物〝Aビルの積算例〟について解説をするが、その前に「拾い」に共通するルールについて補足説明をする。「基準」で「計測の単位はmとし、小数点以下3位を四捨五入する。長さ、面積、体積の計算過程においても、小数点以下3位を四捨五入することができる」となっているので拾いの単位は小数点以下2位、すなわちcmまででよい訳である。しかし「基準」の解説の中で「鉄骨材の断面などは材料の規格を示すものであるのでこの規定の適用外である」とも書かれている。これは鋼材の形状寸法（H-300×300×8×12、L-50×50×6、FB-50×6、PL-6）が、mm単位となっているので特記されている訳である。積算は原則として断面寸法については小数点以下3位まで表示する。鋼材の場合は形鋼類は断面表示になっているので問題ないが、鋼板の場合はPL6のように厚さの表示だけなので一般に短辺方向の寸法を断面とみなし図―108のように拾う。

　なお、**鋼板の書き方（拾い方）は厚さ×短辺方向×長辺方向の順に書き、厚さと短辺方向を断面とみなし小数点以下3位まで計測計算し、長辺方向は長さとみなして小数点以下3位を四捨五入して2位まで計測計算する**。しかし、スケールで測るようなガセットプレートなどは短辺方向も長辺方向も2位までとしている。また**溶接の拾いはすべて長さとなるので小数点以下3位を四捨五入し2位までとする**。計算の過程においても同じである。

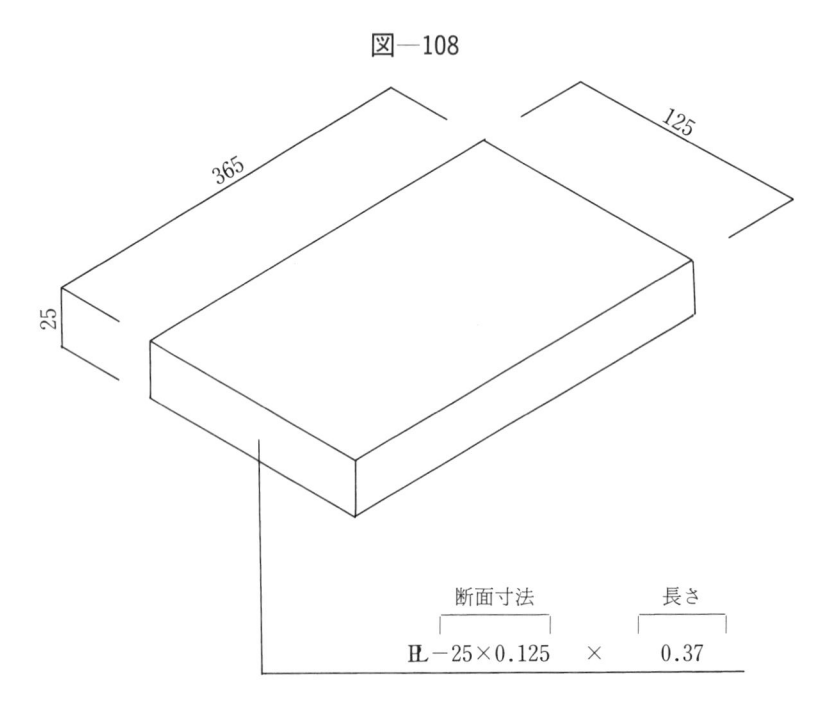

図―108

$$\underbrace{\text{PL}-25\times 0.125}_{\text{断面寸法}} \times \underbrace{0.37}_{\text{長さ}}$$

　また、「積算基準」の第2節1通則5）に定めている「全溶接構造の鋼板の場合は、第1編総則5(3)の定め（小数点以下3位を四捨五入する）にかかわらず短辺方向は小数点以下3位まで、計測・計算する」は本書が発刊時から提案している鋼板の計測方法で、特に目新しい内容

ではないが、趣旨としては「**鋼板の形状で寸法切り（幅と長さで表示できる形状）出来る鋼板は小数点以下3位まで計測・計算し、ガセットプレートのように複雑な形状で、スケールで計測するような鋼板は、小数点以下2位までとする**」ということである。

それでは、"モデル建物の積算例"を部位別に解説していく。

〔柱〕

柱には図—109のように幹部（シャフト）と仕口部があり、鉄骨の積算では一番むつかしい部位である。拾いの順は一般に下から上へ、主材から補助材へと拾っていく。

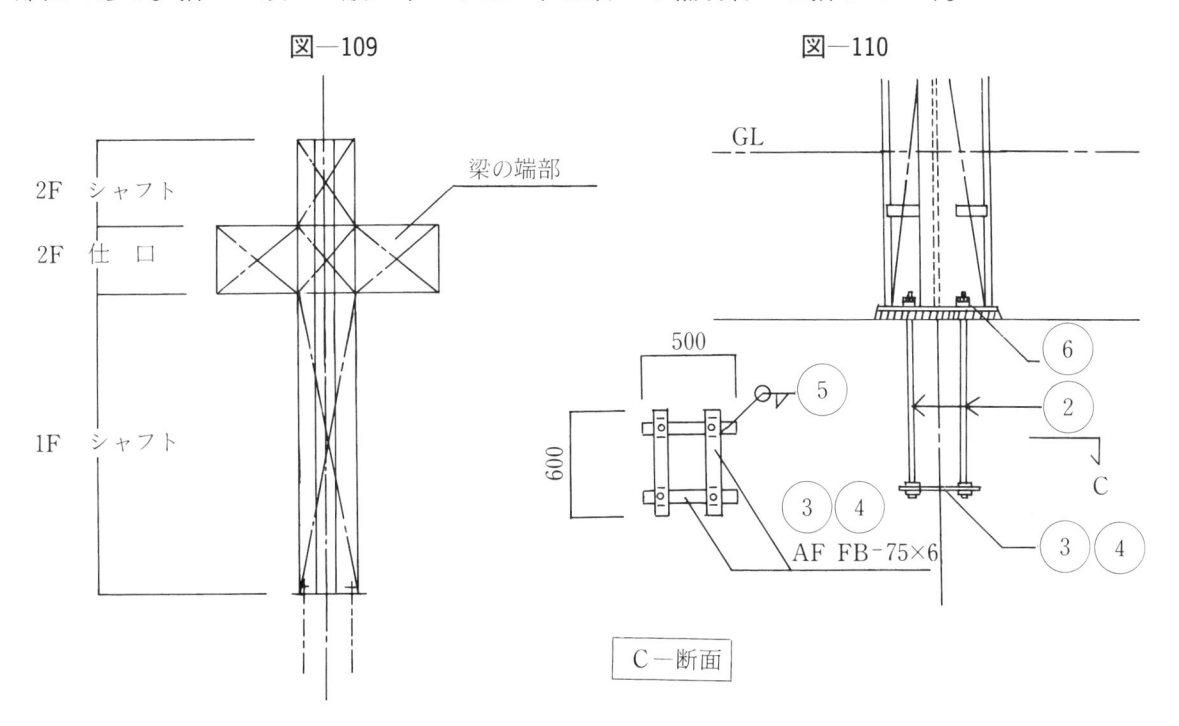

図—109　　　　　図—110

① C_1 — 4台

詳細図の中に記入されているKEY PLANで4台あることがわかると思う。以下柱の拾いはすべて4台分となっているので説明は省略する。

② A.B　M24　ℓ=1.000　4本

アンカーボルトは径別、長さ別の本数を拾うが質量が必要な場合は質量に換算する。アンカーボルトの形には両ネジ形とステッキ形があるがこの図面では両ネジ形となっている。

③　A.F　　FB-75×6　　　　0.50×2

④　A.F　　FB-75×6　　　　0.60×2

⑤　A.F　　△6　　　　　　0.08×4×4

③、④は図—110でわかるようにアンカーフレームを拾っている。

⑤はアンカーフレームどうしの溶接である。幅0.075→0.08として井の4辺を拾っている。

次にシャフト部分を拾う。

●1Fシャフト

⑥　BPL　PL25×0.65×0.65×1

132　Ⅲ．モデル建物の計算・解説

⑦　BPL　▲PL25×0.20×0.40×1/2×2

⑥、⑦はベースプレートである。図—111のように数字で読みとれるので減方式で拾っている。

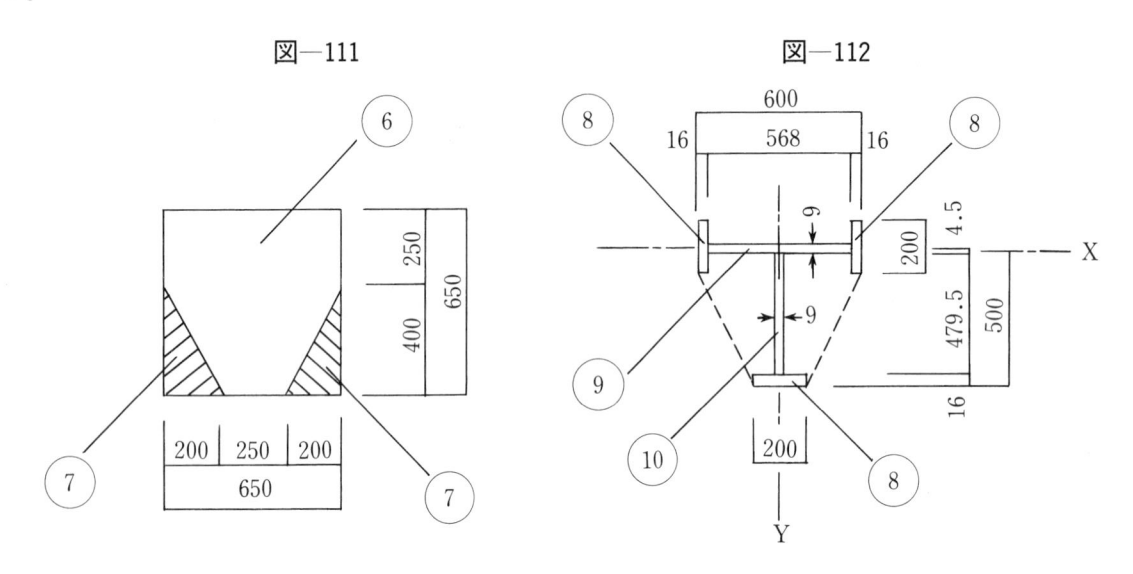

図—111

図—112

⑧　F_{X,Y}　Ⓟ16　0.20×4.17×3
⑨　W_X　PL9　0.568×4.17×1　└0.60−0.016×2
⑩　W_Y　PL9　0.480×4.17×1　└0.50−(0.016+0.009/2)

図—112のように⑧はX、Y方向のフランジ、⑨はX方向のウェブ、⑩はY方向のウェブを拾っている。Ⓟは材質 SM490A の表示である。長さはベースプレート上端から2F仕口フランジの下端までの長さである。

　　　　　　　　　┌均しモルタル　┌梁せい
長さ＝5.000−（30+25+650+125）＝4.170となる。
　　　　　　　　　　↑　　　↑
　　　　　　　　　　└ベースプレート　└FLから梁までの下り

図—113

は ⌐⌐ 16,記号にする。

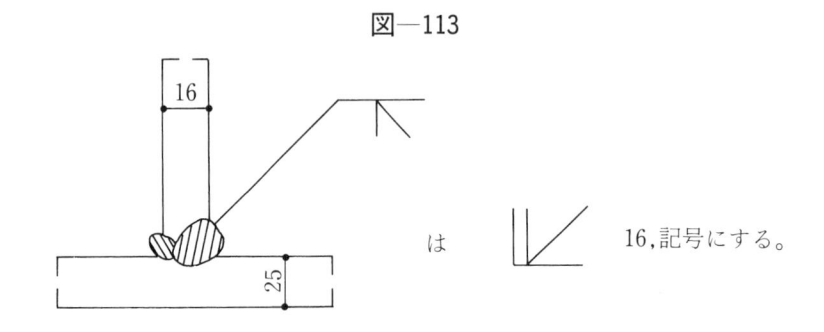

⑫　F_{X,Y}　⫽16　0.20×3×2
⑬　W_X　⊅9　（0.57+4.17）×2
⑭　W_Y　⊅9　（0.48+4.17）×2

⑫は⑧のフランジがベースプレートと２Ｆ仕口フランジに接する部分の溶接である。設計図の記号はレ形溶接になっているがＴ継手溶接なので⊿の記号にした。６mm 換算はHT₂となっているので、第４章鉄骨積算の資料「溶接延長換算表（以下「資料」）」を使用すると⊿16→Ｋ＝11.12となる。⑬、⑭は⑨、⑩の溶接なので⑨、⑩の数字をそのまま使用する。ただし、溶接の拾いは長さとなるので小数点以下３位を四捨五入し２位とする。

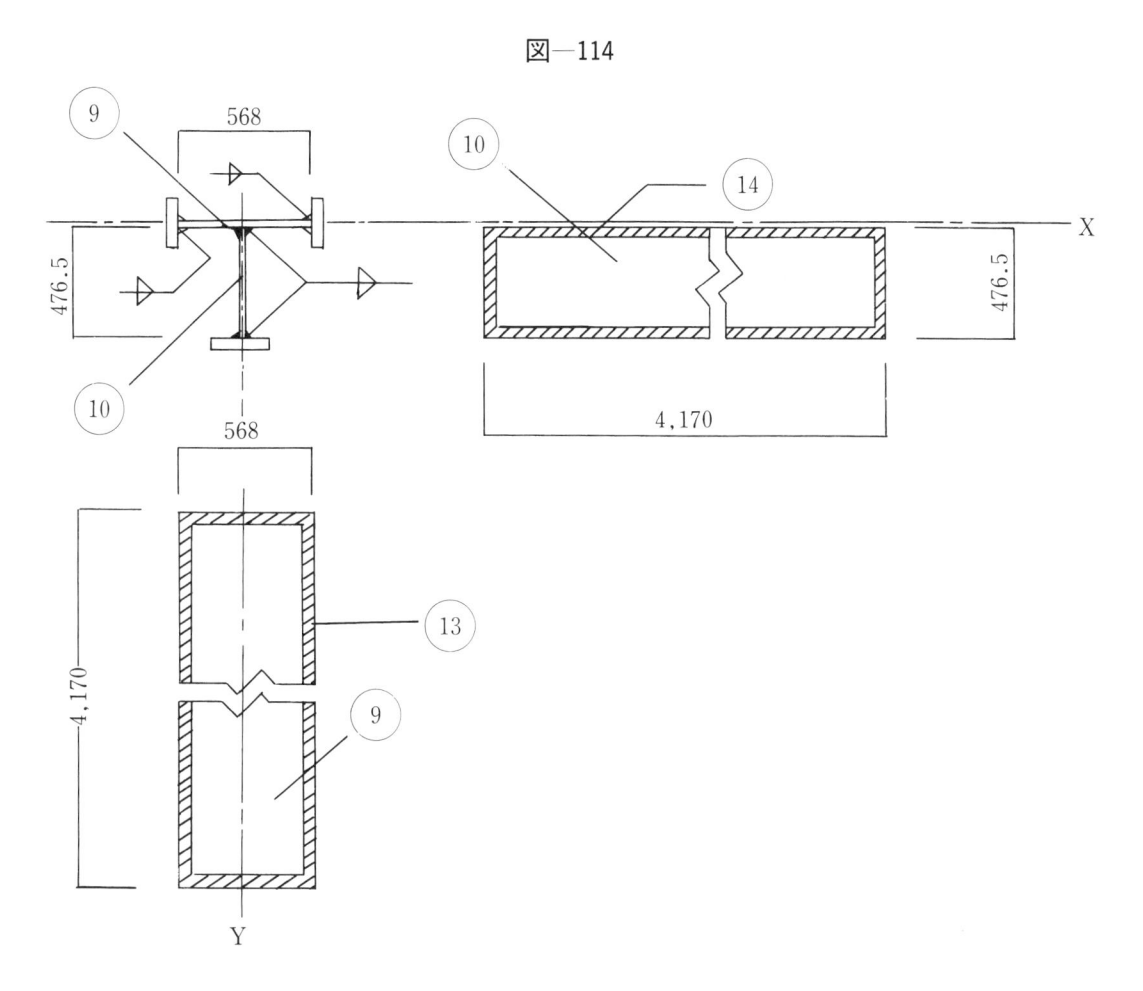

図－114

⑪　Band FB-65×6　0.45×8

⑪はバンドプレートを拾っている。FB-65×6 は平鋼で形状は厚さが６mm 幅が65mm のことである。長さの拾い方は図－115の寸法から $\ell = \sqrt{0.20^2 + 0.40^2} = 0.447 \rightarrow 0.45$ となる。

⑮　Band　⊿6　0.07×2×8

⑮は⑪のバンドプレートの溶接である。溶接形状は図－115のようになるので自然開先とみなし６mm 換算は脚長６mm つまりＫ＝1.0を採用した。

図—115

```
        300   300
   X ├────┼────┤
              ○ ─ 100
   500            400
        100 200
   Y
```

Band
FB-65×6 (8ヶ所)

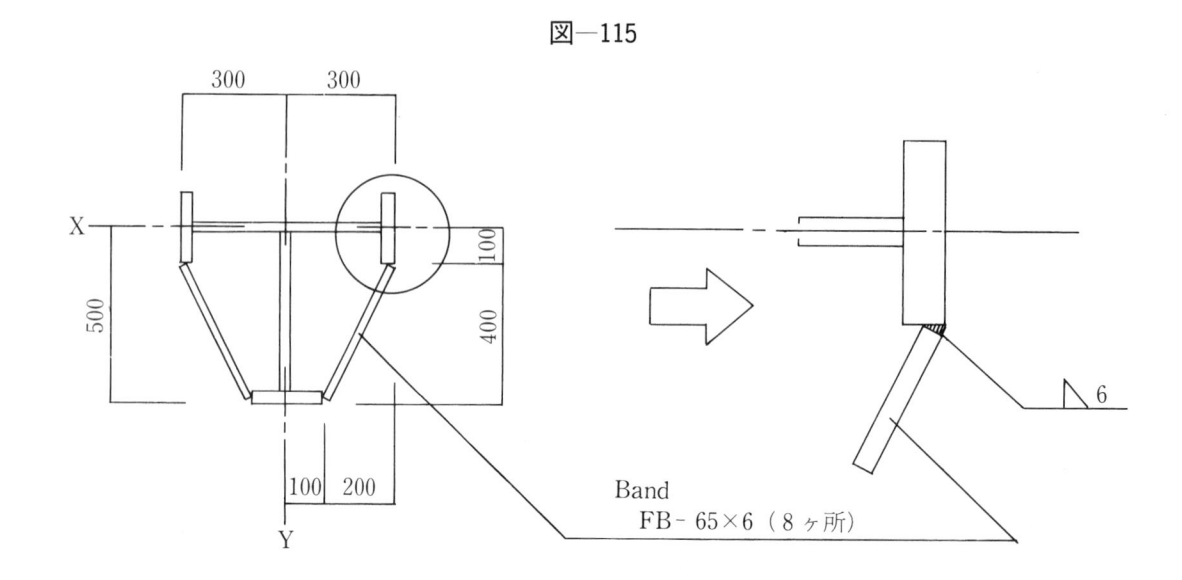

●2Fシャフト

2Fシャフトの⑯〜㉓は1Fシャフトと同じ要領で拾っているので説明は省略する。

●2F仕口部

この仕口は梁通し方式になっているので、仕口部分のみ書くと図—116のようになる。図の中に番号を記入したので拾い順や寸法などをチェックしてみること。

㉔ F_X ⓟ19 0.20×2.40×2 ——X方向のフランジ （1.20×2）

㉕ F_Y ⓟ19 0.20×1.40×2 ——Y方向のフランジ （1.50−0.20/2）

㉖ $Stif_{X,Y}$ ㏋16 0.20×0.61×3 ——XY方向のスチフナー （0.65−0.019×2=0.612）

㉗ P_X ㏋12 0.568×0.61×1 ——X方向のパネル （0.65−0.019×2）

㉘ P_Y ㏋12 0.478×0.61×1 ——Y方向のパネル （0.50−(0.016+0.012/2)）

㉙ W_X ㏋12 0.612×0.90×2 ——X方向のウェブ （1.20−0.60/2）

㉚ W_Y ㏋12 0.612×1.00×1 ——Y方向のウェブ （1.50−0.50）

㉛ B_{and} FB 65×6 0.45

次に、仕口部分の溶接を拾う。

㉜ F×F ∨19 0.20×2

㉜はフランジ㉔にフランジ㉕が接する部分の溶接である。溶接形状は突合せ継手になるので、∨記号にする。6mm換算は「資料」のHB₂を使用するとK＝12.33となる。

㉝ $Stif_{X,Y}$ ∠16 0.20×3×2

3．Aビルの積算解説　135

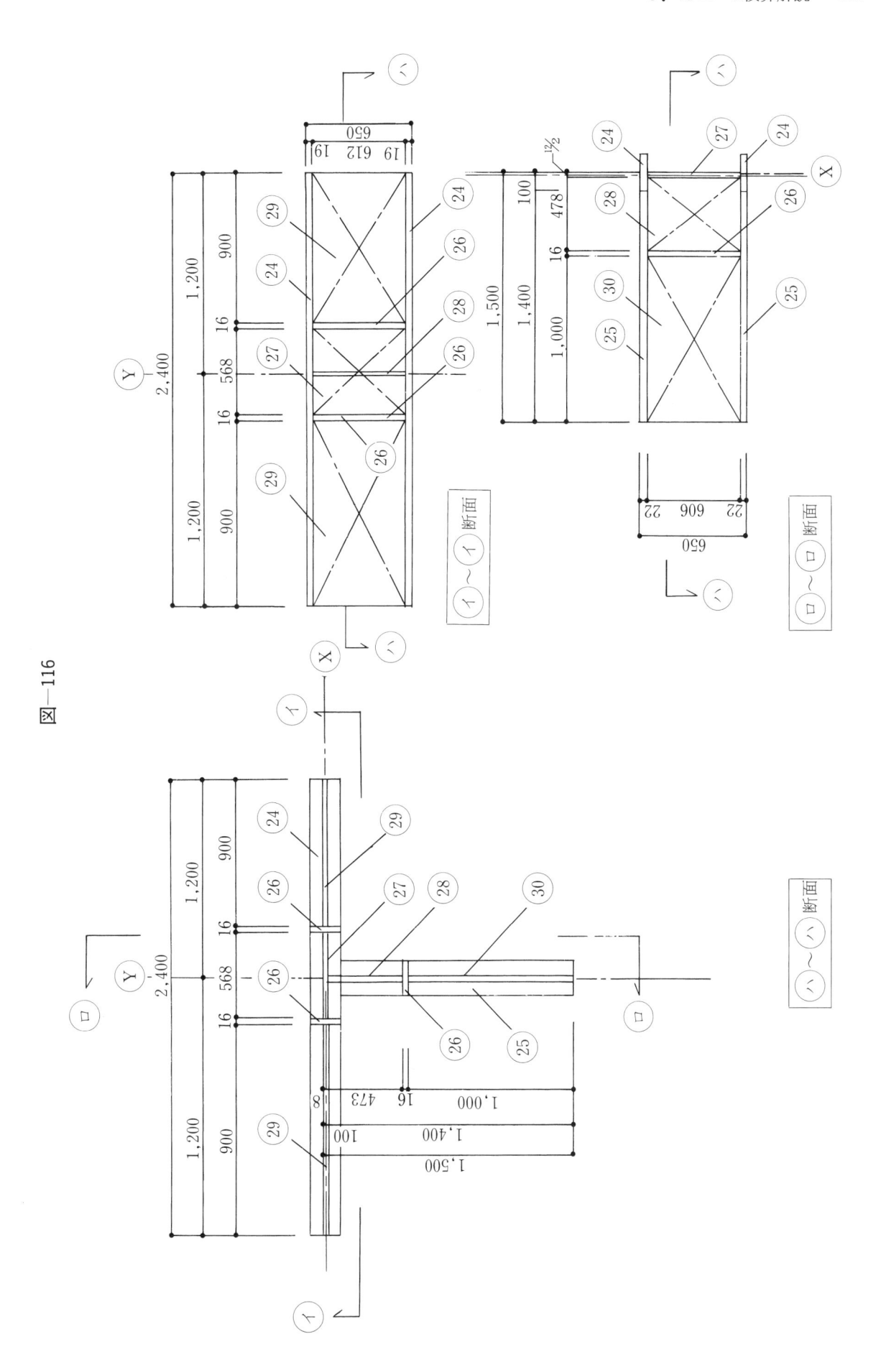

図—116

㉝はスチフナー㉖が上下フランジに接する部分の溶接である。⟍記号はシャフト部分と同じ。

㉞　P_X　♭12　(0.57+0.61)×2

㉟　P_Y　♭12　(0.48+0.61)×2

㉞、㉟はパネル㉗、㉘の溶接で周長を拾っている。数字は溶接長さ（鉄骨断面寸法ではない）なので小数点以下3位を四捨五入し2位で拾っている。

㊱　W_X　♭12　(0.61+0.90×2)×2

㊲　W_Y　♭12　(0.61+1.00×2)×1

㊱、㊲の溶接はウェブ㉙、㉚の溶接でウェブがスチフナーと上下のフランジに接する部分⊐形の長さを拾っている。

㊳　B_and　△6　0.07×2×2

㊴　均しモルタル　㋐30　650×650×1

ベースプレート下端に柱心や通り心を記入したり、柱を建てる際のレベルを調整するために均しモルタルを行う。形状は、一般にベースプレートの幅で作るが建入れ（垂直になるように調整すること）の調整用としてベースプレートの一部のみにつくることもある。後者はまんじゅ形につくるためまんじゅうと呼んでいる。まんじゅうの場合も建方完了後モルタルを充填するので、拾いはベースプレートの寸法とする。拾い方は㊴のように厚さと形状を明記し、か所数で拾う。なお、均しモルタルの材料は無収縮モルタルが使用されている。

㊵　超音波探傷　17か所　超音波探傷のか所数は、「拾いに先立って」のなかで説明したように完全溶込部分、すなわち⟍、⟋記号のか所数を拾う。

か所数は⑫—6か所、⑳—3、㉜—2、㉝—6で計17か所となる。溶接基準図で第三者による検査は30%となっているので、内訳には30%の数量を計上する。

〔大梁〕

㊶　2G_1—2台、2G_2—2台　計4台

梁の長さは2G_1と2G_2では違っているが、断面が同じなのでスプライスプレートなど同じものを2度拾わなくともよいという考えから一緒に拾うことにした。ただし、拾い例のように共通でないものは2G_1、2G_2のように記入しておくことが大切である。なお初心者の場合、拾いに慣れるまで拾い忘れなどの原因になるので、長さが違う2G_1と2G_2は一緒に拾わない方がよいであろう。

㊷　2G_1　F　㋺19　0.20×5.60×2×2台

㊸　2G_1　W　℡9　0.612×5.60×1×2

㊹　2G_2　F　㋺19　0.20×3.00×2×2

㊺　2G_2　W　℡9　0.612×3.00×1×2

㊷〜㊺は2G_1と2G_2のフランジとウェブを拾っている。図—117を参照のこと。梁の拾い方は

まず主材（フランジ、ウェブ）を拾い、そのあとで梁に取付くものを拾い、そしてスプライスプレートや高力ボルトを拾う。

（0.61 ← 0.65−0.022×2）

㊻　$2G_1$　B_1×G　PL 9　0.176×0.61×1×2台

㊼　$2G_1$　B_1×G　▲PL 9　0.08×0.33×1/2×2

（0.096 ← (0.20−0.009)/2）

㊽　$2G_1$　Stif　PL 9　0.096×0.61×1×2

㊻〜㊽は$2G_1$付の小梁（B_1）を取り付けるためのガセットプレートとスチフナーを拾っている。図―117の㋩―㋩断面を参照。ガセットプレートもスチフナーも数字で読みとれるので計算して寸法を読みとる。ただし長辺方向は小数点以下3位を四捨五入し、小数点以下2位で拾う。

㊾　F_S外　(PL)12　0.20×0.49×4×4台

㊿　F_S内　(PL)16　0.07×0.49×8×4

(51)　F　HTB　M22×85　48×4

(52)　W_S　PL 6　0.15×0.35×4×4

(53)　WFill　PL1.6　0.07×0.35×4×4

(54)　W　HTB　M20×60　20×4

㊾〜(54)は$2G_1$と$2G_2$の継手部分を拾っている。図―117を参照。㊾、㊿はフランジの外側と内側のスプライスプレートである。㊾は1台当り4枚、㊿は細幅で2枚ついているので1台当り8枚あることがわかると思う。(52)、(53)はウェブのスプライスプレートである。ウェブは柱付きの端部がPL12となっており、梁のウェブがPL 9となっているので、差が3 mmある。ウェブの場合は㋺―㋺断面のようにウェブ心を通すので片側に1.5mmずつのすき間ができる。そのすき間をうめる材の名称をフィラープレートという。この設計の場合は、PL1.5は一般に使用していないので流通材のPL1.6を使う。フィラープレートの材質はフランジプレートやウェブプレートの材質がSM490Aのような高強度材であっても、一般にSS400でよいことになっている。

(51)、(54)はフランジとウェブの高力ボルトを拾っている。高力ボルトの種類は普通高力ボルトを使っているので、（首下長さは2捨3入、7捨8入とする）

(51)の場合　首下長さ＝12＋19＋16（板厚）＋40（加える長さ）＝87⟶85

(54)の場合　首下長さ＝6＋12＋6（板厚）＋35＝59⟶60

となる。本数は(51)の場合は1か所の片側が6本なので6×8＝48本となり、(54)の場合は5×4＝20本となる。

次に大梁の溶接を拾う。

138　III．モデル建物の計算・解説

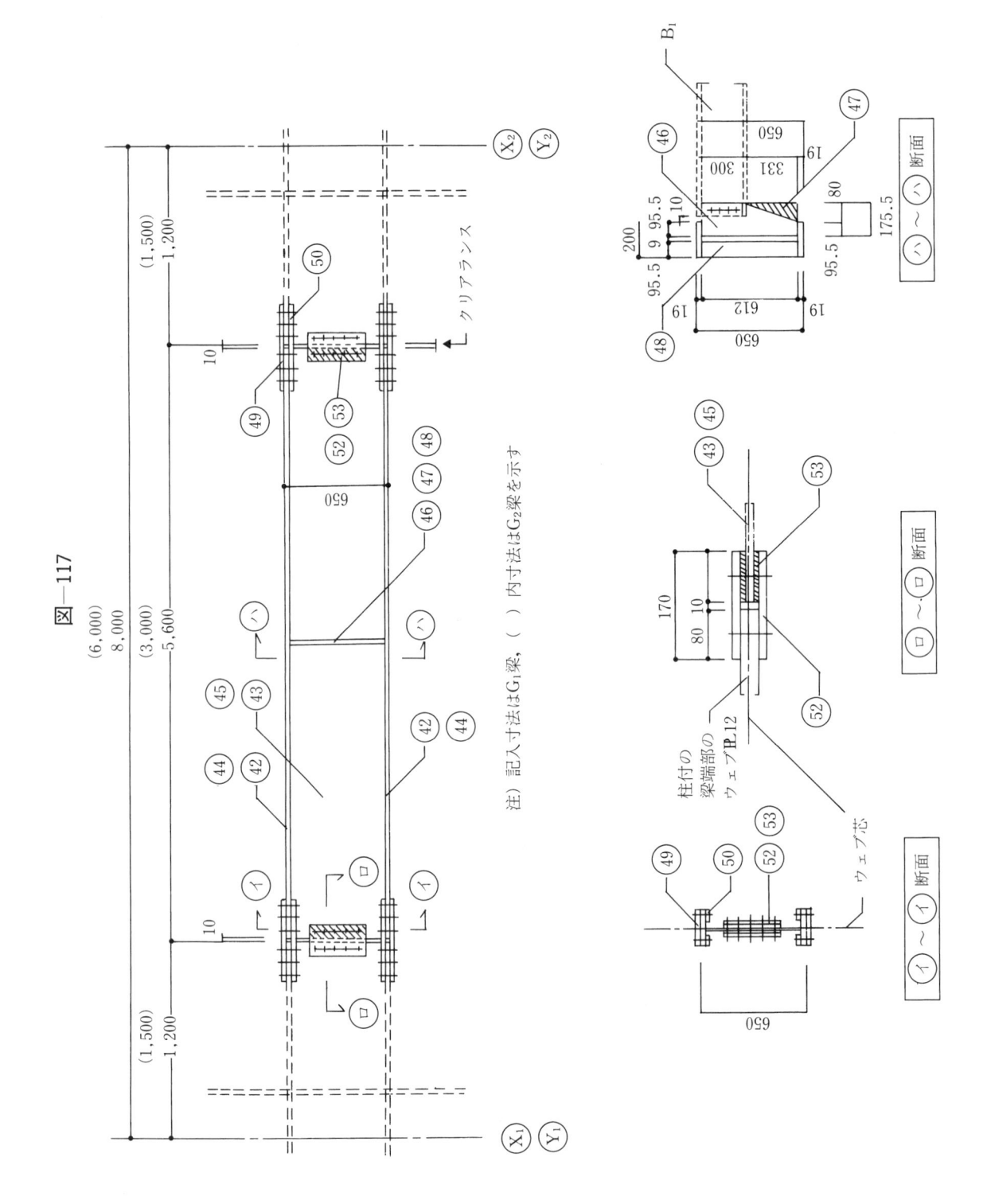

図—117

㊺　G₁　　F×W　　▷9　5.60×2×2台

㊻　G₂　　F×W　　▷9　3.00×2×2

㊼　G₁　　G、Stif　▷9　(0.10×2＋0.61)×2×2

図—118を参照。㊺と㊻は㊸と㊹のウェブプレートとフランジプレートの接する部分の溶接を拾っている。㊼はガセットプレートとスチフナープレートの溶接を拾っている。

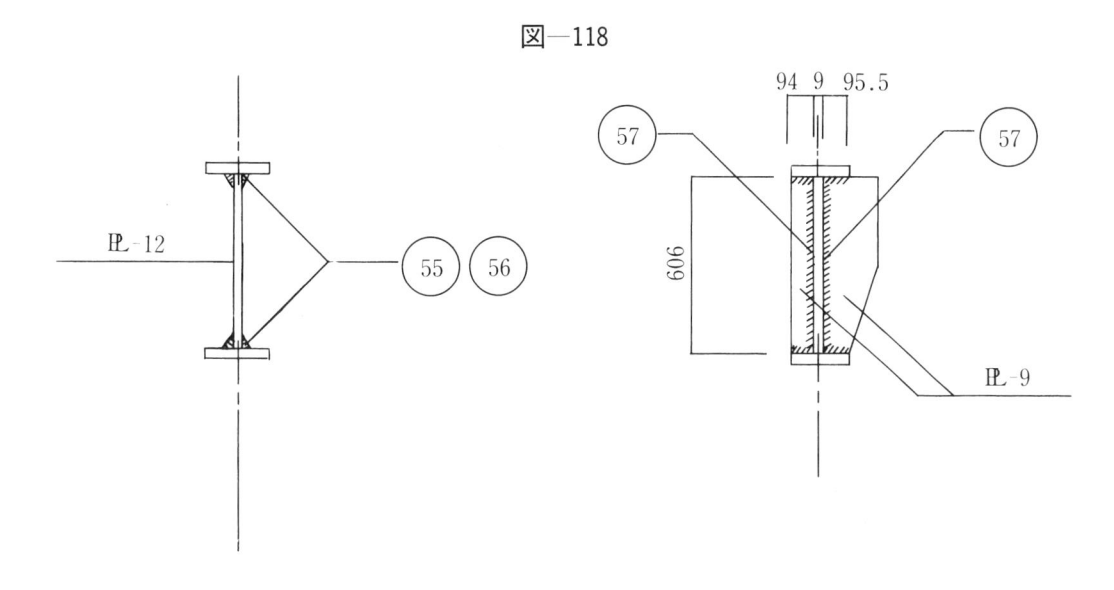

図—118

〔小梁〕

㊽　B₁—1台

㊾　Main　H-300×150×6.5×9　5.80×1×1台

㊿　W　HTB　M20×50

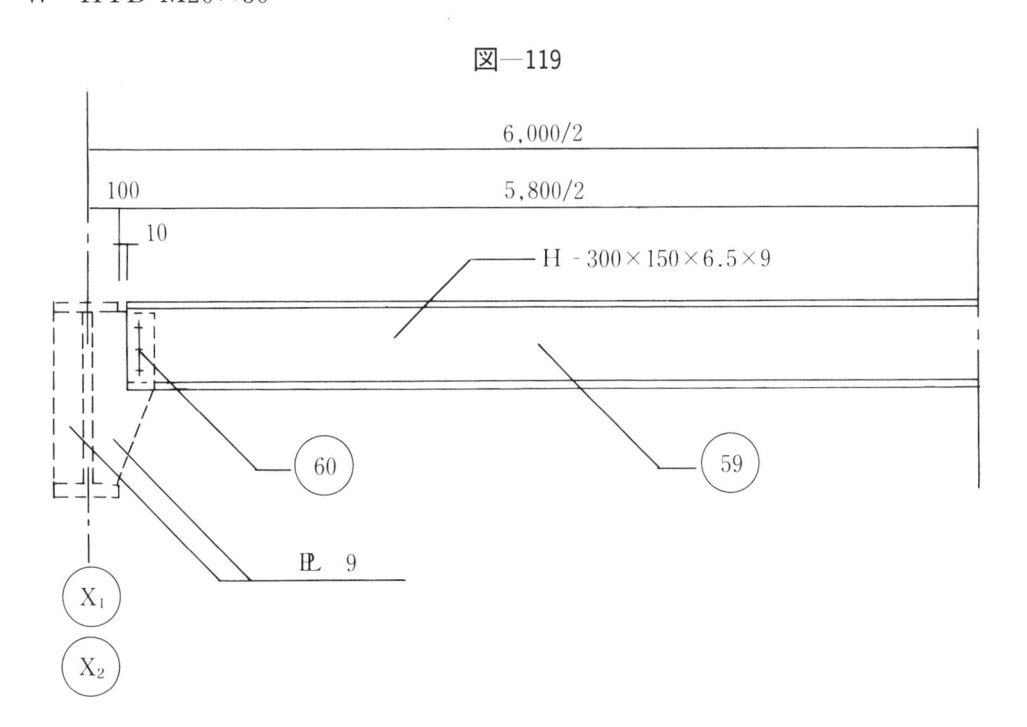

図—119

(59)の Main は主材のことで H-300×150×6.5×９はH形鋼の形状なので、BH（ビルトエッチ）のようにフランジとウェブに分けずにそのまま書く。長さは図―119のように取り付く梁のフランジ幅だけ差し引いた長さとなる。取り付くガセットプレートは大梁で拾っているので、(60)の高力ボルトだけ拾う。首下長さは、板厚９＋6.5＝15.5に径 M20の加える長さ35を加えると、50.5となるので２捨３入、７捨８入により、50とする。

以上で、モデル建物Ａビルについての積算解説を終わる。鉄骨の積算は規模の大小や構造形式によって変わるものではないのでいままでの説明を十分理解の上、今後一層鉄骨の積算にチャレンジしてもらいたい。

4．A・Aビル新築(鉄骨)工事

図　　面

数量積算　[Box柱の積算例及び解説]

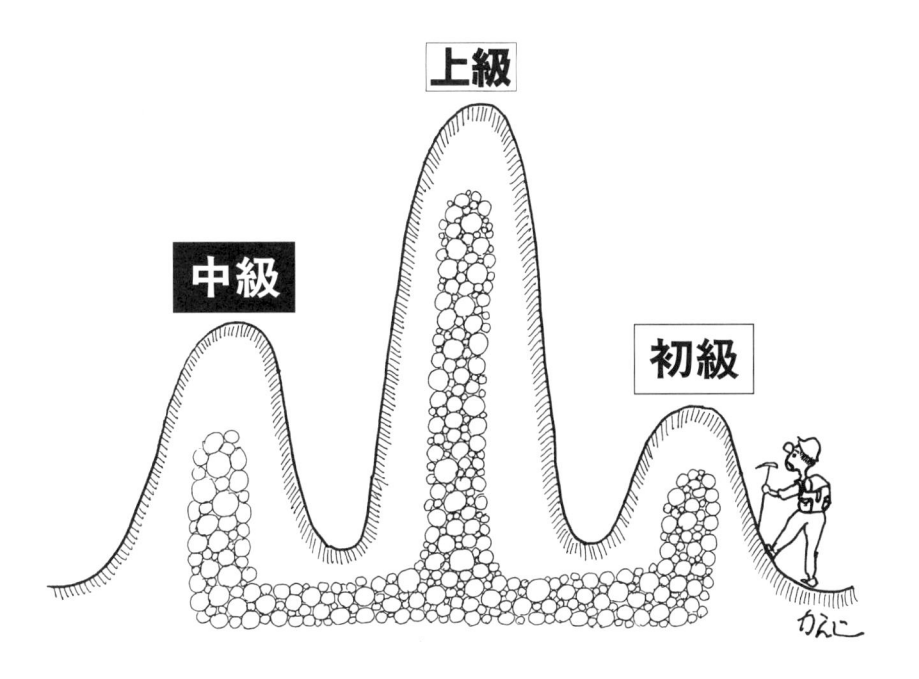

4．A・Aビル新築（鉄骨）工事

A・Aビル 鉄骨積算 〔総集計〕-1/2 造／延 m² （公社）日本建築積算協会23号用紙

材種	STKR490	"		SM490A	"	"	"	"	"	"	H-9		部位別計		SS400		STD
部位	□-400×	□-400×	400×12	H-28	H-25	H-22	H-19	H-16	H-12					AB M20 L=800		16φh=80	
	400×16																	
	kg	kg		kg	kg	kg	kg	kg	kg	kg			kg	本		本	
柱	897	143												1,760	4		32	
大梁				90	153	67	118	188	72	32								
小梁																		
計	897	143		1,040	90	153	67	118	188	72	32		720	1,760	4		32	
割増率	5%	7		52	3% 3	5	2	4	6	2	1		23	75	—		—	
	45																	
所要数量	942	150		1,092	93	158	69	122	194	74	33		743	1,835	4		32	

工事名・

III．モデル建物の計算・解説

材種 部位	A・A ビル 鉄 骨 積 算 〔総集計〕-2/2 （公社）日本建築積算協会23号用紙				
	工場溶接	現場溶接	均しモルタル	超音波探傷 工場 / 現場	
	△6 換算長さ ㎥	〃 〃 ㎥	厚30 500×500 か所 (1)	か所 (54) / 〃 か所 現場	
柱	178.90	―			
大梁					
小梁					
計	178.90	―	(1)	(54) ―	
割増率					
所要数量					

工事名・　　　　　　　　　　　　　　　　　　　　　　　　　　　No.

4．A・Aビル新築（鉄骨）工事

A・Aビル 鉄骨積算 [柱集計] （ ） m²

ページ	材種	STKR490 □-400× 400×16	〃 □-400× 400×12	SM490A H-28	〃 H-25	〃 H-22	〃 H-19	〃 H-16	〃 H-12	〃 H-9	SS400 AB M20L=800	STD 16φh=80	均しモルタル 厚30 500×500	超音波探傷 工場	〃 現場	WELD 換算長さ 工場	〃 現場
	単位	m	m	m²	m²	m²	m²	m²	m²	m²	本	本	か所	か所	か所	m	m
	1	4.77	1.00	0.41	0.78	0.39	0.25				4	32				37.84	—
	2						0.54	1.50	0.76	0.46						141.06	—
	3																	
計 m, m², 本, ヶ所		4.77	1.00	0.41	0.78	0.39	0.79	1.50	0.76	0.46	4	32		(1)	—	178.90	—
単位質量 kg/m kg/m²		188	143	219.8	196.2	172.7	149.2	125.6	94.2	70.65				(54)			
質量 kg		897	143	90	153	67	118	188	72	32				(54)			

計— 1 760 t

工事名：

150　III．モデル建物の計算・解説

鉄 骨 積 算

(公社) 日本建築積算協会13号用紙　(1)

注) 溶接換算長さの○内数字は、超音波探傷のヶ所を示す。

[柱]

	名称	形状・寸法	計	算	か所	STKR490 □-400× 400×16	〃 □-400× 400×12	SN490A H-28	〃 H-25	〃 H-22	〃 H-19	SS400 AB M20L=800(フック付) STD 16φh=80	WELD 長さ m	WELD 換算係数 k	WELD 換算長さ m
		C 1 — 1 台													
①	(シャフト) BASE	H-19	0.50 × 0.50	×1	1						0.25				
②		AB M20 L=800(フック付)		×4	1							4			
③	1F Main	□ 4000+1000-30-19-125-800=4026 400×400×16	4.03	×1	1	4.03									
	柱脚スタッド	STD 6×8=48 16φh=80		×32	1							32			
④	WELD 柱脚	⊥B 16	0.15	×8	1								1.20	HT1 9.84	⑧ 11.81
⑤	柱頭	〃 16	0.40	×4	1								1.60	HT1 〃	⑧ 15.74
⑥															
⑦	2F Main	□ 400×400×12	1.00	×1	1		1.00								
⑧	WELD	⊥B 12	0.40	×4	1								1.60	HT1 6.43	⑧ 10.29
	(2F仕口)														
⑨	DF	H-28 800-28×2=744 400×400×16	0.45	×2	1			0.41							
⑩		□ 400×400×16	0.74	×1	1	0.74									
⑪	GY1 Fy 上下	H-25 1200-200-25=975	0.20	×2×2	1				0.78						
⑫	GX1 Fx 上下	〃 22	0.20	×2	1					0.39					
						4.77	1.00	0.41	0.78	0.39	0.25	4 32	4.40	⑳ 37.84	

No. 1

4．A・Aビル新築（鉄骨）工事

鉄 骨 積 算

	名　称	形　状・寸　法		計			×		か所	SM490A $H-19$	$〃$ $H-16$	$〃$ $H-12$	$H-9$	長さ m	WELD 換算係数 k	換算長さ m
⑬	GX2 Fx 上	H 1200-200-25=975 19	0.20	×	0.98	×	1	1	0.20						
⑭	〃 下	〃 1200-200=1000 19	0.20	×	1.00	×	1	1	0.20						
⑮	GY1 Wy	〃 800-25×2=750, 1200-200=1000 16	0.75	×	1.00	×	1×2	1		1;50					
⑯	GX1 Wx	〃 800-22×2=756 12	0.756	×	1.00	×	1	1			0;76				
⑰	GX2 Wx	〃 500-19×2=462 9	0.462	×	1.00	×	1	1				0;46			
⑱	内DF	〃 19	0.368	×	0.37	×	1	1	0;14						
⑲	WELD Main	＼B 16	0.40			×	8	1					3;20	HT1 9;84	⑯ 31;49
⑳	GY1 Fy	＼C 25	0.20			×	2×2	1					0;80	HB2 19;65	④ 15;72
㉑	GX1 Fx	〃 22	0.20			×	2	1					0;40	16;88	② 6;75
㉒	GX2 Fx 上	〃 19	0.20			×	1	1					0;20	12;33	① 2;47
㉓	GX2 Fx 下	＼B 19	0.20			×	1	1					0;20	HT1 12;81	① 2;56
㉔	GY1 Wy	♯A (0.75+1.00×2)=2.75 16	2.75			×	1×2	1					5;50	F2 8;00	44;00
㉕	GX1 Wx	〃 (0.76+1.00×2)=2.76 12	2.76			×	1	1					2;76	4;50	12;42
㉖	GX2 Wx	〃 (0.46+1.00×2)=2.46 9	2.46			×	1	1					2;46	2;72	6;69
㉗	内DF	＼B 19	0.37			×	4	1					1;48	HT1 12;81	⑧ 18;96
									0;54	1;50	0;76	0;46	17;00		㉒ 141;06

(公社) 日本建築積算協会13号用紙　(2)　№ 2

152　Ⅲ．モデル建物の計算・解説

名　称	形　状・寸　法	鉄　骨　積　算 計 算 か所			超音波探傷 工場	均しモルタル	長さ m	WELD 換算係数 k	換算長さ m
㉘ 工場超音波探傷		⑳	+	㉜	(56)	厚30 500×500			
㉙ 均しモルタル	厚30×500×500			(1)		(1)			
					(56)	(1)			

No. 3
（公社）日本建築積算協会13号用紙（3）

A・Aビルの積算解説

C1－1台

ここではC1（BOX）柱、1台を計測・計算する。従って、か所数はすべて1となるので、以下の計算式では省略する。

なお、柱はシャフト（幹）部分と仕口部分に分けて計測・計算する。

（シャフト部分）

① BASE（ベースプレート）　PL－19　0.50×0.50×1

プレートの厚さは19mmで大きさ（幅）は500mm×500mmが1枚であることを表している。以下、プレートの説明は省略する。

② AB（アンカーボルト）　M20　L＝800（フック付）×4

ボルトの軸径がM20mm、有効長さが800mmで先端にフックが付いているステッキ形アンカーボルト4本を拾っている。アンカーボルトは一般に本数で計上する場合が多いが、もし、質量が必要な場合は本書の鉄骨積算の資料の中に、ステッキ形アンカーボルトM20　L＝800（フック付）の単位質量は2.873kg/本と記載されているので軸の長さを変更すれば簡単に算出できる。（参考）

③ MAIN（主材）　□－400×400×16　4.03×1

1階柱のシャフト（幹）部分を拾っている。主材は□－400×400×16（辺の長さが400mmで厚さは16mmの角形鋼管）で長さはベースプレートの上から2階仕口の下までの長さで、計算式は下記のようになる。

主材長さ＝（4.000＋1.000）－（30＋19＋125＋800）＝4.026→4.03と小数点以下3位を四捨五入して2位まで計上している。

計算式の内訳は設計図に記入されている長さ（4.000＋1.000）から均しモルタル厚30mm＋ベースプレート厚19mm＋2階床レベルから梁上端までの高さ125mm＋最大の梁成800mmを差し引いた長さになっている。

④ 柱脚　スタット　SDT16φ　h＝80×32

柱脚に取り付けるスタットボルトを拾っている。スタットボルトは鉄骨とコンクリートの付着を大きくするために取り付ける。この柱に取り付けるスタットボルトの径は16φで長さは80mm、本数は8/1面×4面＝32本付いている。

スタットボルトは本書の例のように柱脚に取り付ける場合と、梁上に取り付ける場合があ

154　Ⅲ．モデル建物の計算・解説

るが、柱脚に取り付ける場合は一般に工場で取り付け、梁上に取り付ける場合は現場で取り付けるので、形状やサイズが同じでも区分し、本数で計上する。

次は1階柱のシャフト（幹）部分の溶接の拾いについて説明する。

⑤　WELD（溶接）1階柱の脚部　∠^{B}16　0.15×8＝1.20

主材とベースプレートの接着部分の溶接を拾っている。溶接は完全溶込みのT形継手で長さは、主材の辺の長さ（幅）400mmからアンカーボルトを設置するために切り欠いた幅100mmを差し引いた長さ（400－100）/2＝150を8か所、拾っている。また、同じ形状の溶接は合算できるので0.15×8＝1.20となっている。なお、溶接の長さはすべてスミ肉溶接脚長6mmに換算した長さで計上することになっているので、鉄骨積算の資料（溶接延長換算表）の中のHT1からt＝16、K＝9.84を読み取り、下記のように計算する。溶接記号∠^{B}16は溶接仕様図のBタイプを示す。以下説明は省略する。

計算式は、1.20×9.84＝110.81（換算長さ）となる。

また、溶接の完全溶込み部分は超音波探傷検査を実施することになっているので、ここでか所数を計算、計上する。この計算用紙の上部に、注）溶接換算長さの○内数字は、超音波探傷のヶ所を示すと記入されているので、この柱脚部の超音波探傷のか所数を計上すると⑧となる。

なお、溶接や超音波探傷検査の積算方法は本書に詳しく記載しているが、溶接線の長さ300mm以下を1か所として計算しているので、参照されたい。

⑥　WELD（溶接）1階柱の上部　∠^{B}16　0.40×4＝1.60

主材と外ダイヤフラム（通しダイヤフラム）の接着部分の溶接を拾っている。

拾い方は⑤と同じであるが、ここは、アンカーボルトを設置するための幅100mmの切り欠きはないため、0.40×4＝1.60となっている。

換算長さの計算式は、1.60×9.84＝15.74となり、超音波探傷のか所数は⑧となっている。

⑦　MAIN（主材）　□－400×400×12　1.00×1

2階のシャフト（幹）部分を拾っている。主材は□－400×400×12（辺の長さが400mmで厚さは12mmの角形鋼管）で長さは仕口（外ダイヤフラム）の上から継手までの長さで、1,000mmとなっている。本例は2階柱の継手部分までの長さを拾っているが、主材の外形は同じでも厚みが違っているので注意すること。

次は2階柱のシャフト（幹）部分の溶接の拾いについて説明する。

⑧　WELD（溶接）2階柱の脚部　∠^{B}12　0.40×4＝1.60

⑦の溶接を拾っている。計算式その他は、⑥と同じである。

（2階仕口）

次に2階仕口部分の拾い方を説明する。仕口部分はシャフト部分と違い梁の端部などが集中するため相当複雑である。鉄骨の積算は拾い順を決めて、脱漏を防止する。

仕口部分の拾い順は、外ダイヤフラム（通しダイヤフラム）→シャフト（幹）部分（下階のシャフト部分と上階のシャフト部分を連結する重要な部材）→梁の端部（ブラケット）を方向別（X、Y方向など）の順に拾う。また、梁は記号ごとに、BH材の場合は上下のフランジ、次にウェブの順に拾う。溶接は本書の例のように、鋼材を拾った後に拾うのが一般的であるが、各部材を拾った後に拾う方法もある。

⑨　DF（外ダイヤフラム）　PL－28　0.45×0.45×2

　外ダイヤフラムを拾っている。プレートの厚さは28mmで大きさは450mm×450mmを上下2枚拾っている。柱の主材は400mmになっているが、溶接をするので周囲に25mmの余巾を出している。鉄骨の製作は、溶接接合で行われており、溶接の接合部分は通常25mmの余巾を出している。しかし、特記のある場合は特記による。

　また、外ダイヤフラムの材質は、通常SN490Cを使用している。

⑩　MAIN（主材）　□－400×400×16　0.74×1

　上下外ダイヤフラム間の長さを拾っている。最大の梁成800mmから上下外ダイヤフラム厚28mm、2枚を差し引いた長さになっている。

　計算式は、800－28×2＝744→0.74と小数点以下3位を四捨五入して2位まで計上している。なお、設計図書などに記入がない場合でも、仕口内の部材は上下柱の大きい部材（形状、厚さなど）になるので注意をすること。

⑪　GY1（Y方向の大梁）、Fy上下はY方向大梁の上下のフランジのこと。

　　Fy上下　PL－25　0.20×0.98×2×2

　梁のフランジ厚は25mm、幅200mm、長さは、柱の中心から梁の端部までの長さが1,200なので、外ダイヤフラムの幅の半分（200＋25）を差し引いた長さが975mmとなるので小数点以下3位を四捨五入して980mmと計上している。枚数は梁が柱の両側に付いているので2×2として計上している。

⑫　GX1（X方向の大梁）、Fx上下はX方向大梁の上下のフランジのこと。

　　Fx上下　PL－22　0.20×0.98×2×1

　梁のフランジ厚は22mm、幅200mm、長さは⑪と同じで980mmとなっている。

　ただし、枚数は梁が柱の片側に付いているので2×1として計上している。

⑬　GX2（X方向の大梁）、Fx上はX方向大梁の上のフランジのこと。

　　Fx上　PL－19　0.20×0.98×1×1

　梁のフランジ厚は19mm、幅200mm、長さは⑪と同じで980mmとなっている。枚数は梁が柱の片側の上面に付いているので1×1として計上している。

⑭　GX2（X方向の大梁）、Fx下はX方向大梁の下のフランジのこと。

　　Fx下　PL－19　0.20×1.00×1×1

　梁のフランジ厚は19mm、幅200mmになっているが、この梁は成が500mmなので上のフ

ランジはGX1のフランジと同じ長さとなっているが、下のフランジは直接、柱面に付いているため、長さは1,200mmから柱の半分200mmを差し引いた長さ1,000mmとなっている。枚数は⑬と同じく梁が柱の片側の下面に付いているので1×1として計上している。

次に梁端部のウェブを拾う。拾い順はフランジに倣う。

⑮ GY1（Y方向の大梁）、WyはY方向大梁のウェブのこと。

　　PL−16　0.75×1.00×1×2

ウェブの板厚は16mmで幅（高さ）は800mmからフランジ板厚25mm、2枚を差し引いた750mmとなっている。長さは⑭の柱のフランジと同じで、柱の半分200mmを差し引いた長さ1,000mmとなっている。枚数は⑫と同じで2枚となっている。

⑯ GX1（X方向の大梁）、WxはX方向大梁のウェブのこと。

　　PL−12　0.756×1.00×1×1

ウェブの板厚は12mmで幅（高さ）は800mmからフランジ板厚22mm、2枚を差し引いた756mmとなっている。長さは⑭の柱のフランジと同じで、柱の半分200mmを差し引いた長さ1,000mmとなっている。枚数は⑬と同じで1枚となっている。

⑰ GX2（X方向の大梁）、WxはX方向大梁のウェブのこと。

　　PL−9　0.462×1.00×1×1

ウェブの板厚は9mmで幅（高さ）は500mmからフランジ板厚19mm、2枚を差し引いた462mmとなっている。長さは⑭の柱のフランジと同じで、柱の半分200mmを差し引いた長さ1,000mmとなっている。枚数は⑬と同じで1枚となっている。

⑱ GX2内DF（内ダイヤフラム）　PL−19　0.368×0.37×1

この内ダイヤフラムは、GX2梁の下フランジが⑩MAIN（主材）□−400×400×16の側面に取り付けられるので主材の内部を補強するために挿入している。板厚は19mmで大きさはBOXの内法400mmから16mm×2枚を差し引いた長さ（幅）で368mmとなっている。板厚や材質は一般に取り付けるフランジと同厚、同材質となっているが、設計図によっては、板厚を1サイズアップとする場合もあるので注意すること。なお、サイズアップについては巻末の「鉄骨積算用語の解説」に掲載してあるので見て頂きたい。

次に仕口部分の溶接の拾い方を説明する。溶接記号は⑤で説明した通りである。

シャフト部分の溶接は、主材が直にベースプレートやダイヤフラムに接着するか所なので理解し易いが、仕口回りは鋼材の拾い方でも分かるように、梁の端部などが集合し、複雑な形状となる場合が多い。しかし、鋼材の拾い方のように順序よく拾えば、容易に拾えると思う。なお、溶接は鋼材の計算式や数字をみて拾う。特別の場合を除き、溶接を拾うために計算はしない。また、溶接はすべて長さで計上するので、鋼板の端辺方向の数字が3位の場合でも、すべて小数点以下3位を四捨五入して2位までとする。

⑲ WELD（溶接）　　∠ᴮ16　0.40×8＝3.20

⑩の柱主材　□－400×400×16と上下の外ダイヤフラムの接着部分の溶接を拾っている。主材の1面が400mmで上下8か所あり、HT1の換算係数はt＝16、K＝9.84となり、換算長さはL＝3.20×9.84＝31.49mとなる。また、溶接の超音波探傷検査は16か所となっている。

⑳　WELD（溶接）　$\bigvee^C25$　0.20×2×2＝0.80

⑪GY1（Y方向の大梁）、Y方向大梁の上下のフランジと外ダイヤフラムの接着部分の溶接を拾っている。この溶接は、溶接仕様図に記載されているCタイプで、完全溶込み溶接、突合せ継手（裏はつり）が使用されている。換算記号はHB2で、換算係数はt＝25、K＝19.65となり、換算長さはL＝0.80×19.65＝15.72mとなる。また、溶接の超音波探傷検査はフランジ幅が200mmなので4か所となっている。

㉑　WELD（溶接）　$\bigvee^C22$　0.20×2＝0.40

⑫GX1（X方向の大梁）、X方向大梁の上下のフランジと外ダイヤフラムの接着部分の溶接を拾っている。この溶接は、フランジの板厚が22mmになっている他は、上記の⑳と同じなので説明は省略する。

㉒　WELD（溶接）　$\bigvee^C19$　0.20×1＝0.20

⑬GX2（X方向の大梁）、X方向大梁の上のフランジと外ダイヤフラムの接着部分の溶接を拾っている。この溶接は、フランジの板厚が19mmになっている他は、上記の⑳と同じなので説明は省略する。

㉓　WELD（溶接）　$\angle^B19$　0.20×1＝0.20

⑭GX2（X方向の大梁）で、X方向大梁の下のフランジと⑩MAIN（主材　□－400×400×16）の側面が接着している部分の溶接で、HT1の換算係数はt＝19、K＝12.81となり、換算長さはL＝0.20×12.81＝2.56mとなる。また、超音波探傷検査は1か所となっている。

次にウェブプレートの溶接の拾いを説明する。ウェブプレートの溶接は、一般に両面すみ肉溶接となっている。初心者の中には両面すみ肉溶接と片面すみ肉溶接の区別も出来ない人も多いが、溶接については本書の中で詳しく解説しているので、納得できるまで勉強して欲しい。

なお、すみ肉溶接を換算する場合は、接着する薄い方の板厚の換算係数となるので注意すること。また、今回のウェブプレートの溶接拾いは、㉔のように両面すみ肉溶接をコの字形で拾っているが、設計図には、タテ（柱付面―せん断面）とヨコ（梁フランジ面）に接着するすみ肉溶接の脚長が異なる場合があるので、注意すること。

㉔　WELD（溶接）　⊿16　2.75×1×2

⑮GY1（Y方向の大梁ウェブ）のウェブ（PL－16　0.75×1.00×1×2）の溶接を拾っている。内訳は、板厚16mm、高さ750mm、長さ1,000mmのウェブの両面すみ肉溶接を拾

っている。

計算式は、(0.75+1.00×2)×1＝2.75で、両面すみ肉溶接をコの字形で拾っている。板厚16mm、F2の換算係数はｔ＝16、Ｋ＝8.00で、換算長さは2.75×2×8.00＝44.00となる。

㉕　WELD（溶接）　⊿12　2.76×1×1

⑯GX1（X方向の大梁ウェブ）のウェブ（H－12　0.76×1.00×1）の溶接を拾っている。内訳は、板厚12mm、高さ756→760mm、長さ1.000mmのウェブの両面すみ肉溶接を拾っている。

計算式は、(0.76+1.00×2)×1＝2.76で、両面すみ肉溶接をコの字形で拾っている。板厚12mm、F2の換算係数はｔ＝12、Ｋ＝4.50で、換算長さは2.76×1×4.50＝12.42となる。

㉖　WELD（溶接）　⊿9　2.46×1×1

⑰GX2（X方向の大梁ウェブ）のウェブ（H－9　0.46×1.00×1）の溶接を拾っている。内訳は、板厚9mm、高さ462→460mm、長さ1.000mmのウェブの両面すみ肉溶接を拾っている。

計算式は、(0.46+1.00×2)×1＝2.46で、両面すみ肉溶接をコの字形で拾っている。板厚9mm、F2の換算係数はｔ＝9、Ｋ＝2.72で、換算長さは2.46×1×2.72＝6.69となる。

㉗　WELD（内DFの溶接）　∠ᴮ19　0.37×4＝1.68

㉗は⑱GX2の下フランジが取り付けられるので、柱内を補強するために挿入した内DF（内ダイヤフラム）の溶接を拾っている。

内ダイヤフラムは、厚さ19mmで、長さ（幅）は柱が□－400×400×16なので、400－16×2＝368→0.37となっている。溶接は㉓と同じでHT1の換算係数はｔ＝19、Ｋ＝12.81となり、換算長さはＬ＝1.68×12.81＝18.96mとなっている。また、超音波探傷検査は8か所となっている。

㉘　工場超音波探傷　㉔＋㉜＝(56)

㉘は前2枚のページ集計に記載している工場超音波探傷数の合計を計上している。

㉙　均しモルタル　厚30　500×500×1

均しモルタルの厚さは30mmで大きさはベースプレート大きさ（寸法）で、か所数を計上している。なお、均しモルタルは、厚さ別に合算した面積（m²）で計上することもあるので注意すること。

以上でＡ・Ａビルの計算式についての解説を終わるが、今回は、設計図にも計算式と同じ番号を付けたので、計算式を理解するのに役立てて欲しい。なお、鉄骨の積算は規模の大小にあまり関係ないので、簡単な（理解し易い）例題を徹底的に勉強し、「鉄骨の積算は得意である」と自他共に認められる技術者になって頂きたい。

5．Ｂビル新築(鉄骨)工事

図　面

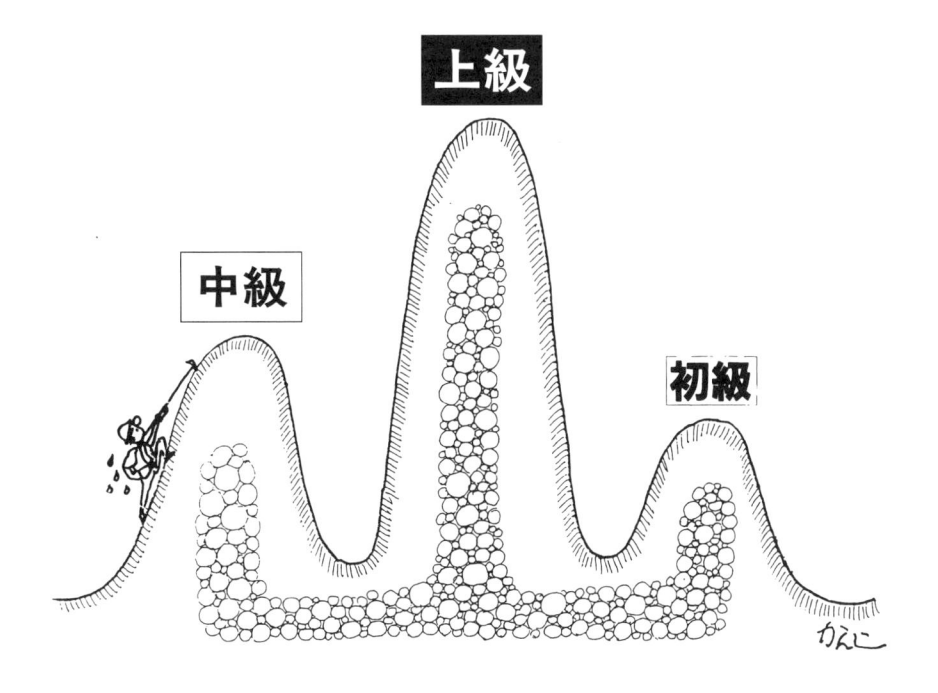

数量積算書実施例

5．Bビル新築（鉄骨）工事　171

No. B-2

名　称	内　容	数量	単位	単価	金額	備考
Bビル鉄骨工事						
鋼　材	内訳は別紙の通り	1	式			
副　資　材		1	〃		―	
工場加工組立		57.9	t			
工場溶接	6 m/m換算	5,230	m			
運　搬		57.9	t			
建　方		57.9	〃			
現場組立本締		57.9	〃			
スタッドボルト	19φ×90	228	本			
試　験　費	超音波探傷 30%　188ヶ所	1	式			
アンカーボルト取付	M24　ℓ=1,000	52	本			
ベース下均しモルタル	㋐30×550×650	6	個所			材工 NET
〃	〃×550×550	2	〃			
〃	〃×500×650	4	〃			

（公社）日本建築積算協会3号用紙

172　Ⅲ．モデル建物の計算・解説

名　　　称	内　　　容	数　量	単　位	単　価	金　額	備　考
鉄　骨　足　場		1	式		—	
機　械　器　具		1	〃		—	
諸　　経　　費		1	式		—	
計						

(公社) 日本建築積算協会 3 号用紙 (　　　)

No. B － 3

5．Bビル新築（鉄骨）工事　173

(公社) 日本建築積算協会 3号用紙

名　称	内　　　容	数　量	単位	単価	金額	備考
[鋼材内訳]						(割増を含む)
H 形 鋼	S S 400 H－350×175×7×11	2.16	t			1.05
	〃 300×150×6.5×9	2.01	〃			〃
	〃 200×100×5.5×8	0.19	〃			〃
平 鋼	S S 400 F B 65×6	0.43	t			1.05
鋼 板	⑫－22　S M490A	1.44	t			1.03 (切板)
	〃　19	2.83	〃			〃
	〃　16	10.94	〃			〃
	〃　12	3.92	〃			〃
	L－25　S S 400	0.69	t			1.03 (切板)
	〃　19	1.77	〃			〃
	〃　16	5.22	〃			〃

№ B－4

174　Ⅲ．モデル建物の計算・解説

（公社）日本建築積算協会 3号用紙（　　）

名称	内容	数量	単位	単価	金額	備考
鋼板	H-14 SS400	0.78	t			1.03（切板）
	12 〃	10.37	〃			〃
	9 〃	11.47	〃			〃
	6 〃	5.41	〃			〃
	4.5 〃	0.03	〃			〃
	3.2 〃	0.09	〃			〃
	1.6 〃	0.03	〃			〃
アンカーボルト	M24　(52本) ℓ=1,000	0.264	t			NET
高力ボルト	M22　S10T（2,905本）	1.56	t			1.04
	M20　〃　（1,856本）	0.65	〃			〃
	M16　〃　（25本）	0.005	〃			〃
鋼材計						

No. B-5

5. Bビル新築（鉄骨）工事

Bビル 鉄骨集計表 〔総集計〕—1/3　　造 / 延　　　m²

	SS400	〃	〃	SS400	SM490A	〃	〃	〃	SS400	〃	〃	〃	〃
	H-350×175 ×7×11	H-300×150 ×6.5×9	H-200×100 ×5.5×8	FB 65×6	ⓟ-22	ⓟ-19	ⓟ-16	ⓟ-12	H-25	H-19	H-16	H-14	H-12
	kg	kg	kg	kg	kg	kg	kg	kg	kg	kg	kg	kg	kg
柱	2,053												3,433
大梁		1,916			1,399	2,744	10,619	3,808	669	1,719	5,064	754	6,638
小梁			181	411									
計　kg	2,053	1,916	181	411	1,399	2,744	10,619	3,808	669	1,719	5,064	754	10,071
割増率 % kg	5% 103	5% 96	5% 9	5% 21	3% 42	3% 82	3% 319	3% 114	3% 20	52	152	23	302
所要数量 kg	2,156	2,012	190	432	1,441	2,826	10,938	3,922	689	1,771	5,216	777	10,373

ベース下均しモルタル　㋐30×550×650—6か所
〃　×550×550—2〃
〃　×500×650—4〃

超音波探傷　602＋24＝626×30％＝188か所

工事名：　　　　　　　　　　　　　　　　　　　　　No. B－6

176　III．モデル建物の計算・解説

Bビル 鉄 骨 集 計 表 〔総集計〕－2/3　〔造／延　　　m²〕（公社）日本建築積算協会23号用紙

	SS400	〃	〃	〃	〃				SS400	STD	
	L-9	L-6	L-4.5	L-3.2	L-1.6		部位別計		A, B M24 ℓ=1.000	19φ×90	
	kg	kg					kg		本	本	
柱	6,955	2,370					(33,162)		52	228	
大梁	4,110	2,707	32	84	31		(20,385)				
小梁	69	175					(4,394)				
計　　kg．本	11,134	5,252	32	84	31		(57,941)		52	228	
割増率kg・本	3% 334	158	1	3	1		(1,832)		―	4% 9	
所要数量kg．本	11,468	5,410	33	87	32		(59,773)		52	237	
								単重kg/本	5.08		
								重量 kg	264		

工事名・　　　　　　　　　　　　　　　　　　　　　　　　　No. B－7

Bビル 鉄 骨 集 計 表 [総集計]―3/3 [造 / 延 ( ) m²]

	S10T HTB M22×80	〃 M22×75	〃 M22×65	〃 M22×60		S10T HTB M20×60	〃 HTB M20×55	〃 HTB M20×50		S10T HTB M16×45		HTB計		溶接 Δ6	m/t
	本	本	本	本		本	本	本		本				m 換算長さ	
柱		456										(648)		4,174.65	(125.81)
大梁	1,040	816	288	192		224	192	696		24		(3,520)		1,052.09	(51.73)
小梁						192	216					(432)		3.50	(0.80)
計　本・m	1,040	1,272	288	192	(2,792)	416	264	1,104	(1,784)	24	(24)	(4,600)		5,230.24	(90.29)
割増率　本	4% 42	51	12	8	(113)	4% 17	11	44	(72)	4% 1	(1)	(186)		←ボルト重量を除く	
所要数量　本	1,082	1,323	300	200	(2,905)	433	275	1,148	(1,256)	25	(25)	(4,786)			
単位質量　kg/本	0.553	0.538	0.508	0.493		0.367	0.354	0.341		0.199					
質量　kg	575	684	146	95	(1,500)	153	93	376	(622)	5	(5)				
割増率　kg	23	27	6	4	(60)	6	4	15	(25)	—					
所要数量　kg	598	711	152	99	(1,560)	159	97	391	(647)	5	(5)				

工事名：　　　　　　　　　　　　　　　　　　　　　　　　　　　　　　　　　　No. B－8

178　III．モデル建物の計算・解説

柱 鉄 骨 集 計 表

	SM490A	〃	〃	〃	〃	SS400	〃	〃	〃	〃			ABM24 ℓ=1,000	STD 19φ×90	S10T HTB M22×75	〃 M20×50	WELD 換算長さ
	㉺-22	㉺-19	㉺-16	㉺-12	ℓ-25	ℓ-14	ℓ-12	ℓ-9	ℓ-6	FB65×6							
	m²	m²	m²	m²	m²	〃	m²	m²	m²	m	本	本	本	本	m
第1節 柱	8.10	10.29	41.59	40.42	3.41	3.90	21.69	56.14	50.31	59.96	52	228			1,986.65
第2節 柱		8.10	42.96	40.42	3.41	2.96	14.75	42.30	50.31	74.48			456	192	2,188.00
柱計 m,m²,本	8.10	18.39	84.55	40.42	3.41	6.86	36.44	98.44	50.31	134.44	52	228	456	192	4,174.65
単位質量 kg/m²	172.7	149.2	125.6	94.20	196.2	109.9	94.20	70.65	47.10	3.06					
質量 kg	1,399	2,744	10,619	3,808	669	754	3,433	6,955	2,370	411					

(柱計：33,162) t

ベース下均しモルタル ㋺30×550×650 – 6か所
〃 〃×550×550 – 2 〃
〃 〃×500×650 – 4 〃

(超音波探傷) 48+110+68+80+184+112=602か所

工事名・

No. B-9

第1節 柱 鉄骨 集計表

	SM490A	〃	〃	〃	SS400	〃	〃	〃	〃	〃	〃	〃	STD 19φ×90	S10T HTB M22×75	〃 M20×50	WELD
	Ⓟ-22	Ⓟ-19	Ⓟ-16	Ⓟ-12	Ⓟ-25	Ⓟ-14	Ⓟ-12	Ⓟ-9	Ⓟ-6	FB65×6	AB M24 ℓ=1,000					換算長さ
C-1		6.67	1.60		0.52		7.60	0.94		6.72	8	48			287.21
2	1.92	2.74				1.11	4.63	0.92		3.36						54.56
3																212.92
4			18.61		1.79			29.11		20.64	24	108				380.80
5	2.13		5.00			1.11	2.91	4.70		7.76						117.07
6	1.92	0.88	0.73			0.57	3.74			1.60						258.81
7																133.58
8			12.41		1.10	1.11	2.81	18.37		13.60	20	72				252.77
9	2.13		3.24					2.10		6.28						77.51
10																211.42
第1節柱計	8.10	10.29	41.59		3.41	3.90	21.69	56.14		59.96	52	228				1,986.65

工事名：

No. B-10

（公社）日本建築積算協会23号用紙

第 2 節 柱 鉄 骨 集 計 表

	SM490A	〃	〃	〃	〃	SS400	〃	〃	〃	〃	〃	〃	〃	〃	S10T	〃	WELD
	Ⓟ-22	Ⓟ-19	Ⓟ-16	Ⓟ-12	L-25	L-14	L-12	L-9	L-6	FB65×6	AB M24	STD 19φ×90	HTB M22×75	M20×50	換算長さ
C-11			7.68					3.53	5.39	8.40	ℓ=1,000				135.29
12		1.92	2.21	1.60			2.14	2.16	1.89	1.68					68.92
13			5.05			0.52	1.05	4.32		1.68					171.45
14				1.41			0.52		0.32	1.68			96	32	149.86
15			6.84	10.44				10.24	15.85	22.80					335.89
16		2.13	4.88	3.60			1.69	4.32	5.47	4.56					70.90
17		1.92	1.56			0.96	3.21	0.85		3.04					252.63
18			2.13	4.91		0.52	0.49	1.70	4.38	1.52					128.62
19			2.80	0.68			0.99	4.11		3.04					163.55
20				3.17		0.96	1.03		0.98	1.52			216	96	99.01
21			4.56	6.96				6.45	9.99	15.32					117.71
22				2.40					3.44	3.08					152.02
23		2.13	3.12	3.13			2.64	1.93		3.08					204.67
24			2.13	3.13			0.99	2.69	1.96	3.08			144	64	78.38
25				2.12					0.64						59.10
第2節柱計	―	8.10	42.96	40.42	―	2.96	14.75	42.30	50.31	74.48			456	192	2,188.00

工事名・ No. B-11

5. Bビル新築（鉄骨）工事

鉄骨積算

(公社) 日本建築積算協会13号用紙 (C-1)

名称			形状・寸法	計	算	か所	SM490A ⑫-19	〃 ⑫-16	SS400 ℓ-25	〃 ℓ-12	〃 ℓ-9	〃 FB65×6	〃 AB.M24 ℓ=1,000 STD 19φ×90	長さ m	WELD 換算係数 k	換算長さ m
第1節柱			C₁-2台													
シャフト	BASE		ℓ 25	0.55	✕ 0.55 ✻ 1	2			0.61							
〃	〃		〃 ▲ ¹⁵⁰△¹⁵⁰	0.15	✕ 0.15 ✻ ½×4	2			▲ 0.09							
	AB		M24 ℓ=1,000		4	2							8			
1F	F	x y	⑫ 19 5,000-30-25- 125-650=4,170	0.20	✕ 4.17 ✻ 4	2	6.67									
	W	y	ℓ 500-19×2=462 12	0.462	✕ 4.17 ✻ 1	2				3.85						
		x	〃 250-19-6=225	0.225	✕ 4.17 ✻ 2	2				3.75						
	BAND		FB 65×6 ¹⁵⁰△²¹²△¹⁵⁰	0.21	✕ 16	2						6.72				
	スタッド		STD 19φ×90		24	2							48			
WELD	F	x y	⌐ᴮ 19	0.20	✕ 8	2								3.20	HT 12.81	40.99
	W	y	⊹ 12	(0.46+4.17)	✕ 2	2								18.52	4.50	83.34
		x	〃	(0.23+4.17)	✕ 2×2	2								35.30	〃	158.40
	BAND		△ 6	0.07	✕ 2 ✕ 16	2								4.48	✻ 1.0	4.48
2F	F	x y	⑫ 16	0.20	✕ 1.00 ✻ 4	2		1.60					8			
	W	y	ℓ 9 500-16×2=468	0.468	✕ 1.00 ✻ 1	2			0.52		0.94		48			
							6.67	1.60		7.60	0.94	6.72				287.21

№ B-12

182　III．モデル建物の計算・解説

鉄　骨　積　算

名称	形状・寸法	計	算	か所	SM490A ㉅-22	〃 ㉅-19	SS400 L-14	〃 L-12	〃 L-9	〃 FB65×6	長さ m	WELD 換算係数 k	換算長さ m
W x	L 250-16-4.5=229.5 / 9	0.23 × 1.00	×2	2									
BAND	FB 65×6	0.21	×4	2						1.68			
WELD F x/y	L^B 16	0.20	×4	2							1.60	HT 9.84	15.74
W y	⊥ 9	(0.47+1.00×2)	×1	2					0.92		4.94	2.72	13.44
x	〃	(0.23+1.00×2)	×2	2							8.92	〃	24.26
BAND	△ 6	0.07 × 2	×4	2							1.12	＊ 1.0	1.12
2F仕口													
G₁,G₁,A F y 上	㉅ 22	0.20 × 2.40	×2	2	1.92								
G₂ x 上	〃	0.20 × 1.10	2×2	2		1.76							
W y	L 12	650-22×2=606 / 1,200-250=950	0.606 × 0.95	×2	2				2.30				
x	〃	650-19×2=612	0.612 × 0.95	×2	2				2.33				
V.stt x/y	㉅ 19	0.20 × 0.61	×4	2		0.98							
P y	L 14	500-19×2	0.462 × 0.61	×1	2			0.56					
x	〃	250-19-7=224	0.224 × 0.61	×2	2			0.55					
BAND	FB 65×6	0.21	×4							1.68			
					1.92	2.74	1.11	4.63	0.92	3.36			54.56

（公社）日本建築積算協会13号用紙（C-2）　No. B-13

5. Bビル新築（鉄骨）工事

鉄骨積算

名称	形状・寸法	計算	か所	超音波探傷	均しモルタル	WELD 長さ (m)	WELD 換算係数 k	換算長さ (m)
WELD G²F x	∨C 19	0.20 × 2 × 2	2		⑦30 550×550	1.60	H B 2 12.33	19.73
W y	↓ 12	(0.61+0.95×2) × 2 × 2	2			10.04	4.50	45.18
x	〃	(0.61+0.95×2) × 2 × 2	2			10.04	〃	45.18
V.stt	∠B 19	0.20 × 2 × 4	2			3.20	H T 1 12.81	40.99
P y	↓ 14	(0.46+0.61) × 2 × 2	2			4.28	5.56	23.80
x	〃	(0.22+0.61) × 2×2 × 2	2			6.64	〃	36.92
BAND	△ 6	0.07 × 2 × 4	2			1.12	* 1.0	1.12
超音波探傷			(48)	(48)				
均しモルタル	⑦30×550×550		(2)		(2)			
				(48)	(2)			212.92

No. B-14

184　Ⅲ．モデル建物の計算・解説

(公社) 日本建築積算協会13号用紙 (C-4)

鉄　骨　積　算

名称		形状・寸法	計	算	か所	SM490A ⑫-16	SS400 L-25	〃 L-9	〃 FB65×6	SS400 A,B M24	STD 19φ×90	長さ m	WELD 換算係数 k	換算長さ m
シャフト BASE		₁C₂-4台, C₂A-2台								ℓ=1,000				
〃	PL	25	0.55 * 0.65 * 1		6		2.15							
〃	〃	▲ (400/150)	0.15 * 0.40 * ½×2		6		0.36 ▲							
〃	AB	M24 ℓ=1,000		4	6					24				
1F F x/y	⑫	16	0.20 * 4.17 * 3		6	15.01								
W 〃	PL	9	500-16×2=468	0.468 * 4.17 * 1	6			11.71						
〃 〃	〃	500-16-4.5=479.5	0.48 * 4.17 * 1		6			12.01						
BAND	FB	65×6	0.43 * 8		6				20.64					
スタッド	STD	19φ×90		18	6						108			
WELD F x/y	∟ᴮ	16	0.20 * 6		6							7.20	HT ℓ 9.84	70.85
W 〃	⌒	9	(0.47+4.17) * 2		6							55.68	2.72	151.45
〃 〃	〃		(0.48+4.17) * 2		6							55.80	〃	151.78
BAND	△	6	0.07 × 2 * 8		6							6.72	* 1.10	6.72
2F F x/y	⑫	16	0.20 × 1.00 * 3		6	3.60								
W 〃	PL	9	0.468 * 1.00 * 1		6			2.81						
〃 〃	〃	450-16-4.5=429.5	0.43 × 1.00 * 1		6			2.58						
						18.61	1.79	29.11	20.64	24	108			380.80

No. B-15

鉄 骨 積 算

名称		形状・寸法		計		算	か所	SM490A ⑫-22	〃 ⑫-16	SS400 H-14	〃 H-12	〃 H-9	〃 FB65×6		長さ m	WELD 換算係数 k	換算長さ m
WELD	BAND	FB	65×6	0.38	×	2	6						4.56		3.60	HT 9.84	35.42
	F x y	∟B	16	0.20	×	3	6								14.82	2.72	40.31
	W 〃	┿	9	(0.47+1.00×2)	×	1	6								14.58	〃	39.66
	〃	〃	〃	(0.43+1.00×2)	×	1	6										
	BAND	△	6	0.07	×	2	6								1.68	* 1.10	1.68
2F仕口																	
C₂	G₁,G₂,A F y	⑫	22	0.20	× 1.33	× 2	4	2.13									
	G₃ x	〃	16	0.20	× 1.10	× 2×2	4		3.52								
	W y	H	12 平均	0.606	× 0.73	× 1	4				1.77						
	〃 x	〃	9	0.618	× 0.95	× 2	4					4.70					
	y V.stt	⑫	16	0.20	× 0.61	× 1	4		0.49								
	〃 x	〃	〃	0.20	× 0.62	× 2	4		0.99								
P y		H	14	0.453	× 0.61	× 1	4			1.11							
	x	〃	12	0.468	× 0.61	× 1	4				1.14						
		500−16×2=468															
BAND		FB	65×6	0.40		× 2	4						3.20				
								2.13	5.00	1.11	2.91	4.70	7.76				117.07

No. B-16

186　Ⅲ．モデル建物の計算・解説

(公社) 日本建築積算協会13号用紙　(C－6)

鉄 骨 積 算

名称	形状・寸法	計	算	か所	SM490A ⑭-22	〃 ⑭-19	〃 ⑭-16	SS400 H-14	〃 H-12	FB65×6	WELD 長さ m	換算係数 k	換算長さ m
WELD F x	∨C 16	0.20	✳ 2×2	4							3.20	HB 2 9.99	31.97
W y	✦ 12	(0.61+0.73×2)	✳ 1	4							8.28	4.50	37.26
x	〃 9	(0.62+0.95×2)	✳ 2	4							20.16	2.72	54.84
V.stt	∨B 16	0.20	✳ 2×3	4							4.80	HT 1 9.84	47.23
P y	✦ 14	(0.45+0.61)	✳ 2	4							8.48	5.56	47.15
x	〃 12	(0.47+0.52)	✳ 2	4							8.72	4.50	39.24
BAND	△ 6	0.07	× 2	4							1.12	* 1.0	1.12
C₂A G₁,G₂,A F y	⑭ 22	0.20	✳ 2.40	2	1.92								
G₂ x	〃 19	0.20	✳ 1.10	2		0.88							
W y	H 12	0.606	✳ 0.95	2					2.30				
x	〃 12	0.612	✳ 0.73	1					0.89				
V.stt y	⑭ 16	0.20	✳ 0.61	2			0.49						
〃 x	〃 〃	0.20	✳ 0.61	1			0.24						
P y	H 14	0.468	✳ 0.61	1				0.57					
x	〃 12	0.452	✳ 0.61	2					0.55				
BAND	FB 65×6	0.40	× 2	2						1.60			
平均 ⌐427⌐/477⌐612					1.92	0.88	0.73	0.57	3.74	1.60			258.81

No. B-17

5．Bビル新築（鉄骨）工事

鉄 骨 積 算

名称	形状・寸法	計	算	か所	超音波探傷	均しモルタル		長さ m	WELD 換算係数 k	換算長さ m
WELD F x	╲C 19	0.20	×2	2				0.80	HB 2 12.33	9.86
W y	╬ 12	(0.61+0.95×2)	×2	2				10.04	4.50	45.18
x	〃 9	(0.61+0.73×2)	×1	2				4.14	2.72	11.26
V.stt	╲B 16	0.20	×2×3	2				2.40	HT 1 9.84	23.62
P y	╬ 14	(0.47+0.61)	×2	2				4.32	5.56	24.02
x	〃 12	(0.45+0.61)	×2	2				4.24	4.50	19.08
BAND	△ 6	0.07×2	×2	2				0.56	* 1.0	0.56
超音波探傷				(110)	(110)					
均シモルタル	㋐30×550×650			(6)		㋐30 550×650	(6)			
					(110)	(6)				
										133.58

No. B-18

（公社）日本建築積算協会13号用紙（C-7）

188　III．モデル建物の計算・解説

鉄　骨　積　算　　（公社）日本建築積算協会13号用紙（C-8）

名称			形状・寸法	計		算	か所	SM490A ㉕-16	SS400 L-25	〃 L-9	〃 FB65×6	SS400 A,B M24	STD 19φ×90	WELD 長さ m	WELD 換算係数 k	WELD 換算長さ m
シャフト	BASE		₁C₃-4台									ℓ=1,000				
〃	〃		L 25	0.50	※ 0.65	※ 1	4		1.30							
〃	〃		〃 ▲	0.25	※ 0.40	※ ½	4		0.20 ▲							
			A,B M24 ℓ=1,000			5	4					20				
1F	F	x y	㉕ 16	0.20	※ 4.17	※ 3	4	10.01								
	W	y	L 500-16-4.5=479.5 / 9	0.48	※ 4.17	※ 1	4			8.01						
		x	〃 450-16×2=418 ₂₅₀╱₄₇₂⁴⁰⁰	0.418	※ 4.17	※ 1	4			6.97						
	BAND		FB 65×6	0.47		※ 4	4				7.52					
	〃		〃 400-16=384	0.38		※ 4	4				6.08					
スタッド			STD 19φ×90			18	4						72			
WELD	F	x y	L^B 16	0.20		※ 6	4							4.80	HT 1 9.84	47.23
	W	y	⟂ 9	(0.48+4.17)	×2	※ 2	4							37.20	2.72	101.18
		x	〃 〃	(0.42+4.17)	×2	※ 2	4							36.72	〃	99.88
	BAND		△ 6	0.07	×2	※ 8	4							4.48	＊ 1.0	4.48
2F	F	x y	㉕ 16	0.20	※ 1.00	※ 3	4	2.40								
	W	y	L 450-16-4.5=429.5 / 9	0.43	※ 1.00	※ 1	4			1.72						
		x	〃 〃	0.418	※ 1.00	※ 1	4		1.10	1.67						
								12.41		18.37	13.60	20	72			252.77

№ B-19

5．Bビル新築（鉄骨）工事　189

鉄　骨　積　算

名称	形状・寸法		計	算	か所	SM490A ⑪-22	" ⑪-16	SS400 H-14	" H-12	" H-9	" FB65×6		長さ m	WELD 換算係数 k	換算長さ m
BAND	FB 65×6		0.43	×1	4						1.72				
〃	〃 350-16=334		0.33	×1	4						1.32				
WELD F x y	∠B 16		0.20	×3	4								2.40	HT 9.84	23.62
W y	⊕ 9		(0.43+1.00×2)	×1	4								9.72	2.72	26.44
x	〃 〃		(0.42+1.00×2)	×1	4								9.68	〃	26.33
BAND	△ 6		0.07×2	×2	4								1.12	*1.0	1.12
2F仕口															
G, G₁A F y	⑪ 22		0.20*1.33	×2	4	2.13									
G₃ x	〃 16		0.20*1.10	×2	4		1.76								
W y	H 12 平均		0.606*0.73	×1	4				1.77						
x	〃 9		0.618*0.85	×1	4					2.10					
V.stt y	⑪ 16		0.20*0.61	×2	4		0.98								
x 〃	〃 〃		0.20*0.62	×1	4		0.50								
P y	H 14 平均		0.453*0.61	×1	4			1.11							
x	〃 12		0.418*0.62	×1	4				1.04						
BAND	FB 65×6		0.45	×1	4						1.80				
〃	〃 375-16=359		0.36	×1	4						1.44				
						2.13	3.24	1.11	2.81	2.10	6.28				77.51

（公社）日本建築積算協会13号用紙（C-9）

No. B-20

190　III. モデル建物の計算・解説

鉄 骨 積 算

名称	形状・寸法	計 算	か所	超音波探傷	均しモルタル	長さ (m)	WELD 換算係数 k	換算長さ (m)
WELD F x	⌴ᶜ 16	0.20 ✕ 2	4			1.60	HB 2 9.99	15.98
W y	✢ 12	(0.61+0.73×2) ✕ 1	4			8.28	4.50	37.26
x	〃 9	(0.62+0.85×2) ✕ 1	4			9.28	2.72	25.24
V.stt	⌴ᴮ 16	0.20 ✕ 2 ✕ 3	4			4.80	HT 1 9.84	47.23
P y	✢ 14	(0.45+0.61) ✕ 2	4			8.48	5.56	47.15
x	〃 12	(0.42+0.52) ✕ 2	4			8.32	4.50	37.44
BAND	△ 6	0.07 ✕ 2 ✕ 2	4			1.12	* 1.0	1.12
超音波探傷			(68)	(68)				
均しモルタル	㋐30×500×650		(4)		㋐30 500×650 (4)			
								211.42

(公社) 日本建築積算協会13号用紙 （C-10）
№ B-21

5．Bビル新築（鉄骨）工事

鉄 骨 積 算

名称		形状・寸法		計		算	ヶ所	SM490A ℓ-16	SS400 ℓ-9	〃 ℓ-6	〃 FB65×6		長さ m	WELD 換算係数 k	換算長さ m
第2節柱															
シャフト 2F	F x,y	⑪ $_2$C₁−2台 $\frac{3,500-1,000-600=1,900}{16}$		0.20	* 1.90	* 4	2	3.04							
	W y	ℓ 9		0.468	* 1.90	* 1	2		1.78						
	x	〃		0.23	* 1.90	* 2	2		1.75						
BAND		FB 65×6		0.21		* 8	2				3.36				
WELD	F x,y	$\angle$B 16		0.20	*	4	2						1.60	HT 9.84	15.74
	W y	⊹ 9		(0.468+1.90×2)	*	1	2						8.54	2.72	23.23
	x	〃		(0.23+1.90×2)	*	2	2						16.12	〃	43.85
BAND		△ 6		0.07	×	2 * 8	2						2.24	* 1.10	2.24
3F	F x,y	⑪ $\frac{3,500-600=2,900}{16}$		0.20	× 2.90	× 4	2	4.64							
	W y	ℓ 6		0.468	* 2.90	* 1	2			2.71					
	x	〃		0.231	* 2.90	* 2	2			2.68					
BAND		FB 65×6		0.21	×	12	2				5.04				
WELD	F x,y	$\angle$B 16		0.20	×	8	2						3.20	HT 9.84	31.49
	W y	⊹ 6		(0.47+2.90)	×	2	2						13.48	1.39	18.74
								7.68	3.53	5.39	8.40				135.29

（公社）日本建築積算協会13号用紙（C−11）

No. B−22

192　Ⅲ．モデル建物の計算・解説

鉄　骨　積　算

名称	形状・寸法			計 算		か所	SM490A ⑫-19	〃 ⑫-16	〃 ⑫-12	SS400 ℓ-12	〃 ℓ-9	〃 ℓ-6	〃 FB65×6	WELD 長さ m	換算係数 k	換算長さ m
WELD W x	╋	6		(0.23+2.90)	×2×2	2								25.04	1.39	34.81
BAND	△	〃		0.07 ×2 ×12		2								3.36	*1.0	3.36
4F F x y	⑫	12		0.20 ×1.00 ×4		2			1.60							
W y	ℓ	6	500−12×2＝476	0.476 *1.00 *1		2						0.95				
x	〃	〃	250−12−3＝235	0.235 ×1.00 ×2		2						0.94				
BAND	FB	65×6		0.21 ×4		2							1.68			
WELD F x y	⑫	12		0.20 *1.00 *4		2			1.60					1.60	HT ℓ 6.43	10.29
W y	╋	6		(0.48+1.00×2) ×1		2								4.96	1.39	6.89
x	〃	〃		(0.24+1.00×2) ×2		2								8.96	〃	12.45
BAND	△	〃		0.07 ×2 ×4		2								1.12	*1.0	1.12
3F仕口																
G₁,G₁A,F y 上下	⑫	19		0.20 ×2.40 ×2		2	1.92									
G₂ 〃 x	〃	16		0.20 ×1.10 ×2×2		2		1.76								
W y	ℓ	12	600−19×2＝562	0.562 ×0.95 ×2		2				2.14						
x	〃	9	600−16×2＝568	0.568 *0.95 *2		2					2.16					
V.stt y	⑫	16		0.20 ×0.56 ×2		2		0.45								
							1.92	2.21	1.60	2.14	2.16	1.89	1.68			
														68.92		68.92

（公社）日本建築積算協会13号用紙（C−12）　No. B−23

5. Bビル新築（鉄骨）工事

鉄骨積算 （C-13）

(公社) 日本建築積算協会13号用紙

名称	形状・寸法		計算		か所	SM490A	SS400	〃	〃	〃					長さ	WELD 換算係数	換算長さ
						⦵-16	H-14	H-12	H-9	FB65×6					m	k	m
V.s t t x	⦵	16	0.20 ✻ 0.57 ✻	2	2	0.46											
P y	H	14	0.468 ✻ 0.56 ✻	1	2		0.52										
x	〃	12 250-16-7=227	0.227 ✻ 0.57 ✻	2	2			0.52									
BAND	FB 65×6		0.21		2					1.68							
WELD F x	⦵	16	0.20 ✻ 2 ✻	2	2										1.60	HB 2 9.99	15.98
W y	╋	12	(0.56+0.95×2) ✻	2	2										9.84	4.50	44.28
x	〃	9	(0.57+0.95×2) ✻	2	2										9.88	2.72	26.87
V.s t t	╚B	16	0.20 ✻ 2 ✻	4	2										3.20	HT 1 9.84	31.49
P y	╋	14	(0.47+0.56) ✻	2	2										4.12	5.56	22.91
x	〃	12	(0.23+0.57) ✻	2×2	2										6.40	4.50	28.80
BAND	△	6	0.07 ✻ 2 ✻	4	2										1.12	✻ 1.0	1.12
4 F仕口																	
G₁G₁A Fy上下	⦵	16	0.20 ✻ 2.40 ✻	2	2	1.92											
G₂上下 x	〃	〃	0.20 ✻ 1.10 ✻	2×2	2	1.76											
W y x	H	9	0.568 ✻ 0.95 ✻	4	2				4.32								
V.s t t	⦵	16	0.20 ✻ 0.57 ✻	4	2	0.91											
P y	H	12 500-16×2=468	0.468 ✻ 0.57 ✻	1	2			0.53									
						5.05	0.52	1.05	4.32	1.68							171.45

№ B-24

194　III．モデル建物の計算・解説

鉄 骨 積 算　(公社) 日本建築積算協会13号用紙 (C-14)

名称	形状・寸法	計	算	か所	SM490A ⑪-12	SS400 ℓ-12	〃 ℓ-6	〃 FB65×6	S10T HTB M22×75	〃 M20×50	超音波探傷	WELD 長さ m	WELD 換算係数 k	WELD 換算長さ m
P x	ℓ 12　250-16-6=228	0.228 * 0.57 *	2	2		0.52								
BAND	FB 65×6	0.21 *	4	2				1.68						
WELD F y	∨C 16	0.20 * 2 *	2	2								1.60	HB 2 9.99	15.98
W x/y	∔ 9	(0.57+0.95×2) *	4	2								19.76	2.72	53.75
V.stt	∨B 16	0.20 * 2 *	4	2								3.20	HT ℓ 9.84	31.49
P y	∔ 12	(0.47+0.57) *	2	2								4.16	4.50	18.72
x	〃 〃	(0.23+0.57) *	2×2	2								6.40	〃	28.80
BAND	△ 6	0.07 * 2 *	4									1.12	* 1.0	1.12
F SR₁	⑪ 12	0.20 * 0.49 *	4	2	0.78									
SR₂	〃 〃	0.08 * 0.49 *	2×4	2	0.63									
W SR₃	ℓ 6	0.07 * 0.29 *	2×4	2			0.32							
F	HTB 12+16+12+35=75 M22×75		6×8	2					96					
W	〃 6+9+6+30=51 M20×50		2×8	2						32				
超音波探傷				(80)							(80)			
					1.41	0.52	0.32	1.68	96	32	(80)			149.86

№ B-25

5．Bビル新築（鉄骨）工事

鉄 骨 積 算

(公社) 日本建築積算協会13号用紙 (C-15)

名称		形状・寸法	計	算	か所	SM490A ㉘-16	〃 ㉘-12	SS400 L-9	〃 L-6	〃 FB×65×6	長さ m	WELD 換算係数 k	換算長さ m
シャフト 2F		₂C₂-4台, ₂C₂A-2台											
F ˣ/y	㉘ 16		0.20 ＊ 1.90 ＊	3	6	6.84							
W 〃	L 9		0.468 ＊ 1.90 ＊	1	6			5.34					
〃	〃		0.43 ＊ 1.90 ＊	1	6			4.90					
BAND	FB 65×6		0.38 ＊	4	6					9.12			
WELD F ˣ/y	㉘ 16		0.20 ＊ 2.90 ＊	3	6						3.60	HT 9.84	35.42
W 〃	⊥ 9		(0.47+1.90×2) ＊	1	6						25.62	2.72	69.69
〃	〃		(0.43+1.90×2) ＊	1	6						25.38	〃	69.03
BAND	△ 6		0.07 ＊ 2 ＊	4							3.36	＊ 1.0	3.36
3F F ˣ/y	㉘ 12		0.20 ＊ 2.90 ＊	3	6		10.44						
W 〃	L 6		0.476 ＊ 2.90 ＊	1	6				8.28				
〃	〃		0.435 ＊ 2.90 ＊	1	6				7.57				
BAND	FB 65×6		0.38 ＊	6	6					13.68			
WELD F ˣ/y	㉘ 12		0.20 ＊ 2 ＊	3	6						7.20	HT 6.43	46.30
W 〃	⊥ 6		(0.48+2.90) ＊	2	6						40.56	1.39	56.38
〃	〃		(0.44+2.90) ＊	2	6						40.08	〃	55.71
		450-12-3=435				6.84	10.44	10.24	15.85	22.80			335.89

№ B-26

196　Ⅲ．モデル建物の計算・解説

鉄 骨 積 算

（公社）日本建築積算協会13号用紙（C−16）

名称	形状・寸法	計	算	か所	SM490A ⑫−19	〃 ⑫−16	〃 ⑫−12	SS400 H−12	〃 H−9	〃 H−6	〃 FB65×6	長さ m	WELD 換算係数 k	換算長さ m
WELD BAND	△ 6	0.07 × 2	6	6								5.04	*1.0	5.04
4F F x,y	⑫ 12	0.20 * 1.00	3	6			3.60							
W 〃	H 6	0.476 × 1.00	1	6						2.86				
〃 〃	〃 〃	0.435 * 1.00	1	6						2.61				
BAND	FB 65×6	0.38	2	6							4.56			
WELD F x,y	∟B 12	0.20 *	3	6								3.60	HT 6.43	23.15
W 〃	♦ 6	(0.48+1.00×2) *	1	6								14.88	1.39	20.68
〃 〃	〃 〃	(0.44+1.00×2) *	1	6								14.64	〃	20.35
BAND	△ 〃	0.07 × 2	2	6								1.68	*1.0	1.68
3F仕口														
C₂ F y	⑫ 19	0.20 × 1.33	2	4	2.13									
〃 x	〃 16	0.20 * 1.10	2×2	4		3.52								
G₁,G₁,A W y	H 12	0.562 * 0.75	1	4				1.69						
〃 x	〃 9	0.568 * 0.95	2	4					4.32					
V,s t t y	⑫ 16	0.20 * 0.56	1	4		0.45								
〃 x	〃 〃	0.20 × 0.57	2	4		0.91								
					2.13	4.88	3.60	1.69	4.32	5.47	4.56			70.90

No. B−27

鉄 骨 積 算

名称	形状・寸法		計			算	か所	SM490A ⑪-19	" ⑪-16	SS400 L-14	" L-12	" L-9	" FB65×6		長さ m	WELD 換算係数 k	換算長さ m
P y	H	14 450-16-6=428	0.428	×	0.56	× 1	4										
x	"	12 500-16×2=468	0.468	×	0.57	× 1	4										
BAND	FB 65×6		0.38			× 2	4						3.04				
WELD F x	∨ᶜ	16	0.20	×	2	× 2	4								3.20	HB 9.99	31.97
W y	⌶	12	(0.56+0.75×2)			× 1	4								8.24	4.50	37.08
x	"	9	(0.57+0.95×2)			× 2	4								19.76	2.72	53.75
V.stt	∟ᴮ	16	0.20	×	2	× 3	4								4.80	HT 9.84	47.23
P y	⌶	14	(0.43+0.56)			× 2	4								7.92	5.56	44.04
x	"	12	(0.47+0.57)			× 2	4								8.32	4.50	37.44
BAND	△	6	0.07	×	2	× 2	4								1.12	*1.0	1.12
C₂A G.G.A F y	⑪	19	0.20	×	2.40	× 2	2	1.92									
G₂ x	"	16	0.20	×	1.10	× 2	2		0.88								
W y	H	12	0.562	×	0.95	× 2	2				2.14						
x	"	9	0.568	×	0.75	× 1	2					0.85					
y V.stt	⑪	16	0.20	×	0.56	× 2	2		0.45								
x "	"		0.20	×	0.57	× 1	2		0.23								
								1.92	1.56	0.96	3.21	0.85	3.04				252.63

No. B-28

198　Ⅲ．モデル建物の計算・解説

鉄 骨 積 算

(公社) 日本建築積算協会13号用紙　（ C－18 ）

名称	形状・寸法			積算計			か所	SM490A Ⓛ-16	〃 Ⓛ-12	SS400 L-14	〃 L-12	〃 L-9	〃 L-6	〃 FB65×6	WELD 長さ m	WELD 換算係数 k	換算長さ m
P y	L	14		0.468	× 0.56	× 1	2										
x	〃	12	450−16−7=427	0.427	× 0.57	× 1	2										
BAND	FB	65×6		0.38		× 2	2							1.52			
WELD F x	∨ᶜ	16		0.20		× 2	2								0.80	HB♭ 9.99	7.99
W y	⊥	12		(0.56+0.95×2)		× 2	2								9.84	4.50	44.28
x	〃	9		(0.57+0.75×2)		× 1	2								4.14	2.72	11.26
V.s t t	⊥ᴮ	16		0.20		× 2×3	2								2.40	HT♯ 9.84	23.62
P y	⊥	14		(0.47+0.56)		× 2	2								4.12	5.56	22.91
x	〃	12		(0.43+0.57)		× 2	2								4.00	4.50	18.00
BAND	△	6		0.07	× 2	× 2	2								0.56	＊ 1.0	0.56
4F仕口																	
C₂ G₁,G₁,A F y	Ⓛ	16		0.20	× 1.33	× 2	4	2.13									
G₃ x	〃	12		0.20	× 1.10	× 2×2	4				3.52						
W y	L	9		0.568	× 0.75	× 1	4					1.70					
x	〃	6		0.576	× 0.95	× 2	4						4.38				
V.s t t y	Ⓛ	12		0.20	× 0.57	× 1	4				0.46						
〃 x	〃	〃		0.20	× 0.58	× 2	4				0.93						
								2.13	4.91	0.52	0.49	1.70	4.38	1.52			128.62

No. B−29

5. Bビル新築（鉄骨）工事

鉄骨積算

名称	形状・寸法	計算	算	か所	SM490A ㉒-16	〃 ㉒-12	SS400 L-12	〃 L-9	〃 FB65×6			WELD 長さ m	WELD 換算係数 k	WELD 換算長さ m
P y	H 450-12-4.5=433.5 / 12	0.434 × 0.57	×1	4										
x	〃 500-12×2=476 / 9	0.476 × 0.58	×1	4										
BAND	FB 65×6	0.38	×2	4					3.04					
WELD F x	∨ᶜ 12	0.20 × 2	×2	4			0.99					3.20	HB 7.00	22.40
W y	⊥ 9	(0.57+0.75×2)	×1	4				1.10				8.28	2.72	22.52
x	〃 6	(0.58+0.95×2)	×2	4								19.84	1.39	27.58
V.s t t	⊥ᴮ 12	0.20	×2×3	4								4.80	HT 6.43	30.86
P y	⊥ 12	(0.43+0.57)	×2	4								8.00	4.50	36.00
x	〃 9	(0.48+0.58)	×2	4								8.48	2.72	23.07
BAND	△ 6	0.07 × 2	×2	4								1.12	*1.0	1.12
C₂A G₁,G₁A F y	㉒ 16	0.20 × 2.40	×2	2	1.92									
G₂ x	〃	0.20 × 1.10	×2	2	0.88									
W y	H 9	0.568 × 0.95	×2	2				2.16						
x	〃	0.568 × 0.75	×1	2				0.85						
y, x V.s t t	㉒ 12	0.20 × 0.57	×3	2		0.68								
					2.80	0.68	0.99	4.11	3.04					163.55

№ B-30

（公社）日本建築積算協会13号用紙（C-19）

III. モデル建物の計算・解説

鉄骨積算

名称	形状・寸法	計	算	か所	SM490A ⑫-12	SS400 H-12	〃 H-6	〃 FB65×6	S10T HTB M22×75	〃 M20×50	超音波探傷	長さ m	WELD 換算係数 k	換算長さ m
P y	H 12	0.476	× 0.57 × 1	2		0.54								
x	〃 450-12-6=432	0.432	× 0.57 × 1	2		0.49								
BAND	FB 65×6	0.38	※ 2	2				1.52						
WELD F x	∨ᶜ 16	0.20	※ 2	2								0.80	HB ℓ 9.99	7.99
W y	⊕ 9	(0.57+0.95×2)	※ 2	2								9.88	2.72	26.87
x	〃	(0.57+0.75×2)	※ 1	2								4.14	〃	11.26
V.stt	∠ᴮ 12	0.20	× 2	3								2.40	HT ℓ 6.43	15.43
P y	⊕ 12	(0.48+0.57)	※ 2	2								4.20	4.50	18.90
x	〃	(0.43+0.57)	※ 2	2								4.00	〃	18.00
BAND	△ 6	0.07	× 2	2								0.56	* 1.0	0.56
F S H₁	⑫ 12	0.20	※ 0.49 × 3	6	1.76									
S H₂	〃	0.08	※ 0.49 × 2×3	6	1.41									
W S H₃	H 6	0.07	※ 0.29 × 2×2	6			0.49							
〃	〃	0.145	※ 0.28 × 2×1	6			0.49							
F	HTB M22×75		6×6	6					216					
W	〃 M20×50		2×4	12						96				
超音波探傷				(184)							(184)			
					3.17	1.03	0.98	1.52	216	96	(184)			99.01

№ B-31

鉄 骨 積 算

5．Bビル新築（鉄骨）工事　201

(公社) 日本建築積算協会13号用紙 (C-21)

名称		形状・寸法		計		算	か所	SM490A ㉓-16	〃 ㉓-12	SS400 ㋷-9	〃 ㋷-6	〃 FB65×6			長さ m	WELD 換算係数 k	換算長さ m
シャフト 2F		2C₃-4台															
F	x y	㉓	16	0.20	※ 1.90	3	4	4.56									
W	y	㋷	450-16-4.5=429.5 / 9	0.43	※ 1.90	1	4			3.27							
	x	〃	450-16×2=418	0.418	※ 1.90	1	4			3.18							
BAND		FB	65×6	0.43	※	2	4					3.44					
〃		〃		0.33	※	2	4					2.64					
WELD F	x y	╲ᴮ	16	0.20	※ 2.90	3	4								2.40	HT 1/9.84	23.62
W	y	╪	9	(0.43+1.90×2)	※	1	4								16.92	2.72	46.02
	x	〃		(0.42+1.90×2)	※	1	4								16.88	〃	45.91
BAND		△	6	0.07	※ 2	4	4								2.12	*1.10	2.12
3F F	x y	㉓	12	0.20	※ 2.90	3	4		6.96								
W	y	㋷	450-12-3=435	0.435	※ 2.90	1	4				5.05						
	x	〃	450-12×2=426	0.426	※ 2.90	1	4				4.94						
BAND		FB	65×6	0.43	※	3	4					5.16					
〃		〃		0.34	※	3	4					4.08					
								4.56	6.96	6.45	9.99	15.32					117.71

No. B-32

202　III．モデル建物の計算・解説

鉄　骨　積　算　(公社)日本建築積算協会13号用紙 (C-22)

名称	形状・寸法	計	算	か所	SM490A ⑪-12	SS400 L-6	〃 FB65×6				長さ m	WELD 換算係数 k	換算長さ m
WELD F x/y	∟B 12	0.20	×6	4							4.80	HT 6.43	30.86
W y	⊥ 6	(0.44+2.90)	×2	4							26.72	1.39	37.14
x	〃 〃	(0.43+2.90)	×2	4							26.64	〃	37.03
BAND	△ 〃	0.07×2	×6	4							3.36	*1.0	3.36
4F F x/y	⑪-12	0.20*1.00	×3	4	2.40						2.40	HT 6.43	15.43
W y	L 6	0.435*1.00	×1	4		1.74					9.76	1.39	13.57
x	〃 6	0.426*1.00	×1	4		1.70					9.72	〃	13.51
BAND FB 65×6		0.43	×1	4			1.72						
〃	〃 〃	0.34	×1	4			1.36						
WELD F x/y	∟B 12	0.20	×3	4							2.40	HT 6.43	15.43
W y	⊥ 6	(0.44+1.00×2)	×1	4							9.76	1.39	13.57
x	〃 〃	(0.43+1.00×2)	×1	4							9.72	〃	13.51
BAND	△ 〃	0.07×2	×2	4							1.12	*1.0	1.12
					2.40	3.44	3.08						152.02

No. B-33

鉄骨積算

(公社) 日本建築積算協会13号用紙 (C-23)

5. Bビル新築（鉄骨）工事　203

名称	形状・寸法	計	算	か所	SM490A ⑪-19	〃 ⑪-16	SS400 ℓ-14	〃 ℓ-12	〃 ℓ-9	〃 FB65×6		長さ m	WELD 換算係数 k	換算長さ m
3F仕口														
G₁, G₃, A F y	⑪ 19	0.20	※ 1.33 ※ 2	4	2.13									
G₃ x	〃 16	0.20	※ 1.10 ※ 2	4		1.76								
W y	ℓ 12	0.562	※ 0.75 ※ 1	4				1.69						
x	〃 9	0.568	※ 0.85 ※ 1	4					1.93					
V.stt y	⑪ 16	0.20	※ 0.56 ※ 2	4		0.90								
〃 x	〃 〃	0.20	※ 0.57 ※ 1	4		0.46								
P y	ℓ 14	0.428	※ 0.56 ※ 1	4			0.96							
x	〃 12	0.418	※ 0.57 ※ 1	4				0.95						
BAND	FB 65×6	0.43		4						1.72				
〃	〃	0.34		4						1.36				
WELD F x	∨ᶜ 16	0.20	※ 2	4								1.60	HB ② 9.99	15.98
W y	↑ 12	(0.56+0.75×2)	※ 1	4								8.24	4.50	37.08
x	〃 9	(0.57+0.85×2)	※ 1	4								9.08	2.72	24.70
V.stt	∠ᴮ 16	0.20	※ 2	4								4.80	HT ① 9.84	47.23
P y	↑ 14	(0.43+0.56)	※ 2	4								7.92	5.56	44.04
x	〃 12	(0.42+0.57)	※ 2	4								7.92	4.50	35.64
					2.13	3.12	0.96	2.64	1.93	3.08				204.67

№ B-34

204　Ⅲ．モデル建物の計算・解説

鉄 骨 積 算

名称	形状・寸法	計	算	か所	SM490A ⑪-16	〃 ⑪-12	SS400 L-12	〃 L-9	〃 L-6	〃 FB65×6	WELD 長さ m	換算係数 k	換算長さ m
WELD BAND	△ 6	0.07	×2 ×2	4							1.12	*1.0	1.12
4F仕口													
G₁,G₁A Fy	⑪ 16	0.20	×1.33 ×2	4	2.13								
G₃ x	〃 12	0.20	×1.10 ×2	4		1.76							
W y	L 9	0.568	×0.75 ×1	4				1.70					
x	〃 6	0.576	×0.85 ×1	4					1.96				
V.stt y	⑪ 12	0.20	×0.57 ×2	4		9.91							
〃 x	〃	0.20	×0.58 ×1	4		0.46							
P y	L 450-12-4.5=433.5 12	0.434	×0.57 ×1	4			0.99						
x	〃 9 450-12×2=426	0.426	×0.58 ×1	4				0.99					
BAND	FB 65×6	0.43	×1	4						1.72			
〃	〃	0.34	×1	4						1.36			
WELD F x	√C 12	0.20	×2	4							1.60	HB 2 7.00	11.20
W y	╪ 9	(0.57+0.75×2)	×1	4							8.28	2.72	22.52
x	〃 6	(0.58+0.85×2)	×1	4							9.12	1.39	12.68
V.stt	∠B 12	0.20	×2 ×3	4							4.80	HT 1 6.43	30.86
					2.13	3.13	0.99	2.69	1.96	3.08			78.38

№ B-35

5．Bビル新築（鉄骨）工事

鉄 骨 積 算

(公社) 日本建築積算協会13号用紙 （C-25）

No. B-36

名称	形状・寸法		計算		か所	SM490A ⊕-12	SS400 H-6	S10T HTB M22×75	〃 M20×50	超音波探傷		長さ m	WELD 換算係数 k	換算長さ m
P	y	⊕ 12	(0.43+0.57)	※ 2	4							8.00	4.50	36.00
	x	〃 9	(0.43+0.58)	※ 2	4							8.08	2.72	21.98
BAND		△ 6	0.07 × 2	※ 2	4							1.12	*1.0	1.12
F SH₁		⊕ 12	0.20 × 0.49	※ 3	4	1.18								
S H₂		〃	0.08 × 0.49	※ 2×3	4	0.94								
S H₃		H 6	0.145 × 0.28	※ 2	4		0.32							
〃		〃	0.14 × 0.29	※ 2	4		0.32							
F		HTB M22×75		6×6	4			144						
W		M20×50		4×2	4				32					
〃		〃		4×2	4				32					
					(112)									
超音波探傷										(112)				
										(112)				
						2.12	0.64	144	64					59.10

大梁 鉄 骨 集 計 表

工事名：

No. B-37

（公社）日本建築積算協会23号用紙

	SS400	〃	〃	〃	〃	〃	〃	〃	S10T	〃	〃	〃	〃		WELD
	H-19	H-16	H-12	H-9	H-6	H-4.5	H-3.2	H-1.6	HTB M22×80	〃 M22×75	〃 M22×65 / HTB M22×60	HTB M20×60 / HTB M20×55	HTB M20×50		換算長さ
	m²	m²	m²	m²	m²	m²	m²	m²	本	本	本	本	本		m
2F G-1	11.52		18.95		2.09										298.31
2			7.49	2.27	2.31		1.64	0.35	512		224				
3		12.96	6.35	20.02			0.46		144	288	72		144		178.54
4		11.52	1.33	16.36	2.05				384			192			195.38
3F 5			5.65		1.95		1.23	0.94							
6		4.32	2.12		6.74	0.61		0.29		144			60		30.02
7			8.64	1.27	15.35			0.59			192		120		62.22
8		11.52	1.33	16.36	2.05	0.31			384			192	192		195.38
4F 9			5.65		1.95						96		180		92.24
10			12.96	1.90	22.98			0.29			192				
大梁計 m, m², 本	11.52	40.32	70.47	58.18	57.47	0.92	3.33	2.46	1,040	816	288 / 192	224 / 264	696		1,052.09
単位質量 kg/m²	149.2	125.6	94.20	70.65	47.10	35.32	25.12	12.56							
質量 kg	1,719	5,064	6,638	4,110	2,707	32	84	31							

（大梁計 20,385 t）

（超音波探傷 24か所）

(公社) 日本建築積算協会13号用紙

鉄 骨 積 算 (G-1)

5. Bビル新築(鉄骨)工事　207

名称	形状・寸法		計算		か所	SS400 ℓ-19	〃 ℓ-12	〃 ℓ-6			長さ m	WELD 換算係数 k	換算長さ m
大梁													
2F			2G₁-6台, 2G₁A-2台 計8台										
	F	ℓ 19	0.20	＊ 3.60 ＊ 2	8	11.52							
	W	〃 12	0.612	＊ 3.60 ＊ 1	8		17.63						
G₁	B₁, B₂×G s t t	〃 6	0.094	＊ 0.61 ＊ 2	6			0.69					
G1A	B₁ X F上	〃 12	0.175	＊ 0.90 ＊ 2	2		0.63						
	〃 F下	〃 〃	0.175	＊ 0.99 ＊ 2	2		0.69						
	〃 W	〃 6	0.326	＊ 0.99 ＊ 2	2			1.29					
	s t t	〃 〃	0.094	＊ 0.28 ＊ 2	2			0.11					
WELD	W	◆ 12	3.60	＊ 2	8						57.60	4.50	259.20
G₁	B₁, B₂×G s t t	√ 6	(0.09×2+0.61)	＊ 2	6						9.48	1.39	13.18
G1A	B₁ F上	√ᶜ 12	0.175	＊ 2	2						0.70	HB ℓ 7.00	4.90
	〃 F下	√ᴬ 12	0.175	＊ 2	2						0.70	HT ℓ 8.04	5.63
	〃 W	◆ 6	(0.33+0.99×2)	＊ 2	2						9.24	1.39	12.84
	s t t	〃 〃	(0.09×2+0.28)	＊ 2	2						1.84	〃	2.56
						11.52	18.95	2.09					298.31

No. B-38

208　III．モデル建物の計算・解説

鉄 骨 積 算　（公社）日本建築積算協会13号用紙　(G-2)

名称	形状・寸法		計	算	か所	SS400 B-12	〃 B-9	〃 B-3.2	S10T HTB M22×80	〃 M20×60	長さ m	WELD 換算係数 k	換算長さ m
F SB1	B	12	0.20	×0.65×4	8	4.16							
SB2	〃	〃	0.08	×0.65×2×4	8	3.33							
Fill	〃	3.2	0.08	×0.32×2×4	8			1.64					
SB3	〃	9	0.145	×0.49×2×2	8		2.27						
F	HTB	12+22+12+35=81 M22×80		8×8	8				512				
W	〃	9+12+9+30=60 M20×60		7×4	8					224			
						7.49	2.27	1.64	512	224			

№ B-39

5．Bビル新築（鉄骨）工事

鉄 骨 積 算

名称		形状・寸法		計	算	か所	SS400 ℉-16	〃 ℉-12	〃 ℉-9	〃 ℉-6	〃 ℉-3.2	S10T HTB M22×80 / HTB M22×75	〃 M20×55 / 〃 M20×50	WELD 長さ m	WELD 換算係数 k	WELD 換算長さ m
				₂G₂-3台，₂G₃-6台	計9台											
	F	℉	16	0.20 ＊ 3.60	＊ 2	9	12.96									
	W	〃	9	650-16×2=618　　0.618 ＊ 3.60	＊ 1	9			20.02							
G₃	B₃×G stt	〃	6	0.096 ＊ 0.62	＊ 2	1				0.12						
WELD	W	⇔	9	3.60	＊ 2	9								64.80	2.72	176.26
G₃	B₃×G stt	〃	6	(0.10×2+0.62)	＊ 2	1								1.64	1.39	2.28
	F S	℉	12	0.20 ＊ 0.49	＊ 4	9		3.53								
	S ℉2	〃		0.08 ＊ 0.49	＊ 2×4	9		2.82								
G₂	Fill	〃	3.2	0.08 ＊ 0.24	＊ 2×4	3					0.46					
	S ℉3	〃	6	0.145 ＊ 0.42	＊ 2×2	9				2.19						
G₂	Fill	〃	1.6	0.07 ＊ 0.42	＊ 2×2	3					0.35					
G₂	F	HTB	12+19+12+35=78 M22×80		6×8	3						144				
	W	〃	6+12+6+30+=54 M20×55		6×4	3							72			
G₃	F	〃	12+16+12+35=75 M22×75		6×8	6						288				
	W	〃	6+9+6+30=51 M20×50		6×4	6							144			
							12.96	6.35	20.02	2.31	0.46	144	72			
											0.35	288	144	178.54		

(公社) 日本建築積算協会13号用紙 (G-3)

№ B-40

210　Ⅲ．モデル建物の計算・解説

鉄骨積算

(公社) 日本建築積算協会13号用紙 (G-4)

名称	形状・寸法		計		算	か所	SS400 *L*-16	〃 *L*-12	〃 *L*-9	〃 *L*-6		長さ m	WELD 換算係数 k	換算長さ m
3F			3G₁-6台, 3G₁A-2台 計8台											
	F	*L*	16	0.20 ✻ 3.60 ✻	2	8	11.52							
	W	〃	9	600-16×2=568　0.568 ✻ 3.60 ✻	1	8			16.36					
G₁	B₁,B₂×G stt	〃	6	0.096 ✻ 0.57 ✻	2	6		0.63		0.66				
	B₁× F上	〃	12	0.175 ✻ 0.90 ✻	2	2		0.70						
G₁A	〃 F下	〃	1,000-4.5=995.5　12	0.175 ✻ 1.00 ✻	2	2								
	〃 W	〃	6	0.326 ✻ 1.00 ✻	2	2				1.30				
	stt	〃	〃	0.096 ✻ 0.23 ✻	2	2				0.09				
WELD	W	✢	9	3.60 ✻	2	8						57.60	2.72	156.67
G₁	B₁,B₂×G stt	〃	6	(0.10×2+0.57) ✻	2	6						9.24	1.39	12.84
G₁A	B₁× F上	√C	12	0.175 ✻	2	2						0.70	HB2 7.00	4.90
	F下	√A	12	0.175 ✻	2	2						0.70	HT2 8.04	5.63
	W	✢	6	(0.33+1.00×2) ✻	2	2						9.32	1.39	12.95
	stt	〃	〃	(0.10×2+0.23) ✻	2	2						1.72	〃	2.39
							11.52	1.33	16.36	2.05				195.38

No. B-41

鉄 骨 積 算

名称	形状・寸法	計	算	か所	SS400 $L-12$	〃 $L-6$	〃 $L-3.2$	〃 $L-1.6$	S10T HTB M22×80	〃 M20×55	WELD 長さ m	換算係数 k	換算長さ m
F SL1	L 12	0.20 × 0.49 ×	4	8	3.14								
SL2	〃	0.08 × 0.49 ×	2×4	8	2.51								
Fill	〃 3.2	0.08 × 0.24 ×	2×4	8			1.23						
W SL3	〃 6	0.145 × 0.42 ×	2×2	8		1.95							
Fill	〃 1.6	0.07 × 0.42 ×	2×2	8				0.94					
F	HTB 12+19+12+35=78 M22×80		6×8	8					384				
W	〃 6+12+6+30=54 M20×55		6×4	8						192			
					5.65	1.95	1.23	0.94	384	192			

№ B-42

212　III. モデル建物の計算・解説

鉄 骨 積 算

(公社) 日本建築積算協会13号用紙 (G-6)

名称	形状・寸法	計	算	か所	SS400 H-16	〃 H-12	〃 H-6	〃 H-1.6	S10T HTB M22×75	〃 M20×50	WELD 長さ m	換算係数 k	換算長さ m
	3G₂-3台												
F	H-16	0.20 × 3.60 × 2	3	4.32								
W	〃 6	0.568 × 3.60 × 1	3										
WELD W	⊥ 6	3.60 × 2	3							21.60	1.39	30.02
F S H.1	H-12	0.20 × 0.49 × 4	3		1.18							
S H.2	〃	0.08 × 0.49 × 2×4	3		0.94							
W S H.3	〃 6	0.145 × 0.35 × 2×2	3			0.61						
Fill	〃 1.6	0.07 × 0.35 × 2×2	3				0.29					
F	HTB 12+16+12+35=75 M22×75	6×8	3					144				
W	〃 6+9+6+30=51 M20×50	5×4	3						60			
					4.32	2.12	6.74	0.29	144	60			30.02

No. B-43

5．Bビル新築（鉄骨）工事　213

鉄　骨　積　算

(公社) 日本建築積算協会13号用紙　(G-7)　No. B-44

名称	形状・寸法	計	算	か所	SS400 B-12	〃 B-9	〃 B-6	〃 B-4.5	〃 B-1.6	S10T HTB M22×65	〃 M20×50	WELD 長さ m	換算係数 k	換算長さ m
	3G₃-6台													
F	B 12	0.20 × 3.60	× 2	6	8.64									
W	〃 6	600-12×2=576 0.576 × 3.60	× 1	6			12.44							
B₃×G s t t	〃 6	0.097 × 0.58	× 2	1			0.11							
WELD W	⌀ 6	3.60	× 2	6								43.20	1.39	60.05
B₃×G s t t	〃 6	(0.10×2+0.58)	× 2	1								1.56	〃	2.17
F S B 1	B 6	0.20 × 0.33	× 4	6			1.58							
S B 2	〃 9	0.08 × 0.33	× 2×4	6		1.27								
Fill	〃 4.5	0.08 × 0.16	× 2×4	6				0.61						
W S B 3	〃 6	0.145 × 0.35	× 2×2	6			1.22							
Fill	〃 1.6	0.07 × 0.35	× 2×2	6					0.59					
F	HTB 6+16+9+35=66 M22×65		4×8	6						192				
W	〃 6+9+6+30=51 M20×50		5×4	6							120			
					8.64	1.27	15.35	0.61	0.59	192	120			62.22

214　Ⅲ．モデル建物の計算・解説

鉄　骨　積　算　　　（公社）日本建築積算協会13号用紙（G-8）

名称		形状・寸法		計	算	か所	SS400 L-16	〃 L-12	〃 L-9	〃 L-6						WELD 長さ m	WELD 換算係数 k	WELD 換算長さ m
4F				4G₁-6台, 4G₁ₐ-2台 計8台														
	F	L	16	0.20 * 3.60	×2	8	11.52											
	W	〃	600-16×2=568 9	0.568 × 3.60	×1	8			16.36									
G₁	B₁,B₂×G stt	〃	6	0.096 × 0.57	×2	6		0.63		0.66								
G₁A	B₁× F上	〃	12	0.175 × 0.90	×2	2		0.70										
	〃 F下	〃	〃	0.175 × 1.00	×2	2				1.30								
	〃 W	〃	6	0.326 × 1.00	×2	2												
	stt	〃	〃	0.096 × 0.23	×2	2				0.09								
WELD	W	⌒	9	3.60	×2	8										57.60	2.72	156.67
G₁	B₁,B₂×G stt	〃	6	(0.10×2+0.57)	×2	6										9.24	1.39	12.84
G₁A	B₁× F上	∨ᶜ	12	0.175	×2	2										0.70	HB2 7.00	4.90
	〃 F下	∨ᴬ	12	0.175	×2	2										0.70	HT3 8.04	5.63
	〃 W	⌒	6	(0.33+1.00×2)	×2	2										9.32	1.39	12.95
	stt	〃	〃	(0.10×2+0.23)	×2	2										1.72	〃	2.39
							11.52	1.33	16.36	2.05								195.38

No. B-45

5．Bビル新築（鉄骨）工事

鉄 骨 積 算

(公社) 日本建築積算協会13号用紙 (G-9)

名称	形状・寸法		計算		か所	SS400 L-12	〃 L-6	S10T HTB M22×75	〃 M20×50	超音波探傷 長さ	WELD 換算係数	換算長さ
F S H1	L	12	0.20 × 0.49 ×	4	8	3.14						
S H2	〃		0.08 × 0.49 ×	2×4	8	2.51						
W S H3	〃	6	0.145 × 0.42 ×	2×2	8		1.95					
F	HTB	12+16+12+35=75 M22×75		6×8	8			384				
W	〃	6+9+6+30=51 M20×50		6×4	8				192			
超音波探傷					(24)							
										(24)		
					5.65	1.95	384	192	(24)			

No. B-46

216　III．モデル建物の計算・解説

(公社) 日本建築積算協会13号用紙 （G-10）

鉄 骨 積 算

名称	形状・寸法	計	算	か所	SS400 PL-12	〃 PL-9	〃 PL-6	〃 PL-4.5	〃 PL-1.6	S10T HTB M22×65 / HTB M22×60	〃 M20×50	WELD 長さ m	換算係数 k	換算長さ m
G₃ F	PL 12	4G₂-3台, 4G₃-6台 計9台												
W	〃 6	600-12×2=576												
		0.20 * 3.60	* 2	9	12.96									
B₃×G s t	〃	0.576 * 3.60	* 1	9			18.66					64.80	1.39	90.07
WELD W	⇔ 6	0.097 * 0.58	* 2	1			0.11							
B₃×G s t	〃	3.60	* 2	9										
	〃	(0.10×2+0.58)	* 2	1								1.56	〃	2.17
F S PL1	PL 6	0.20 * 0.33	* 4	9		1.90	2.38							
S H2	〃 9	0.08 * 0.33	* 2×4	9										
Fill	〃 4.5	0.08 * 0.16	* 2×4	3				0.31						
S H3	〃 6	0.145 * 0.35	* 2×2	9			1.83							
Fill	〃 1.6	0.07 * 0.35	* 2×2	3					0.29					
G₂ F	HTB 6+16+9+35=66 M22×65		4×8	3						96				
G₂ W	〃 6+9+6+30=51 M20×50		5×4	3							60			
G₂ F	〃 6+12+9+35=62 M22×60		4×8	6						192				
G₃ W	〃 6+6+6+30=48 M20×50		5×4	6							120			
					12.96	1.90	22.98	0.31	0.29	96 / 192	60 / 180			92.24

№ B-47

小梁鉄骨集計表

	SS400	〃	〃	SS400	〃	S10T	〃	〃			WELD
	H-350×175 ×7×11	H-300×150 ×6.5×9	H-200×100 ×5.5×8	ℓ-9	ℓ-6	HTB M20×60	M20×50	M16×45			換算長さ
	m²	m²	m²	m²	m²	本	本	本			m
B-1	41.40			0.97	2.32	192	108				
2		52.20	8.49		1.40			24			3.50
小梁計 m, m², 本	41.40	52.20	8.49	0.97	3.72	192	216	24			3.50
単位質量 kg/m²	49.6	36.7	21.3	70.65	47.10						
質量 kg	2,053	1,916	181	69	175						

(小梁計 t 4.394)

工事名：

№ B-48

218　III．モデル建物の計算・解説

鉄　骨　積　算

名称	形状・寸法	計	算	か所	SS400 H-350×175 ×7×11	〃 L-9	〃 L-6	S10T HTB M20×55	〃 M20×50	長さ m	WELD 換算係数 k	換算長さ m
小梁												
1-2 3-4 Main	H 350×175×7×11	2B₁-3台, 3B₁-3台, 4B₁-3台 計9台										
		4.90	※ 1	6	29.40							
2-3 〃	〃	4.00	× 1	3	12.00							
FS1	L 6	0.175 × 0.29	※ 2	12			1.22					
FS2	〃 9	0.07 × 0.29	※ 2×2	12		0.97						
FS3	〃 6	0.145 × 0.21	※ 2×2	9			1.10					
F	HTB 6+12+9+30=57 M20×55		4×4	12				192				
W	〃 6+6+6+30=48 M20×50		3×4	9					108			
					41.40	0.97	2.32	192	108			

No. B-49
（公社）日本建築積算協会13号用紙（B-1）

5．Bビル新築（鉄骨）工事

鉄 骨 積 算　(公社) 日本建築積算協会13号用紙 (B-2)

名称	形状・寸法		計	算	か所	SS400 H-300×150 ×6.5×9	〃 H-200×100 ×5.5×8	〃 L-6	S10T HTB M20×50	〃 M16×45	長さ m	WELD 換算係数 k	換算長さ m
			2B₂-3台, 3B₂-3台, 4B₂-3台 計9台										
Main	H	300×150×6.5×9	5.80	＊ 1	9	52.20							
B₃×G stt	L	6	0.072 ＊ 0.28	＊ 2	3			0.12					
〃 WELD	←	6	(0.07×2+0.28)	＊ 2	3						2.52	1.39	3.50
W FS3	L	6	0.145 ＊ 0.21	＊ 2×2	9			1.10					
W	HTB	6+6.5+6+30=48.5 M20×50		3×4	9				108				
			2B₃-1台, 3B₃-1台, 4B₃-1台 計3台										
Main	H	200×100×5.5×8	2.83	＊ 1	3		8.49						
W FS3	L	6	0.125 ＊ 0.12	＊ 2×2	3			0.18					
W	HTB	6+5.5+6+25=42.5 M16×45		2×4	3					24			
						52.20	8.49	1.40	108	24			3.50

No. B-50

6. C倉庫新築(鉄骨)工事

図　　面

数量積算書実施例

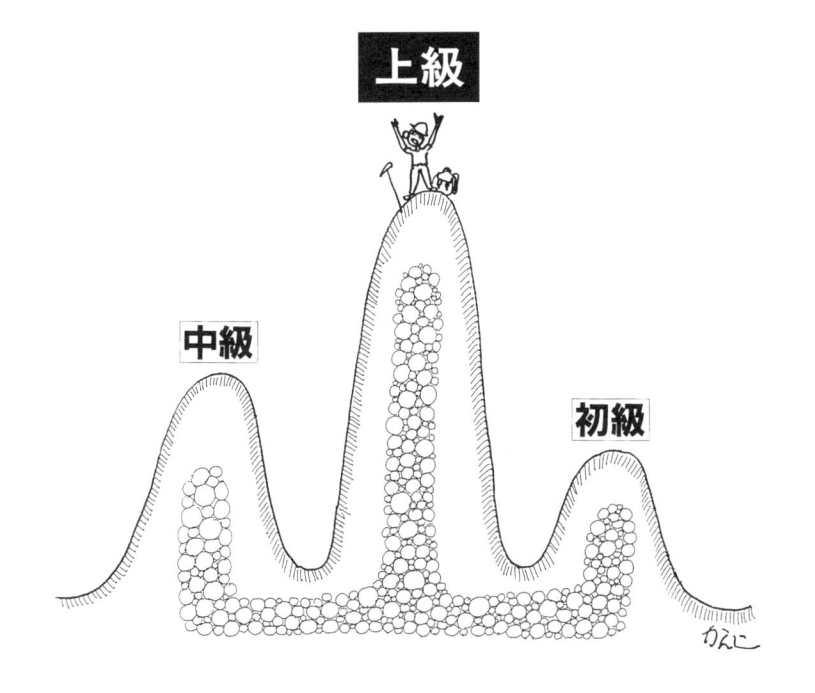

名　　称	内　　容	数　量	単位	単　価	金　額	備　考
C 倉 庫 鉄 骨 工 事						
鋼　　　　　　材	内訳は別紙の通り	1	式		―	
副　　資　　材		1	〃			
工 場 加 工 組 立		35.2	t			
工 場 溶 接	6 m/m 換算	1,104	m			
錆 止 塗 装		1,709	m²			
運　　　　　搬		35.2	t			
建　　　　　方		35.2	〃			
現 場 組 立 本 締		35.2	〃			
デッキプレート取付	H=100	4.98	〃			材工 NET
デッキ小口塞ぎ		79.3	m			〃
試　　験　　費	超音波探傷 50%　132ヶ所	1	式			〃
アンカーボルト取付	M24　ℓ=1.000	40	本			
〃	M20　ℓ=600	24	〃			
ベース下均しモルタル	㋐30×300×550	10	ヶ所			

No. C－2

232　Ⅲ．モデル建物の計算・解説

名称	内容	数量	単位	単価	金額	備考
ベース下均しモルタル	⑦30×200×250	12	個所			
鉄骨足場		1	式		―	
機械器具		1	〃		―	
諸経費		1	式		―	
計						

(公社) 日本建築積算協会 3 号用紙 (　　)

No. C－3

6．C倉庫新築（鉄骨）工事　233

名　称	内　　　容	数　量	単位	単　価	金　額	備　考
[鋼材内訳]						
形　鋼	H−600×200×11×17　SS400	5.01	t			割増を含む
	〃　500×200×10×16	4.52	〃			1.05
	〃　400×200× 8×13	4.28	〃			〃
	〃　300×150× 6.5×9	4.46	〃			〃
	〃　194×150× 6×9	2.24	〃			〃
	〃　148×100× 6×9	3.66	〃			〃
C T 形 鋼	CT−50×100× 6×8　SS400	0.15	t			1.05
溝　形　鋼	[−150×75×6.5×10　SS400	0.51	t			1.05
山　形　鋼	L−100×75× 7　SS400	0.60	t			1.05
	〃　75×75× 6	0.41	〃			〃
	〃　65×65× 6	0.42	〃			〃

(公社) 日本建築積算協会 3 号用紙

No. C − 4

234　III．モデル建物の計算・解説

（公社）日本建築積算協会 3 号用紙

名　称	形	内　　　容	数量	単位	単価	金額	備考
軽	鋼	C−100×50×20×2.3　SSC400	5.20	t			1.05
		〃　100×50×20×1.6	0.12	〃			〃
丸	鋼	RB　M20　SR235	0.16	t			1.05
		M16　〃	0.21	〃			〃
平	鋼	FB−50×6　SS400	0.03	t			1.05
鋼	板	**PL**−25　SS400	0.33	t			1.03（切板）
		19　〃	0.92	〃			〃
		16　〃	0.61	〃			〃
		14　〃	0.69	〃			〃
		12　〃	0.96	〃			〃
		9　〃	1.33	〃			〃
		6　〃	0.02	〃			〃
		2.3　〃	0.02	〃			〃

No. C−5

(公社)日本建築積算協会 3 号用紙 (　　　　)

名　　称	内　　容	数　量	単位	単価	金額	額	備考
アンカーボルト	M24　ℓ=1,000	40	本				NET
	M20　ℓ=600	24	〃				〃
高力ボルト	M22×85　S 10^T	333	本				1.04
	70　〃	250	〃				〃
	M20×60　〃	125	〃				〃
	55　〃	83	〃				〃
	50　〃	17	〃				〃
	45　〃	324	〃				〃
	M16×45　〃	33	〃				〃
	40　〃	177	〃				〃
中ボルト	M12×30　F 4^T	1,340	本				1.04
	25　〃	33	〃				〃

No. C-6

名　称	内　　容	数　量	単位	単価	金額	備考
ターンバックル	M20用	8	個			NET
	M16用	16	〃			〃
鋼材計						

No. C－7

（公社）日本建築積算協会 3 号用紙

6．C倉庫新築（鉄骨）工事　237

C．倉庫　鉄　骨　集　計　表〔総集計〕－1/4

	SS400 H-600×200 ×11×17	〃 H-500×200 ×10×16	〃 H-400×200 ×8×13	〃 H-300×150 ×6.5×9	〃 H-194×150 ×6×9	〃 H-148×100 ×6×9	SS400 CT-50×100 ×6×8	SS400 [-150×75 ×6.5×10	SS400 L-100×75×7	〃 L-75×75×6	〃 L-65×65×6	SS400 FB50×6
	kg	kg	kg	kg	kg	kg	kg	kg	kg	kg	kg	kg
柱	4,770	4,301	2,435									12
間柱						2,453		268				
大梁			1,643	1,696	1,420							
小梁				2,554	710	1,033		218				12
ブレース									550	393	307	
母屋, 胴縁							140		17		89	
雑												
計 kg,本	4,770	4,301	4,078	4,250	2,130	3,486	140	486	567	393	396	24
割増率 ％,本	5% 239	215	204	213	107	174	5% 7	5% 24	5% 28	20	20	5% 1
所要数量 kg,本	5,009	4,516	4,282	4,463	2,237	3,660	147	510	595	413	416	25
塗装係数 ㎡/t	18.30	19.49	23.58	31.74	31.90	32.42	33.20	30.86	36.59	42.77	42.81	42.46
塗装面積 ㎡	87.29	83.83	96.16	134.90	67.95	113.02	4.65	15.00	20.75	16.81	16.95	1.02

工事名・

No. C-8

（公社）日本建築積算協会23号用紙

C. 倉庫　鉄　骨　集　計　表〔総集計〕－2/4　　SR235　SS400　造／延〔　　　〕m²

	SSC400	〃	SR235	〃	SS400	〃	〃	〃	〃	〃	〃	〃	部位別計
	C-100×50 ×20×2.3	C-100×50 ×20×1.6	RB M20	RB M16	ℓ-25	ℓ-19	ℓ-16	ℓ-14	ℓ-12	ℓ-9	ℓ-6	ℓ-2.3	
	kg	kg	kg	kg	kg	kg	kg	kg	kg	kg	kg	kg	kg
柱					324	888		667	552	627	3		9,806
間柱									57	32			2,813
大梁							588		328	490	5	16	10,963
小梁										23			4,543
ブレース			152	198						122	2		1,172
母屋・胴縁	4,949										7		5,641
雑		114											227
													t
計　kg,本	4,949	114	152	198	324	888	588	667	937	1,294	17	18	35,167
割増率　%,本	5% 247	6	5% 8	10	3% 10	27	18	20	28	39	1		1,667
所要数量　kg,本	5,196	120	160	208	334	915	606	687	965	1,333	18	19	36,834
塗装係数　m²/t	111.82	160.42	25.50	31.65	10.20	13.40	15.92	18.20	21.24	28.30	42.46		
塗装面積　m²	553.40	18.29	3.88	6.27	3.30	11.90	9.36	12.14	19.90	36.62	0.72		

塗装面積計（デッキを含む）＝ 1,730.68 − 22.29 ＝ 1,708.39 m²
　　　　　　塗装控除面積（p.241参照）

工事名・

C．倉庫　鉄　骨　集　計　表〔総集計〕—3/4

工事名：C倉庫新築（鉄骨）工事　　（公社）日本建築積算協会23号用紙

	D H V-50×1.6	D H 小口塞ぎ H=100		S S 400 A B M24 ℓ=1,000	〃 M20 ℓ=600	S 10T HTB M22×85	〃 M22×70	〃 M20×60	〃 M20×55	〃 M20×50	〃 M20×45	〃 M16×45	〃 M16×40	
	kg	m		本	本	本	本	本	本	本	本	本	本	
柱				40	24								90	
間柱														
大梁						320	240	120	80		80		44	
小梁														
ブレース										16	144	32		
母屋，胴縁														
雑	4,982	79.34											36	
計　　　kg，本	4,982	79.34		40	24	320	240	120	80	16	312	32	170	
割増率　　％	5%	—		—	—	4% 13	10	5	3	1	12	1	7	
	249													
所要数量　kg，本	5,231	79.34		40	24	333	250	125	83	17	324	33	177	
塗装係数　㎡/t	79.60			5.08	2.38	0.568	0.523	0.367	0.354	0.341	0.328	0.199	0.191	
塗装面積　㎡	396.57		(単重)	203	57	182	126	44	28	5	102	6	32	
			(重量)											
			(割増率)			7	5	2	1		4		1	
			(所要数量)			189	131	46	29	5	106	6	33	(545)

No. C-10

240　Ⅲ．モデル建物の計算・解説

鉄骨集計表〔総集計〕—4/4　　〔　　造 / 延　　m²〕　　（公社）日本建築積算協会23号用紙（　　）

	F4T 中ボルト M12×30	〃 M12×25	TB M20用	〃 M16用		均しモルタル ㋐30	〃 300×550	〃 200×250		超音波探傷		溶接 △6
	本	本	ヶ	ヶ		ヶ所	ヶ所	ヶ所		ヶ所		換算長さ m
柱							10			244		765.44
間柱								12				17.68
大梁			8	16						20		181.97
小梁												11.17
ブレース												33.70
母屋,胴縁	1,252	32										85.70
雑	36											8.80
計	1,288	32	8	16			10	12		264		1,104.46
割増率 %本	4% 52	1	—	—						50% 132		
所要数量 本	1,340	33	8	16								
単位質量	0.0678	0.0633	0.89	0.58								
質量	87	2	7	9								
割増率	3	—	—	—								
所要数量	90	2	7	9	(16)							

工事名・

No. C-11

柱 鉄 骨 集 計 表

	S S 400	〃	S S 400	〃	〃	〃	〃	S S 400	均しモルタル	超音波探傷	W E L D
	H-500×200 ×10×16	H-400×200 ×8×13	F B-50×6	ℓ−25	ℓ−19	ℓ−14	ℓ−12	ℓ−9	A,B M24 ℓ=1,000	⑦30 300×550	換算長さ
	m	m	m	m²	〃	〃	〃	〃	本	ヶ所	m
C−1	48.00			1.65	5.95	1.06	5.62	3.75	40		339.62
2			5.18				0.24				143.42
3		36.90				5.01		4.72			238.44
4								0.40		10	43.96
計 m,m²,ヶ	48.00	36.90	5.18	1.65	5.95	6.07	5.86	8.87	40	10	765.44
単位質量 kg/m,m²	89.6	66.0	2.36	196.2	149.2	109.9	94.20	70.65			
質量 kg	4,301	2,435	12	324	888	667	552	627		244	

柱計 t 9.806

工事名: 　　　　　　　　　　　　　　　No. C−12

242　III．モデル建物の計算・解説

鉄 骨 積 算

名　称	形　状　・　寸　法			計			算	か所	SS400 H-500×200 ×10×16	〃 ℓ-25	〃 ℓ-19	〃 ℓ-14	〃 ℓ-12	〃 A, B M24		WELD	
															長さ m	換算係数 K	換算長さ m
柱	C₁-10台																
(1Fシャフト)	A, B M24 ℓ=1,000						4	10						40			
B.ℓ	ℓ 25			0.30	×	0.55	1	10		1.65							
Main	H 500×200×10×16			4.80	×		1	10	48.00								
WELD F	⊥ 16			0.20	×		4	10							8.00	HT 2 11.22	89.76
B.ℓ F W	⊕ 10	500-16×2=468		0.47	×		2	10							9.40	2.72	25.57
(2F仕口)																	
2G₁ 上F	ℓ 19			0.20	×	1.53	1	10			3.06						
下F	〃 19			0.20	×	1.00	1	10			2.00						
W	〃 12			0.562	×	1.00	1	10			0.89						
H.Stt	〃 19			0.095	×	0.47	2	10									
タテ Stt	〃 14			0.095	×	0.56	2	10				1.06					
WELD 上F	⊥ 19			0.20				10							2.00	HT 2 13.92	27.84
W	⊕ 12	0.56+1.00×2		2.56				10							25.60	4.50	115.20
H.Stt	⊥ 19			0.10	×		4	10							4.00	HT 2 13.92	55.68
〃	⊕ 10			0.47	×		2	10							9.40	2.72	25.57
									48.00	1.65	5.95	1.06	5.62	40			339.62

No. C-13

6．C倉庫新築（鉄骨）工事　243

鉄骨積算

名称	形状・寸法	計	算	か所	SS400 L-12	" L-9	" FB50×6	長さ m	WELD 換算係数 K	換算長さ m
WELD タテStt	∟14	0.10	×4	10				4.00	HT2 9.33	37.32
〃	↔10	0.56	×2	10				11.20	2.72	30.46
2G2 一般 G.L	L 9　175 281 562 281 80	0.175 × 0.56	×1	8						
〃 〃	〃	0.08 × 0.28	×½	8		0.78 ▲0.09				
〃 ブレース付	〃 平均	0.40 × 0.80	×1	8		2.56				
WELD 一般GL	↔9　95×2+562=752	0.75		8				6.00	2.72	16.32
〃 ブレース付	〃　95×3+800=1,085	1.09		8				8.72	〃	23.72
（その他ガセット類）										
柱脚 ブレースGL	L 9 平均	0.25 × 0.25	×1	8		0.50				
2G1端付 ブレースGL	〃12	0.12 × 0.25	×1	8	0.24					
〃 デッキ受	FB50×6	0.37	×1	14			5.18			
WELD 柱脚	↔9　145+250=395	0.40		8				3.20	2.72	8.70
2G1端 ブレースG	↔12	0.25		8				2.00	HB2 7.00	14.00
〃 デッキ受	∨6	0.37		14				5.18	HB2 2.49	12.90
					0.24	3.75	5.18			143.42

№ C-14

244　III. モデル建物の計算・解説

鉄 骨 積 算　(公社)日本建築積算協会13号用紙（C-3）

名称	形状・寸法	計	算	か所	SS400 H-400×200 ×8×13	〃 ℓ-14	〃 ℓ-9						長さ m	WELD 換算係数 K	換算長さ m
(2Fシャフト)															
WELD Main	H 400×200×8×13	3.69		10	36.90										
F	⊥ 13	0.20	※ × 4	10									8.00	NT2 8.65	69.20
WF	╋ 8	0.37		10									3.70	2.00	7.40
W上	〃 8	0.38		10									3.80	〃	7.60
(屋根配仕口)															
RG1 上F	ℓ 14	0.20 × 1.25	※ × 1	10		2.50									
下F	〃 〃	0.20 × 0.90	※ × 1	10		1.80									
W	〃 816+897=1,713/2=857 9	0.372 × 0.86	※ × 1	10			3.20								
H, stt	〃 14	0.096 × 0.37	※ × 2	10		0.71									
WELD 下F	⊥ 14	0.20		10									2.00	HT2 9.33	18.66
W	╋ 0.38+0.86×2=2.10 9	2.10		10									21.00	2.72	57.12
H, stt	⊥ 14	0.10	※ × 4	10									4.00	HT2 9.33	37.32
〃	╋ 14	0.37	※ × 2	10									7.40	5.56	41.14
RG2 一般 G. ℓ	ℓ 9	0.175 × 0.33	※ × 1	8			0.46								
〃	〃 ▲	0.08 × 0.13	※ × ½	8			0.04 ▲								
ブレース付 G. ℓ	〃 〃	0.26 × 0.53	※ × 1	8			1.10								
			平均		36.90	5.01	4.72								238.44

№ C-15

鉄 骨 積 算

名称	形状・寸法	計算	か所	SS400 H.9	均しモルタル ㋐30	超音波探傷	長さ m	WELD 換算係数 K	換算長さ m
WELD 一般 G.H.	⊕ 9	95×2+325=515	0.52	8				4.16	2.72	11.32
ブレース付 G.H.	〃 9	95×3+530=815	0.82	8				6.56	〃	17.84
(その他ガセット類)										
RG1端ブレースG	H. 9	0.10 × 0.25 × 1	0.10	16	0.40				HB分	
WELD 〃	▽ 9		0.25	16				4.00	3.70	14.80
均しモルタル	㋐30×300×550			10		10				
超音波探傷	(止)V部 但しデッキ受は除く			244			244			
					0.40	10	244			43.96

No. C-16

間柱鉄骨集計表　[　　造／延　　　m²]　(公社)日本建築積算協会23号用紙（　）

	SS400	SS400		SS400	〃	〃		SS400	S10T		均しモルタル		WELD
	H-148×100 ×6×9	[-150×75 ×6.5×10		ℓ-12	ℓ-9	ℓ-6		A, B M20 ℓ=600	HTB M16×40		㋐30 200×250		換算長さ
	m	m		m²	m²	m²		本	本		ヶ所		m
P-1	116.24				0.46	0.07		24	82		12		17.68
2		14.40		0.60					8				
計　m, m², 本	116.24	14.40		0.60	0.46	0.07		24	90		12		17.68
単位質量 kg/m, m²	21.1	18.6		95.20	70.65	47.10							
質量　kg	2,453	268		57	32	3	間柱計						
						2,813 t							

工事名・　　　　　　　　　　　　　　　　　　　　　　　No. C-17

6. C倉庫新築（鉄骨）工事

鉄 骨 積 算

名称	形状・寸法		計		算	箇所	SS400 H-148×100 ×6×9	〃 L-12	〃 L-9	〃 L-6	〃 AB M20	S10T HTB M16×40	均しモルタル ⑦30 200×250	長さ m	WELD 換算係数 K	換算長さ m
間柱											$\ell=600$					
	B, L	P_1-14台 L 12				12										
		A, B M20 $\ell=600$				12					24					
A, B通り Main	H	8,800-300-30-12=8,458 148×100×6×9	0.20	×	0.25 × 1	8	67.68									
妻面	〃	8,458+600=9,058			2	4	36.24									
〃	〃	9,058+600-3,500=6,158 〃			1	2	12.32									
庇G, L	9	平均	0.20	×	0.38 × 1	6		0.60								
B0×G, L	6		0.047	×	0.13 × 1	4			0.46	0.02						
〃	〃		0.06	×	0.13 × 1	4				0.03						
RIB	〃		0.047	×	0.13 × 1	4				0.02						
WELD Main	⊕		0.10		× 2	12								2.40	2.72	6.53
W	6		0.13		× 1	12								1.56	1.39	2.17
庇G, L	9		0.40		× 1	6								2.40	2.72	6.53
B0×G, RIB	6	47×2+130=224	0.22		× 2	4								1.76	1.39	2.45
A, B通り, W	HTB	9+6+25=40 M16×40			5	8						40				
〃	〃	〃 ×40			7	6						42				
妻面	〃					12										
	均しモルタル	⑦30×200×250											12			
							116.24	0.60	0.46	0.07	24	82	12			17.68

№ C-18

（公社）日本建築積算協会13号用紙　（P-1）

248　III. モデル建物の計算・解説

鉄　骨　積　算　（公社）日本建築積算協会13号用紙（P-2）

名称	形状・寸法	計	算	か所	SS400 [150×75 ×6.5×10]	S10T HTB M16×40	長さ m	WELD 換算係数 K	換算長さ m
Main	⊏ 150×75×6.5×10　P₀-4台(出入り口廻り)	3.60	※ 1	4	14.40				
W	HTB 6.5+6+25=37.5　M16×40		2	4		8			
					14.40	8			

No. C-19

大梁鉄骨集計表　[　　　　　 造 / 延　 m²]　（公社）日本建築積算協会23号用紙（　　　）

	SS400 H-600×200 ×11×17	〃 H-400×200 ×8×13	〃 H-300×150 ×6.5×9	〃 H-194×150 ×6×9	〃 FB50×6	〃 FL-16	〃 FL-12	〃 FL-9	〃 FL-2.3	S10T HTB M22×85	〃 M22×70	〃 M20×60	〃 M20×55	〃 M20×45	超音波探傷	WELD 換算長さ
	m	m	m	m	m	m²	m²	m²	m²	本	本	本	本	本	ヶ所	m
G-1	45.00				5.18	4.68	0.24	3.73	1.02	320		120				88.92
2		24.90	46.40					0.69						48		20.89
3				46.40			3.24	1.88			240		80			52.80
4					2.36			0.63						32	20	19.36
計 m,m²,本	45.00	24.90	46.20	46.40	5.18	4.68	3.48	6.93	1.02	320	240	120	80	80	20	181.97
単位質量 kg/m,m²	106	66.0	36.7	30.6	2.36	125.6	94.20	70.65	18.06							
質量 kg	4,770	1,643	1,696	1,420	12	588	328	490	18	t 10.965 大梁計						

工事名・　　　　　　　　　　　　　　　　　　　　　　　　　　　　　　　　　　№　C-20

250　Ⅲ．モデル建物の計算・解説

鉄　骨　積　算　(公社)日本建築積算協会13号用紙（G-1）

名称		形状・寸法		計	算		か所	SS400 H-600×200 ×11×17	〃 ℓ-16	〃 ℓ-12	〃 ℓ-9	〃 ℓ-2.3	〃 FB50×6	S10^T HTB M22×85 〃M20×60	WELD 長さ m	換算係数 K	換算長さ m
大梁		2G₁-5台															
	Main	H	600×200×11×17	9.00		1	5	45.00									
	B1-G, ℓ	ℓ	9	0.175	0.57	1	24										
	〃	〃	(図)	0.08	0.28	½	24				▲						
	〃	〃	12	0.209		0.283	6				0.35						
	P1・G, ℓ	〃	12　平均	0.12		0.25	8										
	ブレース G, ℓ	〃	FB 50×6	0.37		1	14			0.24							
	デッキ受		95×2＋566＝756														
WELD	B1, P1 G, ℓ	＋	9	0.76			30										
	ブレース Gℓ	∨	12	0.25			8		2.60								
	デッキ受	〃	6	0.37			14		2.08								
	F	S H.1	ℓ	16	0.20	0.65	4	5				1.26			22.80	2.72	62.02
		S H.2	〃	16	0.08	0.65	8	5							2.00	HB² 7.00	14.00
		F. Fill	〃	2.3	0.08	0.32	8	5					1.02		5.18	HB² 2.49	12.90
	W	S H.3	〃	9	0.15	0.42	4	5									
	F	HTB	16×2＋19＋35＝86 M22×85			8×8	5							320			
	W	〃	9×2＋11＋30＝59 M20×60			6×4	5							120			
								45.00	4.68	0.24	3.73	1.02	5.18	320 120			88.92

№　C-21

鉄 骨 積 算

名称		形状・寸法	計	算	か所	SS400 H-300×150 ×6.5×9	〃 *R.* 9	S10^T HTB M20×45	WELD 長さ m	WELD 換算係数 K	WELD 換算長さ m
		2G₂—8台									
Main	H	300×150×6.5×9	5.80	＊ 1	8	46.40					
Pl×G.	*R.*	9	0.211	＊ 0.28 ＊ 1	8		0.47				
stt	〃	〃	0.097	＊ 0.28 × 1	8		0.22				
Pl×G. stt	⇔	97×2+282=476 9	0.48	＊ 2	8						
WELD				3×2	8				7.68	2.72	20.89
W	HTB	9+6.5+30=45.5 M20×45						48			
						46.40	0.69	48			20.89

№ C—22

252　III．モデル建物の計算・解説

鉄 骨 積 算　（公社）日本建築積算協会13号用紙（G-3）

名称	形状・寸法		計			算	か所	SS400 H-400×200 ×8×13	" L-12	" L-9	S10ᵀ HTB M22×70	" M20×55		WELD	
													長さ m	換算係数 K	換算長さ m
	RG₁-5台														
Main	H	4,895+80=4,975 400×200×8×13	4.98	※		1	5	24.90							
RB1×G, L	L	9 ³⁸⁰[125/206]¹⁷⁶	0.176	※	0.38	1	8			0.54					
"	"		0.08	※	0.18	1/2	8			▲ 0.06					
P1×G, L	"		0.21	※	0.38	1	2			0.16					
ﾌﾞﾚｰｽGL	"		0.10	※	0.25	1	16			0.40					
WELD F Main	∨	13	0.20	※		2	5						2.00	HB² 8.06	16.12
W	"	8	0.38				5						1.90	HB² 3.36	6.38
Bl. Pl G. L	⊥	9	0.57		96×2+381=573		10						5.70	2.72	15.50
ﾌﾞﾚｰｽGL	∨	"	0.25				16						4.00	HB² 3.70	14.80
F SH.1	L	12	0.20	※	0.45	4	5		1.80						
SH.2	"	12	0.08	※	0.45	8	5		1.44						
W SH.3	"	9	0.15	※	0.28	4	5			0.84					
F	HTB 12×2+13+35=72 M22×70					6×8	5				240.				
W	"	9×2+8+30=56 M20×55				4×4	5					80.			
									24.90	3.24	1.88	240.	80.			52.80

№ C-23

6．C倉庫新築（鉄骨）工事　253

鉄骨積算

名称	形状・寸法	計	算	か所	SS400 H-194×150×6×9	〃 L-9	S10T HTB M20×45	超音波探傷	WELD 長さ m	WELD 換算係数 K	WELD 換算長さ m
Main	H 194×150×6×9 RG₂-8台	5.80	※1	8	46.40						
Pl×G.L	L 9	0.211	※0.18	8		0.30					
stt	〃	0.097	※0.18	8		0.14					
RB²×GL	〃	0.16	※0.15	8		0.19					
WELD Pl×G.L stt	⟵ 97×2+176=370 9	0.37	※2	8					5.92	2.72	16.10
RB²×GL	〃	0.15		8					1.20	〃	3.26
W	HTB 9+6+30=45 M20×45		2×2	8			32				
超音波探傷				20				20			
					46.40	0.63	32	20			19.36

No. C-24

（公社）日本建築積算協会13号用紙（G-4）

254　Ⅲ．モデル建物の計算・解説

小梁鉄骨集計表

	SS400 H-300×150 ×6.5×9	〃 H-194×150 ×6×9	〃 H-148×100 ×6×9	〃 [-150×75 ×6.5×10		SS400 ℓ－9	〃 ℓ－6		S10T HTB M20×45	〃 M16×40		WELD 換算長さ
	m	m	m	m	本	m²	m²	本	本	本		m
B-1	69.60	23.20	48.96			0.32			88	32		8.59
2				11.70			0.10			12		2.58
計 m, m², 本	69.60	23.20	48.96	11.70		0.32	0.10		88	44		11.17
単位質量 kg/m, m²	36.7	30.6	21.1	18.6		70.65	47.10					
質量　　　kg	2,554	710	1,033	218		23	5	小梁計 t	4.543			

工事名：　　　　　　　　　　　　　　　　　　　　　　　　　　　　　　　　　No. C-25

6．C倉庫新築（鉄骨）工事　255

鉄　骨　積　算

名称		形状・寸法		計	算	か所	SS400 H-300×150 ×6.5×9	〃 H-194×150 ×6×9	〃 H-148×100 ×6×9	〃 L-9	S10ᵀ HTB M20×45	〃 M16×40	WELD 長さ m	換算係数 K	換算長さ m
小梁		2B₁−12台													
	Main	H	300×150×6.5×9	5.80	×1	12	69.60								
	W	HTB	6.5+9+30=45.5 M20×50		3×2	12					72				
		RB₁−4台													
	Main	H	194×150×6×9	5.80	×1	4		23.20							
	RB2·GB	L	9　平均	0.16 ※ 0.35	×1	4				0.22					
	stt	〃	〃	0.072 × 0.18	×1	4				0.10					
WELD	RB2×GB	✦	9	0.15	×2	4									
	stt	〃	72×2+176=320	0.32	×2	4									
	W	HTB	9+6+30=45 M20×45		2×2	4					16				
		RB₂−8台													
	Main	H	148×100×6×9	6.12	×1	8			48.96						
	W	HTB	9+6+25=40 M16×40		2×2	8						32			
													0.60	2.72	1.63
													2.56	〃	6.96
							69.60	23.20	48.96	0.32	88	32			
															8.59

№　C−26

256　Ⅲ．モデル建物の計算・解説

鉄　骨　積　算　　（公社）日本建築積算協会13号用紙（B−2）

名称	形状・寸法	計	算	か所	SS400 [-150×75×6.5×10	〃 ℓ-6	S10ᵀ HTB M16×40	WELD 長さ m	WELD 換算係数 K	WELD 換算長さ m
Main	B₀−2台(出入口廻り) [150×75×6.5×10	5.85	※ 1	2	11.70					
P₀, P₁ G. ℓ	ℓ 6	0.069	※ 0.13	※ 3	2		0.05				
〃	〃	0.06	× 0.13	× 3	2		0.05				
WELD P₀, P₁ G. ℓ	⇔ 6 69×2+130=268	0.27	※ 3	2				1.62	1.39	2.25
〃	〃	0.06	※ 2	2				0.24	〃	0.33
W	HTB 6.5+6+25=37.5 M16×40		2×3	2			12			
					11.70	0.10	12			2.58

No. C−27

6．C倉庫新築（鉄骨）工事　257

ブレース鉄骨集計表

	S S 400	〃	S R235	〃	S S 400	S10T	〃	〃	TB M20用	TB M16用	WELD
	L-75×75×6	L-65×65×6	R B M10	R B M16	H − 9	HTB M20×50	M20×45	M16×45			換算長さ
	m	m	m	m	m³	本	本	本	ヶ	ヶ	m
V − 1	57.36	51.92			0.96		144				8.23
2			61.44	125.12	0.77	16		32	8	16	25.47
計　m, m², 本	57.36	51.92	61.44	125.12	1.73	16	144	32	8	16	33.70
単位質量 kg/m,m²	6.85	5.91	2.47	1.58	70.65						
質量　kg	393	307	152	198	122						
					t 1.172	ブレース計					

工事名：　　　　　　　　　　　　　　　　　　　　　　　　　　No. C−28

258   III. モデル建物の計算・解説

鉄 骨 積 算

名称	形状・寸法		計	算	か所	SS400 L.75×75×6	〃 L.65×65×6	〃 PL-9	S10T HTB M20×45	WELD 長さ m	換算係数 K	換算長さ m
ブレース												
(軸ブレース)					(1F)							
Main	L	7,573-250-150=7,173 75×75×6	7.17	$\frac{7.573}{6,000}\sqrt{4.620}$ ✻ 1	8	57.36						
G.PL	PL 9	✻ 平均	0.30	× 0.40 × 1	4			0.48				
WELD	✢	300×2+75×2=750 6	0.75		4					3.00	1.39	4.17
		9+6+30=45 HTB M20×45		18	4				72			
(軸ブレース)												
Main	L	6,787-150×2=6,487 65×65×6	6.49	$\frac{6.787}{6,000}\sqrt{3.172}$ ✻ 1	8		51.92					
G.PL	PL 9	✻ 平均	0.30	× 0.40 × 1	4			0.48				
WELD	〃	300×2+65×2=730 6	0.73		4					2.92	1.39	4.06
		HTB M20×45		18	4				72			
						57.36	51.92	0.96	144			8.23

(公社) 日本建築積算協会13号用紙 (V-1)   № C-29

6．C倉庫新築（鉄骨）工事

鉄 骨 積 算

名　称	形 状・寸 法	計	算	か所	SR235 RB M20	〃 RB M16	SS400 ℒ−9	S10T HTB M20×50	〃 M16×45	TB M20用	TB M16用	長さ m	WELD 換算係数 K	換算長さ m
（床ブレース）	V_3−8台													
Main	RB $\dfrac{8,139-230\times2=7,679}{M20}$	7.68	$\dfrac{8,139\sqrt{5,500}}{6,000}$ × 1	8	61.44									
羽子板	ℒ−9	0.08	× 0.25 × 2	8			0.32							
WELD 〃	＋ M20	0.12	× 2	8								1.92	FL 6.57	12.61
	HTB $\dfrac{M20\times50}{M20用}$		× 1	8				16		8				
	TB M20用			8										
（屋根ブレース）	V_4−16台													
Main	RB $\dfrac{8,283-230\times2=7,823}{M16}$	7.82	$\dfrac{8,283\sqrt{5,711}}{6,000}$ × 1	16		125.12								
羽子板	ℒ−9	0.07	× 0.20 × 2	16			0.45							
WELD 〃	＋ M16	0.10	× 2	16								3.20	FL 4.02	12.86
	HTB $\dfrac{M16\times45}{M16用}$		× 2	16					32		16			
	TB M16用		× 1	16										
					61.44	125.12	0.77	16	32	8	16			25.47

（公社）日本建築積算協会13号用紙（V−2）

No. C−30

母屋, 胴縁 鉄骨集計表 〔 造 / 延 m²〕

	SS400	SS400	SSC400	SS400	F4ᵀ	〃	WELD
	CT-50×100 ×6×8	L-100×75×7	C-100×50 ×20×2.3	H-6	中ボルト M12×30	M12×25	換算長さ
	m	m	m	m	本	本	m
P.F-1		19.68	395.84		384		26.68
2		30.26	569.24		592	32	38.77
3	16.28	9.12	253.88	0.04	276		20.25
計 m, m², 本	16.28	59.06	1,218.96	0.04	1,252	32	85.70
単位質量 kg/m, m²	8.60	9.32	4.06	47.10			
質量 kg	140	550	4,949	2	母屋, 胴縁計 5,641		

工事名・

6．C倉庫新築（鉄骨）工事

鉄 骨 積 算

母屋 （F－1）

名称		形状・寸法	計	算	ヶ所	SS400 L-100×75×7	SSC400 C-100×50 ×20×2.3	F4T 中ボルト M12×30	WELD 長さ m	WELD 換算係数 K	WELD 換算長さ m
母屋 (本体)	2・4 Main	C-100×50×20×2.3	6.00	×16	2		192.00				
	1・2,4,5 〃	〃	6.37	×16	2		203.84				
	一般 ピース	L-100×75×7	0.10	×16	6	9.60					
	継手 〃	〃	0.21	×16	3	10.08					
WELD	一般 ピース	〃	0.20	×16	6				19.20	1 39/2	13.34
	継手 〃	〃	0.40	×16	3				19.20	〃	13.34
	一般	中ボルト 2.3+7+20=29.3 M12×30		2×16	6			192			
	継手	〃		4×16	3			192			
						19.68	395.84	384			26.68

No. C-32

262　III．モデル建物の計算・解説

鉄 骨 積 算

(公社) 日本建築積算協会13号用紙 (F−2)　№ C-33

名称		形状・寸法	計	算	ヵ所	SS400 L-100×75×7	SSC400 C-100×50 ×20×2.3	F4ᵀ 中ボルト M12×30	WELD 長さ m	WELD 換算係数 K	WELD 換算長さ m
胴縁											
A,B通り	2-4 Main	C 100×50×20×2.3	6.00 ※ 11 ※	2	2		264.00				
	1-2,4-5	〃	6.37 ※ 11 ※	2	2		280.28				
		〃 1,500+370−50=1,820	1.82 ※ 2 ※	2	2		14.56				
	タテ	〃	1.30 ※ 2 ※	2	2		10.40				
	一般 ピース	L-100×75×7	0.10 ※ 11 ※	4	2	8.80					
	〃	〃	0.10 ※ 13 ※	2	2	5.20					
	〃	〃	0.10 ※ 6 ※	2	2	2.40					
	継手	〃	0.21 ※ 11 ※	3	2	13.86					
WELD	一般 ピース	⌀/2.7	0.20 ※ 11 ※	4	2				17.60	1.39/2	12.23
	〃	〃	0.20 ※ 13 ※	2	2				10.40	〃	7.23
	〃	〃 3	0.20 ※ 6 ※	2	2				4.80	0.4/2	0.96
	継手	〃 7	0.40 ※ 11 ※	3	2				26.40	1.39/2	18.35
	一般	中ボルト 2.3+7+20=29.3 M12×30		2×82	2			328			
	継手	〃		4×33	2			264			
						30.26	569.24	592			38.77

鉄 骨 積 算

名称	形状・寸法	計	算	か所	SS400 CT-50×100×6×8	〃 L-100×75×7	〃 L-6	SSC400 C-100×50×20×2.3	F4T 中ボルト M12×30	〃 M12×25	WELD 長さ m	換算係数 K	換算長さ m
1.5通り Main	C 100×50×20×2.3	6.00	×6× 2	2				144.00					
〃	〃	2.70	×1	2				5.40					
〃	〃	4.00	×5× 2	2				80.00					
ノボリ	〃	6.12	×1× 2	2				24.48					
一般ビース	L 100×75×7	0.10	×33	2		6.60							
継手 〃	〃	0.21	×6	2		2.52							
A,B通り 〃	CT 50×100×6×8	0.37	×22	2	16.28								
G.和	ℓ 6 平均	0.10	×0.10×2	2			0.04						
WELD 一般ビース	⊬/7	0.20	×33	2							13.20	1 39/2	9.17
継手 〃	〃 6	0.20	×6	2							2.40	〃	1.67
A,B通り 〃	〃 6	0.30	×22	2							13.20	〃	9.17
G.和 〃	〃 3	0.30	×2	2							1.20	0 40/2	0.24
一般ビース	中ボルト M12×30		2×33	2					132				
継手 〃	〃		4×6	2					48				
A,B通り 〃	〃		2×22	2					88				
G.和 〃	〃		2×2	2					8				
ノボリ 〃	2.3+2.3+20=24.6 M12×25		1×16	2						32			
					16.28	9.12	0.04	253.88	276	32			20.25

№ C-34

鉄骨集計表（庇，デッキプレート）

	雑 鉄 骨		SSC400	SS400	D**R** A L B-16	D**R** 小口塞ぎ	S10^T HTB M16×40	F4^T 中ボルト M12×30	WELD 換算長さ
	SS400 L-100×75×7	〃 L-65×65×6	C-100×50 ×20×1.6	H-6		H=100			
	m	m	m	m²	m²	m	本	本	m
雑-1	1.80	15.06	39.60	0.14	279.89	79.34	36	36	8.80
2									
計 m,m²,本	1.80	15.06	39.60	0.14	279.89	79.34	36	36	8.80
単位質量 kg/m,m²	9.32	5.91	2.88	47.10	17.8				
質量 kg	17	89	114	7	4,982				
				総計(デッキプレートを除く)	227				
				〃 (デッキプレート)	4,982				

工事名・

No. C-35

6．C倉庫新築（鉄骨）工事

鉄骨積算

(公社) 日本建築積算協会13号用紙（雑—1）

名称	形状・寸法	計	算	か所	SS400 L-100×75×7	〃 L-65×65×6	SSC400 C-100×50 ×20×1.6	SS400 ℄-6	S10T HTB M16×40	F4T 中ボルト M12×30	WELD 長さ m	WELD 換算係数 K	WELD 換算長さ m
	庇—6ヶ所												
上弦材	L 65×65×6	1.27	※ 1	6		7.62							
下弦材	〃 〃	1.24	※ 1	6		7.44							
G.℄	℄-6 平均	0.15 × 0.16 ※ 1		6				0.14					
WELD 〃	⌀ 150×4+65×4=860/6	0.86		6							5.16	1.39	7.17
G	HTB M16×40 9+6+25=40/6		3×2	6					36				
母屋 Main	C 100×50×20×1.6	6.60	※ 3	2			39.60						
ピース	L 100×75×7	0.10 ※ 3	※ 3	2	1.80								
WELD 〃	⌀/2 65×2=130/6	0.13 ※ 3	※ 3	2							2.34	1.39/2	1.63
	中ボルト M12×30		2×9	2						36			
					1.80	15.06	39.60	0.14	36	36			8.80

No. C—36

266　III．モデル建物の計算・解説

鉄 骨 積 算

(公社) 日本建築積算協会13号用紙　(雑-2)

名称	形状・寸法		計	算	か所	D*ℓ* ALB16		小口塞ぎ H=100		長さ m	WELD 換算係数 K	換算長さ m
デッキプレート												
全面	D*ℓ* ALB16		12.00	＊ 24.74	1	296.88						
開口	〃	▲	2.93	× 5.80	1	▲ 16.99						
小口塞ぎ	H=100		12.00		2			24.00				
〃	〃		24.74		2			49.48				
〃	〃		2.93		2			5.86				
						279.89		79.34				

No. C-37

6．C倉庫新築（鉄骨）工事

鉄 骨 積 算

名称	形状・寸法	計	算	か所								
	〔塗装控除面積〕											m²
	C₁–10台											
B*L*	*L*	0.30 ＊	0.55 ＊	1	10							1.65
	P₁–14台											
B*L*	*L*	0.20 ＊	0.25 ＊	1	12							0.60
	2G₁–5台											
S*L*₁	*L*	0.20 ＊	0.65 ＊	4	5×2							5.20
S*L*₂	〃	0.08 ＊	0.65 ＊	8	5×2							4.16
S*L*₃	〃	0.15 ＊	0.42 ＊	4	5×2							2.52
	RG₁–5台											
S*L*₁	*L*	0.20 ＊	0.45 ＊	4	5×2							3.60
S*L*₂	〃	0.08 ＊	0.45 ＊	8	5×2							2.88
S*L*₃	〃	0.15 ＊	0.28 ＊	4	5×2							1.68
	塗装控除面積計											m² 22.29

（公社）日本建築積算協会13号用紙（　　）

No. C–38

Ⅳ．鉄骨積算の資料

添付資料について

　鉄骨の積算でもっとも使用される溶接延長換算表、鋼材の質量、塗装面積係数を収録した。

　溶接延長換算表は、平成23年9月改訂の建築数量積算基準より転載している。この表は（社）公共建築協会／建設大臣官房官庁営繕部監修「建築鉄骨設計基準及び同解説」によっているが、この他に（一社）鉄骨建設業協会の換算表などが多く用いられている。

　鋼材の質量については他の質量表と変わらないが、普通ボルトの質量やアンカーボルトの質量はこれといった規準がないので、一定の規準を設けて独自に作成したものである。その根拠なども記入しているので、長さやワッシャ枚数、ナット個数などが異なる場合は調整の上使用してもらいたい。塗装面積はt当たり面積となっているので質量拾い方式でも面積拾い方式でもそのいずれも使えるようになっている。

Ⅳ

鉄骨積算の資料

① 鉄骨参考表（溶接延長換算表）
② 山形鋼の単位質量および塗装係数
③ Ｉ形鋼の単位質量および塗装係数
④ 溝形鋼の単位質量および塗装係数
⑤ Ｈ形鋼の単位質量および塗装係数
⑥ Ｔ形鋼の単位質量および塗装係数
⑦ 一般構造用角形鋼管の単位質量および塗装係数
⑧ 一般構造用炭素鋼鋼管の単位質量および塗装係数
⑨ 軽量形鋼の単位質量および塗装係数
⑩ デッキプレート単位質量
⑪ 平鋼単位質量
⑫ 鋼板の単位質量および塗装係数
⑬ 縞鋼板の単位質量および塗装係数
⑭ 丸鋼の単位質量および塗装係数
⑮ 異形棒鋼の単位質量および塗装係数
⑯ 普通ボルト単位質量
⑰ 高力ボルト単位質量
⑱ 超高力ボルト単位質量
⑲ ステッキ形アンカーボルト単位質量
⑳ 両ネジアンカーボルト単位質量

① 鉄骨参考表（溶接延長換算表）

建設大臣官房官庁営繕部監修／（社）公共建築協会編集発行「建築鉄骨設計基準及び同解説」（平成10年版）（国土交通省の「建築鉄骨設計基準」の廃止に伴い廃刊）の参考値である。

(1) 溶接継手の表示記号

分類		記号
溶接工法	アーク手溶接、ガスシールドアーク半自動溶接、セルフガスシールドアーク半自動溶接	H
	サブマージアーク自動溶接	A
溶接継手	突合わせ溶接　突合わせ継手	B
	突合わせ溶接　T形継手	T
	突合わせ溶接　かど継手	L
	隅肉溶接	F
	部分溶込み溶接	P
	フレア溶接	FL
溶接面	片面溶接	1
	両面溶接	2

(2) 溶接継目の表示記載例

HB2
　溶接面（両溶接面）
　溶接継手（突合わせ継手）
　溶接工法（手溶接又は半自動溶接）

(3) 溶接継目のサイズ6mmの隅肉溶接換算率

溶接継目の種類、開先の種類、継手の種類及び断面寸法からサイズ6mmの隅肉溶接との断面比（6mm換算率）を求めたもので6mm溶接換算長さを算定する場合に通用する。

基準となるサイズ6mmの隅肉溶接の断面積は、余盛を含み $\dfrac{6 \times 6}{2} \times 1.1^2 = 21.78$ mm² とし、余盛りの高さについては右表によった。

（単位mm）

板厚（t）	余盛り高（h）
t ≦ 4	1
4 < t ≦ 12	2
12 < t ≦ 20	3
20 < t	4

$_HB_1$

(1) $t \leq 6$ mm

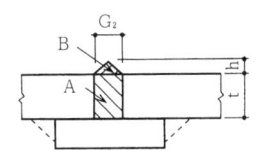

$K = \dfrac{A+B}{21.78}$

$A = G_2 \cdot t$

$B = \dfrac{G_2 \cdot h}{2}$

寸	法
G_2	t

(2) $6\,\text{mm} < t \leq 40\,\text{mm}$

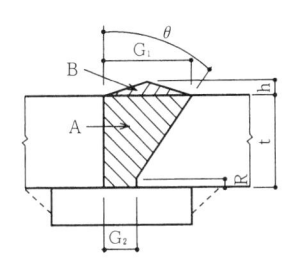

$K = \dfrac{A+B}{21.78}$

$G_1 = G_2 + (t-R) \cdot \tan\theta$

$A = G_2 \cdot R + \dfrac{(G_1+G_2) \cdot (t-R)}{2}$

$B = \dfrac{G_1 \cdot h}{2}$

寸法	
G_2	7 mm
θ	35°
R	2 mm

$_HB_1$

t	K	t	K
4	0.83	23	16.47
5	1.38	24	17.55
6	1.93	25	18.66
7	3.13	26	19.80
8	3.66	27	20.97
9	4.23	28	22.18
10	4.82	29	23.42
11	5.45	30	24.69
12	6.11	31	25.99
13	7.14	32	27.32
14	7.88	33	28.69
15	8.65	34	30.09
16	9.45	35	31.52
17	10.29	36	32.98
18	11.15	37	34.48
19	12.05	38	36.00
20	12.99	39	37.56
21	14.42	40	39.15
22	15.43		

$_AB_1$

(1) $t \leq 12$ mm

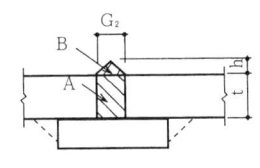

$K = \dfrac{A+B}{21.78}$

$A = G_2 \cdot t$

$B = \dfrac{G_2 \cdot h}{2}$

寸	法
G_2	6 mm

(2) $12\,\text{mm} < t \leq 40\,\text{mm}$

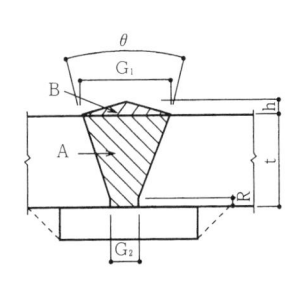

$K = \dfrac{A+B}{21.78}$

$G_1 = G_2 + 2 \cdot (t-R) \cdot \tan\left(\dfrac{\theta}{2}\right)$

$A = G_2 \cdot R + \dfrac{(G_1+G_2) \cdot (t-R)}{2}$

$B = \dfrac{G_1 \cdot h}{2}$

寸法	
G_2	6 mm
θ	30°
R	2 mm

$_AB_1$

t	K	t	K
4	1.24	23	13.35
5	1.65	24	14.20
6	1.93	25	15.08
7	2.20	26	15.98
8	2.48	27	16.91
9	2.75	28	17.86
10	3.03	29	18.84
11	3.31	30	19.84
12	3.58	31	20.86
13	5.89	32	21.91
14	6.48	33	22.99
15	7.10	34	24.09
16	7.75	35	25.21
17	8.42	36	26.36
18	9.11	37	27.54
19	9.83	38	28.73
20	10.57	39	29.96
21	11.71	40	31.21
22	12.52		

IV．鉄骨積算の資料

(1) $t \leq 6\,mm$

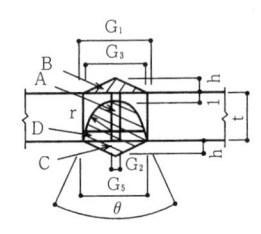

寸法	
G_2	0
θ	50°
r	4 mm

$$K = \frac{A+B+C+D}{21.78}$$
$$G_1 = G_5$$
$$G_3 = 2 \cdot r / \cos\left(\frac{\theta}{2}\right)$$
$$G_5 = G_3 + 2 \cdot (t-r-1) \cdot \tan\left(\frac{\theta}{2}\right)$$
$$A = G_2 \cdot t$$
$$B = \frac{G_1 \cdot h}{2}$$
$$C = \frac{G_5 \cdot h}{2}$$
$$D = \frac{\pi \cdot r^2 \cdot (180° - \theta)}{2 \cdot 180°} + r^2 \cdot \tan\left(\frac{\theta}{2}\right) + \frac{(G_3 + G_5) \cdot (t-r-1)}{2}$$

$_H B_2$

t	K	t	K
4	1.15	23	17.77
5	1.99	24	18.70
6	2.50	25	19.65
7	3.06	26	20.64
8	3.36	27	21.66
9	3.70	28	22.71
10	6.09	29	23.79
11	6.52	30	24.91
12	7.00	31	26.05
13	8.06	32	27.23
14	8.66	33	28.44
15	9.30	34	29.68
16	9.99	35	30.95
17	10.72	36	32.25
18	11.50	37	33.59
19	12.33	38	34.95
20	14.44	39	36.35
21	16.02	40	37.78
22	16.88		

(2) $6\,mm < t \leq 19\,mm$

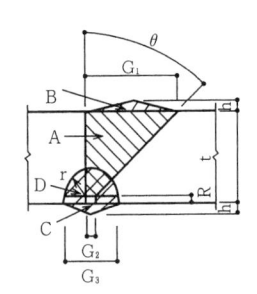

$$K = \frac{A+B+C+D}{21.78}$$
$$G_1 = G_2 + (t-R) \cdot \tan\theta$$
$$G_3 = 2 \cdot r$$
$$A = \frac{(G_1 + G_2) \cdot (t-R)}{2}$$
$$B = \frac{G_1 \cdot h}{2}$$
$$C = \frac{G_3 \cdot h}{2}$$
$$D = G_3 \cdot R + \frac{\pi \cdot r^2}{2}$$

寸法	
G_2	0
θ	45°
R	2 mm
r	$t \leq 9$: 4 mm
	$t > 9$: 6 mm

(3) $19\,mm < t \leq 40\,mm$

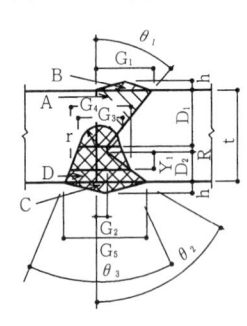

寸法	
G_2	0
θ_1	45°
θ_2	60°
θ_3	50°
R	2 mm
r	6 mm
D_1	$2 \cdot (t-R)/3$
D_2	$(t-R)/3$

$$K = \frac{A+B+C+D}{21.78}$$
$$A = (G_1 + G_2) \cdot D_1 / 2$$
$$B = G_1 \cdot h / 2$$
$$C = G_5 \cdot h / 2$$
$$G_1 = D_1 \cdot \tan\theta_1 + G_2$$
$$G_3 = 2 \cdot r / \cos\left(\frac{\theta_3}{2}\right)$$
$$Y_1 = \frac{r/\cos\left(\frac{\theta_3}{2}\right) + R \cdot \tan\left(\frac{\theta_3}{2}\right) - \frac{G_2}{2}}{\tan\theta_2 - \tan\left(\frac{\theta_3}{2}\right)}$$

$Y_1 \geq D_2$ の場合 
$$G_5 = 2 \cdot (R + D_2) \cdot \tan\left(\frac{\theta_3}{2}\right) + G_3$$
$$D = \pi \cdot r^2 \cdot (180° - \theta_3)/(2 \cdot 180°) + r^2 \cdot \tan\left(\frac{\theta_3}{2}\right) + (G_3 + G_5) \cdot (R + D_2)/2$$

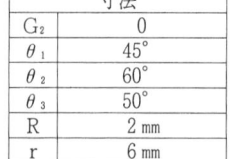

$Y_1 < D_2$ の場合
$$G_4 = 2 \cdot (R + Y_1) \cdot \tan\left(\frac{\theta_3}{2}\right) + G_3$$
$$G_5 = r/\cos\left(\frac{\theta_3}{2}\right) + (R + D_2) \cdot \tan\left(\frac{\theta_3}{2}\right) + \frac{G_2}{2} + D_2 \cdot \tan\theta_2$$
$$D = \pi \cdot r^2 \cdot (180° - \theta_3)/(2 \cdot 180°) + r^2 \cdot \tan\left(\frac{\theta_3}{2}\right) + (G_3 + G_4) \cdot (R + Y_1)/2 + (G_4 + G_5) \cdot (D_2 - Y_1)/2$$

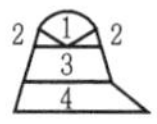

IV. 鉄骨積算の資料　275

(1) $t \leqq 12$mm

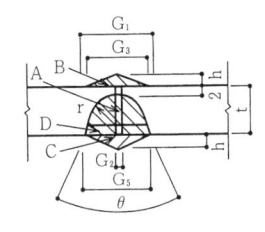

$$K = \frac{A+B+C+D}{21.78}$$

$G_1 = G_5$

$G_3 = 2 \cdot r / \cos\left(\frac{\theta}{2}\right)$

$G_5 = G_3 + 2 \cdot (t-r-2) \cdot \tan\left(\frac{\theta}{2}\right)$

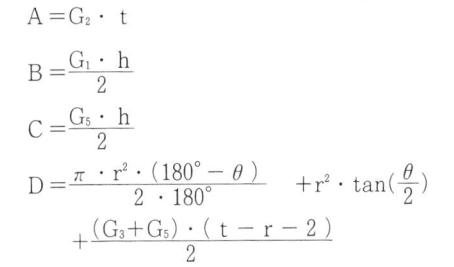

$A = G_2 \cdot t$

$B = \dfrac{G_1 \cdot h}{2}$

$C = \dfrac{G_5 \cdot h}{2}$

$D = \dfrac{\pi \cdot r^2 \cdot (180° - \theta)}{2 \cdot 180°} + r^2 \cdot \tan\left(\frac{\theta}{2}\right) + \dfrac{(G_3 + G_5) \cdot (t-r-2)}{2}$

寸法	
G_2	0
θ	50°
r	$t \leqq 9$: 4 mm
	$t > 9$: 6 mm

(2) 12mm $< t \leqq 22$mm

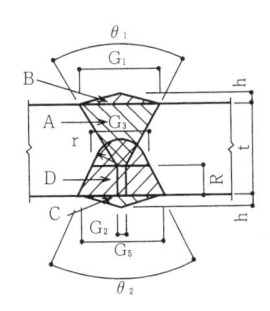

$$K = \frac{A+B+C+D}{21.78}$$

$G_1 = G_2 + 2 \cdot (t-R) \cdot \tan\left(\frac{\theta_1}{2}\right)$

$G_3 = 2 \cdot r / \cos\left(\frac{\theta_2}{2}\right)$

$G_5 = G_3 + 2 \cdot R \cdot \tan\left(\frac{\theta_2}{2}\right)$

$A = \dfrac{(G_1 + G_2) \cdot (t-R)}{2}$

$B = \dfrac{G_1 \cdot h}{2}$

$C = \dfrac{G_5 \cdot h}{2}$

$D = \dfrac{\pi \cdot r^2 \cdot (180° - \theta_2)}{2 \cdot 180°} + r^2 \cdot \tan\left(\frac{\theta_2}{2}\right) + \dfrac{(G_3 + G_5) \cdot R}{2}$

寸法	
G_2	0
θ_1	60°
θ_2	50°
R	6 mm
r	6 mm

(3) 22mm $< t \leqq 40$mm

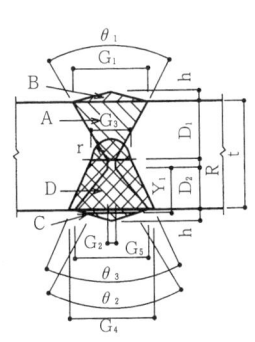

$$K = \frac{A+B+C+D}{21.78}$$

$A = (G_1 + G_2) \cdot D_1 / 2$

$B = G_1 \cdot h / 2$

$C = G_5 \cdot h / 2$

$G_1 = 2 \cdot D_1 \cdot \tan\left(\frac{\theta_1}{2}\right) + G_2$

$G_3 = 2 \cdot r / \cos\left(\frac{\theta_3}{2}\right)$

$Y_1 = \dfrac{r / \cos\left(\frac{\theta_3}{2}\right) + R \cdot \tan\left(\frac{\theta_3}{2}\right) - \frac{G_2}{2}}{\tan\left(\frac{\theta_2}{2}\right) - \tan\left(\frac{\theta_3}{2}\right)}$

$Y_1 \geqq D_2$ の場合

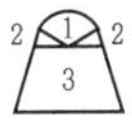

$G_5 = 2 \cdot (R + D_2) \cdot \tan\left(\frac{\theta_3}{2}\right) + G_3$

$D = \pi \cdot r^2 \cdot (180° - \theta_3) / (2 \cdot 180°) + r^2 \cdot \tan\left(\frac{\theta_3}{2}\right) + (G_3 + G_5) \cdot (R + D_2) / 2$

$Y_1 < D_2$ の場合

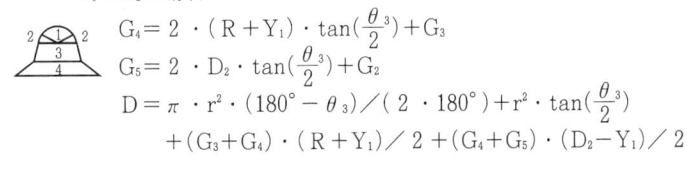

$G_4 = 2 \cdot (R + Y_1) \cdot \tan\left(\frac{\theta_3}{2}\right) + G_3$

$G_5 = 2 \cdot D_2 \cdot \tan\left(\frac{\theta_3}{2}\right) + G_2$

$D = \pi \cdot r^2 \cdot (180° - \theta_3) / (2 \cdot 180°) + r^2 \cdot \tan\left(\frac{\theta_3}{2}\right) + (G_3 + G_4) \cdot (R + Y_1) / 2 + (G_4 + G_5) \cdot (D_2 - Y_1) / 2$

AB_2

t	K	t	K
4	0.77	23	21.24
5	1.52	24	22.18
6	1.99	25	23.16
7	2.50	26	24.15
8	3.05	27	25.17
9	3.65	28	26.21
10	5.33	29	27.28
11	6.14	30	28.37
12	6.98	31	29.49
13	10.22	32	30.63
14	10.69	33	31.79
15	11.22	34	32.98
16	11.81	35	34.19
17	12.44	36	35.42
18	13.13	37	36.68
19	13.88	38	37.97
20	14.67	39	39.27
21	16.35	40	40.60
22	17.28		

寸法	
G_2	0
θ_1	60°
θ_2	60°
θ_3	50°
R	6 mm
r	6 mm
D_1	$(t-R)/2$
D_2	$(t-R)/2$

IV．鉄骨積算の資料

ₕT₁

t≦40mm

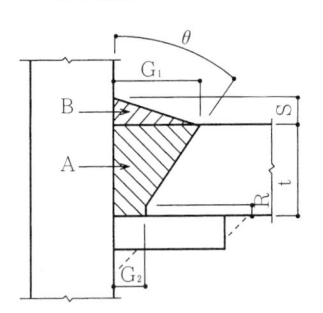

寸法		
t	t≦6mm	6mm<t≦40mm
G₂	6mm	7mm
θ	35°	
S	t／4≦10mm	
R	2mm	

$$K = \frac{A+B}{21.78}$$

$$A = G_2 \cdot R + \frac{(G_1+G_2) \cdot (t-R)}{2}$$

$$B = \frac{G_1 \cdot S}{2}$$

$$G_1 = G_2 + (t-R) \cdot \tan\theta$$

t	K	t	K
4	1.34	23	17.35
5	1.75	24	18.58
6	2.21	25	19.85
7	3.07	26	21.17
8	3.66	27	22.52
9	4.29	28	23.92
10	4.97	29	25.35
11	5.68	30	26.83
12	6.43	31	28.34
13	7.22	32	29.90
14	8.05	33	31.49
15	8.92	34	33.13
16	9.84	35	34.80
17	10.79	36	36.52
18	11.78	37	38.27
19	12.81	38	40.07
20	13.89	39	41.91
21	15.00	40	43.78
22	16.15		

ₐT₁

t≦40mm

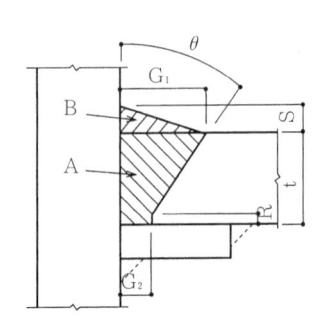

寸法		
t	t≦12mm	12mm<t≦40mm
G₂	6mm	7mm
θ	35°	
S	t／4≦10mm	
R	2mm	

$$K = \frac{A+B}{21.78}$$

$$A = G_2 \cdot R + \frac{(G_1+G_2) \cdot (t-R)}{2}$$

$$B = \frac{G_1 \cdot S}{2}$$

$$G_1 = G_2 + (t-R) \cdot \tan\theta$$

t	K	t	K
4	1.34	23	17.35
5	1.75	24	18.58
6	2.21	25	19.85
7	2.71	26	21.17
8	3.25	27	22.52
9	3.83	28	23.92
10	4.45	29	25.35
11	5.11	30	26.83
12	5.81	31	28.34
13	7.22	32	29.90
14	8.05	33	31.49
15	8.92	34	33.13
16	9.84	35	34.80
17	10.79	36	36.52
18	11.78	37	38.27
19	12.81	38	40.07
20	13.89	39	41.91
21	15.00	40	43.78
22	16.15		

(1) $t \leq 6$ mm

$$K = \frac{A + B + C + D}{21.78}$$

$G_1 = G_3$

$G_3 = G_2 + r / \cos\theta + (t - r - 1) \cdot \tan\theta$

$A = G_2 \cdot t$

$B = \dfrac{G_1 \cdot S}{2}$

$C = \dfrac{G_3 \cdot S}{2}$

$D = \dfrac{\pi \cdot r^2 \cdot (180° - \theta)}{2 \cdot 180°} + \dfrac{r^2 \cdot \tan\theta}{2}$
$\quad + \dfrac{(r - G_2) \cdot (s + t - r - 1)}{2}$
$\quad + \dfrac{(G_3 + G_2 + r/\cos\theta) \cdot (t - r - 1)}{2}$

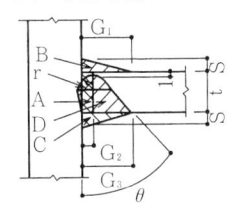

寸法	
G_2	0
θ	45°
s	$t / 4 \leq 10$ mm
r	4 mm

(2) 6 mm $<$ t $\leq$ 19 mm

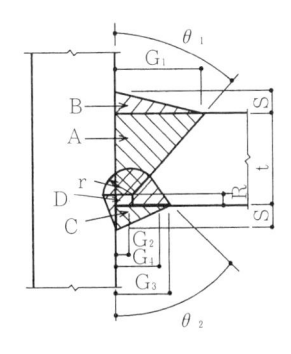

$$K = \frac{A + B + C + D}{21.78}$$

$G_1 = G_2 + (t - R) \cdot \tan\theta_1$

$G_4 = G_2 + r / \cos\theta_2$

$G_3 = G_4 + R \cdot \tan\theta_2$

$A = \dfrac{(G_1 + G_2) \cdot (t - R)}{2}$

$B = \dfrac{G_1 \cdot S}{2}$

$C = \dfrac{G_3 \cdot S}{2}$

$D = \dfrac{\pi \cdot r^2 \cdot (180° - \theta_2)}{2 \cdot 180°} + \dfrac{r^2 \cdot \tan\theta_2}{2}$
$\quad + \dfrac{(G_3 + G_4) \cdot R}{2} + \dfrac{(r - G_2) \cdot (R + S)}{2}$

寸法	
G_2	0
θ_1	45°
θ_2	45°
S	$t / 4 \leq 10$ mm
R	2 mm
r	$t \leq 9$: 4 mm
	$t > 9$: 6 mm

(3) 19 mm $<$ t $\leq$ 40 mm

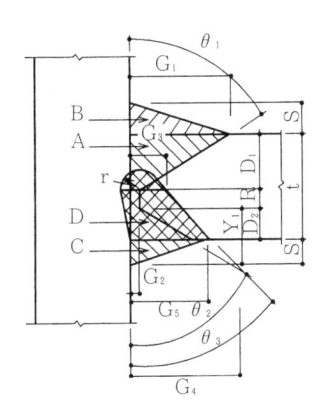

$$K = \frac{A + B + C + D}{21.78}$$

$A = (G_1 + G_2) \cdot D_1 / 2$ $\quad G_1 = D_1 \cdot \tan\theta_1 + G_2$

$B = G_1 \cdot S / 2$ $\quad G_3 = r / \cos\theta_3 + G_2$

$C = G_5 \cdot S / 2$

$Y_1 = \dfrac{r / \cos\theta_3 + R \cdot \tan\theta_3}{\tan\theta_2 - \tan\theta_3}$

$Y_1 \geq D_2$ の場合

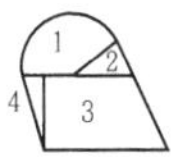

$G_5 = (R + D_2) \cdot \tan\theta_3 + G_3$

$D = \pi \cdot r^2 \cdot (180° - \theta_3) / (2 \cdot 180°) + r^2 \cdot \tan(\theta_3) / 2$
$\quad + (G_3 + G_5) \cdot (R + D_2) / 2 + (r - G_2) \cdot (R + D_2) / 2$

$Y_1 < D_2$ の場合

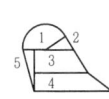

$G_4 = (R + Y_1) \cdot \tan\theta_3 + G_3$

$G_5 = G_2 + D_2 \cdot \tan\theta_2$

$D = \pi \cdot r^2 \cdot (180° - \theta_3) / (2 \cdot 180°) + r^2 \cdot \tan(\theta_3) / 2$
$\quad + (G_3 + G_4) \cdot (R + Y_1) / 2 + (G_4 + G_5) \cdot (D_2 - Y_1) / 2$
$\quad + (r - G_2) \cdot (R + D_2) / 2$

H T₂

t	K	t	K
4	1.21	23	18.03
5	1.67	24	19.11
6	2.20	25	20.22
7	3.27	26	21.37
8	3.66	27	22.55
9	4.12	28	23.77
10	6.79	29	25.03
11	7.39	30	26.32
12	8.04	31	27.66
13	8.75	32	29.03
14	9.51	33	30.43
15	10.34	34	31.87
16	11.22	35	33.35
17	12.16	36	34.87
18	13.15	37	36.43
19	14.21	38	38.02
20	15.04	39	39.65
21	16.00	40	41.31
22	17.00		

寸法	
G_2	0
θ_1	45°
θ_2	60°
θ_3	45°
S	$t / 4 \leq 10$ mm
R	2 mm
r	6 mm
D_1	$2 \cdot (t - R) / 3$
D_2	$(t - R) / 3$

(1) $t \leq 12$mm

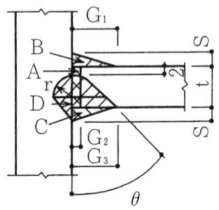

$$K = \frac{A+B+C+D}{21.78}$$

$G_1 = G_3$

$G_3 = G_2 + r/\cos\theta + (t-r-2)\cdot\tan\theta$

$A = G_2 \cdot t$

$B = G_1 \cdot S/2$

$C = G_3 \cdot S/2$

$$D = \frac{\pi \cdot r^2 \cdot (180°-\theta)}{2 \cdot 180°} + \frac{r^2 \cdot \tan\theta}{2} + \frac{(r-G_2)\cdot(S+t-r-2)}{2} + \frac{(G_3+G_2+r/\cos\theta)\cdot(t-r-2)}{2}$$

寸法	
G_2	0
θ	45°
S	$t/4 \leq 10$mm
r	$t \leq 9 : 4$mm
	$t > 9 : 6$mm

(2) 12mm $< t \leq 22$mm

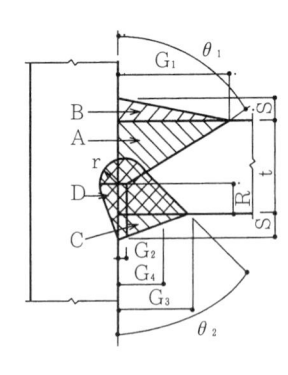

$$K = \frac{A+B+C+D}{21.78}$$

$G_1 = G_2 + (t-R)\cdot\tan\theta_1$

$G_4 = G_2 + r/\cos\theta_2$

$G_3 = G_4 + R\cdot\tan\theta_2$

$$A = \frac{(G_1+G_2)\cdot(t-R)}{2}$$

$$B = \frac{G_1 \cdot S}{2}$$

$$C = \frac{G_3 \cdot S}{2}$$

$$D = \frac{\pi \cdot r^2 \cdot (180°-\theta_2)}{2 \cdot 180°} + \frac{r^2 \cdot \tan\theta_2}{2} + \frac{(G_3+G_4)\cdot R}{2} + \frac{(r-G_2)\cdot(R+S)}{2}$$

寸法	
G_2	0
θ_1	60°
θ_2	45°
S	$t/4 \leq 10$mm
R	6 mm
r	6 mm

(3) 22mm $< t \leq 40$mm

$$K = \frac{A+B+C+D}{21.78}$$

$A = (G_1+G_2)\cdot D_1/2$ 　　　$G_1 = D_1 \cdot \tan\theta_1 + G_2$

$B = G_1 \cdot S/2$ 　　　$G_3 = r/\cos\theta_3 + G_2$

$C = G_5 \cdot S/2$

$$Y_1 = \frac{r/\cos\theta_3 + R\cdot\tan\theta_3}{\tan\theta_2 - \tan\theta_3}$$

$Y_1 \geq D_2$ の場合

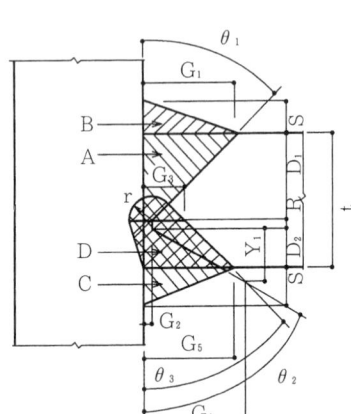

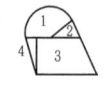

$G_5 = (R+D_2)\cdot\tan\theta_3 + G_3$

$D = \pi\cdot r^2\cdot(180°-\theta_3)/(2\cdot 180°) + r^2\cdot\tan(\theta_3)/2 + (G_3+G_5)\cdot(R+D_2)/2 + (r-G_2)\cdot(R+D_2)/2$

$Y_1 < D_2$ の場合

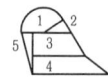

$G_4 = (R+Y_1)\cdot\tan\theta_3 + G_3$

$G_5 = G_2 + D_2 \cdot \tan\theta_2$

$D = \pi\cdot r^2\cdot(180°-\theta_3)/(2\cdot 180°) + r^2\cdot\tan(\theta_3)/2 + (G_3+G_4)\cdot(R+Y_1)/2 + (G_4+G_5)\cdot(D_2-Y_1)/2 + (r-G_2)\cdot(R+D_2)/2$

Ⓐ T₂

t	K	t	K
4	0.88	23	23.10
5	1.32	24	24.45
6	1.83	25	25.85
7	2.41	26	27.30
8	3.05	27	28.80
9	3.77	28	30.34
10	5.63	29	31.93
11	6.59	30	33.57
12	7.61	31	35.25
13	11.15	32	36.98
14	12.07	33	38.76
15	13.09	34	40.59
16	14.21	35	42.46
17	15.43	36	44.38
18	16.75	37	46.34
19	18.17	38	48.36
20	19.69	39	50.42
21	21.31	40	52.53
22	23.03		

寸法	
G_2	0
θ_1	60°
θ_2	60°
θ_3	45°
S	$t/4 \leq 10$mm
R	6 mm
r	6 mm
D_1	$(t-R)/2$
D_2	$(t-R)/2$

(1) $t \leqq 6\,mm$

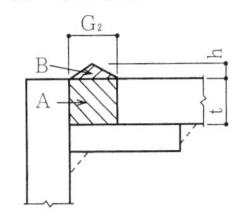

$K = \dfrac{A + B}{21.78}$

$A = G_2 \cdot t$

$B = \dfrac{G_2 \cdot h}{2}$

寸	法
G_2	t

(2) $6\,mm < t \leqq 40\,mm$

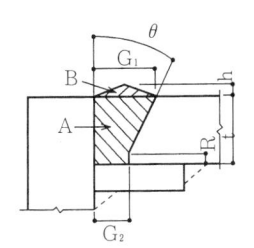

$K = \dfrac{A + B}{21.78}$

$G_1 = G_2 + (t - R) \cdot \tan\theta$

$A = G_2 \cdot R + \dfrac{(G_1 + G_2) \cdot (t - R)}{2}$

$B = \dfrac{G_1 \cdot h}{2}$

寸法	
G_2	7 mm
θ	35°
R	2 mm

ₕL₁

t	K	t	K
4	0.83	23	16.47
5	1.38	24	17.55
6	1.93	25	18.66
7	3.13	26	19.80
8	3.66	27	20.97
9	4.23	28	22.18
10	4.82	29	23.42
11	5.45	30	24.69
12	6.11	31	25.99
13	7.14	32	27.32
14	7.88	33	28.69
15	8.65	34	30.09
16	9.45	35	31.52
17	10.29	36	32.98
18	11.15	37	34.48
19	12.05	38	36.00
20	12.99	39	37.56
21	14.42	40	39.15
22	15.43		

(1) $t \leqq 12\,mm$

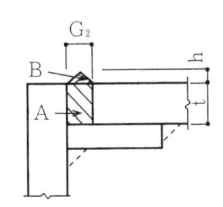

$K = \dfrac{A + B}{21.78}$

$A = G_2 \cdot t$

$B = \dfrac{G_2 \cdot h}{2}$

寸法	
G_2	6 mm

(2) $12\,mm < t \leqq 40\,mm$

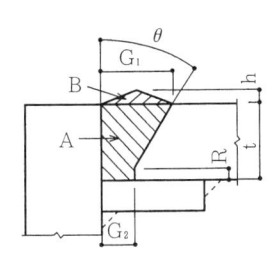

$K = \dfrac{A + B}{21.78}$

$G_1 = G_2 + (t - R) \cdot \tan\theta$

$A = G_2 \cdot R + \dfrac{(G_1 + G_2) \cdot (t - R)}{2}$

$B = \dfrac{G_1 \cdot h}{2}$

寸法	
G_2	7 mm
θ	35°
R	2 mm

ₐL₁

t	K	t	K
4	1.24	23	16.47
5	1.65	24	17.55
6	1.93	25	18.66
7	2.20	26	19.80
8	2.48	27	20.97
9	2.75	28	22.18
10	3.03	29	23.42
11	3.31	30	24.69
12	3.58	31	25.99
13	7.14	32	27.32
14	7.88	33	28.69
15	8.65	34	30.09
16	9.45	35	31.52
17	10.29	36	32.98
18	11.15	37	34.48
19	12.05	38	36.00
20	12.99	39	37.56
21	14.42	40	39.15
22	15.43		

(1) $t \leq 6\,mm$

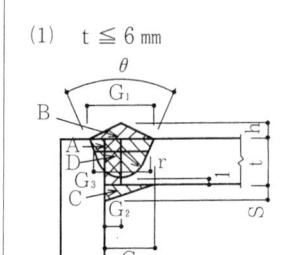

$$K = \frac{A+B+C+D}{21.78}$$
$$G_1 = G_3 + 2 \cdot (t - r - 1) \cdot \tan(\frac{\theta}{2})$$
$$G_3 = 2 \cdot r / \cos(\frac{\theta}{2})$$
$$G_5 = \frac{G_1}{2} + G_2$$
$$A = G_2 \cdot t$$
$$B = \frac{G_1 \cdot h}{2}$$
$$C = \frac{G_5 \cdot S}{2}$$
$$D = \frac{\pi \cdot r^2 \cdot (180° - \theta)}{2 \cdot 180°} + r^2 \cdot \tan(\frac{\theta}{2}) + \frac{(G_1 + G_3) \cdot (t - r - 1)}{2}$$

寸法	
G_2	0
θ	50°
S	$t/4 \leq 10\,mm$
r	4 mm

ⒽL₂

t	K	t	K
4	1.06	23	17.47
5	1.71	24	18.43
6	2.22	25	19.43
7	3.30	26	20.45
8	3.66	27	21.50
9	4.08	28	22.58
10	6.70	29	23.69
11	7.23	30	24.82
12	7.81	31	25.99
13	8.69	32	27.19
14	9.38	33	28.42
15	10.11	34	29.67
16	10.90	35	30.96
17	11.73	36	32.27
18	12.60	37	33.61
19	13.52	38	34.99
20	14.49	39	36.39
21	15.64	40	37.82
22	16.54		

(2) $6\,mm < t \leq 19\,mm$

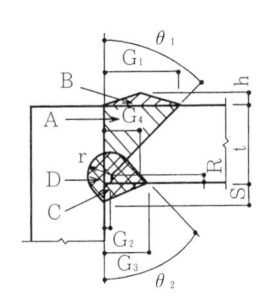

$$K = \frac{A+B+C+D}{21.78}$$
$$G_1 = G_2 + (t - R) \cdot \tan\theta_1$$
$$G_4 = G_2 + r / \cos\theta_2$$
$$G_3 = G_4 + R \cdot \tan\theta_2$$
$$A = \frac{(G_1 + G_2) \cdot (t - R)}{2}$$
$$B = \frac{G_1 \cdot h}{2}$$
$$C = \frac{G_3 \cdot S}{2}$$
$$D = \frac{\pi \cdot r^2 \cdot (180° - \theta_2)}{2 \cdot 180°} + \frac{r^2 \cdot \tan\theta_2}{2} + \frac{(G_3 + G_4) \cdot R}{2} + \frac{(r - G_2) \cdot (R + S)}{2}$$

寸法	
G_2	0
θ_1	45°
θ_2	45°
S	$t/4 \leq 10\,mm$
R	2 mm
r	$t \leq 9$: 4 mm $t > 9$: 6 mm

寸法	
G_2	0
θ_1	45°
θ_2	60°
θ_3	45°
S	$t/4 \leq 10\,mm$
R	2 mm
r	6 mm
D_1	$2 \cdot (t - R)/3$
D_2	$(t - R)/3$

(3) $19\,mm < t \leq 40\,mm$

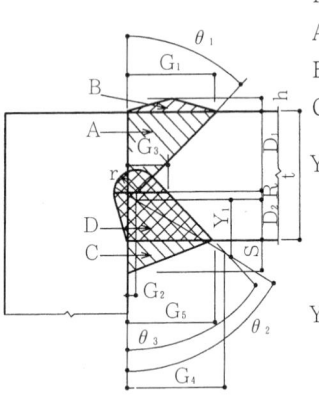

$$K = \frac{A+B+C+D}{21.78}$$
$$A = (G_1 + G_2) \cdot D_1 / 2 \qquad G_1 = D_1 \cdot \tan\theta_1 + G_2$$
$$B = G_1 \cdot h / 2 \qquad G_3 = r / \cos\theta_3 + G_2$$
$$C = G_5 \cdot S / 2$$
$$Y_1 = \frac{r / \cos\theta_3 + R \cdot \tan\theta_3}{\tan\theta_2 - \tan\theta_3}$$

$Y_1 \geq D_2$ の場合

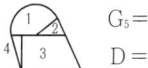

$$G_5 = (R + D_2) \cdot \tan\theta_3 + G_3$$
$$D = \pi \cdot r^2 \cdot (180° - \theta_3)/(2 \cdot 180°) + r^2 \cdot \tan(\theta_3)/2 + (G_3 + G_5) \cdot (R + D_2)/2 + (r - G_2) \cdot (R + D_2)/2$$

$Y_1 < D_2$ の場合

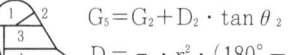

$$G_4 = (R + Y_1) \cdot \tan\theta_3 + G_3$$
$$G_5 = G_2 + D_2 \cdot \tan\theta_2$$
$$D = \pi \cdot r^2 \cdot (180° - \theta_3)/(2 \cdot 180°) + r^2 \cdot \tan(\theta_3)/2 + (G_3 + G_4) \cdot (R + Y_1)/2 + (G_4 + G_5) \cdot (D_2 - Y_1)/2 + (r - G_2) \cdot (R + D_2)/2$$

IV. 鉄骨積算の資料

(1) $t \leq 12$mm

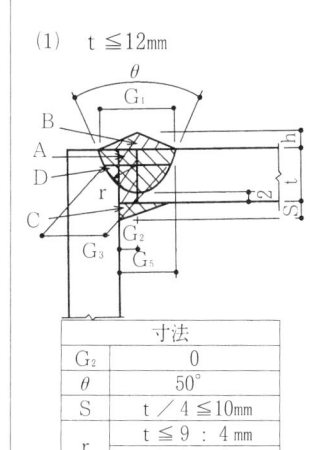

$K = \dfrac{A+B+C+D}{21.78}$

$G_1 = G_3 + 2 \cdot (t-r-2) \cdot \tan(\dfrac{\theta}{2})$

$G_3 = 2 \cdot r / \cos(\dfrac{\theta}{2})$

$G_5 = \dfrac{G_1}{2} + G_2$

$A = G_2 \cdot t$

$B = \dfrac{G_1 \cdot h}{2}$

$C = \dfrac{G_5 \cdot S}{2}$

$D = \dfrac{\pi \cdot r^2 \cdot (180° - \theta)}{2 \cdot 180°} + r^2 \cdot \tan(\dfrac{\theta}{2}) + \dfrac{(G_1+G_3) \cdot (t-r-2)}{2}$

寸法	
G_2	0
θ	50°
S	$t/4 \leq 10$mm
r	$t \leq 9$: 4mm
	$t > 9$: 6mm

$_AL_2$

t	K	t	K
4	0.69	23	22.51
5	1.27	24	23.74
6	1.73	25	25.00
7	2.25	26	26.31
8	2.81	27	27.65
9	3.42	28	29.03
10	5.07	29	30.45
11	5.91	30	31.90
12	6.78	31	33.39
13	10.21	32	34.92
14	10.82	33	36.48
15	11.48	34	38.08
16	12.20	35	39.72
17	12.98	36	41.40
18	13.80	37	43.11
19	14.69	38	44.86
20	18.76	39	46.65
21	20.16	40	48.47
22	21.31		

(2) $12\text{mm} < t \leq 19\text{mm}$

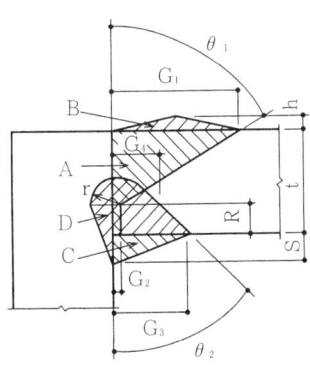

$K = \dfrac{A+B+C+D}{21.78}$

$G_1 = G_2 + (t-R) \cdot \tan\theta_1$

$G_4 = G_2 + r / \cos\theta_2$

$G_3 = G_4 + R \cdot \tan\theta_2$

$A = \dfrac{(G_1+G_2) \cdot (t-R)}{2}$

$B = \dfrac{G_1 \cdot h}{2}$

$C = \dfrac{G_3 \cdot S}{2}$

$D = \dfrac{\pi \cdot r^2 \cdot (180° - \theta_2)}{2 \cdot 180°} + \dfrac{r^2 \cdot \tan\theta_2}{2} + \dfrac{(G_3+G_1) \cdot R}{2} + \dfrac{(r-G_2) \cdot (R+S)}{2}$

寸法	
G_2	0
θ_1	50°
θ_2	45°
S	$t/4 \leq 10$mm
R	6 mm
r	6 mm

寸法	
G_2	0
θ_1	60°
θ_2	60°
θ_3	45°
S	$t/4 \leq 10$mm
R	6 mm
r	6 mm
D_1	$(t-R)/2$
D_2	$(t-R)/2$

(3) $19\text{mm} < t \leq 40\text{mm}$

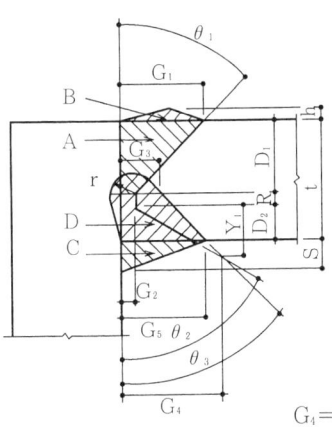

$K = \dfrac{A+B+C+D}{21.78}$

$A = (G_1+G_2) \cdot D_1 / 2$ $G_1 = D_1 \cdot \tan\theta_1 + G_2$

$B = G_1 \cdot h / 2$ $G_3 = r / \cos\theta_3 + G_2$

$C = G_5 \cdot S / 2$

$Y_1 = \dfrac{r/\cos\theta_3 + R \cdot \tan\theta_3}{\tan\theta_2 - \tan\theta_3}$

$Y_1 \geq D_2$ の場合

$G_5 = (R+D_2) \cdot \tan\theta_3 + G_3$

$D = \pi \cdot r^2 \cdot (180° - \theta_3)/(2 \cdot 180°) + r^2 \cdot \tan(\theta_3)/2$
$\quad + (G_3+G_5) \cdot (R+D_2)/2 + (r-G_2) \cdot (R+D_2)/2$

$Y_1 < D_2$ の場合

$G_4 = (R+Y_1) \cdot \tan\theta_3 + G_3$

$G_5 = G_2 + D_2 \cdot \tan\theta_2$

$D = \pi \cdot r^2 \cdot (180° - \theta_3)/(2 \cdot 180°) + r^2 \cdot \tan(\theta_3)/2$
$\quad + (G_3+G_4) \cdot (R+Y_1)/2 + (G_4+G_5) \cdot (D_2-Y_1)/2 + (r-G_2) \cdot (R+D_2)/2$

282　Ⅳ．鉄骨積算の資料

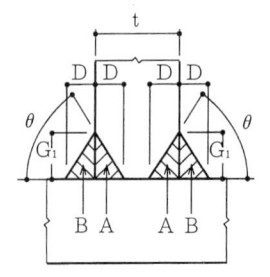

(1) $t \leqq 16$mm　　(2) $16\text{mm} < t \leqq 40\text{mm}$　　F_2

寸法	
θ	60°
D	S／2

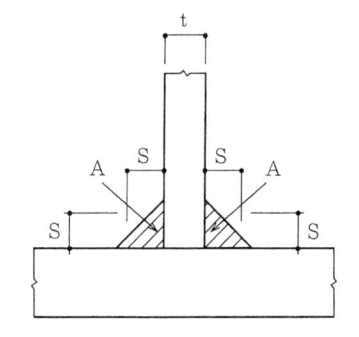

$$K = \frac{1.21 \times 2A}{21.78}$$

$$A = \frac{S^2}{2}$$

$$K = \frac{2 \cdot (A+B)}{21.78}$$

$$A = \frac{G_1 \cdot D}{2} \quad G_1 = D \cdot \tan\theta$$

$$B = \frac{G_1 \cdot D}{2}$$

（単位：mm）

t	4	5	6	7	8	9	10	11	12	13	14	15	16	19	22	25	28	32	36	40
s	3	4	5	5	6	7	8	8	9	10	10	11	12	11	13	15	17	19	21	24

t	K	t	K
4	0.50	23	7.79
5	0.89	24	7.79
6	1.39	25	8.95
7	1.39	26	10.18
8	2.00	27	10.18
9	2.72	28	11.49
10	3.56	29	11.49
11	3.56	30	12.88
12	4.50	31	12.88
13	5.56	32	14.35
14	5.56	33	15.90
15	6.72	34	15.90
16	8.00	35	17.54
17	3.98	36	17.54
18	4.81	37	19.25
19	4.81	38	19.25
20	5.73	39	21.03
21	6.72	40	22.90
22	6.72		

$12\text{mm} \leqq t \leqq 40\text{mm}$　　P_1

寸法	
θ	45°
S	$t／4 \leqq 10\text{mm}$

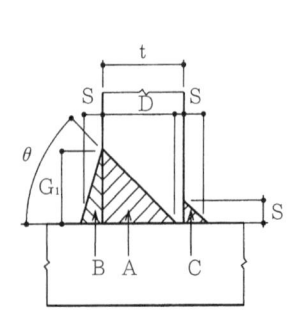

$$K = \frac{A+B+C}{21.78}$$

$$A = \frac{G_1 \cdot D}{2}$$

$$B = \frac{G_1 \cdot S}{2}$$

$$C = \frac{1.21 \cdot S^2}{2}$$

$$G_1 = D \cdot \tan\theta$$

t	12	16	19	22	25	28	32	36	40
D	10	11	12	13	13	14	15	15	16

t	K
12	3.23
16	4.23
19	5.24
22	6.36
25	6.83
28	8.11
32	9.70
36	10.51
40	12.33

$16\text{mm} \leqq t \leqq 40\text{mm}$　　P_2

寸法	
θ	45°
S	$t／4 \leqq 10\text{mm}$
R	2 mm
D	$(t-R)／2$

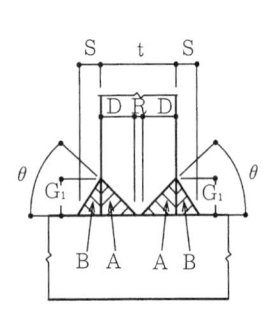

$$K = \frac{2(A+B)}{21.78}$$

$$A = \frac{G_1 \cdot D}{2}$$

$$B = \frac{G_1 \cdot S}{2}$$

$$G_1 = D \cdot \tan\theta$$

t	K
16	3.54
19	5.17
22	7.12
25	9.37
28	11.94
32	15.84
36	20.29
40	25.30

Ⅳ．鉄骨積算の資料

$$K = \frac{2 \cdot A + 2 \cdot B}{21.78}$$

$$2 \cdot A = \frac{d^2}{2} \cdot \left(1 - \frac{\pi}{4}\right)$$

$$2 \cdot B = \frac{d^2}{4}$$

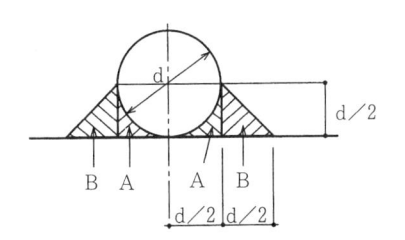

FL₂

d	K
10	1.64
12	2.36
13	2.77
14	3.22
16	4.20
18	5.32
19	5.92
20	6.56
22	7.94

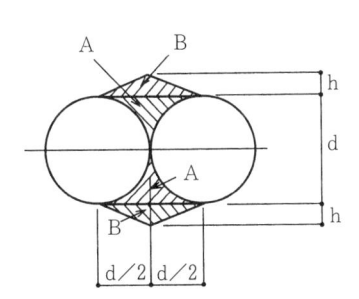

$$K = \frac{2 \cdot A + 2 \cdot B}{21.78}$$

$$2 \cdot A = d^2 \cdot \left(1 - \frac{\pi}{4}\right)$$

$$2 \cdot B = d \cdot h$$

FL₂

d	K
10	1.90
12	2.52
13	3.46
14	3.86
16	4.73
18	5.67
19	6.17
20	6.70
22	8.81

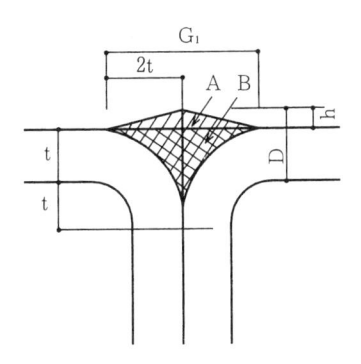

$$K = \frac{A + B}{21.78}$$

$$h = D - t$$

$$A = \frac{G_1 \times h}{2}$$

$$B = \left((2t)^2 - \frac{\pi}{4} \cdot (2t)^2\right) \cdot 2$$

FL₃

t	K
1.6	0.41
2.0	0.50
2.3	0.56
3.2	0.81
4.0	1.26
4.5	1.60

寸法	
D	t かつ 3 mm 以上
G₁	4 t

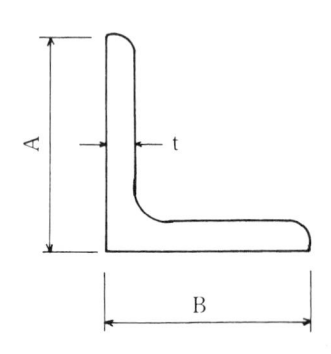

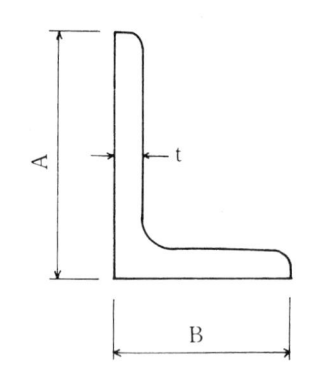

②

等辺山形鋼

A×B×t	1mの質量(kg)	鋼材1トンの表面積(m²)
25× 25× 3	1.12	86.61
30× 30× 3	1.36	86.03
40× 40× 3	1.83	85.25
40× 40× 5	2.95	52.88
45× 45× 4	2.74	63.87
45× 45× 5	3.38	51.78
50× 50× 4	3.06	63.73
50× 50× 5	3.77	51.72
50× 50× 6	4.43	43.57
60× 60× 4	3.68	63.86
60× 60× 5	4.55	51.65
65× 65× 5	5.00	50.80
65× 65× 6	5.91	42.81
65× 65× 8	7.66	32.77
70× 70× 6	6.38	42.79
75× 75× 6	6.85	42.77
75× 75× 9	9.96	29.22
75× 75×12	13.0	22.38
80× 80× 6	7.32	42.76
90× 90× 6	8.28	42.39
90× 90× 7	9.59	36.60
90× 90×10	13.3	26.32
90× 90×13	17.0	20.59
100×100× 7	10.7	36.54
100×100×10	14.9	26.17
100×100×13	19.1	20.42
120×120× 8	14.7	32.04
130×130× 9	17.9	28.49
130×130×12	23.4	21.71
130×130×15	28.8	17.64

等辺山形鋼

A×B×t	1mの質量(kg)	鋼材1トンの表面積(m²)
150×150×12	27.3	21.54
150×150×15	33.6	17.41
150×150×19	41.9	13.96
175×175×12	31.8	21.51
175×175×15	39.4	17.36
200×200×15	45.3	17.26
200×200×20	59.7	13.10
200×200×25	73.6	10.63
250×250×25	93.7	10.45
250×250×35	128	7.61

不等辺山形鋼

A×B×t	1mの質量(kg)	鋼材1トンの表面積(m²)
90× 75× 9	11.0	29.18
100× 75× 7	9.32	36.59
100× 75×10	13.0	26.15
125× 75× 7	10.7	36.54
125× 75×10	14.9	26.17
125× 75×13	19.1	20.42
125× 90×10	16.1	26.09
125× 90×13	20.6	20.39
150× 90× 9	16.4	28.66
150× 90×12	21.5	21.77
150×100× 9	17.1	28.66
150×100×12	22.4	21.79
150×100×15	27.7	17.62

③

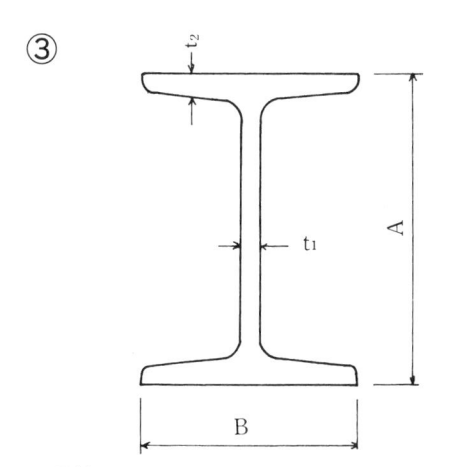

I 形鋼

A×B×t1×t2	1mの質量(kg)	鋼材1トンの表面積(m²)
100× 75× 5 × 8	12.9	36.59
125× 75× 5.5× 9.5	16.1	32.05
150× 75× 5.5× 9.5	17.1	33.10
150×125× 8.5×14	36.2	20.72
180×100× 6 ×10	23.6	30.59
200×100× 7 ×10	26.0	29.23
200×150× 9 ×16	50.4	18.71
250×125× 7.5×12.5	38.3	24.91
250×125×10 ×19	55.5	16.68
300×150× 8 ×13	48.3	23.87
300×150×10 ×18.5	65.5	17.27
300×150×11.5×22	76.8	14.56
350×150×9 ×15	58.5	21.35
350×150×12 ×24	87.2	13.90
400×150×10 ×18	72.0	18.56
400×150×12.5×25	75.8	13.62
450×175×11 ×20	91.7	16.67
450×175×13 ×26	115	13.08
600×190×13 ×25	133	14.06
600×190×16 ×35	176	10.40

④

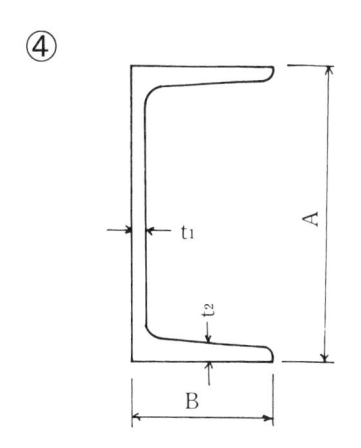

溝形鋼

A×B×t1×t2	1mの質量(kg)	鋼材1トンの表面積(m²)
75× 40× 5 × 7	6.92	41.91
100× 50× 5 × 7.5	9.36	40.60
125× 65× 6 × 8	13.4	36.42
150× 75× 6.5×10	18.6	30.86
150× 75× 9 ×12.5	24.0	23.46
180× 75× 7 ×10.5	21.4	29.53
200× 80× 7.5×11	24.6	28.05
200× 90× 8 ×13.5	30.3	23.96
250× 90× 9 ×13	34.6	23.82
250× 90×11 ×14.5	40.2	20.30
300× 90× 9 ×13	38.1	24.25
300× 90×10 ×15.5	43.8	20.91
300× 90×12 ×16	48.6	18.77
380×100×10.5×16	54.5	20.48
380×100×13 ×20	67.3	16.39

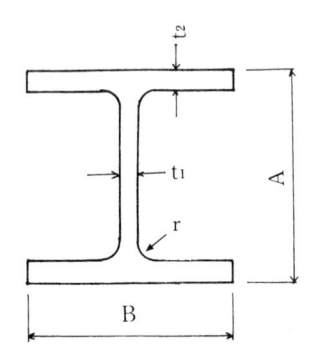

⑤

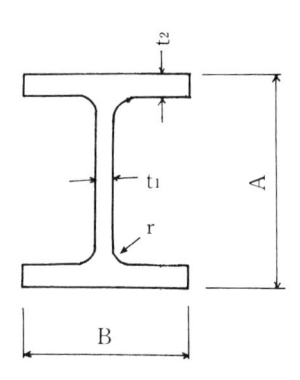

H形鋼

シリーズ	A×B×t1×t2×r	1mの質量(kg)	長さ1m当り面積(m²)	鋼材1トンの表面積(m²)
(広幅系列)				
100×100	100×100× 6 × 8× 8	16.9	0.574	33.96
125×125	125×125× 6.5× 9× 8	23.6	0.723	30.64
150×150	150×150× 7 ×10× 8	31.1	0.872	28.04
175×175	175×175× 7.5×11×13	40.4	1.013	25.07
200×200	200×200× 8 ×12×13	49.9	1.162	23.29
250×250	250×250× 9 ×14×13	71.8	1.460	20.33
300×300	300×300×10 ×15×13	93.0	1.758	18.90
350×350	350×350×12 ×19×13	135	2.054	15.21
400×400	400×400×13 ×21×22	172	2.336	13.58
	414×405×18 ×28×22	232	2.374	10.23
	428×407×20 ×35×22	283	2.406	8.50
	458×417×30 ×50×22	415	2.486	5.99
	498×432×45 ×70×22	605	2.596	4.29

H形鋼

シリーズ	A×B×t1×t2×r	1mの質量(kg)	長さ1m当り面積(m²)	鋼材1トンの表面積(m²)
(中幅系)				
150×100	148×100× 6 × 9× 8	20.7	0.670	32.37
200×150	194×150× 6 × 9× 8	29.9	0.962	32.17
250×175	244×175× 7 ×11×13	43.6	1.152	26.42
300×200	294×200× 8 ×12×13	55.8	1.350	24.19
350×250	340×250× 9 ×14×13	78.1	1.640	21.00
400×300	390×300×10 ×16×13	105	1.938	18.46
450×300	440×300×11 ×18×13	121	2.036	16.83
500×300	488×300×11 ×18×13	125	2.132	17.06
600×300	588×300×12 ×20×13	147	2.330	15.85
700×300	700×300×13 ×24×18	182	2.543	13.97
800×300	800×300×14 ×26×18	207	2.741	13.24
900×300	890×299×15 ×23×18	210	2.915	13.88
	900×300×16 ×28×18	240	2.937	12.24
	912×302×18 ×34×18	283	2.965	10.48
	918×303×19 ×37×18	304	2.979	9.80

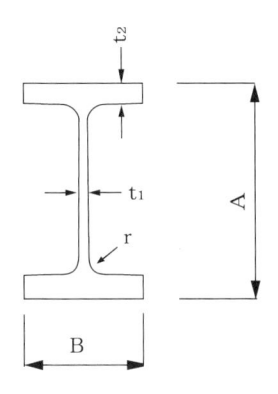

H形鋼

シリーズ	A×B×t1×t2×r	1mの質量(kg)	長さ1m当り面積(m²)	鋼材1トンの表面積(m²)
（細幅系）				
150× 75	150× 75× 5 × 7× 8	14.0	0.576	41.14
175× 90	175× 90× 5 × 8× 8	18.0	0.686	38.11
200×100	200×100× 5.5× 8× 8	20.9	0.775	37.08
250×125	250×125× 6 × 9× 8	29.0	0.974	33.59
300×150	300×150× 6.5× 9×13	36.7	1.165	31.74
350×175	350×175× 7 ×11×13	49.4	1.364	27.61
400×200	400×200× 8 ×13×13	65.4	1.562	23.88
450×200	450×200× 9 ×14×13	74.9	1.660	22.16
500×200	500×200×10 ×16×13	88.2	1.758	19.93
600×200	600×200×11 ×17×13	103	1.956	18.99

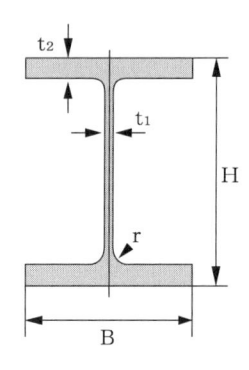

H形鋼（外法一定）

シリーズ	A×B×t1×t2×r	1mの質量(kg)	長さ1m当り面積(m²)	鋼材1トンの表面積(m²)
(外法一定)				
400×200	400×200× 6× 9×13	47.4	1.566	33.04
	400×200× 6×12×13	56.5	1.566	27.72
	400×200× 6×16×13	68.7	1.566	22.79
	400×200× 9×12×13	65.4	1.560	23.85
	400×200× 9×16×13	77.4	1.560	20.16
	400×200× 9×19×13	86.4	1.560	18.06
	400×200× 9×22×13	95.4	1.560	16.35
	400×200×12×22×13	104	1.554	14.94
450×200	450×200× 6× 9×13	49.7	1.666	33.52
	450×200× 6×12×13	58.9	1.666	28.29
	450×200× 6×16×13	71.1	1.666	23.43
	450×200× 9×12×13	68.9	1.660	24.09
	450×200× 9×16×13	80.9	1.660	20.52
	450×200× 9×19×13	89.9	1.660	18.46
	450×200× 9×22×13	98.9	1.660	16.78
	450×200×12×16×13	90.7	1.654	18.24
	450×200×12×19×13	99.6	1.654	16.61
	450×200×12×22×13	108	1.654	15.31
	450×200×12×25×13	117	1.654	14.14
450×250	450×250× 6×12×13	68.3	1.866	27.32
	450×250× 9×12×13	78.3	1.860	23.75
	450×250× 9×16×13	93.5	1.860	19.89
	450×250× 9×19×13	105	1.860	17.71
	450×250× 9×22×13	116	1.860	16.03
	450×250×12×22×13	126	1.854	14.71
	450×250×12×25×13	137	1.854	13.53
	450×250×12×28×13	148	1.854	12.53
500×200	500×200× 6× 9×13	52.1	1.766	33.90
	500×200× 6×12×13	61.2	1.766	28.86
	500×200× 6×16×13	73.4	1.766	24.06
	500×200× 9×12×13	72.4	1.760	24.31
	500×200× 9×16×13	84.5	1.760	20.83
	500×200× 9×19×13	93.4	1.760	18.84
	500×200× 9×22×13	102	1.760	17.25
	500×200×12×16×13	95.5	1.754	18.37
	500×200×12×19×13	104	1.754	16.87
	500×200×12×22×13	113	1.754	15.52
	500×200×12×25×13	122	1.754	14.38
500×250	500×250× 6×12×13	70.7	1.966	27.81
	500×250× 9×12×13	81.9	1.960	23.93
	500×250× 9×16×13	97.0	1.960	20.21
	500×250× 9×19×13	108	1.960	18.15
	500×250× 9×22×13	120	1.960	16.33
	500×250×12×22×13	130	1.954	15.03
	500×250×12×25×13	142	1.954	13.76
	500×250×12×28×13	153	1.954	12.77

H形鋼（外法一定）

シリーズ	A×B×t1×t2×r	1mの質量(kg)	長さ1m当り面積(m²)	鋼材1トンの表面積(m²)
(外法一定)				
550×200	550×200× 6× 9×13	54.5	1.866	34.24
	550×200× 6×12×13	63.6	1.866	29.34
	550×200× 6×16×13	75.8	1.866	24.62
	550×200× 9×12×13	76.0	1.860	24.47
	550×200× 9×16×13	88.0	1.860	21.14
	550×200× 9×19×13	96.9	1.860	19.20
	550×200× 9×22×13	106	1.860	17.55
	550×200×12×16×13	100	1.854	18.54
	550×200×12×19×13	109	1.854	17.01
	550×200×12×22×13	118	1.854	15.71
	550×200×12×25×13	127	1.854	14.60
550×250	550×250× 6×12×13	73.0	2.066	28.30
	550×250× 9×12×13	85.4	2.060	24.12
	550×250× 9×16×13	101	2.060	20.40
	550×250× 9×19×13	112	2.060	18.39
	550×250× 9×22×13	123	2.060	16.75
	550×250×12×22×13	135	2.054	15.21
	550×250×12×25×13	146	2.054	14.07
	550×250×12×28×13	158	2.054	13.00
600×200	600×200× 9×12×13	79.5	1.960	24.65
	600×200× 9×16×13	91.5	1.960	21.42
	600×200× 9×19×13	100	1.960	19.60
	600×200× 9×22×13	110	1.960	17.82
	600×200×12×16×13	105	1.954	18.61
	600×200×12×19×13	114	1.954	17.14
	600×200×12×22×13	123	1.954	15.89
	600×200×12×25×13	131	1.954	14.92
	600×200×12×28×13	140	1.954	13.96
600×250	600×250× 9×16×13	104	2.160	20.77
	600×250× 9×19×13	115	2.160	18.78
	600×250×12×19×13	129	2.154	16.70
	600×250×12×22×13	140	2.154	15.39
	600×250×12×25×13	151	2.154	14.26
	600×250×12×28×13	162	2.154	13.30
600×300	600×300× 9×19×13	130	2.360	18.15
	600×300×12×19×13	144	2.354	16.35
	600×300×12×22×13	157	2.354	14.99
	600×300×12×25×13	171	2.354	13.77
	600×300×12×28×13	184	2.354	12.79
	600×300×14×22×13	166	2.350	14.16
	600×300×14×25×13	179	2.350	13.13
	600×300×14×28×13	193	2.350	12.18
	600×300×14×32×13	211	2.350	11.14

H形鋼（外法一定）

シリーズ	A×B×t1×t2×r	1mの質量(kg)	長さ1m当り面積(m²)	鋼材1トンの表面積(m²)
(外法一定)				
650×200	650×200× 9×12×13	83.1	2.060	24.79
	650×200× 9×16×13	95.1	2.060	21.66
	650×200× 9×19×13	104	2.060	19.81
	650×200× 9×22×13	113	2.060	18.23
	650×200×12×16×13	110	2.054	18.67
	650×200×12×19×13	118	2.054	17.41
	650×200×12×22×13	127	2.054	16.17
	650×200×12×25×13	136	2.054	15.10
	650×200×12×28×13	145	2.054	14.17
650×250	650×250× 9×16×13	108	2.260	20.93
	650×250× 9×19×13	119	2.260	18.99
	650×250×12×19×13	133	2.254	16.95
	650×250×12×22×13	145	2.254	15.54
	650×250×12×25×13	156	2.254	14.45
	650×250×12×28×13	167	2.254	13.50
700×200	700×200× 9×12×18	87.6	2.151	24.55
	700×200× 9×16×18	99.6	2.151	21.60
	700×200× 9×19×18	109	2.151	19.73
	700×200× 9×22×18	118	2.151	18.23
	700×200×12×22×18	133	2.145	16.13
	700×200×12×25×18	142	2.145	15.11
	700×200×12×28×18	151	2.145	14.21
700×250	700×250× 9×16×18	112	2.351	20.99
	700×250× 9×19×18	124	2.351	18.96
	700×250×12×19×18	139	2.345	16.87
	700×250×12×22×18	150	2.345	15.63
	700×250×12×25×18	162	2.345	14.48
	700×250×14×25×18	172	2.341	13.61
	700×250×14×28×18	183	2.341	12.79
700×300	700×300× 9×19×18	138	2.551	18.49
	700×300×12×19×18	154	2.545	16.53
	700×300×12×22×18	168	2.545	15.15
	700×300×14×22×18	178	2.541	14.28
	700×300×14×25×18	191	2.541	13.30
	700×300×14×28×18	205	2.541	12.40
750×200	750×200× 9×12×18	91.1	2.251	24.71
	750×200× 9×16×18	103	2.251	21.85
	750×200× 9×19×18	112	2.251	20.10
	750×200×12×19×18	129	2.245	17.40
	750×200×12×22×18	138	2.245	16.27
	750×200×12×25×18	147	2.245	15.27
	750×200×12×28×18	156	2.245	14.39
750×250	750×250×12×16×18	133	2.445	18.38
	750×250×12×19×18	144	2.445	16.98
	750×250×12×22×18	155	2.445	15.77
	750×250×14×22×18	166	2.441	14.70
	750×250×14×25×18	177	2.441	13.79
	750×250×14×28×18	188	2.441	12.98

H形鋼（外法一定）

シリーズ	A×B×t1×t2×r	1mの質量(kg)	長さ1m当り面積(m²)	鋼材1トンの表面積(m²)
(外法一定)				
800×250	800×250×14×22×18	172	2.541	14.77
	800×250×14×25×18	183	2.541	13.89
	800×250×14×28×18	194	2.541	13.10
	800×250×16×25×18	195	2.537	13.01
	800×250×16×28×18	206	2.537	12.32
	800×250×16×32×18	220	2.537	11.53
800×300	800×300×14×22×18	189	2.741	14.50
	800×300×14×25×18	202	2.741	13.57
	800×300×14×28×18	216	2.741	12.69
	800×300×16×22×18	201	2.737	13.62
	800×300×16×25×18	214	2.737	12.79
	800×300×16×28×18	227	2.737	12.06
	800×300×16×32×18	245	2.737	11.17
850×250	850×250×14×22×18	177	2.641	14.92
	850×250×14×25×18	188	2.641	14.05
	850×250×14×28×18	199	2.641	13.27
	850×250×16×25×18	201	2.637	13.12
	850×250×16×28×18	212	2.637	12.44
	850×250×16×32×18	226	2.637	11.67
850×300	850×300×14×22×18	194	2.841	14.64
	850×300×14×25×18	208	2.841	13.66
	850×300×14×28×18	221	2.841	12.86
	850×300×16×22×18	207	2.837	13.71
	850×300×16×25×18	220	2.837	12.90
	850×300×16×28×18	234	2.837	12.12
	850×300×16×32×18	252	2.837	11.26
850×400	850×400×19×28×18	296	3.249	10.96
	850×400×19×32×18	320	3.249	10.14
	850×400×19×36×18	344	3.249	9.44
900×250	900×250×16×19×18	185	2.737	14.79
	900×250×16×22×18	196	2.737	13.96
	900×250×16×25×18	207	2.737	13.22
	900×250×16×28×18	218	2.737	12.56
	900×250×19×22×18	216	2.731	12.64
	900×250×19×25×18	227	2.731	12.03
	900×250×19×28×18	238	2.731	11.47
	900×250×19×32×18	252	2.731	10.84
	900×250×19×36×18	367	2.731	10.23
	900×250×19×40×18	281	2.731	9.70

H形鋼（外法一定）

シリーズ	A×B×t1×t2×r	1mの質量 (kg)	長さ1m当り面積 (m²)	鋼材1トンの表面積 (m²)
（外法一定）				
900×300	900×300×16×19×18	200	2.937	14.69
	900×300×16×22×18	213	2.937	13.79
	900×300×16×25×18	227	2.937	12.94
	900×300×16×28×18	240	2.937	12.24
	900×300×16×32×18	258	2.937	11.38
	900×300×19×22×18	233	2.931	12.58
	900×300×19×25×18	247	2.931	11.87
	900×300×19×28×18	260	2.931	11.27
	900×300×19×32×18	278	2.931	10.54
	900×300×19×36×18	295	2.931	9.93
	900×300×19×40×18	313	2.931	9.37
	900×300×22×28×18	263	2.925	11.14
	900×300×22×32×18	280	2.925	10.45
	900×300×22×36×18	315	2.925	9.29
	900×300×22×40×18	332	2.925	8.81
950×250	950×250×16×22×18	202	2.837	14.04
	950×250×16×25×18	213	2.837	13.32
	950×250×16×28×18	224	2.837	12.67
	950×250×16×32×18	239	2.837	11.87
	950×250×19×25×18	235	2.831	12.05
	950×250×19×28×18	245	2.831	11.56
	950×250×19×32×18	260	2.831	10.89
	950×250×19×36×18	274	2.831	10.33
950×300	950×300×16×22×18	218	3.037	13.39
	950×300×16×25×18	233	3.037	13.03
	950×300×16×28×18	246	3.037	12.35
	950×300×16×32×18	264	3.037	11.50
	950×300×19×25×18	253	3.031	11.98
	950×300×19×28×18	272	3.031	11.14
	950×300×19×32×18	284	3.031	10.67
	950×300×19×36×18	300	3.031	10.10
950×350	950×350×16×22×18	237	3.237	13.66
	950×350×16×25×18	240	3.237	13.49
	950×350×16×28×18	256	3.237	12.64
	950×350×16×32×18	277	3.237	11.69
	950×350×19×25×18	259	3.231	12.47
	950×350×19×28×18	275	3.231	11.75
	950×350×19×32×18	296	3.231	10.92
	950×350×19×36×18	316	3.231	10.22
950×400	950×400×16×22×18	254	3.437	13.53
	950×400×16×25×18	273	3.437	12.59
	950×400×16×28×18	291	3.437	11.81
	950×400×16×32×18	315	3.437	10.91
	950×400×19×25×18	294	3.431	11.67
	950×400×19×28×18	312	3.431	11.00
	950×400×19×32×18	336	3.431	10.21
	950×400×19×36×18	360	3.431	9.53

⑥

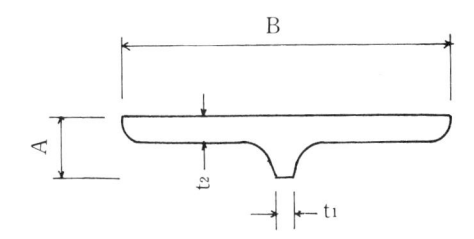

T形鋼

呼称寸法 B×t2	B	A	t1	t2	1mの質量(kg)	鋼材1トンの表面積(m²)
150×9	150	39	12	9	14.5	25.45
150×12	150	42	12	12	18.1	20.72
150×15	150	45	12	15	21.6	17.64
200×12	200	42	12	12	22.8	20.83
200×16	200	46	12	16	29.1	16.60
200×19	200	49	12	19	33.8	14.47
200×22	200	52	12	22	28.5	12.80
250×16	250	46	12	16	36.2	15.80
250×19	250	49	12	19	42.0	13.76
250×22	250	52	12	22	47.9	12.19
250×25	250	55	12	25	53.8	10.97

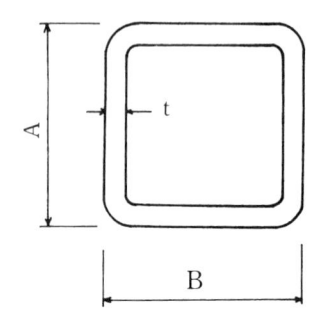

⑦

一般構造用角形鋼管（正方形）

A×B×t	1mの質量(kg)	鋼材1トンの表面積(m²)
40× 40× 1.6	1.88	82.45
40× 40× 2.3	2.62	58.02
50× 50× 1.6	2.38	81.93
50× 50× 2.3	3.34	57.48
50× 50× 3.2	4.50	42.00
60× 60× 1.6	2.88	81.60
60× 60× 2.3	4.06	57.14
60× 60× 3.2	5.50	41.64
75× 75× 1.6	3.64	81.04
75× 75× 2.3	5.14	56.81
75× 75× 3.2	7.01	41.23
75× 75× 4.5	9.55	29.84
80× 80× 2.3	5.50	56.73
80× 80× 3.2	7.51	41.15
80× 80× 4.5	10.3	29.61
90× 90× 2.3	6.23	56.50
90× 90× 3.2	8.51	41.01
100×100× 2.3	6.95	56.40
100×100× 3.2	9.52	40.86
100×100× 4.0	11.7	32.99
100×100× 4.5	13.1	29.39
100×100× 6.0	17.0	22.29
100×100× 9.0	24.1	15.31
100×100×12.0	30.2	11.89

一般構造用角形鋼管（正方形）

A×B×t	1mの質量(kg)	鋼材1トンの表面積(m²)
125×125× 3.2	12.0	40.75
125×125× 4.5	16.6	29.22
125×125× 5.0	18.3	26.39
125×125× 6.0	21.7	22.07
125×125× 9.0	31.1	15.08
125×125×12.0	39.7	11.56
150×150× 4.5	20.1	29.10
150×150× 5.0	22.3	26.14
150×150× 6.0	26.4	21.93
150×150× 9.0	38.2	14.90
175×175× 4.5	23.7	28.90
175×175× 5.0	26.2	26.07
175×175× 6.0	31.1	21.83
200×200× 4.5	27.2	28.86
200×200× 6.0	35.8	21.76
200×200× 8.0	46.9	16.48
200×200× 9.0	52.3	14.70
200×200×12.0	67.9	11.18
250×250× 5.0	38.0	25.87
250×250× 6.0	45.2	21.66
250×250× 8.0	59.5	16.35
250×250× 9.0	66.5	14.57
250×250×12.0	86.8	11.05
300×300× 4.5	41.3	28.69
300×300× 6.0	54.7	21.55
300×300× 9.0	80.6	14.50
300×300×12.0	106	10.93
350×350× 9.0	94.7	14.46
350×350×12.0	124	10.96

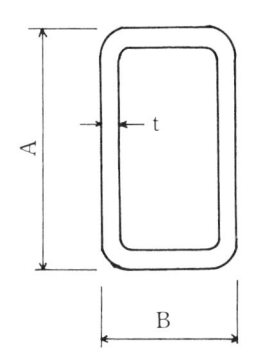

一般構造用角形鋼管（長方形）

A×B×t	1mの質量(kg)	鋼材1トンの表面積(m²)
50×20×1.6	1.63	82.82
50×20×2.3	2.25	58.67
50×30×1.6	1.88	82.45
50×30×2.3	2.62	58.02
60×30×1.6	2.13	82.16
60×30×2.3	2.98	57.72
60×30×3.2	3.99	42.36
75×20×1.6	2.25	82.22
75×20×2.3	3.16	57.59
75×45×1.6	2.88	81.60
75×45×2.3	4.06	57.14
75×45×3.2	5.50	41.64
80×40×1.6	2.88	81.60
80×40×2.3	4.06	57.14
80×40×3.2	5.50	41.64
90×45×2.3	4.60	56.96
90×45×3.2	6.25	41.44
100×20×1.6	2.88	81.60
100×20×2.3	4.06	57.14
100×40×1.6	3.38	81.36
100×40×2.3	4.78	56.90
100×40×4.2	8.32	31.97
100×50×1.6	3.64	81.04
100×50×2.3	5.14	56.81
100×50×3.2	7.01	41.23
100×50×4.5	9.55	29.84
125×40×1.6	4.01	81.05
125×40×2.3	5.69	56.59

一般構造用角形鋼管（長方形）

A×B×t	1mの質量(kg)	鋼材1トンの表面積(m²)
125× 75× 2.3	6.95	56.40
125× 75× 3.2	9.52	40.86
125× 75× 4.0	11.7	32.99
125× 75× 4.5	13.1	29.39
125× 75× 6.0	17.0	22.29
150× 75× 3.2	10.8	40.65
150× 80× 4.5	15.2	29.28
150× 80× 5.0	16.8	26.37
150× 80× 6.0	19.8	22.17
150×100× 3.2	12.0	40.75
150×100× 4.5	16.6	29.22
150×100× 6.0	21.7	22.07
150×100× 9.0	31.1	15.08
200×100× 4.5	20.1	29.10
200×100× 6.9	26.4	21.93
200×100× 9.0	38.2	14.90
200×150× 4.5	23.7	28.90
200×150× 6.0	31.1	21.83
200×150× 9.0	45.3	14.77
250×150× 6.0	35.8	21.76
250×150× 9.0	52.3	14.70
250×150×12.0	67.9	11.18
300×200× 6.0	45.2	21.66
300×200× 9.0	66.5	14.57
300×200×12.0	86.8	11.05
350×150× 6.0	45.2	21.66
350×150× 9.0	66.5	14.57
350×150×12.0	86.8	11.05
400×200× 6.0	54.7	21.55
400×200× 9.0	80.6	14.50
400×200×12.0	106	10.93

⑧

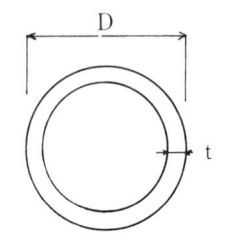

一般構造用炭素鋼鋼管（標準寸法）

外径（D）× t	1mの質量(kg)	鋼材1トンの表面積(m²)
21.7×1.9	0.928	73.28
27.2×1.9	1.19	71.43
27.2×2.3	1.41	60.28
34.0×2.3	1.80	59.44
42.7×2.3	2.29	58.52
42.7×2.4	2.39	56.07
42.7×3.2	3.12	42.95
48.6×2.3	2.63	58.17
48.6×2.4	2.73	56.04
48.6×3.2	3.58	42.74
60.5×2.3	3.30	57.58
60.5×2.8	3.98	47.74
60.5×3.2	4.52	42.04
76.3×2.8	5.08	47.24
76.3×3.2	5.77	41.59
89.1×2.3	4.92	56.91
89.1×2.8	5.96	46.98
89.1×3.2	6.78	41.30
89.1×3.5	7.39	37.89
89.1×4.2	8.79	31.85
101.6×3.2	7.76	41.11
101.6×3.5	8.47	37.66
101.6×4.2	10.1	31.58
114.3×2.8	7.70	46.62
114.3×3.5	9.56	37.55
114.3×4.5	12.2	29.43
114.3×6.0	16.0	22.44
139.8×3.5	11.8	37.20
139.8×4.0	13.4	32.76
139.8×4.5	15.0	29.27
139.8×5.0	16.6	26.45

一般構造用炭素鋼鋼管（標準寸法）

外径（D）× t	1mの質量(kg)	鋼材1トンの表面積(m²)
165.2× 3.8	15.1	34.37
165.2× 4.0	15.9	32.64
165.2× 4.5	17.8	29.16
165.2× 5.0	19.8	26.21
190.7× 5.3	24.2	24.75
216.3× 4.5	23.5	28.94
216.3× 5.8	30.1	22.59
216.3× 8.2	42.1	16.15
267.4× 6.0	38.7	21.71
267.4× 6.6	42.4	19.81
267.4× 9.3	59.2	14.19
318.5× 6.0	46.2	21.67
318.5× 6.9	53.0	18.89
318.5× 7.9	60.5	16.55
318.5×10.3	78.3	12.78
355.6× 6.4	55.1	20.27
355.6× 7.9	67.7	16.50
355.6× 9.5	81.1	13.77
355.6×11.1	94.3	11.85
406.4× 6.4	63.1	20.24
406.4× 7.9	77.6	16.46
406.4× 9.5	93.0	13.73
406.4×12.7	123	10.38
457.2× 6.4	71.1	20.20
457.2× 7.9	87.5	16.41
457.2× 9.5	105	13.68
457.2×12.7	139	10.33
508.0× 6.4	79.2	20.15
508.0× 7.9	97.4	16.39
508.0× 9.5	117	13.64
508.0×12.7	155	10.30

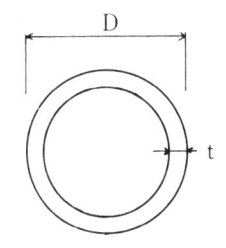

一般構造用炭素鋼鋼管（標準寸法）

外径（D）× t	1mの質量 （kg）	鋼材1トンの表面積(m²)
558.8× 6.4	87.2	20.14
558.8× 7.9	107	16.41
558.8× 9.5	129	13.61
558.8×12.7	171	10.27
609.6× 6.4	95.2	20.12
609.6× 7.9	117	16.37
609.6× 9.5	141	13.58
609.6×12.7	187	10.24
711.2× 6.4	111	20.13
711.2× 7.9	137	16.31
711.2× 9.5	165	13.54
711.2×12.7	219	10.20
762.0× 6.4	119	20.12
762.0× 7.9	147	16.29
762.0× 9.5	176	13.60
762.0×12.7	235	10.19
812.8× 6.4	127	20.10
812.8× 7.9	157	16.26
812.8× 9.5	188	13.58
812.8×12.7	251	10.17
812.8×16.0	314	8.12
914.4× 7.9	177	16.23
914.4× 9.5	212	13.55
914.4×12.7	282	10.19
914.4×16.0	354	8.12
1016.0× 9.5	236	13.52
1016.0×12.7	314	10.17
1016.0×16.0	395	8.08
1219.2×12.7	378	10.13
1219.2×16.0	475	8.06

⑨

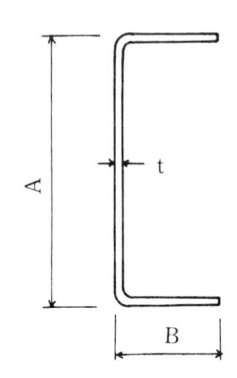

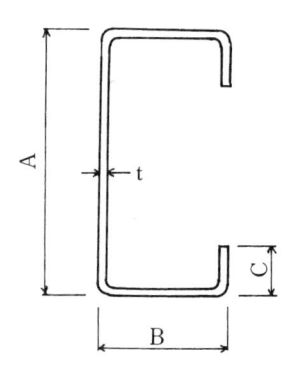

軽ミゾ形鋼

JIS呼び名	A×B×t	1mの質量(kg)	鋼材1トンの表面積(m²)
1618	450×75×6.0	27.3	42.97
1617	450×75×4.5	20.7	56.96
1578	400×75×6.0	25.0	42.92
1577	400×75×4.5	18.9	57.09
1537	350×50×4.5	15.4	57.08
1536	350×50×4.0	13.7	64.38
1497	300×50×4.5	13.6	57.28
1496	300×50×4.0	12.1	64.63
1458	250×75×6.0	17.9	43.18
	250×75×4.5	13.6	57.28
1427	250×50×4.5	11.8	57.54
1426	250×50×4.0	10.6	64.34
1388	200×75×6.0	15.6	43.14
	200×75×4.5	11.8	57.54
1357	200×50×4.5	10.1	57.33
1356	200×50×4.0	9.00	64.67
1355	200×50×3.2	7.27	80.47
1318	150×75×6.0	13.2	43.41
1317	150×75×4.5	10.1	57.33
1316	150×75×4.0	9.00	64.67
1287	150×50×4.5	8.31	57.64
1285	150×50×3.2	6.02	80.56
1283	150×50×2.3	4.38	111.64
1245	120×40×3.2	4.76	80.88
1205	100×50×3.2	4.76	80.88
1203	100×50×2.3	3.47	112.10
1175	100×40×3.2	4.26	112.22
1173	100×40×2.3	3.11	80.99
1133	80×40×2.3	2.75	112.36
1093	60×30×2.3	2.03	112.81
1091	60×30×1.6	1.44	161.81
1055	40×40×3.2	2.75	81.82
1053	40×40×2.3	2.03	112.81
	40×20×2.3	1.31	113.74
	40×20×1.6	0.939	162.94

リップミゾ形鋼

JIS呼び名	A×B×C×t	1mの質量(kg)	鋼材1トンの表面積(m²)
4607	250×75×25×4.5	14.9	57.05
4567	200×75×25×4.5	13.1	57.25
4566	200×75×25×4.0	11.7	64.53
4565	200×75×25×3.2	9.52	80.25
4537	200×75×20×4.5	12.7	57.48
4536	200×75×20×4.0	11.4	64.47
4535	200×75×20×3.2	9.27	80.26
4497	150×75×25×4.5	11.3	57.52
4496	150×75×25×4.0	10.2	64.22
4495	150×75×25×3.2	8.27	80.29
4467	150×75×20×4.5	11.0	57.27
4466	150×75×20×4.0	9.85	64.47
4465	150×75×20×3.2	8.01	80.40
4436	150×65×20×4.0	9.22	64.53
4435	150×65×20×3.2	7.51	80.43
4433	150×65×20×2.3	5.50	111.64
4407	150×50×20×4.5	9.20	57.61
4405	150×50×20×3.2	6.76	80.47
4403	150×50×20×2.3	4.96	111.69
4367	125×50×20×4.5	8.32	57.69
4366	125×50×20×4.0	7.50	64.67
4365	125×50×20×3.2	6.13	80.59
4363	125×50×20×2.3	4.51	111.75
4327	120×60×25×4.5	9.20	57.61
4295	120×60×20×3.2	6.51	80.49
4293	120×60×20×2.3	4.78	111.72
4255	120×40×20×3.2	5.50	80.73
4227	100×50×20×4.5	7.43	57.87
4225	100×50×20×3.2	5.50	80.73
4223	100×50×20×2.3	4.06	111.82
4221	100×50×20×1.6	2.88	160.42
4185	90×45×20×3.2	5.00	80.80
4183	90×45×20×2.3	3.70	111.89
4181	90×45×20×1.6	2.63	160.46
4143	75×45×15×2.3	3.25	112.00
4141	75×45×15×1.6	2.32	160.34
4113	75×35×15×2.3	2.89	112.11
4071	70×40×25×1.6	2.38	160.50
4033	60×30×10×2.3	2.25	112.89
4031	60×30×10×1.6	1.63	160.74

⑩

Ⅳ. 鉄骨積算の資料　297

AKD

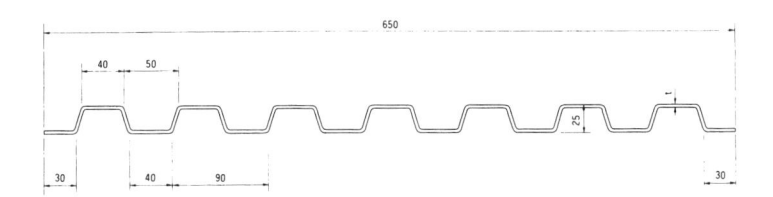

AKB

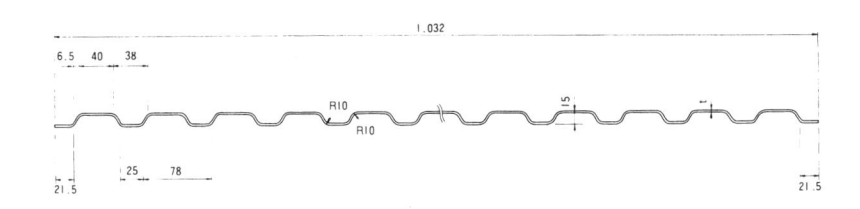

ALB

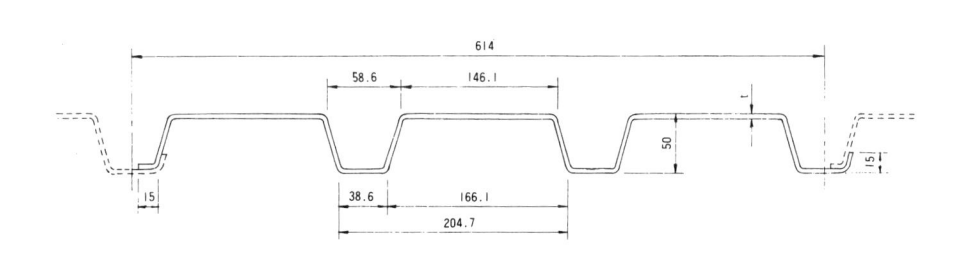

ALF

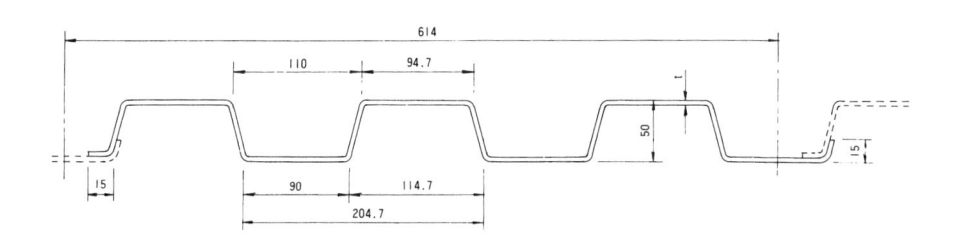

ALG

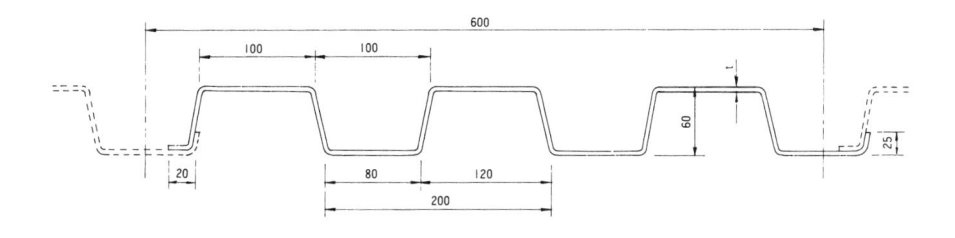

298　Ⅳ．鉄骨積算の資料

BLC

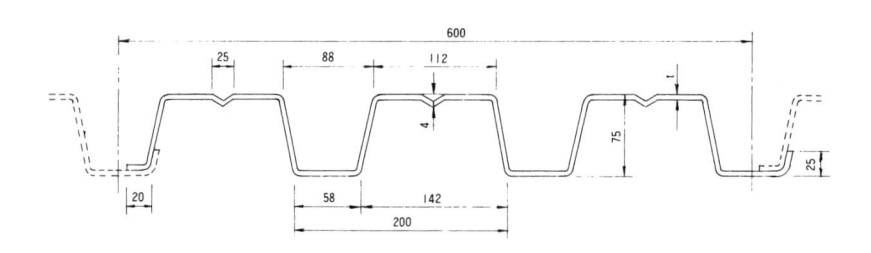

ALK

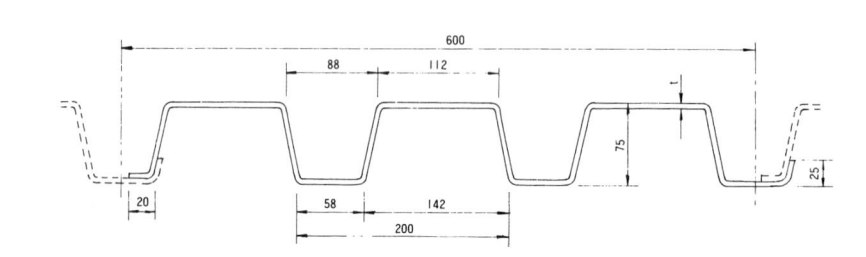

BLD

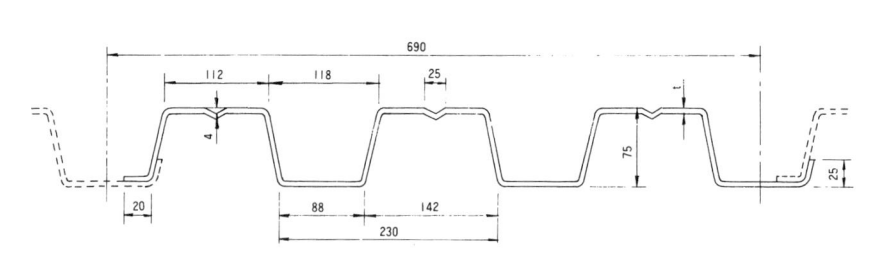

ALN

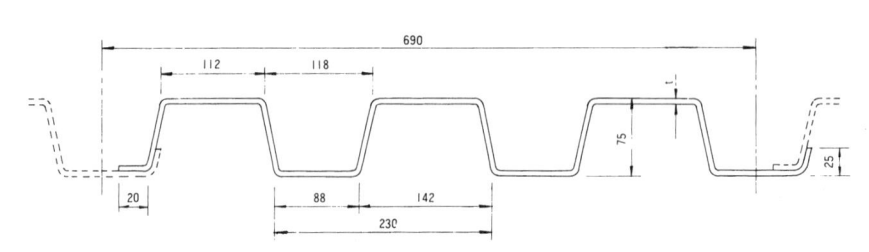

AQB

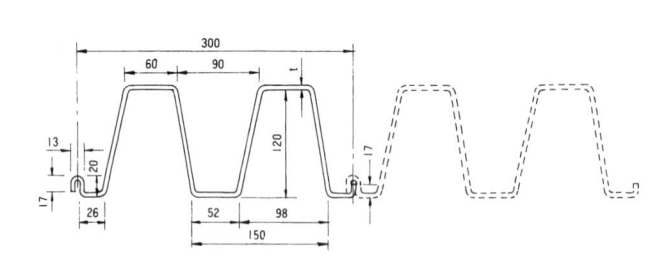

⑩ デッキプレート

JIS G3352 呼び名	板厚 mm	黒かわ 単位質量 (kg/m²)	製品重量 亜鉛めっき Z 27 (381 g/m²) 単位質量 (kg/m²)	Z 8 (122 g/m²) 単位質量 (kg/m²)	Z 12 (183 g/m²) 単位質量 (kg/m²)
AKD 08	0.8	8.8	9.34	8.97	9.06
AKD 10	1.0	10.9	11.4	11.1	11.2
AKD 12	1.2	13.0	13.6	13.2	13.3
AKC 08	0.8	8.82	9.35	8.99	9.07
AKC 12	1.2	13.0	13.6	13.3	13.3
AKB 08	0.8	7.28	7.72	7.42	7.49
AKB 12	1.2	10.9	11.3	11.0	11.0
AKB 14	1.4	12.6	13.1	12.8	12.9
AKA 12	1.2	10.6	11.0	10.7	10.8
AKA 16	1.6	14.0	14.5	14.2	14.2
ANB 16	1.6	18.5	19.2	18.7	18.8
ANB 23	2.3	26.2	26.8	26.3	26.5
ALB 12	1.2	13.4	13.9	13.6	13.6
ALB 16	1.6	17.8	18.2	17.9	17.9
ALF 12	1.2	13.4	13.9	13.6	13.6
ALF 16	1.6	17.8	18.2	17.9	17.9
ALG 12	1.2	14.6	15.2	14.8	14.9
ALG 16	1.6	19.3	20.0	19.5	19.7
BLC 12	1.2	15.7	16.3	15.9	16.0
BLC 16	1.6	20.8	21.3	21.0	21.0
BLC 23	2.3	29.5	30.2	29.8	29.8
ALK 12	1.2	15.6	16.3	15.8	15.9
ALK 16	1.6	20.7	21.3	21.0	21.0
ALK 23	2.3	29.5	30.2	29.7	29.8
BLD 08	0.8	9.96	10.6	10.1	10.2
BLD 10	1.0	12.4	13.0	12.6	12.7
BLD 12	1.2	14.9	15.5	15.1	15.2
BLD 16	1.6	19.7	20.3	19.9	20.0
BLD 23	2.3	28.1	28.7	28.3	28.4
ALN 10	1.0	12.4	13.0	12.6	12.7
ALN 12	1.2	14.8	15.4	15.1	15.1
ALN 16	1.6	19.7	20.3	19.9	20.0
ALN 23	2.3	28.0	28.6	28.1	28.3
AQB 16	1.6	31.7	32.7	32.0	32.2
AQB 23	2.3	45.0	46.0	45.3	45.7
AQB 32	3.2	62.0	63.0	62.3	62.3

⑪ 平鋼単位質量

(単位：kg／m)

厚さmm 幅mm	3	4.5	6	8	9	12	16	19	22	25	28	32	36
9	0.212		0.424										
12	0.283	0.424	0.565										
13	0.306	0.459	0.612										
16	0.337	0.565	0.754			1.13							
19	0.447	0.671	0.895		1.34	1.79							
22	0.518	0.777	1.04		1.55	2.07							
25	0.589	0.883	1.18	1.57	1.77	2.36	3.14						
32	0.754	1.13	1.51	2.01	2.26	3.01	4.02	4.77					
38	0.895	1.34	1.79	2.39	2.68	3.58	4.77	5.67					
44	1.04	1.55	2.07	2.76	3.11	4.14	5.53	6.56					
50	1.18	1.77	2.36	3.14	3.53	4.71	6.28	7.46	8.64	9.81			
65	1.53		3.06	4.08	4.59	6.12	8.16	9.69	11.2	12.8			
75			3.53	4.71	5.30	7.06	9.42	11.2	13.0	14.7			
90			4.24	5.65	6.36	8.48	11.3	13.4	15.5	17.7			
100			4.71	6.28	7.06	9.42	12.6	14.9	17.3	19.6	22.0	25.1	28.3
125			5.89	7.85	8.83	11.8	15.7	18.6	21.6	24.5	27.5	31.4	35.3
150					10.6	14.1	18.8	22.4	25.9	29.4	33.0	37.7	42.4
180					12.7	17.0	22.6	26.8	31.1	35.3	39.6	45.2	50.9
200					14.1	18.8	25.1	29.8	34.5	39.2	44.0	50.2	56.5
230					16.2	21.7	28.9	34.3	39.7	45.1	50.6	57.8	65.0
250					17.7	23.6	31.4	37.3	43.2	49.1	55.0	62.8	70.6
280						26.4	35.2	41.8	48.4	55.0	61.5	70.3	79.1
300						28.3	37.7	44.7	51.8	58.9	65.9	75.4	84.8

⑫

鋼板単位質量 (単位：kg／m²)

厚さmm	0	0.1	0.2	0.3	0.4	0.5	0.6	0.7	0.8	0.9
1.0	7.850	8.635	9.420	10.20	10.99	11.78	12.56	13.34	14.13	14.92
2.0	15.70	16.48	17.27	18.06	18.84	19.62	20.41	21.20	21.98	22.76
3.0	23.55	24.34	25.12	25.90	26.69	27.48	28.26	29.04	29.83	30.62
4.0	31.40	32.18	32.97	33.79	34.54	35.32	36.11	36.90	37.68	38.46
5.0	39.25	40.04	40.82	41.60	42.39	48.18	43.96	44.74	45.53	46.32
6.0	47.10	47.88	48.67	49.46	50.24	51.02	51.81	52.60	53.38	54.16
7.0	54.95	55.74	56.52	57.30	58.09	58.88	59.66	60.44	61.23	62.02
8.0	62.80	63.58	64.37	65.16	65.94	66.72	67.51	68.30	69.08	69.86
9.0	70.65	71.44	72.22	73.00	73.79	74.58	75.36	76.14	76.93	77.72

厚さmm	0	1	2	3	4	5	6	7	8	9
10	78.50	86.35	94.20	102.0	109.9	117.8	125.6	133.4	141.3	149.2
20	157.0	164.8	172.7	180.6	188.4	196.2	204.1	212.0	219.8	227.6
30	235.5	243.4	251.2	259.0	266.9	274.8	282.6	290.4	298.3	306.2
40	314.0	321.8	329.7	337.6	345.4	353.2	361.1	369.0	376.8	348.6
50	392.5	400.4	408.2	416.0	423.9	431.8	439.6	447.4	455.3	463.2
60	471.0	478.8	486.7	494.6	502.4	510.2	518.1	526.0	533.8	541.6
70	549.5	557.4	565.2	573.0	580.9	588.8	596.6	604.4	612.3	620.2
80	628.0	635.8	643.7	651.6	659.4	667.2	675.1	683.0	690.8	698.6
90	706.5	714.4	722.2	730.0	737.9	745.8	753.6	761.4	769.3	777.2
100	785.0	792.9	800.7	808.5	816.4	824.3	832.1	839.9	847.8	855.7
110	863.5	871.4	879.2	887.0	894.9	902.8	910.6	918.4	926.3	934.2
120	942.0	949.9	957.7	965.5	973.4	981.3	989.1	996.9	1,005.0	1,013.0

鋼板の表面積

厚さ(mm)	1トンの表面積（ただし片面m²）	厚さ(mm)	1トンの表面積（ただし片面m²）
3.2	39.81	12	10.62
3.6	35.39	14	9.10
4.5	28.31	16	7.96
5.0	25.48	19	6.70
6.0	21.23	22	5.79
7.0	18.20	25	5.10
8.0	15.92	28	4.55
9.0	14.15	32	3.98
10.0	12.74	36	3.54

⑬ 縞鋼板

t	1m²の質量(kg)	鋼材1トンの表面積(m²)
2.3	19.73	101.36
3.2	26.79	74.66
4.5	36.99	54.06
6.0	48.77	41.00
8.0	64.47	31.02
9.0	72.32	27.66
10	80.17	24.94

⑭ 丸鋼

径（D）	1mの質量（kg）	鋼材1トンの表面積(m²)
6	0.222	85.59
9	0.499	56.11
10	0.617	50.24
12	0.888	42.79
13	1.04	39.42
16	1.58	31.65
19	2.23	26.91
20	2.47	25.50
22	2.98	23.15
24	3.55	21.13
25	3.85	20.52
28	4.83	18.22
30	5.55	16.94
32	6.31	16.01
34	7.13	15.01
36	7.99	14.14
38	8.90	13.37
40	9.87	12.77
42	10.9	12.11
44	11.9	11.60
46	13.0	11.15
48	14.2	10.63
50	15.4	10.19
55	18.7	9.25
60	22.2	8.49
65	26.0	7.85
70	30.2	7.28
75	34.7	6.80
80	39.5	6.35
85	44.5	6.00
90	49.9	5.67
95	55.6	5.36
100	61.7	5.09

⑮ 異形棒鋼

径（D）	1mの質量（kg）	鋼材1トンの表面積(m²)
6	0.249	80.32
10	0.56	53.57
13	0.995	40.20
16	1.56	32.05
19	2.25	26.67
22	3.04	23.03
25	3.98	20.10
29	5.04	17.86
32	6.23	16.05
35	7.51	14.65
38	8.95	13.41
41	10.5	12.38
51	15.9	10.06

⑯

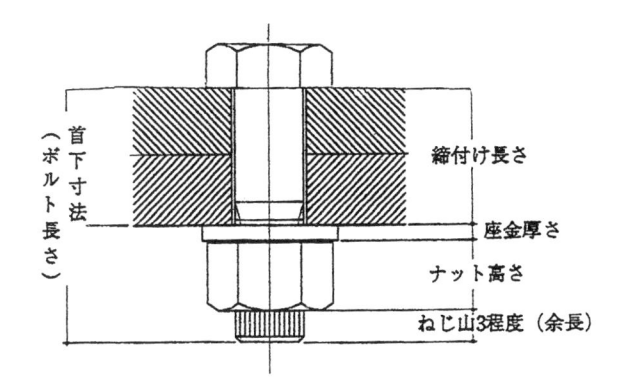

[図：ボルト締付け部の各部名称 — 首下寸法（ボルト長さ）、締付け長さ、座金厚さ、ナット高さ、ねじ山3程度（余長）]

普通ボルト単位質量　（六角、メートルねじ）

注）セット単位質量—ボルト1、　ナット1、　丸座金1　　　　　　　　（単位：g、kg／個）

径＼首下長	M12	M16	M20	M24	M30	M36	M42
			g ◆ kg				
20	58.8						
25	63.3	127					
30	67.8	137	231	0.37			
35	72.2	143	244	0.38			
40	76.6	150	257	0.41	0.78		
45	81.1	158	270	0.42	0.80		
50	85.5	166	279	0.45	0.83	1.36	
55	90.0	174	294	0.46	0.86	1.40	2.11
60	94.4	188	307	0.48	0.89	1.45	2.16
65	98.8	190	319	0.49	0.91	1.49	2.22
70	103	198	332	0.51	0.94	1.52	2.27
75	108	206	345	0.54	0.97	1.56	2.33
80	112	213	359	0.56	1.00	1.60	2.38
85	117	221	369	0.57	1.03	1.64	2.44
90	121	229	379	0.59	1.05	1.68	2.49
100	130	245	409	0.63	1.11	1.76	2.60
110	139	261	434	0.67	1.17	1.84	2.71
120	148	277	459	0.71	1.22	1.94	2.82
130	157	293	484	0.74	1.28	2.04	2.92
140	166	308	509	0.77	1.33	2.14	3.03
150			529	0.80	1.39	2.19	3.14
160			549	0.84	1.44	2.24	3.25
170			574	0.88	1.49	2.32	3.36
180			599	0.91	1.55	2.39	3.47
190			624	0.94	1.61	2.47	3.58
200			649	0.98	1.66	2.56	3.69
220					1.77	2.73	3.91
240					1.88	2.90	4.13
260							4.34
280							4.56
300							4.78
325							5.06

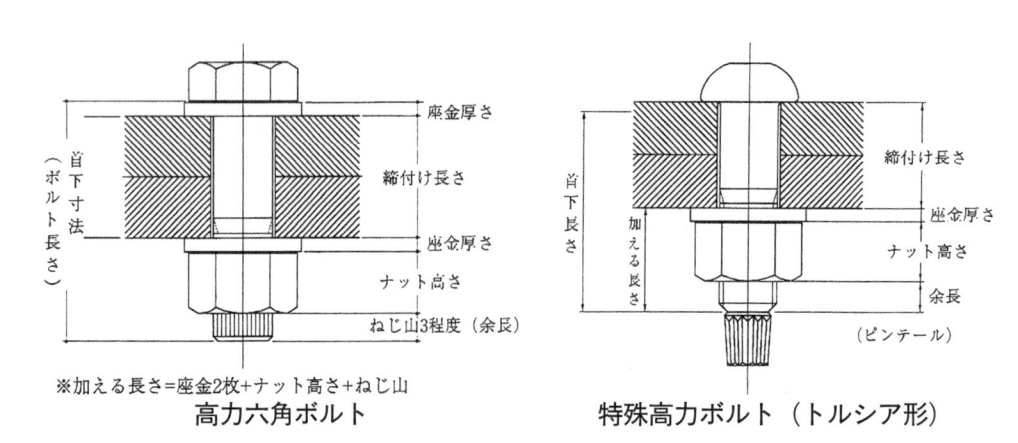

⑰

高力六角ボルト ／ **特殊高力ボルト（トルシア形）**

※加える長さ＝座金2枚＋ナット高さ＋ねじ山

高力ボルト単位質量　　　　　　　　　　　　　　　　　　　※締付長さに加える長さ（mm）

注）セット単位質量〔高力六角ボルト―ボルト1、ナット1、丸座金2、付
　　　　　　　　　　トルシア形高力ボルト―ボルト1、ナット1、座金1、付〕　（単位：g／組）

ボルト呼\首下長	高力六角ボルト				トルシア形高力ボルト			
	M16	M20	M22	M24	M16	M20	M22	M24
	※30	35	40	45	25	30	35	40
35	194				183			
40	202	336			191	315		
45	210	348	481		199	328	449	
50	217	361	496	648	207	341	463	614
55	225	373	510	666	215	354	478	631
60	233	385	525	683	223	367	493	649
65	241	398	540	701	231	380	508	667
70	249	410	555	719	239	393	523	685
75	257	422	570	737	247	406	538	703
80	265	435	585	754	255	419	553	721
85	273	447	600	772	263	432	568	739
90	281	459	615	790	271	445	583	757
95	289	472	630	808	279	458	598	775
100	296	484	645	825	287	471	613	793
105	304	496	659	843	295	484	628	811
110	312	509	674	861		497	643	829
115	320	521	689	879		510	658	847
120	328	533	704	896		523	673	865
125		546	719	914		536	688	883
130		558	734	932		549	703	901
135		570	749	950			718	919
140		583	764	967			733	937
145			779	985				955
150			794	1,003				973
155			808	1,021				991
160			823	1,038				1,009
165				1,056				
170				1,074				
175				1,092				
180				1,109				

⑱

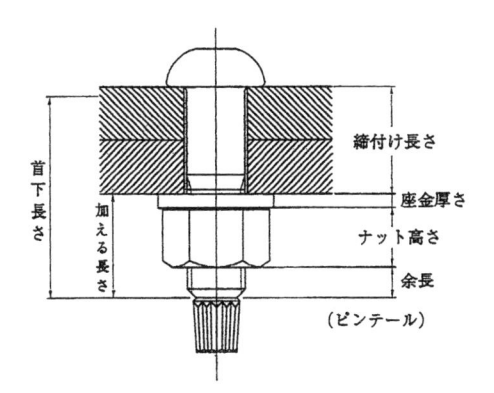

（図：締付け長さ、座金厚さ、ナット高さ、余長（ピンテール）、首下長さ、加える長さ）

超高力ボルト単位質量　　　　　　　（SHTB―質量 g／組）

径	M16	M20	M22	M24
加える長さ	30	35	40	45
首下長さ				
50	222			
55	230	378		
60	238	391	526	
65	246	404	541	714
70	254	417	556	732
75	262	430	571	750
80	270	443	586	768
85	278	456	601	786
90	286	469	616	804
95	294	482	631	822
100	302	495	646	840
105	310	508	661	858
110		521	676	876
115		534	691	894
120		547	706	912
125		560	721	930
130		573	736	948
135			751	966
140			766	984
145			781	1002
150				1020
155				1038
160				1056

⑲

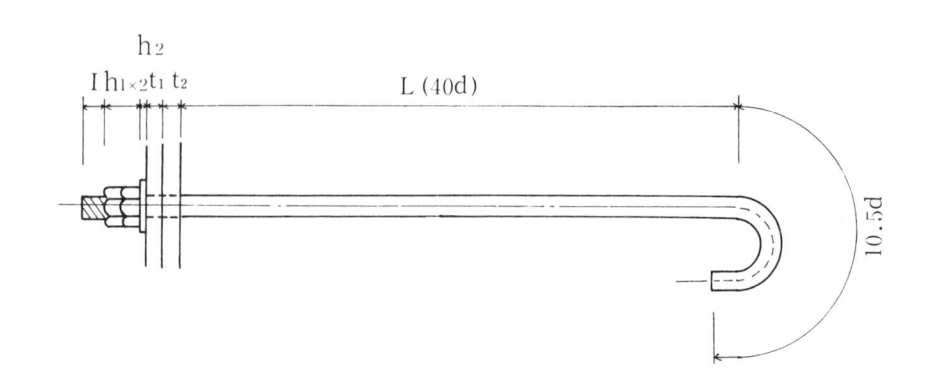

ステッキ形アンカーボルト単位質量

(単位：kg／本)

径	余長 I	ナット h₁×2	ワッシャー h₂	ベース PL t₁	モルタル t₂	軸部 L (40d)	フック 10.5d	計	軸部1m当たり質量	軸部質量	ナット質量（2個）	ワッシャー質量（1個）	合計質量
M 6	3.5	10	1.6	9	30	240	63	357.1	0.222	0.079	0.005	0.001	0.085
M10	5.5	16	2.0	12	30	400	105	570.5	0.617	0.352	0.023	0.004	0.379
M12	6.5	20	2.3	14	30	480	126	678.8	0.888	0.603	0.033	0.005	0.641
M16	7	26	3.2	19	30	640	168	893.2	1.58	1.411	0.074	0.011	1.496
M20	9	32	3.2	22	30	800	210	1106.2	2.47	2.732	0.124	0.017	2.873
M22	9	36	3.2	25	30	880	231	1214.2	2.98	3.618	0.153	0.019	3.790
M24	10.5	38	4.5	25	30	960	252	1320	3.55	4.686	0.212	0.035	4.933
M30	12.5	48	4.5	32	30	1200	315	1642	5.55	9.113	0.446	0.058	9.617
M36	14	58	6	38	30	1440	378	1964	7.99	15.692	0.768	0.104	16.564
M42	16	68	7	45	30	1680	441	2287	10.9	24.928	1.268	0.175	26.371
M48	17.5	76	8	50	30	1920	504	2605.5	14.2	36.998	1.904	0.284	39.186

⑳

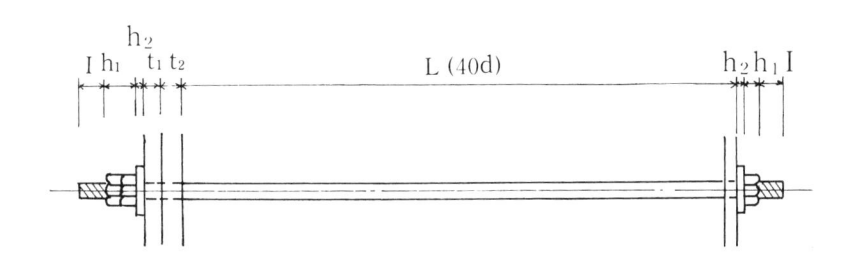

両ネジアンカーボルト単位質量

（単位：kg／本）

径	余長 I×2	ナット h₁×3	ワッシャー h₂×2	ベースPL t₁	モルタル t₂	軸部 L (40d)	計	軸部1m当たり質量	軸部質量	ナット質量（3個）	ワッシャー質量（2個）	合計質量
M 6	7	15	3.2	9	30	240	304.2	0.222	0.068	0.007	0.002	0.077
M10	11	24	4	12	30	400	481	0.617	0.297	0.034	0.008	0.339
M12	13	30	4.6	14	30	480	571.6	0.888	0.508	0.050	0.010	0.568
M16	14	39	6.4	19	30	640	748.4	1.58	1.183	0.111	0.022	1.316
M20	18	48	6.4	22	30	800	924.4	2.47	2.283	0.186	0.034	2.503
M22	18	54	6.4	25	30	880	1013.4	2.98	3.020	0.229	0.038	3.287
M24	21	57	9	25	30	960	1102	3.55	3.912	0.318	0.070	4.300
M30	25	72	9	32	30	1200	1368	5.55	7.592	0.669	0.116	8.377
M36	28	87	12	38	30	1440	1635	7.99	13.064	1.152	0.208	14.424
M42	32	102	14	45	30	1680	1903	10.9	20.743	1.902	0.350	22.995
M48	35	114	16	50	30	1920	2165	14.2	30.743	2.856	0.568	34.167

Ⅴ. 鉄骨積算用語の解説

鉄骨積算用語の解説

RICS　Royal Institution of Chartered Surveyors
アールアイシーエス

英国の王立積算士協会のこと。1881年に設立され、積算に関し大変権威のある団体で、設計家協会（RIBA）と並んで、世界的に有名。代表的なものにSMMがあり、これを行うQSは、8,000名ともいわれ、その多くは発注者又はQS事務所に属し、国内はもちろん、広く海外でも活躍している。英国の大学、専門学校の一部は、このQS養成コースを専門科目として取り入れている。2013年3月に公益社団法人日本建築積算協会もRICSと覚書を締結し、RICSの個人会員として直接入会することが可能になった。

I形鋼
アイがたこう

鋼材の形状による分類の中の標準形鋼の一つ。形状や寸法はJIS（G3192）で定められ、一般にアイビームと呼ぶ。鉄骨が使用され始めた頃は主要鋼材の一つだったが、形状にアール部分が多いため組合せやボルト接合などが難しく、現在はホイストレールや機械架台などに多く使用される。

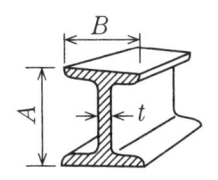

あと施工アンカー
せこう

既存のコンクリート部分にあと付けする固着機能を有するものをいう。大別すると金属拡張アンカーと接着系アンカーがある。近年、既存建物の改修工事や耐震補強工事が盛んだが、既設コンクリートとの固定には、このあと施工アンカーを使用する。

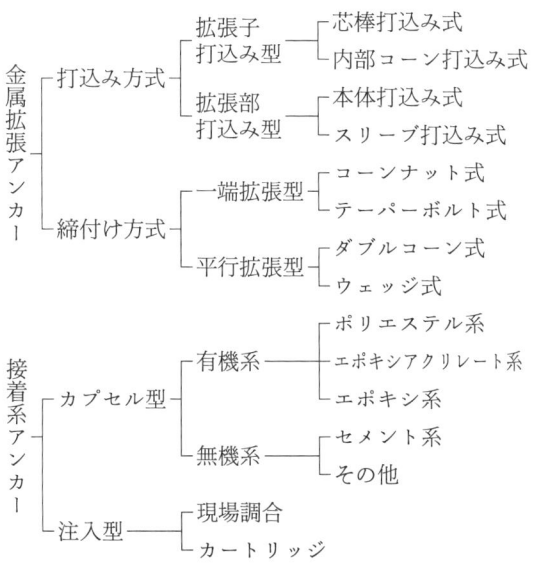

```
金属拡張アンカー ─┬─ 打込み方式 ─┬─ 拡張子打込み型 ─┬─ 芯棒打込み式
                 │              │                  └─ 内部コーン打込み式
                 │              └─ 拡張部打込み型 ─┬─ 本体打込み式
                 │                                 └─ スリーブ打込み式
                 └─ 締付け方式 ─┬─ 一端拡張型 ─┬─ コーンナット式
                                │              └─ テーパーボルト式
                                └─ 平行拡張型 ─┬─ ダブルコーン式
                                               └─ ウェッジ式

接着系アンカー ─┬─ カプセル型 ─┬─ 有機系 ─┬─ ポリエステル系
               │              │          ├─ エポキシアクリレート系
               │              │          └─ エポキシ系
               │              └─ 無機系 ─┬─ セメント系
               │                         └─ その他
               └─ 注入型 ─┬─ 現場調合
                         └─ カートリッジ
```

あと施工アンカー（金属拡張アンカーの施工）

打込み式

本体に挿入された芯棒を打ち込むことにより、本体の拡張部が開きコンクリートの孔壁にくい込むことにより固着する。

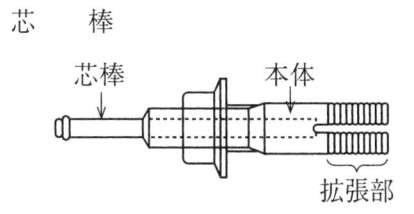

芯棒

あとの部分

躯体の区分の順序（基礎→柱→梁→床板→壁→階段→その他）に従い各部分の数量を計測・計算するが、各部分の接続においては「さきの部分」に「あとの部分」が接続するものとする。作業中の部分から、あとの作業となる部分を「あとの部分」と呼ぶ。例えば、柱は「さきの部分」であり、梁や床板、壁などは「あとの部分」となる。

基準「各部分の計測は、躯体の区分の順序に従い、その接続は原則として「さきの部分」に「あとの部分」が接続するものとして計測・計算する。」

アンカーフレーム anchor frame

アンカーボルトが所要の長さを確保できない場合や、アンカーボルトを所定の位置に据え付けるための補助材として使用する。形状や規模はアンカーボルトの径や長さにより異なる。軽微なものは平鋼や山形鋼を井桁に組み合わせたり、やぐらに組んだものが一般的な形状だが、大規模な建物ではみぞ形鋼などが使用される。

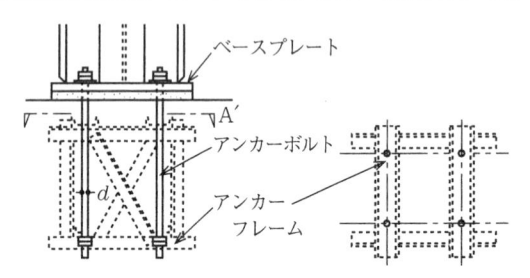

アンカーボルト anchor bolt

コンクリートなどに定着（＝アンカー）するボルトのこと。径は9〜80mmくらいまであり、形状はL形タイプ、ステッキ形タイプ、両ネジ形タイプなどがある。径、形状、長さなどは設計図書に記入されるが、径のみの記入で、形状や長さの記入がない場合も多い。この場合、形状はステッキ形タイプとし、有効長さは径の40倍とする。

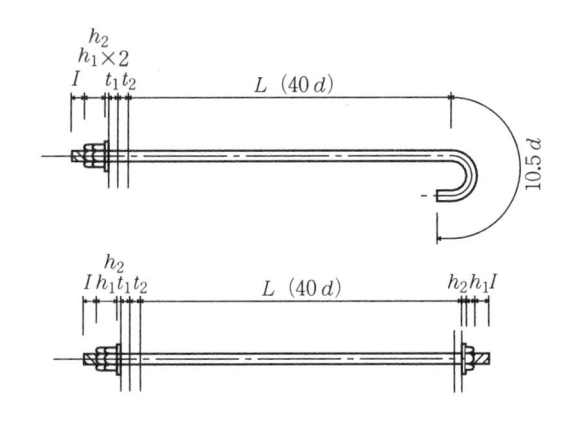

アンカーボルトの取付け

アンカーボルトはコンクリートを打設する前に所定の位置に取り付けるが、コンクリートの打設によって変形や移動がないように、アンカーフレームを取り付けたり、仮設材に固定する。アンカーボルトは材料費で計上するが、取付け費に材料費等を含めて材工ともとしてもよい。

アングル

山形鋼をアングルと呼ぶ。

ウェブプレート web plate

鉄骨部材のフランジをつなぐ部分をウェブといい、その材にプレートを使用しているもの。フランジは曲げ応力を負担し、ウェブはせん断力を負担する。

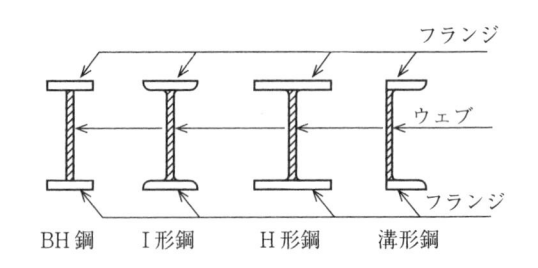

内ダイヤフラム

角形鋼管や丸形鋼管を使用する際、仕口部分に使用するプレートをダイヤフラムといい、鋼管の内部に入れる。厚いプレートや高材質のプレートを使用する場合が多い。

梁端部
(ブラケット)
内ダイヤフラム
内ダイヤフラム
内ダイヤフラム

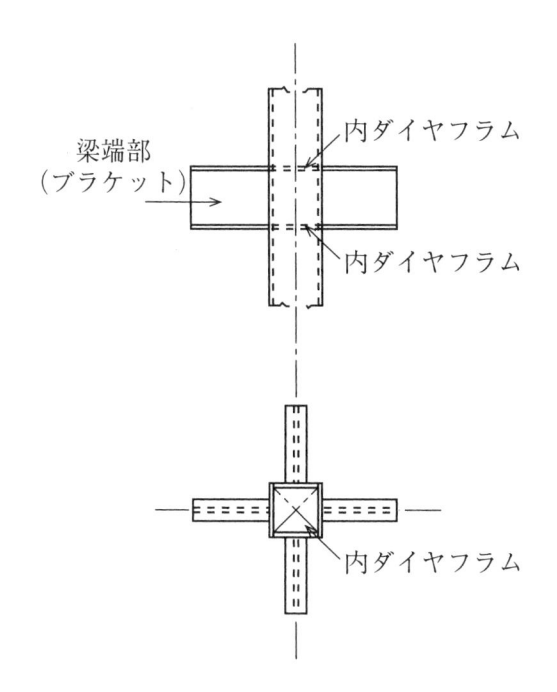

裏あて板

片面からの溶接だけでは裏面まで完全溶込み溶接をすることは難しく、溶接作業を容易にするため接合する鋼材と鋼材との間に隙間（ルート間隔を7～9mmと大きくとる）をつくる。その際、溶接が流れないように使用する鋼材のあて板のこと。一般に平鋼などを用いる。

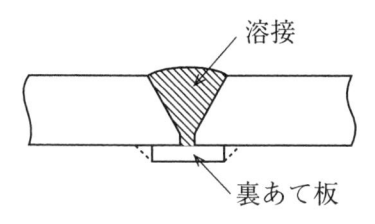

裏はつり

片面からの溶接だけでは裏面まで完全溶込み溶接をすることは難しい。そこで片面を溶接した後で裏面の不良部分をはつり取り、もう一度、溶接を行うこと。

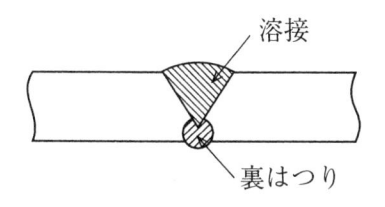

V．鉄骨積算用語の解説　313

SMM Standard Method Measurement of Building Works

英国のRICSが定めた建築数量積算基準。1922年制定といわれ、英国を始め、かつての英国連邦諸国はもとより、他の欧米諸国にも広く知られ、用いられている。日本の建築数量積算基準も、このSMMがもとになった。

H形鋼

形状による鋼材の分類での標準形鋼の一つで、形状や寸法はJIS（G3192）で定められている。H形鋼はフランジの断面積が大きいので断面性能に優れ、柱材や梁材として広く使用される。断面形状から広幅系列、中幅系列、細幅系列の3種類に大別される。また、近年は外法一定寸法H形鋼や超高層ビルなどに使用される極厚H形鋼などもある。

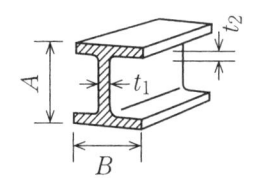

エンドタブ end tab

溶接の始端部及び終端部は溶け込み不良や気泡による傷、くぼみなどの欠陥が生じやすいので所定の溶接断面を確保するためには溶接の際に、予め母材と同厚、同形状の鋼材片を溶接する始端部と終端部に取り付ける。この片のこと。

基準 エンドタブにより設計図書の長さより溶接長さは長くなるが、無視することとしている。また必要な鋼材片についても同じ。

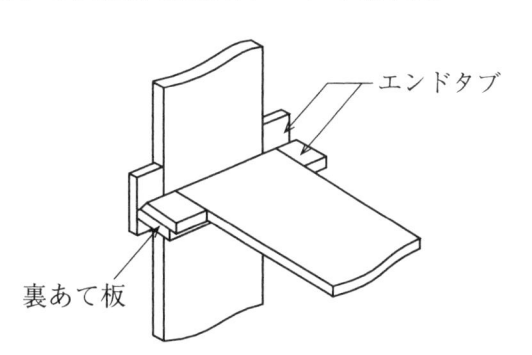

大梁（おおばり）

柱の間を結ぶ梁のことで、通常「梁」という。梁のうち、小梁を受ける断面の大きいもので、原則として両端の2支点のみで支えられる場合が多い。建築数量積算基準では、大梁と大梁の間に架けられる「小梁」と区分するため「大梁」という。木造建築では断面が大きくなるので、部分的に鉄骨梁に置き換えて使用することもある。

基準「大梁とは、柱に接する横架材の内法部分をいう。」

開先（かいさき） groove

溶接は完全溶込みを原則とするため、厚い鋼板を溶接する場合は、溶接する部分にみぞを作る等の加工をする。このみぞを開先（グルーブ）といい、その加工を開先加工という。溶接記号はこの開先の形状を記号にしたものが多い。

エレストスラグ溶接（ようせつ）

溶接工法の一つで組立てボックス柱（ビルトボックス）の内ダイヤフラムと柱の主材を一体化するための溶接。ボックス柱を組み立てた後、外部から溶接するため高温による歪みや曲がり等が発生する可能性があり、大規模な設備や熟練した技能を要す。

開先の形状

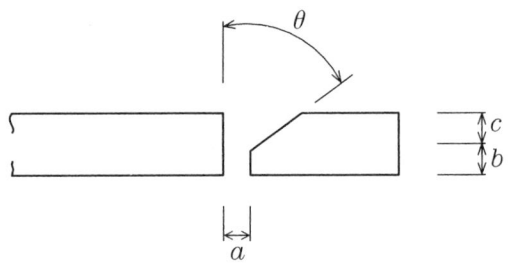

a：ルート間隔　　c：開先深さ
b：ルートフェース　θ：開先角度

開先の部分名称（レ形開先形状の例）

開先角度（かいさきかくど）

開先の角度のこと。同じ溶接記号でも、角度は必ずしも一定ではないので注意する。

開先深さ（かいさきふかさ）

開先の深さのこと。深さは溶接する板厚により異なり、一般に開先加工（みぞをつくる）をする場合は、ルートフェースを一定（約2mm）としている。

各階柱（かくかいばしら）

柱の名称で、通常は一般階の柱と呼ぶ部分。各階の床板上面間の長さをその柱の長さとしている。例えば5階建ての建物の各階柱のうち、3階柱とは3階の床板上面から4階の床板上面までの部分となる。

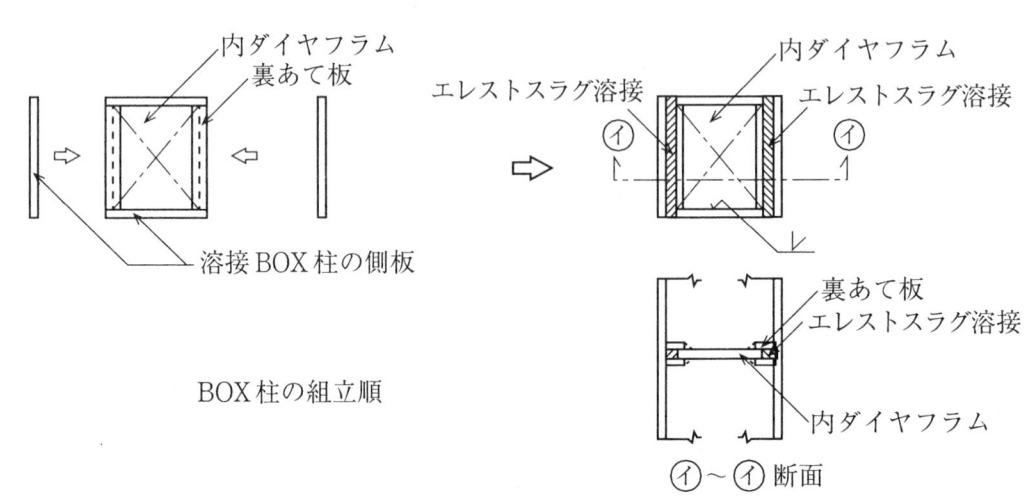

BOX柱の組立順

溶接BOX柱に取り付ける内ダイヤフラム（2面エレストスラグ溶接の場合）

V．鉄骨積算用語の解説　315

基準　「基礎上面から屋上階床板上面までの部分を、下部から基礎柱、各階柱、最上階柱に区分する。」「各階柱は各階床板上面間の柱とする。」

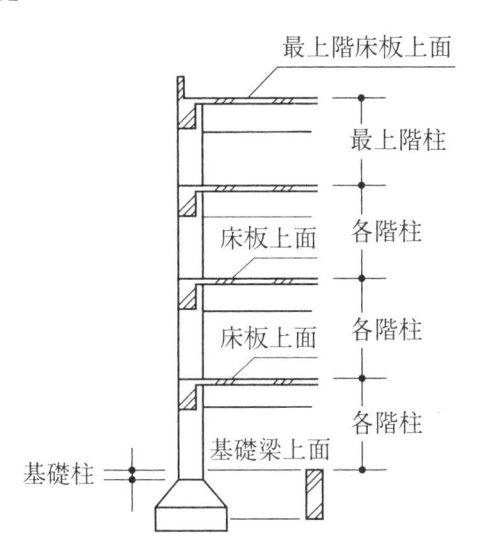

角形鋼管（かくがたこうかん）

形状による鋼材の分類での標準形鋼の一つで、形状や寸法はJIS（G3466）で定められている。一般に角パイプと呼ばれ、圧縮に対する抵抗力が大きいことから柱材として広く使用される。材質はSTKR400、STKR490などで表示する。

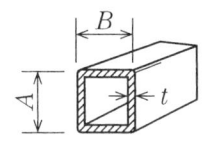

仮設金物（かせつかなもの）

建築には仮設材を多く使用するが、鉄骨の仮設は現場で鉄骨を建てる（建方）際に使用する金物をさす。一般的な仮設金物としては仮タラップ、吊りピース、安全ネット受けピース、ハイステージ受けピースなどがある。建方のための補強ブレースは、設計図で図示してある。建方完了後に撤去する場合もあるので、その場合は仮設と同様、撤去とスクラップ控除等の配慮が必要。　図→次頁の図1～図8参照。

完全溶込み溶接（かんぜんとけこみようせつ）

鋼材を完全に一体化する溶接の工法。裏はつり工法と裏あて板工法があり、いずれも開先加工などを行って欠陥のないよう施工する。

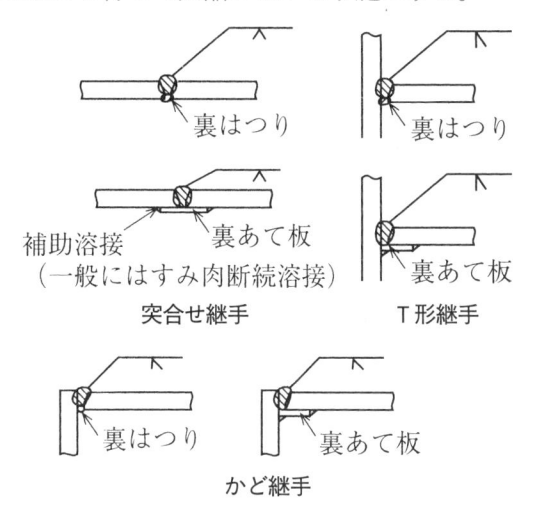

躯体（くたい）

地業と接続する建築物の構造的な骨組部分。即ち鉄筋コンクリート造、鉄骨鉄筋コンクリート造及び鉄骨造の骨組部分を躯体といい、コンクリートブロック、木材、軽量鉄骨等による間仕切下地は仕上の計測・計算において躯体の一部とし、準躯体として扱う。

基準　「躯体とは、地業と接続する建築物の構造的な骨組部分をいう。」「躯体の計測・計算については、コンクリート、型枠、鉄筋、鉄骨に区別して定める。」

クリアランス　clearance

〔コンクリート・型枠〕本来は「隙間、余裕、ゆとり」を意味するが、建築では、取り付ける材料相互間に設ける「逃げ」としての隙間のこと。夏季の軌条の熱膨張を考慮して鉄道線路のつなぎ目を空けてあるのはこのため。積算時は隙間を考慮せず、材料や部分の長さ等を計測することと定めている。

〔鉄骨〕部材をボルト接合する際に部材同士に隙間をとる。この隙間のことをクリアランスという。鉄骨は製作の段階で温度変化により寸法等に多少の誤差が生じるのでクリアランスを設ける。数値は一般に5mm又は10mm。

V. 鉄骨積算用語の解説

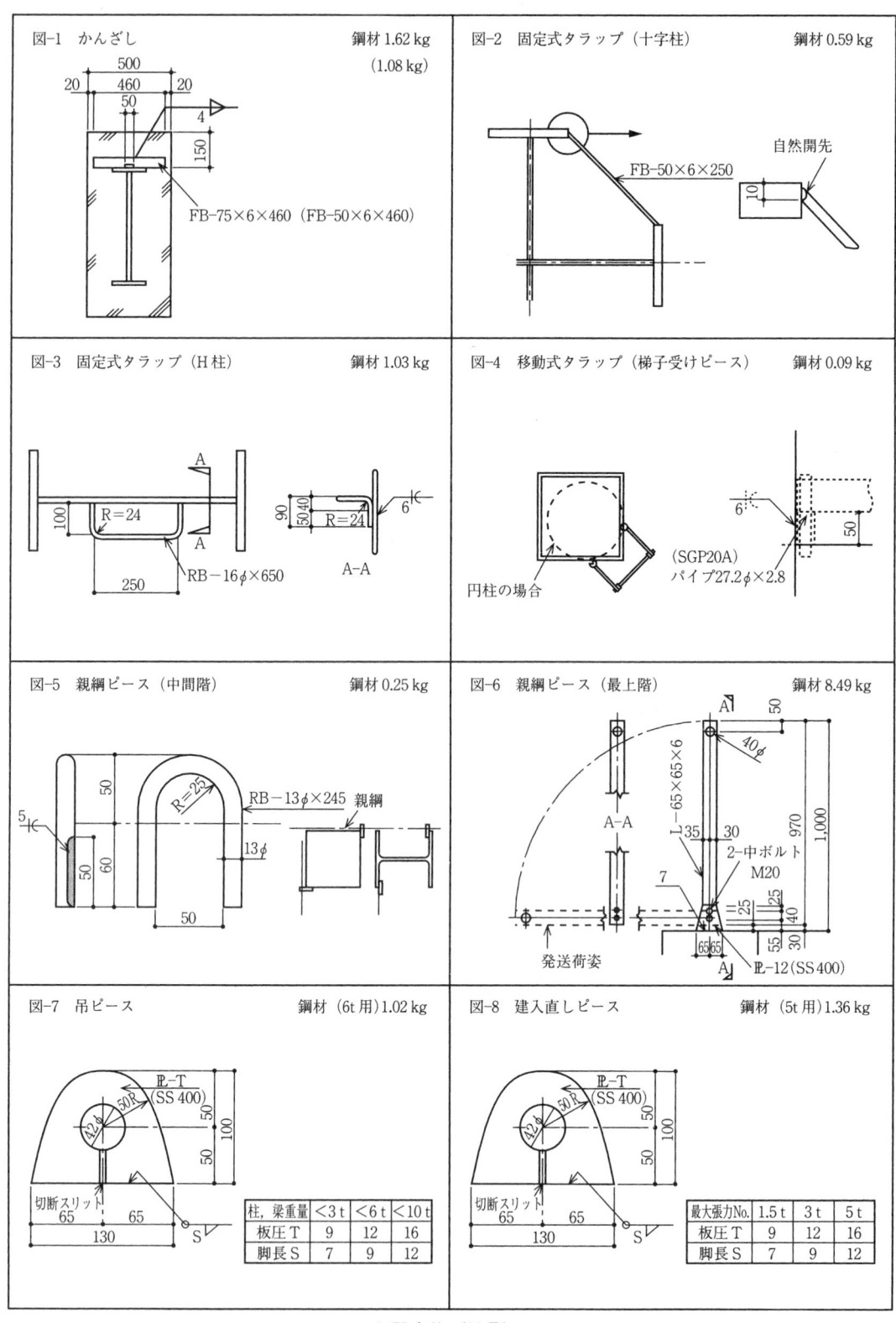

図-1 かんざし 鋼材 1.62 kg (1.08 kg) FB-75×6×460 (FB-50×6×460)	図-2 固定式タラップ（十字柱） 鋼材 0.59 kg FB-50×6×250　自然開先
図-3 固定式タラップ（H柱） 鋼材 1.03 kg R=24　RB-16φ×650　A-A	図-4 移動式タラップ（梯子受けピース） 鋼材 0.09 kg 円柱の場合　(SGP20A) パイプ27.2φ×2.8
図-5 親綱ピース（中間階） 鋼材 0.25 kg R=25　RB-13φ×245　親綱	図-6 親綱ピース（最上階） 鋼材 8.49 kg L-65×65×6　2-中ボルト M20　発送荷姿　PL-12(SS400)
図-7 吊ピース 鋼材（6t用）1.02 kg PL-T (SS400) 50R　42φ　切断スリット | 柱, 梁重量 | <3t | <6t | <10t | |---|---|---|---| | 板圧 T | 9 | 12 | 16 | | 脚長 S | 7 | 9 | 12 |	図-8 建入直しピース 鋼材（5t用）1.36 kg PL-T (SS400) 50R　42φ　切断スリット | 最大張力No. | 1.5t | 3t | 5t | |---|---|---|---| | 板圧 T | 9 | 12 | 16 | | 脚長 S | 7 | 9 | 12 |

仮設金物（鉄骨）

基準 〔鉄骨〕「柱、梁等の接続部のクリアランス等による鋼材の欠除は、原則としてないものとする。」

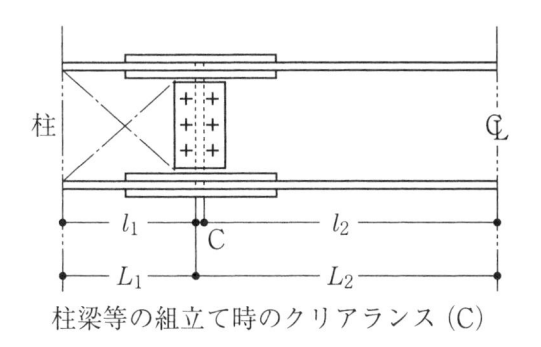

柱梁等の組立て時のクリアランス（C）

グルーブ

開先（溝）のことをグルーブという。

軽Z形鋼
けいゼットがたこう

軽量形鋼の中の一つで、形状がZ形のもの。特別な場合を除き、近年はあまり使用しない。

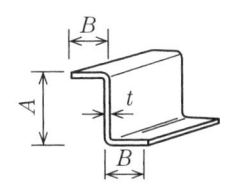

計測・計算
けいそく　けいさん

数量積算（数量拾い）に際し、対象とする部分の寸法を計測して面積、体積、質量等を計算すること。数量を拾い出すこと。

基準 総則の第1項に「本基準は工事費（積算価額）を積算するための建築数量の計測・計算の方法を示すものであって…（以下略）」とあり、第4項に「設計寸法とは、設計図書に表示された寸法、表示された寸法から計算することのできる寸法及び物差により読みとることのできる寸法をいう。」とある。物差により読み取れるとは、「何分の一」という縮尺を基に物差で換算して読み取る、通常、分一（ぶいち）のことをいう。また、第5項に「単位及び端数処理は原則として次による。

(1) 長さ、面積、体積及び質量の単位はそれぞれ、m、m²、m³及びtとする。

(2) 端数処理は、四捨五入とする。

(3) 計測寸法の単位はmとし、小数点以下第2位とする。また、計算過程においても小数点以下第2位とすることができる。なお、設計図書から得られる電子データの小数点以下第2位以下の数値については、その数値を活用し、端数処理を行わなくてよい。」とある。

計測の対象としない
けいそく　たいしょう

建築数量積算基準の用語の一つ。計測の対象とは目標を意味することから、計測の対象としないという場合は、あらためて計測も計算もしないということ。

軽みぞ形鋼
けい　がたこう

軽量形鋼の一つで、形状が単純なため広く使用される。階段の籠桁や、2本を組み合わせて軽微な建物の柱や梁として使用する。

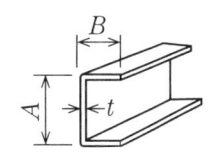

軽山形鋼
けいやまがたこう

軽量形鋼の一つで、形状が単純なため、部材同士を取り付ける補助材（ピース）として広く使用される。

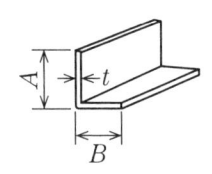

軽量形鋼
けいりょうかたこう

鋼材を節約するために開発され、鋼板又は鋼帯から冷間でロール成形したもの。JIS（G3350）で一般構造用軽量形鋼として認定されている。肉厚が薄く、形状、寸法が正確で質量当たりの断面性能がよいことから、プレハブ住宅の骨組みや母屋、胴縁などに広く使用する。材質はSSC400。

軽量鉄骨壁下地

建築物内部の内装（壁）の仕上材を受けるために設ける軽量鉄骨製の下地。軽鉄壁下地と略す。建築数量積算基準では、スタッド式軽量鉄骨間仕切と称す。

建築数量積算基準

平成12年3月に旧建設大臣官房官庁営繕部監修として新しく刊行された基準。それまでは、旧建設大臣官房官庁営繕部、（社）日本建築積算協会及び建設工業経営研究会が中心となって設立した官民合同の建築積算研究会の制定であった。建築価格を積算するための数量の計測・計算方法を示した基準で、日本初の建築数量積算基準として公共建築工事や民間工事の受発注時の積算に普及している。戦後長い間、わが国の建築数量積算基準は、発注、受注それぞれの機関が独自に定めていたのでその運用はばらばらでいろいろな問題があった。昭和42年に英国のSMMの調査研究が報告されたのをきっかけに、前記研究会によって昭和52年、わが国にもこの建築数量積算基準が誕生した。

剛接合

鉄骨部材の接合方法には高力ボルトによる接合と溶接による接合があるが、フランジ部分とウェブ部分を完全に接合する方法。一般に柱や大梁、片持梁の接合は剛接合となる。

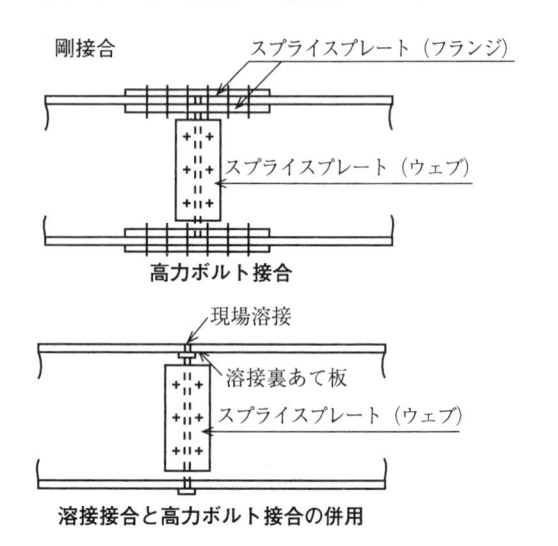

高力ボルト接合（剛接合／スプライスプレート（フランジ）／スプライスプレート（ウェブ））

溶接接合と高力ボルト接合の併用（現場溶接／溶接裏あて板／スプライスプレート（ウェブ））

鋼材の形状

鋼材の形状はJISにより分類し、形状から名称や表示方法なども定められている。鉄骨はこれらの鋼材を切断したり、溶接やボルトで組み合わせて製作する。　表→P319、320の表参照。

鋼材の材質

建築で使用される鋼材の材質はSS材、SM材、SN材など表のようにJISで規定され、種類も多い。　表→P321の表参照。

工場加工組立

鉄骨は、工場で形鋼や鋼板を切断し孔明けなどの加工を行って、溶接などで必要な形状（部分）に組み立てた後、現場に搬入して建てる。この一連の作業を工場加工あるいは工場加工組立という。

工場溶接　shop welding

鉄骨は種々の鋼材（鋼板、平鋼、形鋼など）を組み合わせて部材（柱、梁など）を製作するが、工場内で部材などを製作するために行う溶接。鋼材と鋼材を一体化するための作業なので熟練を要す。工場溶接は部材を動かし溶接しやすい姿勢（下向き）で作業できるが、現場では建て方後の作業となり、溶接姿勢も横向きや上向きが多くより高度な技術が要求される。従って単価も異なるため工場溶接と現場溶接は区分する。

現場溶接　field welding

鉄骨の現場取付けや組立てなど、一連の現場作業の中で行う溶接のこと。工場溶接と区別する。

鋼材の形状

種類	名称	形状	表示方法	大きさ (mm)
棒鋼 JIS G3191	丸　　　鋼		$d\phi$	6ϕ $\vdots$ 200ϕ
標準形鋼 JIS G3192	山　形　鋼 アングル		$L-A\times B\times t$	$L-40\times 40\times 3$ $\vdots\quad\vdots\quad\vdots$ $L-250\times 250\times 35$
	等辺山形鋼 不等辺山形鋼		$L-A\times B\times t$	$L-90\times 75\times 9$ $\vdots\quad\vdots\quad\vdots$ $L-150\times 100\times 15$
	I　形　鋼 アイビーム		$I-A\times B\times t$	$I-100\times 75\times 5$ $\vdots\quad\vdots\quad\vdots$ $I-600\times 190\times 16$
	H　形　鋼		$H-A\times B\times t_1\times t_2$	$H-100\times 50\times 5\times 7$ $\vdots\quad\vdots\quad\vdots\quad\vdots$ $H-900\times 300\times 16\times 28$
	みぞ形鋼 チャンネル		$[-A\times B\times t$	$[-75\times 40\times 5$ $\vdots\quad\vdots\quad\vdots$ $[-380\times 100\times 13$
鋼板 JIS G3193	鋼　プレート		$PL-t$ $PL-t$	$PL-1.2$ $\vdots$ $PL-50.0$
平鋼 JIS G3194	平　　　鋼 フラットバー		$FB-b\times t$	$FB-25\times 4.5$ $\vdots\quad\vdots$ $FB-125\times 12$
鋼管 JIS G3444	鋼　　　管		$D\phi-t$	$21.7\phi-1.9$ $\vdots$ $1,016.0\phi-16.0$
角形鋼管 JIS G3466	角　形　鋼　管		$\square-A\times B\times t$	$\square-300\times 300\times 6.0$ $\vdots$ $\square-50\times 20\times 1.6$

軽量形鋼の形状

種類	名　称	形　状	表示方法	大きさ（mm）
軽量形鋼 JIS G3350	リップみぞ形鋼		$C-A \times B \times C \times t$	$C-250 \times 75 \times 25 \times 4.5$ ：　：　：　： $C- 60 \times 30 \times 10 \times 1.6$
	軽みぞ形鋼		$[-A \times B \times t$	$[-350 \times 50 \times 4.5$ ：　：　： $[- 40 \times 20 \times 1.6$
	リップZ形鋼		$\rceil-A \times B \times C \times t$	$\rceil-125 \times 50 \times 20 \times 3.2$ ：　：　：　： $\rceil- 75 \times 45 \times 15 \times 1.6$
	軽Z形鋼		$\rceil-A \times B \times t$	$\rceil-100 \times 50 \times 3.2$ ：　：　： $\rceil- 60 \times 25 \times 1.6$
	リップ山形鋼		$\lfloor-A \times B \times C \times t$	$\lfloor-75 \times 75 \times 15 \times 3.2$ ：　：　：　： $\lfloor-50 \times 25 \times 10 \times 1.6$
	軽山形鋼		$L-A \times B \times t$	$L-75 \times 50 \times 3.2$ ：　：　： $L-30 \times 30 \times 1.6$
	ハット形鋼		$\Pi-A \times B \times C \times t$	$\Pi-60 \times 30 \times 25 \times 2.3$ ：　：　：　： $\Pi-30 \times 60 \times 25 \times 1.6$

鋼管 steel pipe
こうかん

形状による鋼材の分類の中の標準形鋼の一つで、形状や寸法はJIS（G3444）で定められている。一般にスチールパイプと呼ぶ構造用鋼管のことで、手摺などに使用するガスパイプとは異なる。なお、鋼管と呼ぶときは丸形の鋼管をさし、角形鋼管（角パイプ）と区別する。

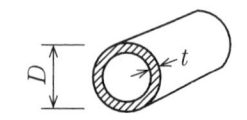

鋼板
こうはん

プレート（Plate）と呼ばれ、形状による鋼材の分類ではJIS（G3193）で規定されている。山形鋼やH形鋼などと違って鋼板は厚さの規定だけで幅や長さなど面積による規定はない。使用する際は、必要な形状を大きい鋼板から切断する。しかし、近年は鉄骨専門業者（ファブリケーター）でもシャリング工場で必要な形状に切断した鋼板を購入しており、こちらは切板と呼ぶ。

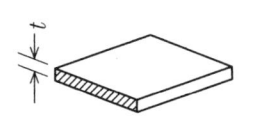

鋼材の材質等

規格番号	規格名称等	種類の記号
JIS G 3101	一般構造用圧延鋼材	SS400, SS490, SS540
JIS G 3106	溶接構造用圧延鋼材	SM400A, B, C, SM490A, B, C SM490YA, YB, SM520B, C
JIS G 3114	溶接構造用耐候性熱間圧延鋼材	SMA400AW, AP, BW, BP, CW, CP SMA490AW, AP, BW, BP, CW, CP
JIS G 3136	建築構造用圧延鋼材	SN400A, B, C, SN490B, C
JIS G 3138	建築構造用圧延棒鋼	SNR400A, B, SNR490B
JIS G 3350	一般構造用軽量形鋼	SSC400
JIS G 3353	一般構造用溶接軽量H形鋼	SWH400
JIS G 3444	一般構造用炭素鋼管	STK400, STK490
JIS G 3466	一般構造用角形鋼管	STKR400, STKR490
JIS G 3475	建築構造用炭素鋼管	STKN400W, STKN400B, STKN490B
―	上に掲げるもののほか, 建築基準法に基づき指定又は認定を受けた構造用鋼材及び鋳鋼	―

高力ボルト hightension bolt

ハイテンションボルトともいい、HTBと表す。このボルトを用いて行う鉄骨の接合方法を高力ボルト摩擦接合という。JISで規定されている高力六角ボルトと大臣認定品のトルシア形高力ボルトがある。材質はどちらも高張力鋼。
→中ボルト

高力ボルトの首下長さ

高力ボルトの計測・計算は、種類、径別、首下長さ別の本数を拾い出し、必要に応じて単位質量を乗じて質量を算出する。首下長さは締付け長さ（締め付ける板厚の合計）に加算長さ（座金、ナット、余長）を加えた長さとする。加える長さは径により一定で表のように定められている。ただし、市場品の首下長さは5mm単位となっているので端数は二捨三入七捨八入して5mm単位の長さとする。

基準 「ボルト類等は原則としてその規格、形状、寸法ごとに個数又は質量に換算したものを設計数量とする。」なお、高力ボルトの長さは、接合する板厚による締付け長さに表の「締付け長さに加える長さ」（S）mmを加えた首下寸法とする。ただし、長さが5mm単位とならない場合は、それぞれの決められた規格の基準寸法に最も近い寸法とする。

締付け長さに加える長さ　(mm)

| ボルトの呼び径 | 締付け長さに加える長さ (S) ||
	JIS形高力ボルト及び溶融亜鉛めっき高力ボルト	トルシア形高力ボルト
M12	25	―
M16	30	25
M20	35	30
M22	40	35
M24	45	40

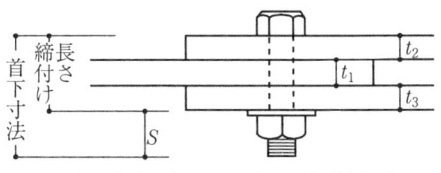

首下寸法＝$(t_1+t_2+t_3)+S$(加算長さ)

高力六角ボルト

高力ボルトのうちJIS規格（標準形）のタイプをいう。

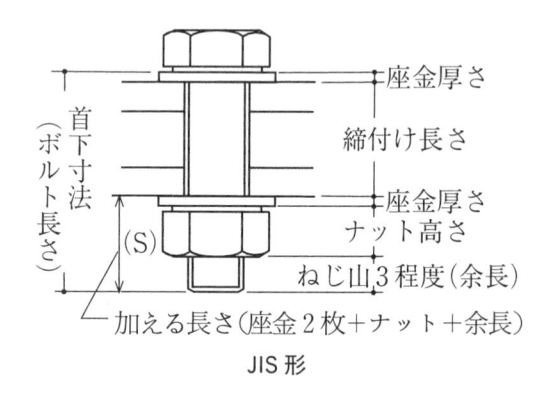

JIS形

小梁

大梁と大梁の間をつなぐ梁の呼称。

基準「小梁とは、大梁に接する横架材の内法部分をいう。」

サイズアップ size up

鋼板の板厚には規定されたサイズがあり、このサイズ単位で板厚を増すことをサイズアップと呼ぶ。一般に1サイズアップ、2サイズアップというように呼称し、サイズはインチベースのため約3mm単位となる。
（例）6、9、12、(14)、16、19、22、25、28、32、36、38、40、45、50、……。(14)は設計図により使用する場合としない場合がある。

錆止め塗装

鉄は錆に弱いためSRC造のようにコンクリートに被覆されるもの以外の鉄骨は、錆止め塗装を行う。塗装は大別すると錆止め塗装と仕上げ塗装に分けられ、前者は鉄骨工事に属し、計測・計算は鉄骨部材表面の面積とする。なお、ボルト類、部材の切断小口及び部材の重なる部分は差し引かなくてもよい。

基準「錆止め塗装の数量は、原則として鉄骨部材表面の面積とする。なお、ボルト類、部材の切断小口及部材の重なる部分の欠除は計測の対象としない。」「錆止め塗装は、適切な統計値又は係数値を用いた略算法によることができる。」「必要があるときは、錆止めの数量を鉄骨の質量に対する換算値によることができる。」

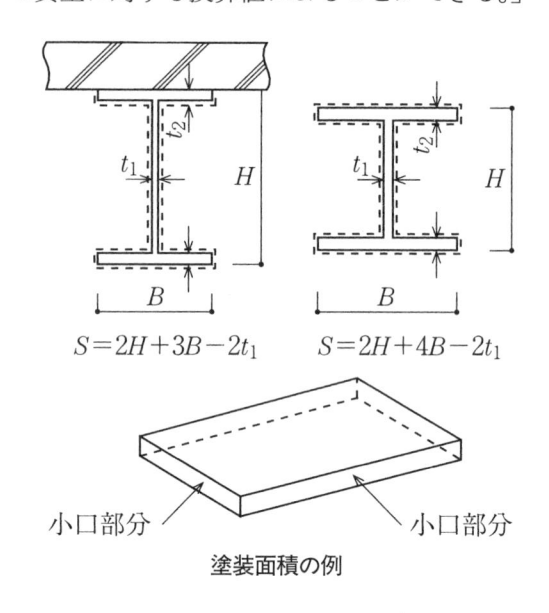

$S = 2H + 3B - 2t_1$　　$S = 2H + 4B - 2t_1$

塗装面積の例

シャフト shaft

鉄骨柱の各階の断面リスト等で表示される幹の部分のこと。

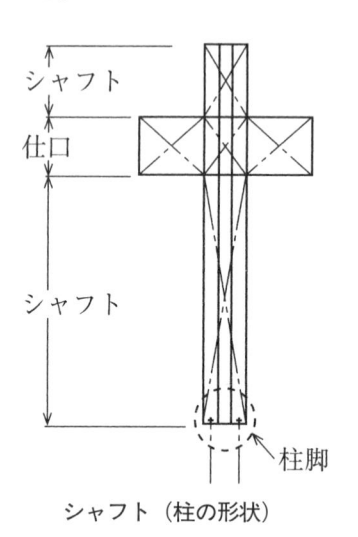

シャフト（柱の形状）

集計

個々に計測・計算した数量を集めて合計すること。建築積算では躯体、仕上げを問わず各部分に分けて計測・計算し、必要に応じて各階部分、材種別等に分類して集計する。例えば、躯体のコンクリート集計は基礎、柱、梁、床板、壁、階段、その他の部分に区別して行い、更に各階ごとに集計する。

所要数量

建築数量積算基準で数量とは、原則として設計図書に表示された寸法、すなわち設計寸法から求めた正味の数量、設計数量をいう。しかし、鉄筋、鉄骨、木材等の数量は、市場の規格寸法を考慮したうえ、切り無駄や施工上やむを得ない損耗等を含む所要数量としている。

基準「所要数量とは、定尺寸法による切り無駄や、施工上やむを得ない損耗を含んだ数量をいい、鉄筋、鉄骨、木材等の数量がこれに該当する。」「鉄筋についてその所要数量を求めるときは、その設計数量の4％増を標準とする。」「鉄骨材料について、所要数量を求めるときは、設計数量に次の割増をすることを標準とする。

形鋼、鋼管及び平鋼　5％
広幅平鋼及び鋼板（切板）　3％
ボルト類　4％
アンカーボルト類　0％
デッキプレート　5％」

垂直材

柱、壁のような垂直方向の構造材のこと。

垂直スチフナー　V. Stiffener

鉄骨の仕口部分で梁通し方式の場合、上下柱の応力を伝達するために、梁のフランジ間に取り付ける材のこと。板厚は上下柱フランジ厚の最大厚となる。

水平材

梁、床板のような水平方向の構造材のこと。

水平スチフナー　H. Stiffener

鉄骨の仕口部分で柱通し方式の場合、梁からの応力を柱に伝達するために、柱のフランジ間に取り付ける材のこと。板厚は取り付ける梁フランジの最大厚か1サイズアップとなる。

数値の採り方

建築数量を計測・計算する場合の寸法のとり方で、原則として小数点以下第2位としたうえで対象物ごとに長さ、面積、体積及び質量を使い分けるよう規定されている。

特に木材の断面の場合には、小数点以下第3位（mm）まで計算することを定めている。

数量の定義

設計図書から計測・計算される数量について、建築数量積算基準では設計数量、計画数量、所要数量の三つを定義したうえで、特に明示しない限り設計数量を原則とすると定めている。

基準「数量とは、原則として設計数量をいう。ただし、計画数量及び所要数量を必要とする場合は、本基準に示す方法に基づいて計算し、計画数量又は所要数量であることを明示する。」

数量拾い

設計図書に表示された設計寸法によって原則として設計数量を計測・計算すること。最も基本となる建築積算業務。数量は、同一の図面、仕様書に基づいて計測・計算するので誰が積算しても同じ結果が得られるはずであるが、現実には相当の差が生じる。そこで建築数量の計測・計算の方法を定め、基準としてまとめたものが建築数量積算基準である。

スカラップ　scallap

完全溶込み溶接をする場合、溶接形状を連続させるため、ウェブプレートなどを円弧状に切り欠く。この円弧状のこと。

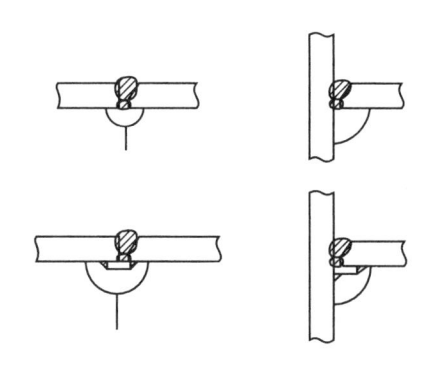

スタッド stud

軽量鉄骨間仕切の軸組を構成する縦方向の材。施工高さによりスタッドの幅を50（50形）、65（65形）、75（75形）、90（90形）、そして100（100形）に区分する。

基準 解説部分で施工高さによってスタッドの幅を、仕上げ材の施工方法によってスタッドの間隔を変えることとしているので参考にする。

施工高さ	スタッド幅
2.7m以下	50mm（50形）
3.7m以下	65mm（65形）
4.0m以下	75mm（75形）
4.5m以下	90mm（90形）
5.0m以下	100mm（100形）

施工の種類	スタッド間隔
下地張りのある場合	@450mm
仕上材を直張りする場合	@300mm

スタッド式軽量鉄骨間仕切
しきけいりょうてっこつまじきり

軽量鉄骨壁下地の一種で既製の間仕切下地として使用する。

スタッドボルト stud bolt

鉄骨とコンクリートをより付着させるために柱脚や梁の上端に取り付けるボルトのこと。

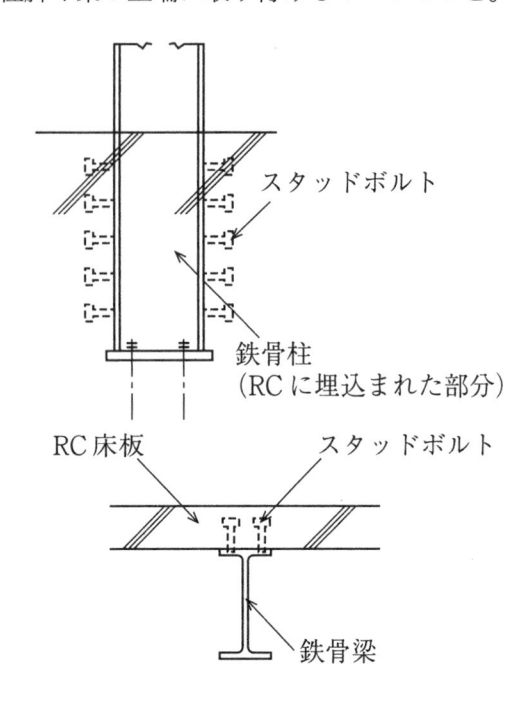

スチールパイプ

鋼管のこと。一般に手摺などの鋼管のことをスチールパイプと呼び、構造用は構造用鋼管と呼んでいる。

スプライスプレート splice plate

高力ボルトを使用して部材を接合する場合、添え板をして締付け応力を伝達する。この添え板（添接板）のこと。スプライスプレートの合計の厚さは母材厚より厚く、長さはボルトの本数及び間隔（ピッチ）で決まる。

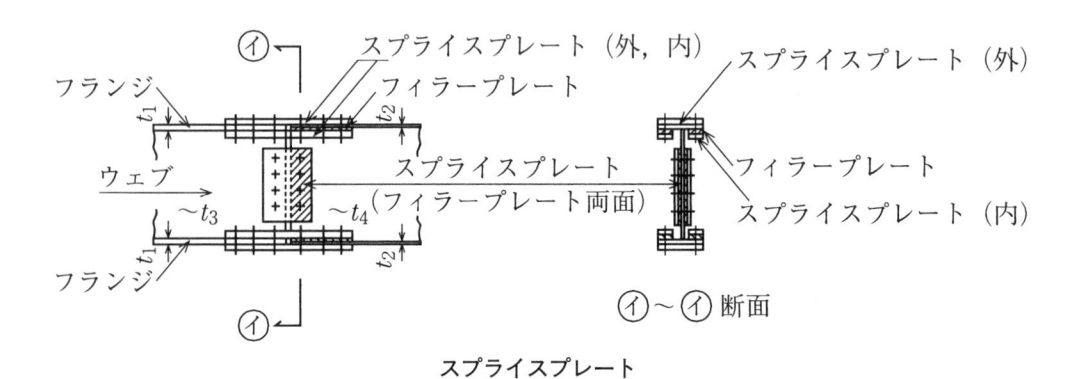

スプライスプレート

すみ肉溶接

溶接継手の最も一般的な工法。部分溶込み工法ともいい、必ずしも鋼材を一体化しなくてもよい部分（フランジとウェブの接続部、ガセットプレートの接続部など）に使用。溶接の基本形で積算では各形状の溶接は全て「すみ肉溶接脚長6mm」に換算した延べ長さを数量とする。

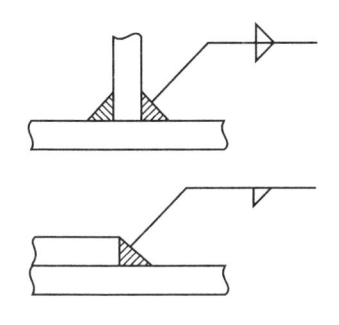

すみ肉溶接脚長6mm換算

溶接は力のかかり方や板厚の違いなどで分類し種類も多い。種類ごとに施工費などを考慮することは労力を要するため、価格（溶接1m当たりの費用）に対応する数量として規定したのが「すみ肉溶接脚長6mm」の溶接換算率である。数量はすみ肉溶接脚長6mmに換算した延べ長さによる。それぞれの溶接断面形状ごとに断面積を求め、それを「すみ肉溶接脚長6mmの断面積21.78mm²（余盛りを含む）」で除して得た6mmすみ肉溶接換算率を乗じて延べ長さを求める。しかし、一般には「溶接延長換算表」を使用する。

基準　「溶接は原則として種類に区分し、溶接断面形状ごとに長さを求め、すみ肉溶接脚長6mmに換算した延べ長さを数量とする。」

基準となるすみ肉溶接脚長6mmの断面積

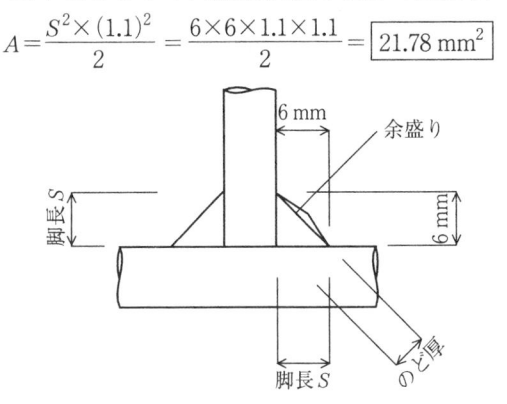

$$A = \frac{S^2 \times (1.1)^2}{2} = \frac{6 \times 6 \times 1.1 \times 1.1}{2} = \boxed{21.78 \text{ mm}^2}$$

スリーブ　sleeve

設備の配管類を通すため、梁に孔を明けること。鉄骨の場合はウェブプレートに孔のみ明ける場合と、鋼管を取り付ける場合がある。いずれの場合でも小径を除きウェブプレートの補強を行う。これをスリーブ補強又は梁貫通補強という。

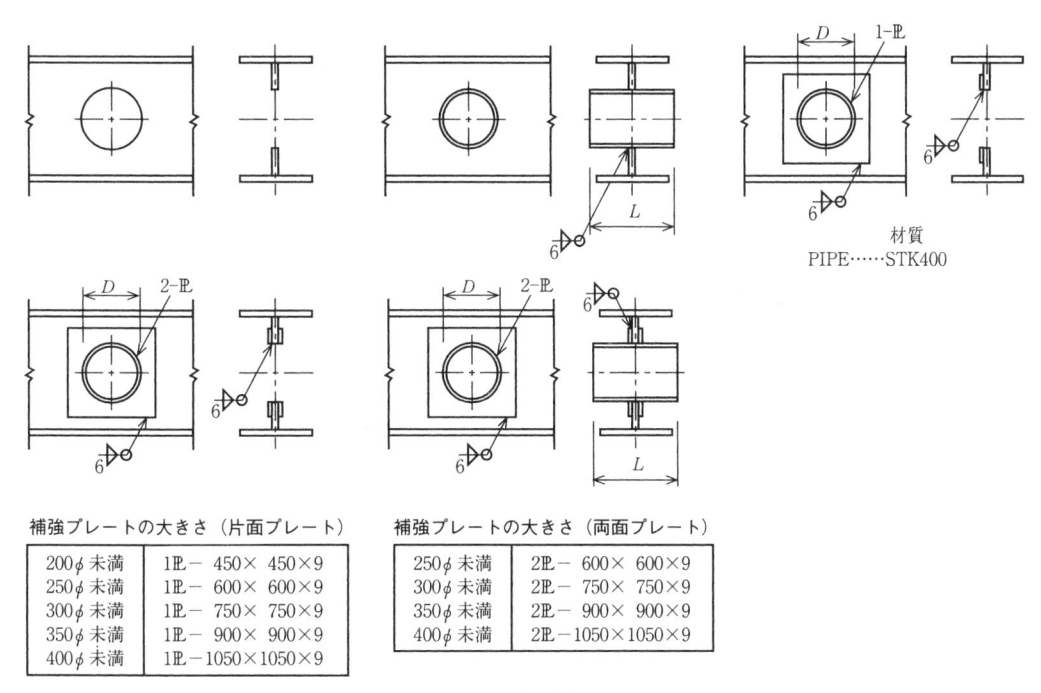

材質　PIPE……STK400

補強プレートの大きさ（片面プレート）

200φ未満	1PL－ 450× 450×9
250φ未満	1PL－ 600× 600×9
300φ未満	1PL－ 750× 750×9
350φ未満	1PL－ 900× 900×9
400φ未満	1PL－1050×1050×9

補強プレートの大きさ（両面プレート）

250φ未満	2PL－ 600× 600×9
300φ未満	2PL－ 750× 750×9
350φ未満	2PL－ 900× 900×9
400φ未満	2PL－1050×1050×9

施工図

設計図書を基にして、現場で描かれる工事のための詳細図面のこと。これにより細部の収まりや材料の割り付けなどを検討したり、現場への指示をする。

設計数量

設計図から計測・計算される正味の数量。建築数量積算基準ではこれを設計数量と定義し、積算上での数量とは特に指定しない限り設計数量を原則とする。

基準「設計数量とは、設計図書に表示されている個数や、設計寸法から求めた正味の数量をいい、大部分の施工数量がこれに該当し、材料のロス等については単価の中で考慮する。」

設計寸法

建築数量積算基準の用語の一つ。設計図書に示された寸法のこと。

基準 総則には、「本基準において設計寸法とは、設計図書に表示された寸法、表示された寸法から計算することのできる寸法及び物差により、読みとることのできる寸法をいう。」とある。「物差により読みとる」とは、物差を直接設計図に当て、縮尺から換算して読みとる、通常、分一（ぶいち）を意味する。

外ダイヤフラム

鉄骨柱の主材にビルトボックス（プレートをボックスに組み立てたもの）や鋼管を使用して仕口に梁のフランジを取り付ける場合、主材を切断して挿入するプレートのこと。柱の組立形式は梁通し形式となる。

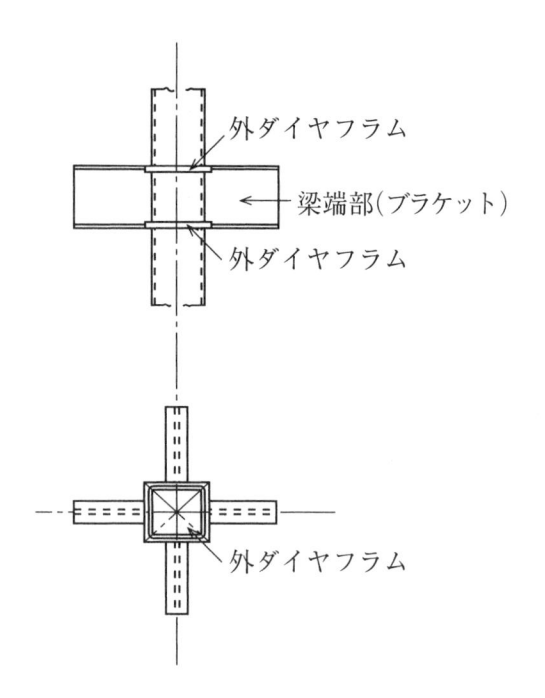

外法寸法

相対する材の外側から外側までの寸法。例えば、出入口枠の内法寸法に枠の見付け幅を加えた寸法が外法寸法となり、実際に必要な材の長さに相当する。

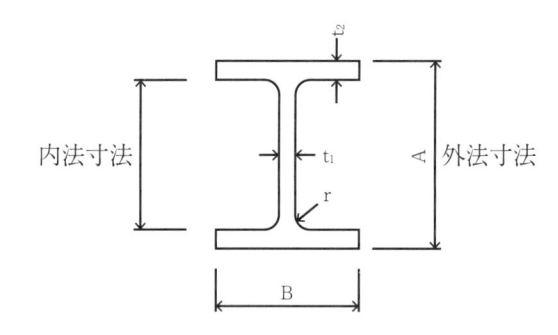

超音波探傷検査 ultrasonic testing

超音波を使用して完全溶込み溶接の内部の欠陥などを検査すること。U.T.ともいう。積算上は完全溶込み部分（溶接記号レ形、V形、K形など）のか所数を算出する。

ターンバックル turn buckle

筋違（ブレース）に棒鋼を使用した場合、締め付け調整のために取り付けるネジ付き金物のこと。枠式とパイプ式がある。

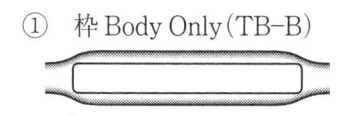

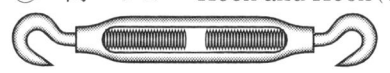

① 枠 Body Only（TB-B）

② 両ハッカー Hook and Hook（TB-H/H）

③ ストレート With Stubs（TB-S/S）

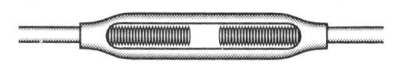

④ 両オーフ Eye and Eye（TB-E/E）

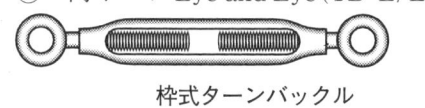

枠式ターンバックル

耐火被覆

鉄骨は火災に弱いことからSRC造や工場のような建物以外は耐火被覆を行う。耐火被覆材には板材、吹付材、塗付材などがあるが、積算は材質、形状、寸法、工法別に面積又はか所数を計測・計算する。

基準「耐火被覆の数量は、原則として設計図書により耐火被覆材の厚さの中心の寸法により計測・計算した面積とする。必要があるときは、同一の材種、材質、形状、寸法、工法、耐火時間、部位（柱、梁）の耐火被覆ごとのか所数を数量とすることができる。」「耐火被覆材の各部分の取合いによる欠除、器具類による欠除及びこれらに類する部分の欠除が1か所当たり0.5m²以下の場合は、原則として欠除がないものとする。」

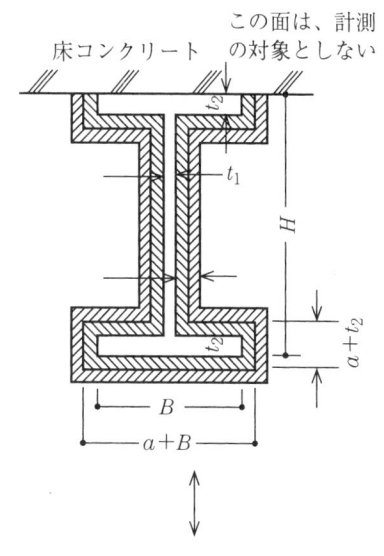

（注）耐火被覆の計測・計算は耐火被覆材の厚さの中心による

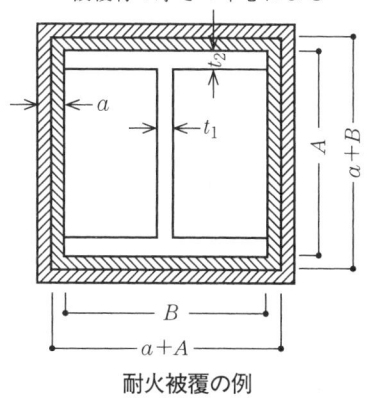

耐火被覆の例

脱漏

積算では拾い落しのこと。建築数量の計測・計算の過程で一番気を遣う必要がある点である。その防止のために発注者・受注者側を問わず種々の工夫と配慮がなされている。

建方

鉄骨は工場で柱、梁などの部分に製作し、現場で鳶工がクレーンなどの建設機械を使用して骨組みをつくる。この一連の作業をさす。建方は現場での組立てで完了するのではなく、各部分（柱、梁など）を仮設し、建入れ直しなどの作業までを含み、その後は鍛冶工が現場溶接やボルト本締めなどを行う。

長尺もの

通常より長さが長いもの。既製品より長いもの。

重複

積算では、同じ部分を重複して計測・計算すること。だぶって拾うともいう。

柱脚　column base

鉄骨柱の脚もと（最下部）のこと。柱脚にはベースプレートやアンカーボルトなどがあり軸力、曲げモーメント、せん断力などを基礎に伝達する大切な部分。

中ボルト　bolt

普通ボルトのことをさし、黒皮ボルトや磨きボルトなどがある。鉄骨では、母屋材や胴縁などの比較的軽微な部材の取付けに使用する。

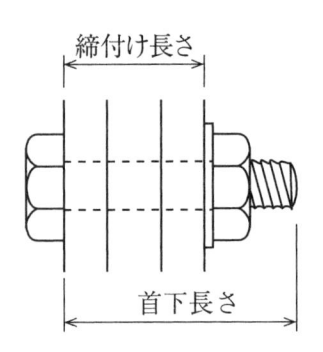

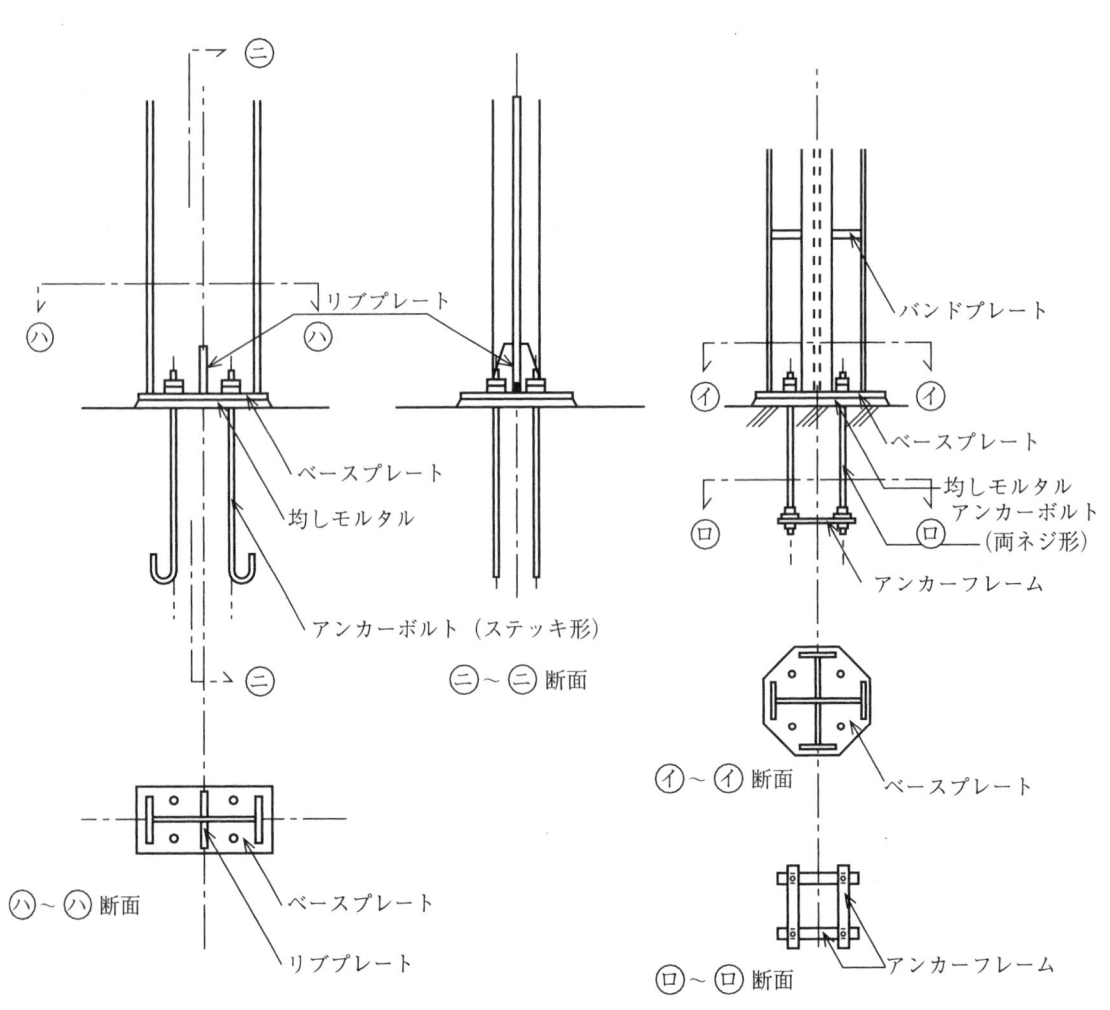

柱　脚

突合せ溶接

溶接継手で、母材の小口と小口を突合せて溶接すること。突合せ溶接の形状にはI形、レ形、V形、K形などがあり、母材厚に差がある場合は薄い方の板厚で計測・計算する。

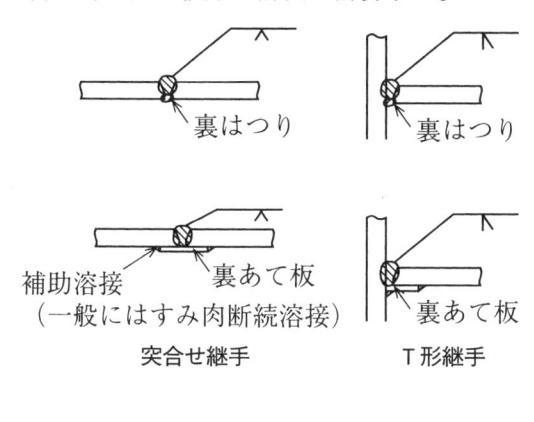

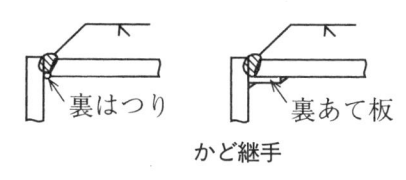

突合せ継手　T形継手　かど継手

継手基準図

高力ボルトを使用して部分（柱と柱、柱と大梁、大梁と小梁）などを接合する場合に、部分の種類ごとにスプライスプレートの大きさ（厚さ、幅、長さ）や高力ボルトの径、本数、あるいはガセットプレートの板厚などを定めた図面のこと。

定尺

鋼材、木材などの標準寸法をいい、定尺物という。鋼材では、メーカーが製造の段階でいろいろな要素を考慮して定めた寸法だが、規格寸法も一種類ではなく同じ材料でも複数の種類がある。形鋼類は長さ5.5〜12mが目安だが、鋼板は近年、切板（必要な形状に切断されたもの）による取引が一般的なため、あまり定尺を考慮しない。

木材の場合は依然として複雑で、例えば板材で厚さが1cmの場合、幅が小幅板で4cm、6cm、9cm、10cm、12cm、以後は2cm飛びで32cmまで、長さが1.9m、2.0m、2.15m、3.0m、3.3m、3.8m、4.0m、4.3mという話（今から何十年も前）もあり、捉えにくい。

基準 数量とは、原則として設計数量をいうが、鉄筋、鉄骨、木材等の数量は定尺寸法による切り無駄や、施工上やむを得ない損耗等を含む数量を所要数量として求める必要のある場合は、その旨を明示することとしている。

デッキプレート deck plate

薄い鋼板を折り曲げることで曲げ応力に対応できるように開発された床材。S造の床板は、デッキプレートを敷いてコンクリートを打設する工法が一般的だが、構造的にはデッキプレートに床の荷重を負担させる場合と、コンクリート打設の型枠代わりに使用する場合がある。形状や厚みなどの種類も多く、表面処理のないもの（黒皮）や亜鉛メッキのものなどがある。

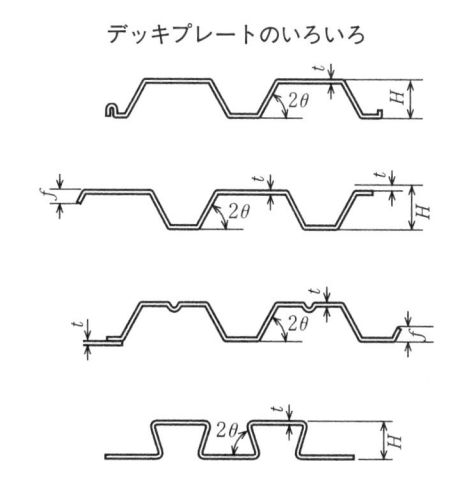

デッキプレートのいろいろ

デッキプレート受金物

デッキプレート敷込みの際、フランジのスプライス部分等と重なる部分を切り欠き、この部分を受ける金物のこと。材料は一般に平鋼（FB-50×6）が使用される。

鉄骨

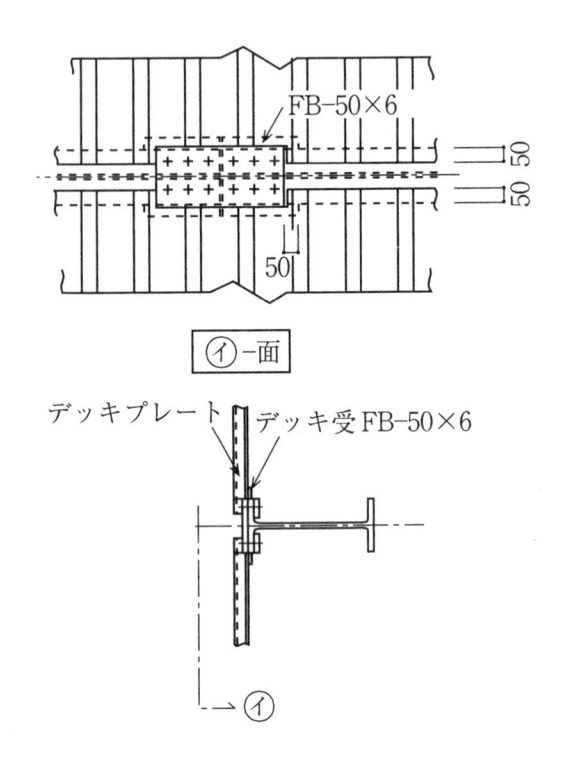

鉄骨は鉄を使用した骨組みであり、建築の場合は鉄骨鉄筋コンクリート構造、鉄骨構造の骨組みのこと。

基準「鉄骨は、ボルト類及び溶接を含むものとする。」

鉄骨足場

溶接やボルトの締め付け、また鉄筋コンクリート造の鉄筋の組立て等に必要な足場。吊り足場、吊り棚足場及び吊りかご足場がある。

基準「鉄骨足場には、吊り棚足場、吊りかご足場、吊り枠足場があり、数量は、それぞれ鉄骨軸組部分の延べ床面積、架け長さ及びか所数とする。」

鉄骨アンボンドブレース

アンボンドとは鉄骨の芯材と被覆材が摩擦抵抗のない被覆状態にあること。鉄骨のブレースは耐震用に設置するが、軸方向に圧縮力を受けると座屈現象によるたわみが生じ、急激に耐力が低下する欠点がある。そこで座屈に抵抗させるため平鋼や、H形鋼を芯材とし、外周を補強コンクリートなどで補強したブレースが考案され、高層建物などで使用されている。

鉄骨工事の試験費

鋼材の品質試験や、溶接工の技量試験などがあり、その費用は一式で計上する。

鉄骨構造

骨組みが鉄で構成されている建物やタワー類及び工作物のこと。S造ともいう。鉄骨は工場で製作し現場で組み立てるため工期が短縮でき、狭い敷地でも施工可能。低層の住宅、店舗から中高層ビル、マンション、超高層ビルなどの構造として、近年は最も一般的な構造形式。

鉄骨鉄筋コンクリート構造

鉄筋コンクリート構造（RC造）の鉄筋量を分担させるのに大きな断面積が確保でき、また鉄筋コンクリート造の骨組みに靱性（ねばり）が期待できる鉄骨を用いた構造のこと。SRC造ともいう。

鉄骨の欠除

鉄骨の数量は設計数量を原則としているが、鋼材を柱、梁などとして組み立てるための各接合部のボルト類の孔明け等による鋼材の欠除部分を差し引かないことを定めたものである。なお、ハニカム鋼材などは製品であるため、この適用外となる。

基準「ボルト類のための孔明け、開先き加工、スカラップ及び柱、梁等の接続部のクリアランス等による鋼材の欠除は、原則としてないものとする。1か所当たり面積0.1㎡以下のダクト孔等による欠除もこれに準ずる。」

鉄骨の詳細図

鉄骨の詳細図にはラーメン詳細図や部分詳細図がある。部分詳細図には柱脚、仕口、継手、溶接などの他、屋上工作物、スリーブ、ファスナー類などの記載がある。

鉄骨の数量

鉄骨は一般に、部分別、節別及び階別に区分して計測・計算する。数量は、鋼材、高力ボルト、溶接など規格、形状、寸法などごとに計測・計算した長さ、面積又は個数と単位質量とによる質量又は質量に換算したものとする。数量は、鋼材費を算出するほか、工場加工組立費及び現場施工費の算出の基礎となる。なお、溶接はすみ肉溶接脚長6mmに換算した延べ長さを数量とする。

基準 「鉄骨材料について、所要数量を求めるときは、設計数量に次の割増をすることを標準とする。

　形鋼、鋼管及び平鋼5％
　広幅平鋼及び鋼板（切板）3％
　ボルト類4％
　アンカーボルト類0％
　デッキプレート5％」

鉄骨の部分（部位）区分

鉄骨は柱、梁、ブレース、階段、その他の部分（部位）に区分する。柱には間柱が、梁には大梁と小梁が含まれる。その他は雑鉄骨、付属物、仮設金物に区分する。また、鉄骨は鉄筋コンクリート構造などと異なり、工場製作を重点とした鉄骨独自の区分となる。

鉄骨間柱　post

柱のように建物の軸組を構成する部分ではなく、一般に床荷重や壁の鉛直荷重を負担するために使用するもの。しかし、外壁などに使用する場合は水平荷重（風荷重）なども負担する。材料は溝形鋼やH形鋼が多用される。

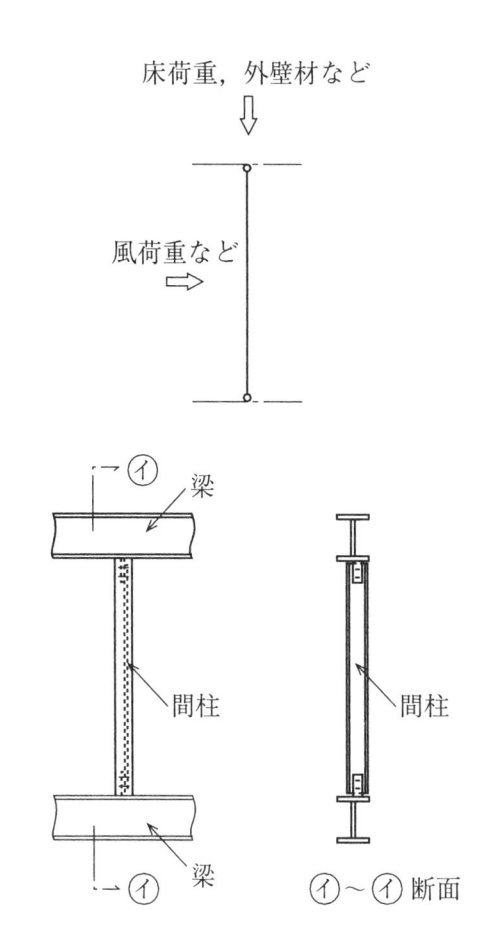

羽子板

棒鋼のブレースの端部を、ボルト接合するために取り付ける金物。

羽子板に形が似ていることから、この名称がついた。

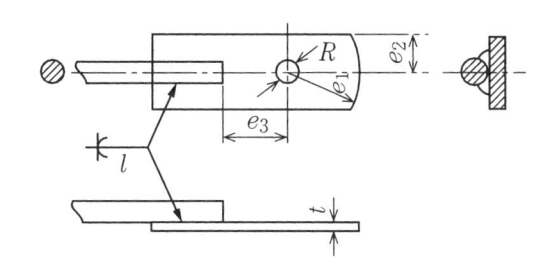

胴縁ピース

胴縁を取り付けるために使用する金物（短い鋼材）のこと。胴縁受けピースともいう。材料は等辺山形鋼か不等辺山形鋼が使用され、長さは取付けボルトの本数により決まる。胴縁を通す部分（ボルト本数2本）とつなぐ部分（ボルト本数4本）の2種類がある。

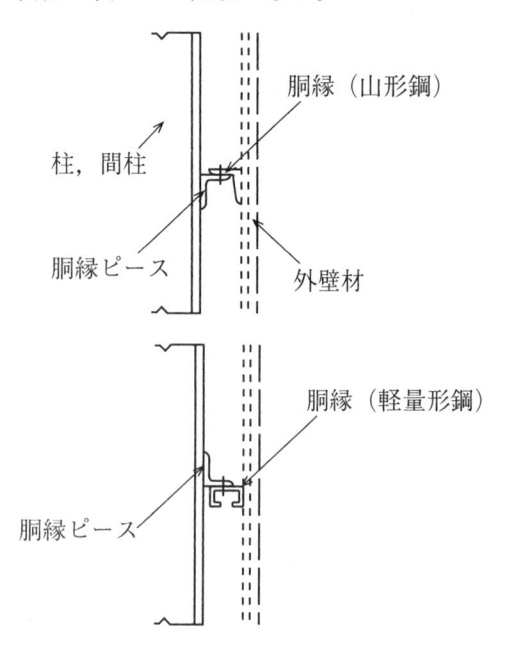

均しモルタル

ベース下のレベル調整や柱芯（通り芯）などをだすため、柱を建てる前に予めベースプレートの位置に用いるモルタル。厚みは30〜50mmで無収縮モルタルを使用する。　図→下記を参照。

トルシア形高力ボルト

建築基準法に基づいて認定された製品で、セットの種類は2種（S10T）となる。トルシア形高力ボルトは締付けが完了すると、ピンテールと呼ばれる先端の部分が破断するので、締め忘れやトルクチェックが不要等の理由から、近年は高力ボルトの主流となっている。
⇔高力ボルト

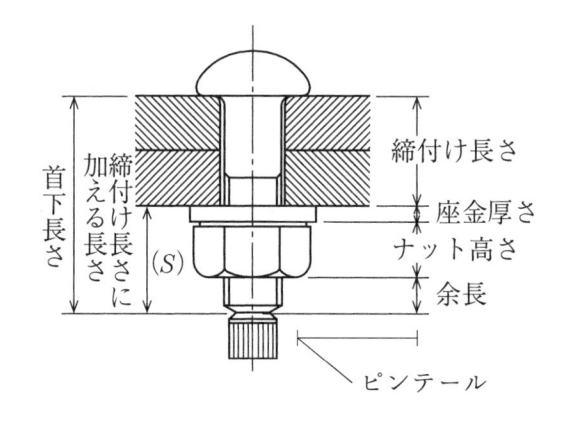

柱（鉄骨）column

シャフト部分と仕口部分に分けられ、シャフト部分（幹の部分）はその階の柱断面の部分で、形状は建物の用途や構造形式などからいろいろな種類がある。仕口部分には柱通し方式と梁通し方式があり、板厚などは基準図で決められる。また、鉄骨の各部分の区分は工場製作を基本としているため、梁の端部も柱の部分として計測し、長さも階に関係なく節（現場での建方などを考慮した長さ）で計測・計算する。そのため鉄骨の柱は節柱とも呼ぶ。

基準　「鉄骨柱は柱脚ベースプレート下端から最上端までの、柱として工場製作する部分をいい、設計図書により各節に区分した柱とする。」

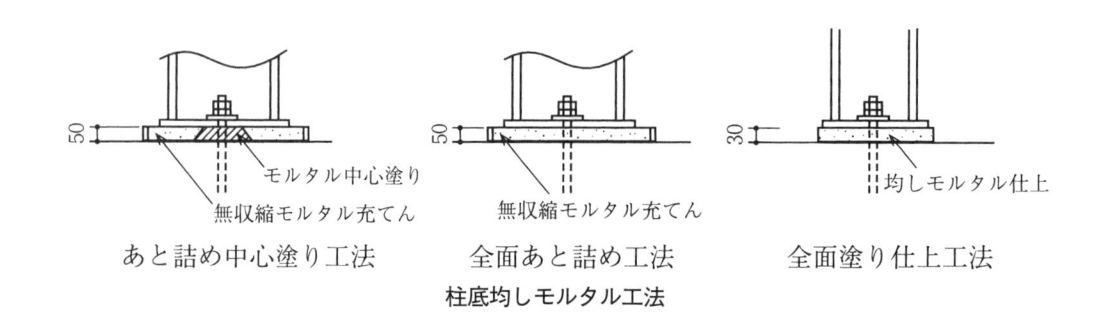

あと詰め中心塗り工法　　全面あと詰め工法　　全面塗り仕上工法
柱底均しモルタル工法

柱（鉄骨）の断面形状

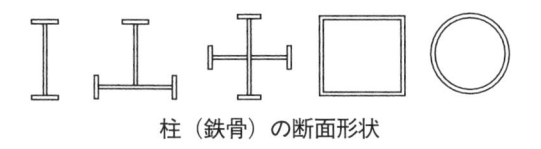

柱芯図

建物の通り芯を示す図面には、通り芯図、柱芯図、壁芯図などがあり、いずれも建物の位置や断面を示す図面として関連がある。鉄骨の柱芯図は基本的にウェブ芯を通すので、各階ごとに断面を変える場合などでも片面絞りか、両面絞りかなどが分かるように表示される。

柱通し方式

柱のシャフト部分を通し、梁の端部（ブラケットともいう）を取り付ける方式で、仕口部分を固めるために水平スチフナーを取り付ける。

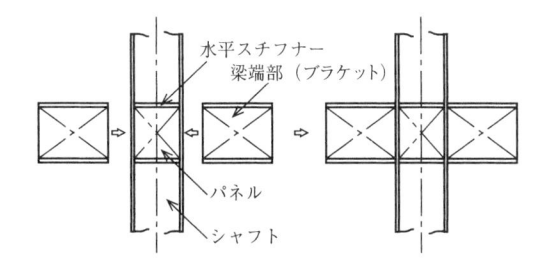

ハット形鋼

軽量形鋼の中の一つでハット（つば付帽子）の形をしていることからついた名称。現在はあまり使用されていない。

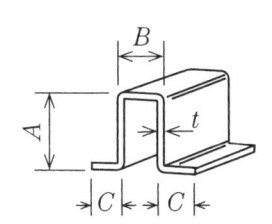

ハニカムビーム honeycomb beam

鋼材が手間賃に比べて高価な時代に鋼材の質量を節約する目的で開発された。H形鋼のウェブ面を歯形に切断し、それを移動して溶接をすることで大きな断面性能を確保できる鋼材（製品）。近年は手間賃の方が高いため、あまり使用されない。

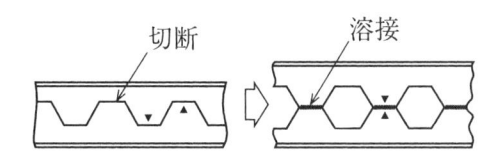

パネル panel

柱の仕口周りのウェブプレートのこと。パネルは仕口を固めるために、その仕口に集まる柱、梁のウェブの最大板厚か1～2サイズ厚い板を使用する。

梁（鉄骨） girder, beam

梁には柱とともに建物の骨組みを構成している大梁と床荷重などを大梁に伝える小梁がある。大梁は曲げとせん断応力を伝達するため接合方法は剛接合となるが、小梁は特別な場合を除いてせん断力のみを伝えるため、ピン接合となる。

梁通し方式

梁の端部（フランジ）を通し、それに柱のシャフト部分を取り付ける方式で、仕口部分を固めるために垂直スチフナーや外ダイヤフラムを取り付ける。

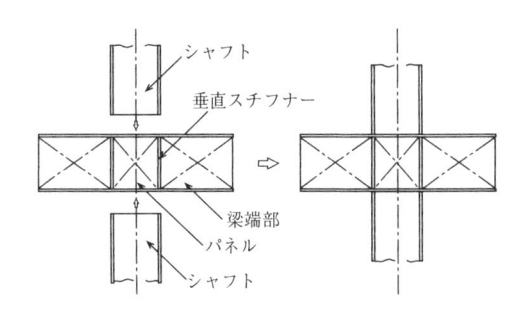

バンドプレート band plate

SRC造の組立て柱で十字柱やT字柱の場合、変形（ウェブの局部座屈など）防止のために取り付ける部材。バンドプレートは一般に80～100cmくらいの間隔で取り付け、厚さ6～9mm、幅50～75mm程度の平鋼を使用する。

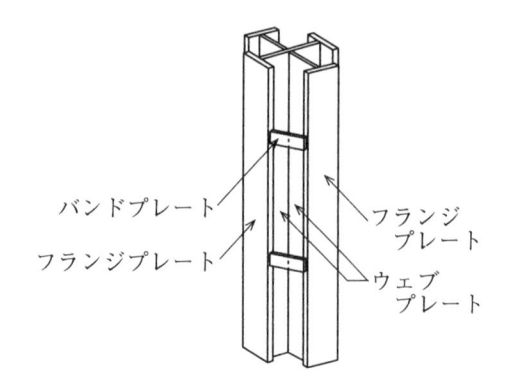

PMr　Project Manager

狭義はCMrに似るが、建設企画の段階から関与してCMr業務はもちろん、建物完成後の使用効果等から償却に至るまでの収支計算なども業務範囲とする専門職能。いわば建設投資全体を視野に入れてコーディネートする技術者のことで、建築技術を柱に経済学、不動産学、経営学などの幅広い知識を兼ね備えた、極めて高度な能力を持つコンサルタント。

平鋼　flat steel bars

形状による鋼材の分類の標準形鋼の一つで、形状や寸法はJIS（G3194）で定めている。一般にフラットバーと呼び、形状は鋼板と同じだが、幅は規定された種類があるため使用する際は長さ方向のみ切断して使用する。なお、幅が150mm以上のものを広幅平鋼と呼ぶ。

基準 所要数量を求める場合、一般の平鋼は5％、広幅平鋼は3％の割増しを標準とする。

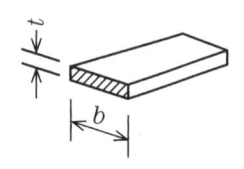

BH鋼

溶接によりH形につくった鋼材のこと。板厚やH形の幅や高さなどを自由につくることができるため、近年は柱や梁の主要鋼材となっている。

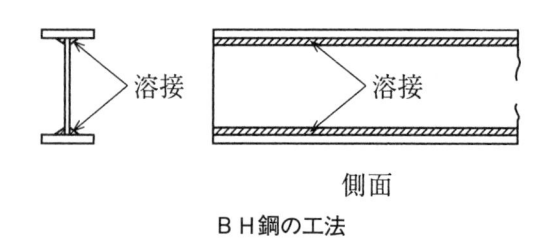

ピン接合

鉄骨部材の接合方法のうち、フランジ部分とウェブ部分を完全に接合する剛接合に対し、ウェブ部分のみボルト接合する方法のこと。一般に小梁など（せん断力のみ負担する部材）の接合はピン接合である。

➡剛接合

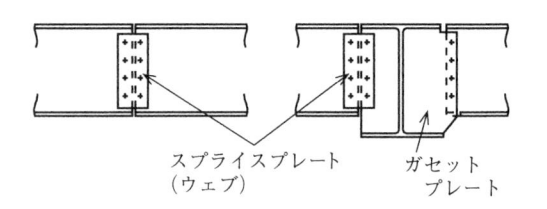

ファスナー　fastener

鉄骨本体に外装材等を取り付ける金物類のこと。ファスナーにはカーテンウォールやPC板受けファスナーがある。積算上は付帯工事として本体とは区分する。

基準 付属物には、設備スリーブ、PC板受ファスナー類、デッキプレート受金物等がある。

VE　value Engineering

価値工学が直訳だが、建築の場合、設計段階で多く用いられる手法で、コスト縮減などを主な目的とし、設計あるいは工法などについてその機能、性能等を減ずることなくコストの比較、対比などを図りながら、代替設計を考えること。新技術、新工法が日進月歩の中、より経済効果を高めるためあらためて新手法として注目され、日本でも公共工事の発注時に、VEによる提案制度が取り入れられている。

歩掛り

単位工事量に対する所要材料の数量と労務数量のことをいい、標準作業量の逆数。

副資材

鉄骨を加工する場合、設計図に記載がなくても必要な資材が多々あり、それらを一括して副資材という。工場で加工、組立ての際の仮設材や仮ボルト、溶接の際のエンドタブ、鋼材切断のための酸素やアセチレンなどが含まれる。

部分

建物を構成している積算上の区分。建築数量積算基準では鉄筋コンクリート構造を基礎、柱、梁、床板、壁、階段、その他の各部分に区分し、壁式鉄筋コンクリート構造では基礎、壁、床板、階段、その他の各部分に区分している。また、鉄骨構造は、柱、梁、ブレース、階段、その他の部分に区分する。そして、各部分の配列、順序に従い、その接続は原則として「さきの部分」に「あとの部分」が接続するものとして計測・計算する。例えば鉄筋コンクリート構造では、梁にとって柱は「さきの部分」であり、床板は「あとの部分」となる。

フィラープレート filler plate

スプライスプレートを用いて鋼材をボルト接合する際に鋼材厚に差がある場合、差をなくすため挿入する鋼板のこと。差が片側1mmを超える場合に挿入し、挿入する鋼板は板厚差に近い市場品を使用。　表→下記を参照。

基準 継手部分等で板厚差が生じ、その差が片側1mmを超える場合は表に基づいてフィラープレートを計測・計算する。

部分溶込み溶接

鋼材同士を完全に一体化しない溶接のこと。一体化する、しないは設計図書による。代表的なものには、すみ肉溶接がある。

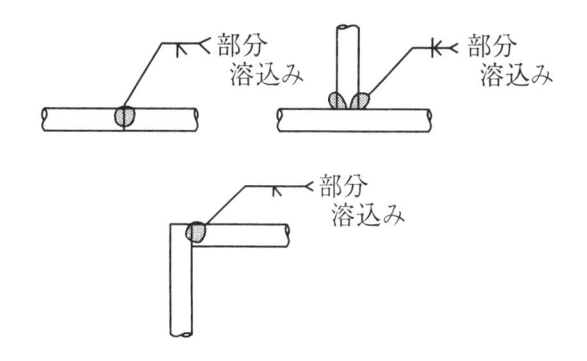

部分の接合

部分（柱、梁など）の接合には、曲げモーメントとせん断力等を伝達させる剛接合と、せん断力のみ伝達させるピン接合がある。前者には高力ボルトによる方法と溶接による方法があり、後者には高力ボルトと普通ボルトによる接合方法がある。

部分別内訳書標準書式

建築工事費の受発注の際に作成する工事内訳書で、直接工事費を部分別に表示したものである。設計のその部分のコストが容易に分かる利点を持っている。即ち科目内訳は、大科目に①躯体、②外部仕上、③内部仕上に区分し、①は基礎躯体、上部躯体に、②は屋根、外壁、外部開口部、外部天井及び外部雑に、③は内部床、内壁、内部開口部、内部天井及び内部雑の中科目に区別する。細目内訳は中科目ごとに小科目の順序に従い細目ごとに数量、単価、金額を記載する。総合仮設及び諸経費の表示は工種別内訳書と共通。

フィラープレート　(mm)

板厚の差	1.1〜1.3	1.4〜1.9	2.0〜2.7	2.8〜3.8	3.9〜5.2	5.3以上
フィラープレート厚さ	1.2	1.6	2.3	3.2	4.5	6以上の近い厚さ

踏面(ふみづら)

階段の段板の上面。踏面の寸法をいう場合は、その1段分の有効幅をいい、建築基準法でその最低基準が示されている。建築数量積算基準では床段違い側面とともに内部床に属し、一般の部分と区別して計測・計算する。

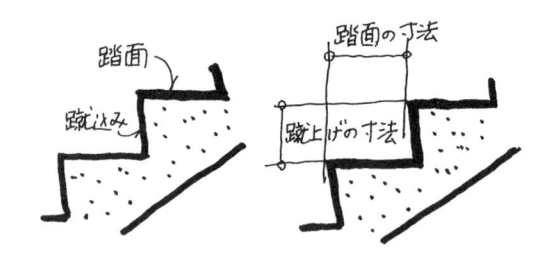

ブラケット bracket

柱の仕口形式の一つ。柱通し方式は、柱のシャフト部分（幹の部分）を通して梁の端部を取り付ける方式で、この梁の端部のこと。

フラットバー

平鋼のこと。

フランジプレート flange plate

鉄骨のH形鋼などの縁の部分（上下とも）をフランジといい、それを連結している部分をウェブという。フランジプレートとはフランジ部分がプレート（鋼板）で作られているもの。フランジは曲げ応力を負担するため大きな断面（厚い断面）が使用され、上下フランジの間隔が大きい（成が大きい）ほど大きな耐力を負担できる。

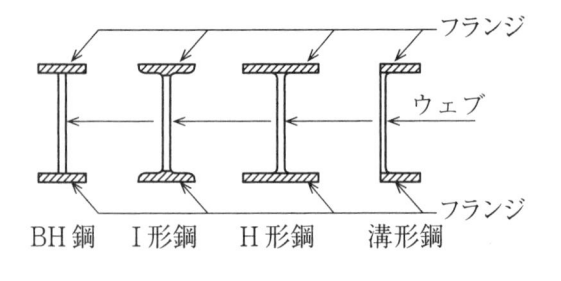

フレア溶接(ようせつ)

棒鋼を溶接する際の記号で、棒鋼同士を溶接するX形と棒鋼と鋼板を溶接するK形などがある。

フレアX形, K形

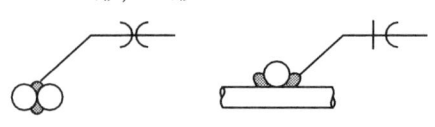

ブレース bracing

筋違いのことで、床や屋根面のねじれを負担する水平ブレースと、風や地震力を負担する鉛直ブレースがある。小型の場合は棒鋼や山形鋼を使用するが、大型になるとみぞ形鋼やH形鋼などを使用する。なお、近年は耐震ブレースとしてアンボンドなどを使用したものや、免震用ブレースなども開発されている。

基準 「ブレースの計測・計算は設計寸法による。ただし、支点間にわたるブレースの主材は原則としてターンバックル等による部材の欠除は計測の対象としない。」

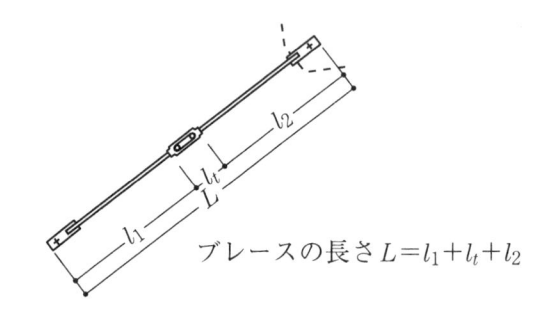

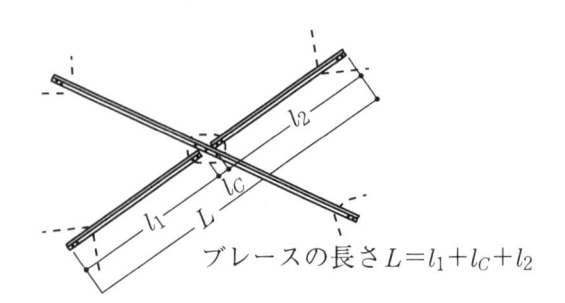

ブレースの長さ $L = l_1 + l_t + l_2$

ブレースの長さ $L = l_1 + l_C + l_2$

プレハブ工法(こうほう)

プレファブリケーション（prefabrication）の手法を取り入れた工法をさすとすれば、在来軸組工法もプレカットを多く取り入れているので厳密な定義が難しい。しかし、一般的な通念

としては、在来軸組工法に比べ、より多くの部材、部品を工場で品質管理のもと生産し、現場での組立工期が短縮でき、前もって展示場などで見学可能で販売価額が比較的安定しているものをさす。カタカナでの呼称は、現在はプレハブ。構造的にはコンクリート系、鉄骨系及び木質系があり、木質系には在来軸組系とツーバイフォー工法系がある。

ベースプレート base plate

柱の最下部に取り付ける鋼板のこと。ベースプレートは柱の鉛直荷重や曲げモーメントを基礎に伝達する重要な部分である。ベースプレートにアンカーボルト用の孔を明け、柱をアンカーボルトで固定するため厚い鋼板を使用する。

ボックス柱（ばしら）

鉄骨工事における柱の一種で、鋼板を四角の箱型に組み立てて柱として用いる。

水勾配（みずこうばい）

雨水や排水のために屋根や床、雨樋に設ける勾配のこと。高さの高い方を水上、低い方を水下という。

水下（みずしも）

建築用語の一つ。外部の屋根面に、雨水の排水用に勾配をつけたときの、高さの低い方のこと。

みぞ形鋼（がたこう）

形状による鋼材の分類での標準形鋼の一つで、形状や寸法はJIS（G3192）で定めている。一般にチャンネルと呼ばれる。鉄骨が使用され始めた頃は主要鋼材の一つだったが、フランジ部分にテーパーがあるためボルト接合などが難しく、近年はアンカーフレームや機械架台などに多用されている。

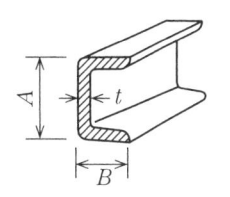

ミルシート mill sheet

鋼材の検査証明書のこと。鋼材製造時に添付され、大手鉄骨製作業者のように、直接鋼材メーカーに発注して取得したミルシートは信頼できるが、鋼材販売業者から取得するコピーのミルシートは工事名等がなく、販売業者との信頼関係のみの証明書となるので注意を要する。定尺寸法の鋼材の材質などは色別されているが、シャリング工場から入手する切板などは識別が難しい。なお、SN材は識別マークが連続して入っているため確認しやすい。

山形鋼（やまがたこう） angle steel

形状による鋼材の分類での標準形鋼の一つで、形状や寸法はJIS（G3192）で定めている。一般にアングルと呼ばれ、等辺山形鋼と不等辺山形鋼があり、母屋や胴縁及び根太材などに多く使用される。また、不等辺山形鋼はその特性からピース材（短い取付け金物としての鋼材）として使用される。

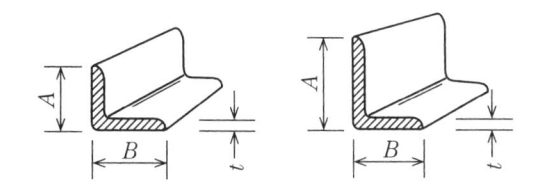

溶接 weld

溶材を介して鋼材と鋼材を接着する工法のこと。現在の鉄骨は溶接なしでは考えられないほど重要な鋼材の接着、接合工法。溶接は鋼材を一体化したり、部分接着させるなどの工法があり、種類も多い。

溶接金網

線径が3.2mmから6.0mmまでの普通鉄線を直角に配列し、交点を電気抵抗溶接したもので、網目は50mmから200mmのものが多い。床板の開口部周り、窓開口部周りのひび割れ防止などに使用することが多い。積算では延㎡か、大きさ別のか所で算出する。

母屋

一般には母屋桁のこと。屋根の棟から軒先の中間に位置し、垂木を受ける横架材。和小屋では小屋束の上に載せ、洋式小屋組の場合は合掌の上に載せる。

母屋ピース

母屋を取り付けるために使用する金物のこと。山形鋼や折り曲げた鋼板などを使用する。ピース類は一般用と継手用に分けられる。

溶接基準図

溶接記号を図面化したもの。溶接の種類、板厚に伴う開先の形状や使用か所などを詳細に明記した図面のこと。

溶接継手

特別の場合を除き完全溶込み溶接、部分溶込み溶接及びすみ肉溶接の3種類がある。継手の方法には突合せ継手、T形継手、かど継手などがあり、特別な溶接としては内ダイヤフラムに使用するエレストスラグ溶接や、デッキプレートなどを止めるスポット溶接などがある。

溶接記号

溶接はその接合方法など種類も多く、それを伝えるために用いる記号。溶接の記号は溶接をする前に加工した母材の形状（開先の形状など）により呼ぶものが多い。例えばレ形溶接、V形溶接、K形溶接はそれぞれ開先の形状がレ形、V形、K形になっている。また、すみ肉溶接は隅の部分を溶接する記号となる。

記号表は次頁を参照。

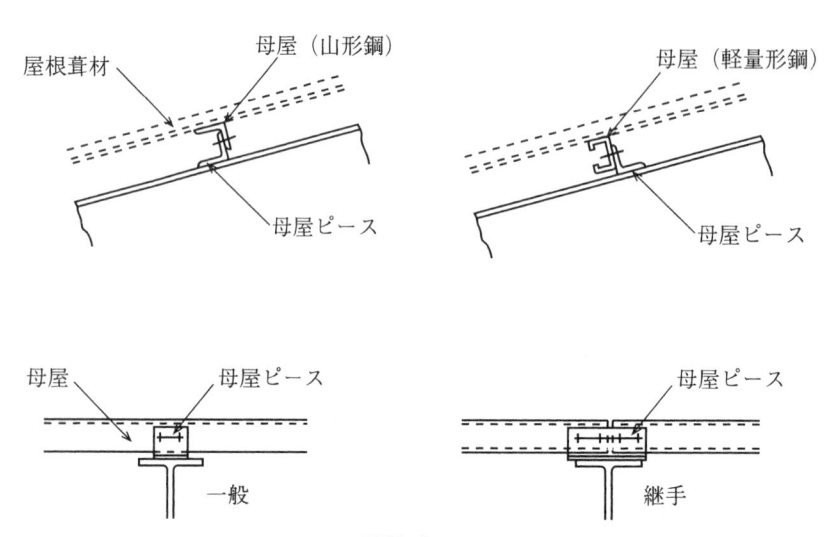

母屋ピース

溶接記号

溶接の種類		基本記号	備考
（開先）グルーブ溶接	I形	‖	
	V形，X形	V	X形は説明線の基線（以下基線という）に対称にこの記号を記載する。
	レ形，K形	⌐	K形は基線に対称にこの記号を記載する。記号のたての線は左側に書く。
	J形，両面J形	⌐	両面J形は基線に対称にこの記号を記載する。記号のたての線は左側に書く。
	U形，両面U形（H形）	Y	H形は基線に対称にこの記号を記載する。
	フレアV形 フレアK形	Υ	フレアX形は基線にこの記号を記載する。
	フレアレ形 フレアK形	⌐	フレアK形は基線にこの記号を記載する。
すみ肉溶接		▷	記号のたての線は左側に書く。並列溶接の場合は基線に対称にこの記号を記載する。ただし，千鳥溶接の場合は右の記号 ▷▷ を用いることができる。

リップZ形鋼（ゼットがたこう）

軽量形鋼の中の一つで、軽Z形鋼の先端部を折り曲げた形状であるため、軽Z形鋼より強いが、近年はあまり使用しない。

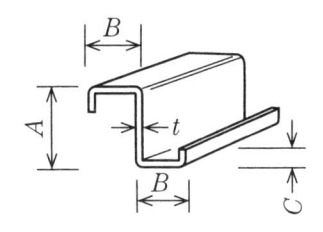

リップみぞ形鋼（がたこう）

軽量形鋼の中の一つ。みぞ形鋼の先端を折り曲げることでより強くなり、形状もコンパクトになるため、ボルト接合も容易で、母屋や胴縁に多く使用される。

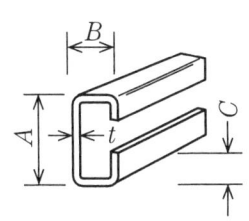

リップ山形鋼（やまがたこう）

軽量形鋼の中の一つで、軽山形鋼の先端部を折り曲げた形状であるため、軽山形鋼より強いが、近年はあまり使用しない。

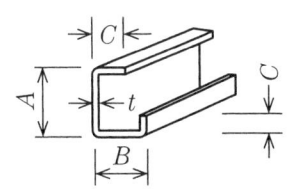

リブプレート rib plate

ウェブプレートやベースプレートなどの局部座屈の防止のため取り付ける鋼板のこと。三角形の形状から三角リブとも呼ぶ。

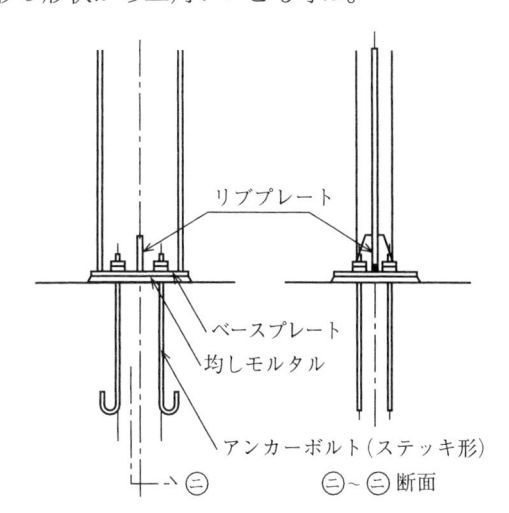

略算法

　積算用語の一つ。略式計算方式のこと。具体的には、床板や壁の鉄筋量を求める際、すべてにわたって細かく計測・計算せずに、それらの代表的な部分について計測・計算し、その単位面積当たりの鉄筋量を求め、それに同一配筋の床面積を乗じて鉄筋量を算出することをいう。

基準　「本基準に規定した計測・計算の方法に準ずる略算法を用いるときは、適切な方法による。」「同一配筋の床板については適切な略算法によることができる。」「同一配筋の壁については適切な略算法によることができる。」

ランニングコスト　running cost

　建築物の使用開始から発生する維持管理の諸費用のこと。一般に月当たり、あるいは年単位の電気、給排水、空調設備等の運転に要する費用や建築物の正常な状況を保持し、運用するための維持管理費のことで、機器の検査、修理費、清掃費なども含まれる。建築物の初期投資額と対比させて、長期的かつ経常的にかかる費用を、いかに節約できるかを検討することができる。

ルート間隔

　完全溶込み溶接の工程で、予め母材同士に隙間をあけて溶接する工法がある。その際の隙間のこと。なお、隙間から溶接が流れないように裏あて板を取り付ける。ルート間隔は一般に7～9 mm。

ルートフェース　root face

　完全溶込み溶接を行う場合、母材の開先加工（母材の先端を斜めにカットする）を行うが、カットしないで残す先端の一部（約2 mm）のこと。先端を鋭角にすると溶接時に一瞬で溶けて、所定の溶接断面形状を確保することが難しくなるために残す。

おわりにあたって

　この度、改訂５版を発刊することが出来ました。これも偏に皆様（愛読者）のお蔭であると深く感謝申し上げます。初版は1990年でしたので今年で23年経ったことになります。その間、改訂第２版、改訂第３版、改訂第４版とその時代のニーズに合わせて加筆し、書籍の大きさもＡ５版からＢ５版にと見やすいように改訂してまいりましたが、現在、建築関連の書籍はＡ４版が主流になっておりますので、改訂５版はＡ４版に変更しました。版の拡大により文字や図なども大きくなりましたので、より見やすい書籍になっていると思います。

　なお、建築積算は官民合同の「建築工事数量積算研究会」が制定し、一般財団法人建築コスト管理システム研究所と公益社団法人日本建築積算協会が編集している「建築数量積算基準・同解説」が建築積算のバイブル的な「積算基準」以下の「基準」になっています。そんな訳で、この「基準」に対して意見を唱えることは無謀と思う人も多いと思いますが、鉄骨積算に関する内容の一部について、私は基準と別な見解を持っているか所があります。もともと「基準」は原則を規定しているので、基準と別な意見があっても不思議ではないのですが、世の中には「基準」を絶対視する人もいます。

　私は本書の冒頭でも記述していますが、「基準」は時代のニーズに合わせて改訂されています。近年、この「基準」を使用する積算技術者も設計事務所や積算事務所及び建設会社に多く所属しており、実務との関連で疑問を持ち、改訂を提案している人もいます。この「基準」を使用する側の代表としての公益社団法人日本建築積算協会も、「基準の改訂案」についての「研究会」を立ち上げ、会員等の意見を収集していますので、次回の「基準」発刊時には、改訂案が盛り込まれた「基準」が発表されるものと確信しています。

　本書は「鉄骨の積算入門」となっていますが、鉄骨積算の初心者は勿論、実務者にも必要不可欠な資料や事例（モデル建物の計算例・解説）など、多く掲載していますので、ご愛用頂ければ幸甚に存じます。

　この度の発刊には、私が無理な注文を多数、提案したのに対しても、快くお引き受け頂いた大成出版社と関係者の皆様に深く御礼を申し上げます。

　　　2013年11月１日

　　　　　　　　　　　　　　　　　　　　　　　　　　　　　　　　　松本　伊三男

〔参考文献〕

建築数量積算基準・同解説（平成23年版）
　　　　　　　　　　　　　　　　（(一財) 建築コスト管理システム研究所／編集・発行）

建築大事典（彰国社）

鉄骨の構造設計（藤本盛久著　技報堂出版／発行）

鉄骨設計標準図（平成10年版）（(一社) 公共建築協会／編集・発行）

建築用鋼材の基礎知識（服部三千彦著　1984.11〜1986.5「建築と積算」）
　　　　　　　　　　　　　　　　　　　　　　　　　　　　　（(公社) 日本建築積算協会）

鉄骨工事ガイドブック（公社) 日本建築積算協会

建築積算用語事典（技術監修（公社) 日本建築積算協会）
　　　　　　　　（編　集　経済調査会積算研究会）

［著者略歴］

はまだ　かんじ（本名：浜田　寛治）

□元　明治大学理工学部講師。絶妙の話術で実務的な建築積算を説明する講話は有名。一級建築士。建築積算士。建築コスト管理士。

- 1929年3月　大阪府生まれ。
- 1951年3月　早稲田大学第一理工学部建築学科卒。
  別子建設（現在の住友建設）入社。約10年間の現場専従の後、東京支店積算課にて積算業務を7年間弱。
- 1969年4月　本社建築設計課長を4年間。
- 1973年4月　本社住宅部長を3年間、主として木造の建売住宅を担当。
- 1978年8月　本社第二営業部長就任。その間積算学校1期生卒業。
- 1979年3月　ケニヤ共和国駐在。日本国からの無償贈与のジョモ・ケニヤッタ農工大学建設のプロジェクトマネージャーを2年と少々。
- 1981年4月　本社建築監理部長を5年間。
- 1986年4月　本社建築部担当部長を2年間。
- 1988年4月　本社建築部参与。明治大学理工学部講師。
- 1990年7月　本社企画室参与。
- 1998年3月　住友建設を退職。
- 1999年3月　明治大学理工学部講師退任。
- 2000年5月　ミク企画代表

主な著書：木造住宅積算入門―どんぶり勘定からの脱皮―（大成出版社刊）
　　　　　　鉄筋コンクリート造積算入門―にがて意識からの脱皮―
　　　　　　　　　　　　　　　　　　　　　　　　　　　（大成出版社刊）
　　　　　　わかりやすい建築数量積算―キーワード107―（大成出版社刊）
　　　　　　はらんべー―はだしでサバンナ、ぽれぽれケニヤ―（菜根社刊）
　　　　　　五重の塔と建築基準法―建築みたまま、ペンのまま―
　　　　　　　　　　　　　　　　　　　　　　　　　　　（山海堂刊）

松本　伊三男（まつもと　いさお）

□一級建築士事務所松本建築設計室所長。著名な建築工事に携わるとともに、東京理工専門学校の講師を務めるほか、（公社）日本建築積算協会の理事、資格者更新講習運営委員長、資格者研修副委員長などの経歴を持ち、現在も建築設計や建築のコンサルタントとして、また、積算学校の講師としてエネルギッシュに活躍中。ファブリケーターの経歴もあり、鉄骨の積算では貴重な"先達"。一級建築士。建築積算士。建築コスト管理士。

- 1933年7月　新潟県生まれ。
- 1957年3月　日本大学工学部建築学科卒。
　　　　　　㈱松本組に入社。工作課長、工事課長を勤める。
- 1964年7月　一級建築士事務所㈱共同企業ぷろだくしょん取締役に就任。
- 1969年8月　一級建築士事務所松本建築設計室を設立、現在に至る。
- 1998年6月　㈲エム建築コンサルタントを設立
　　　　　　代表取締役に就任

主な業歴：設計・管理／㈱宮地鐵工所　千葉工場　大型部材製作工場
　　　　　　〃　　　／袖ケ浦マンション
　　　　　　〃　　　／シャンテ早川マンション
　　　　　超高層躯体積算　／東京海上火災　本社ビル
　　　　　　〃　　　　　　／品川パシフィックホテル
　　　　　　〃　　　　　　／東京都第二本庁舎
　　　　　躯体積算　／池袋メトロポリタンホテル
　　　　　　〃　　　／JR新宿駅（小田急、南口、ルミネ）
　　　　　　〃　　　／有楽町マリオン
　　　　　　〃　　　／池袋メトロポリタンプラザ
　　　　　　〃　　　／JR東海品川駅

　　　　　　　　　　　　　　　　　　　　他多数

〔改訂5版〕鉄骨の積算入門

1990年3月20日	第1版第1刷発行
1992年1月20日	第2版第1刷発行
1993年10月30日	第3版第1刷発行
2001年4月15日	第4版第1刷発行
2013年11月20日	第5版第1刷発行

著　者　　はまだ　かんじ
　　　　　松　本　伊三男

発行者　　松　林　久　行

発行所　　株式会社大成出版社
　　　　　東京都世田谷区羽根木1－7－11
　　　　　〒156-0042　電話 03（3321）－4131（代）

© 2013　HAMADA, MATUMOTO（検印省略）　　　印刷　信教印刷

落丁・乱丁はおとりかえいたします。

ISBN978-4-8028-3132-1